놀이치료 수퍼비전

최영희 감수 · 이미경 지음

학지사

서문

놀이치료는 정신건강 관련 분야에서 지속적으로 발전하는 영역이다. 하지만 효율적인 놀이치료사가 되기 위해서는 놀이치료에 대한 훈련이 매우 중요한 선행조건임에도 불구하고, 효과적인 놀이치료사들의 발달을 촉진시키는 데 중요한 수퍼비전의 역할에 대한 전문적인 연구들과 그에 대한 관심은 소홀히 해 왔다. 이미경 박사가 쓴 이 책은 놀이치료 수퍼비전에 대해 총괄적이고 핵심적인 주제들을 다루고 있다. 이 책은 그동안 놀이치료 분야에서 오랫동안 소홀히 다루어 온 수퍼비전에 대한 중요성을 다시금 일깨워 주는 책으로, 놀이치료 분야에서 수퍼비전을 다룬 첫 번째 책이므로 더욱 소중하지 않을 수 없다.

훈련과정 중에 있는 모든 놀이치료사들은 내담자와의 치료적인 관계에서 나타나는 자아에 대한 끊임없는 학습과정에 개입해야 한다. 비록 대부분의 놀이치료 수퍼바이저들이 수퍼비전의 일반적인 목적이 놀이치료사들의 개인적, 전문적 발달들을 촉진시키는 것이라는 의견에 동의하지만, 수퍼비전 관계의 발달을 촉진시키는 영역을 간과해 온 것이 사실이다. 이미경 박사가 쓴 이 책의 가장 큰 장점들 중의 하나는 놀이치료 수퍼비전에서 가장 중요한 영역인 수퍼비전 관계를 하나의 독립된 장에서 체계적이고 집중적으로 다루었다는 것이다.

수퍼비전은 놀이치료사들을 훈련시키는 데, 특히 놀이치료사들의 반응들, 감정과 태도들, 자아에 대한 통찰, 놀이치료 과정에 대한 촉진, 아동의 심리적인 욕구들에 대한 통찰들을 얻는 데 매우 중요한 요소다. 경험이 없는 놀이치료사들은 자신에 대한 이해와 숨겨진 내재적 동기들 그리고 아동 내담자들의 역동에 대한 이해를 얻기 위해 도움이 필요하다. 다시 말해서 놀이치료를 공부하는 학생들은 놀이치료에 대한 교육과 훈련은 물론 지속적인 수퍼비전 과정에 참여하여 자아에 대한 이해를 넓혀 나가야 한다.

놀이치료사는 놀이치료 경험의 효율성을 결정짓는 가장 중요한 요소다. 놀이치료 훈련의 목적은 놀이치료사들이 자아이해와 자아수용을 발달시켜 아동과의 치료적인 과정에 스스로를 자연스럽게 통합시킬 수 있도록 돕는 데 있다. 이러한 목적을 달성하기 위해서 놀이치료사는 수퍼비전을 통한 자아에 대한 끊임없는 배움의 과정에 참여해야 한다. 이것은 아동과의 놀이치료 경험이 치료적인지 아닌지를 결정하는 데 가장 중요한 요인이 바로 놀이치료사 자신의 내적인 자아의 역동이기 때문이다.

이미경 박사는 이 책을 통하여 수퍼비전 과정의 여러 가지 중요한 영역들을 능숙하게 다루었으며, 그동안 간과해 온 실질적 영역인 놀이치료사들의 평가에 대해서도 구체적으로 기술하였다. 이 책은 놀이치료사들의 훈련에 긍정적인 영향을 미칠 것이다. 그것은 놀이치료 분야에서 그동안 소홀히 여겨 온 놀이치료 수퍼비전 영역들이 이미경 박사의 책을 통하여 다시금 제자리를 찾았기 때문이다. 이미경 박사의 놀이치료에 대한 헌신적인 열정과 집념은 놀이치료 수퍼비전에 관련된 여러 가지 이해와 정보들을 제공하는 이 책을 통해, 놀이치료 분야를 하나의 전문적인 분야로 한층 발전시키는 데 큰 기여를 할 것임을 굳게 믿는다.

Garry L. Landreth
Regents Professor and Founder of the Center for Play Therapy
University of North Texas
Denton, Texas

추천의 글

본인이 놀이치료 교육 전문가가 된 지도 벌써 5년이 지났다. 그동안 학교와 학회에서 놀이치료사가 되고자 하는 실습생들에게 여러 차례 놀이치료 수퍼비전을 실시해 왔다. 이렇게 놀이치료 이론과 기법을 적용하고 수퍼비전을 받았던 경험을 되새기며 수퍼비전을 해 나가면서, 상담자로서의 역할과 지도감독자로서의 역할이 같지는 않음을 인식하고 수퍼바이저로서의 기술과 그것의 바탕이 되는 이론에 아쉬움을 느끼고 있었다.

최근에는 부모를 대상으로 놀이치료사의 기술을 교육하고 부모가 직접 자녀와 놀이치료 시간을 갖도록 하는 부모놀이 치료교육을 시행하고 있다. 부모가 가정에서 자녀와 놀이치료 시간을 갖도록 하고 그들의 경험을 지도감독하는 것이다. 이때에도 놀이치료사들을 지도감독하는 것과 유사한 경험을 하였는데, 부모에게 놀이치료 기술을 가르치는 것과 부모의 놀이치료 경험에 대해 지도감독하는 것이 같지 않음을 느끼고 놀이치료 수퍼비전에 대한 지식을 접하고 싶었다.

놀이치료 수퍼비전에 관한 지침서가 꼭 필요한 이유는 또 있다. 놀이치료사들과 실습생들은 공식적으로 또는 비공식적으로 서로의 사례 경험을 나누면서 놀이치료사로서의 능력을 키워 나간다. 놀이치료사들은 서로에게 수퍼바이저로서의 역할을 하는 것이다. 이때 이들이 수퍼비전 이론을 알고 수퍼바이저의 기술을 적용하여 서로의 경험을 나눈다면 더욱 효과적인 토의시간을 보낼 수 있을 것이라는 점에서 그러하다.

이처럼 놀이치료 수퍼비전의 이론과 지식이 요구되고 있으나 마땅한 지침서가 없었던 시점에서 이 『놀이치료 수퍼비전』이 출판되는 것이 무척 반갑다.

이 책의 저자인 이미경 박사는 놀이치료에 남다른 열정을 갖고 Landreth 교수의 지도 아래 오랫동안 놀이치료의 이론을 교육받고 실제를 훈련받았으며 수퍼바이저로서의 이론과 기술 역시 습득한 탄탄한 배경을 갖고 있다. 이미경 박사로부터 놀이치료 수퍼비전에 관한 책을 집필한다는 소식을 수년 전에 접하면서 목마른 사람이 물을 찾듯 완성되기만을 기다렸다. 이제 그 책이 드디어 우리에게 얼굴을 드러내게 되었다. 오랫동안 묵히고 익혀 온 책인 만큼 그 맛과 향이 깊을 것임을 믿어 의심치 않는다.

수원대학교 아동가족복지학과
교수 최영희

저자의 글

놀이치료 공부를 위해 정든 고향인 한국을 떠나 거의 10여 년을 미국에서 보내면서, 늘 마음 한구석에는 한국에 대한 그리움과 함께 그동안 배우고 경험한 놀이치료를 한국에 있는 많은 분들과 나누고 싶은 마음이 간절하였다. 특히, 놀이치료를 배우고자 하는 한국에 있는 학생들로부터의 이메일이나 전화 등을 통해 10년 전에 내가 느꼈던 놀이치료 공부에 대한 갈망들을 떠올리게 되었고, 이제는 개인의 소망을 넘어서 놀이치료의 체계적인 정착을 위한 전문가로서의 책임의식을 느끼게 되어 이 『놀이치료 수퍼비전』을 쓰게 되었다.

몇 년 동안의 자료수집과 집필과정에서 많은 분들의 도움을 받았다. 그분들의 지지와 격려 없이는 가능하지 못했을 『놀이치료 수퍼비전』의 출판은 나 혼자만이 아닌 많은 분들의 노력으로 이루어진 것이라고 본다. 특히, 늘 용기를 주시고 격려해 주시며 학지사와의 출판 인연을 맺게끔 도와주신 이재연 선생님, 바쁘신 중에도 원고를 읽고 수정해 주시고 세세하게 살펴 주신 최영희 선생님, 책을 출판하는 것은 또 다른 아이를 낳는 것이라며 책의 출판과 작년 9월에 태어난 아기의 탄생을 기뻐해 주신 Landreth 선생님, 놀이치료의 다양한 접근들을 경험하게 해 주신 Bratton 선생님과 Perry 선생님 그리고 원고를 보시고 흔쾌히 출판을 결정해 주신 학지사 김진환 사장님께 진심으로 감사드린다.

특히, 절 낳으시고 기쁠 때나 슬플 때나 늘 함께 해 주신 친정 부모님께 진심으로 감사드린다. 더욱이 우리 아기 순민이를 생각하면 '부모의 마음이 이렇구나.' 라고 조금씩 느껴 보면서 친정 부모님의 사랑을 되새기게 된다. 또한 부족한 며느리를 늘 자랑스럽게 여겨 주시고 사랑과 관심으로 챙겨 주시는 시부모님께도 진심으로 감사를 드린다. 그리고 한국에 있는 형부와 언니, 조카들, 늘 마음의 힘을 불어넣어 준 텍사스에 계신 오빠 신부님, 따뜻한 형제애를 느끼게 해 주는 서방님과 동서에게도 감사의 마음을 전한다. 마지막으로 자상함과 인내심 그리고 사랑으로 항상 나의 곁에서 든든한 버팀목이 되어 준 나의 고마운 남편 권진혁님과 이 책을 읽는 모든 분들께 진심으로 감사드린다. 더욱이 이 모든 축복들을 허락하시고 『놀이치료 수퍼비전』의 출판을 가능하게 하신 하느님께 감사를 드린다.

Baltimore에서

이미경 씀

차 례

1장

놀이치료 수퍼비전의 필요성과 정의

1. 놀이치료 수퍼비전의 필요성

1) 놀이치료 수퍼비전에 대한 연구 부족

아동의 심리세계를 이해하기 위하여 놀이의 중요성이 언급된 것은 18세기 Rousseau에 의해 시작되었고, 놀이를 치료적인 수단으로 사용하여 처음으로 연구한 Freud의 한스 소년의 사례는 놀이가 아동의 심리적인 치료에 효과적인 방법임을 입증해 주었다. Freud 이후로 Hug-Hellmuth과 Axline은 놀이치료를 아동의 심리치료 기법으로 정착하는 데 결정적인 공헌을 하였다. 따라서 18세기부터 지금의 21세기에 이르기까지 아동을 이해하기 위한 노력과 아동이 경험하는 심리적, 정서적, 사회적, 행동적 문제점들을 놀이를 통한 심리치료로 해결하려는 노력이 꾸준히 연구되어 왔다. 상담심리학자들 또한 놀이치료 이론, 놀이치료 과정, 놀이치료실과 놀이치료용 장난감들, 치료적인 제한의 설정 등과 같이 다양한 이론적, 실질적 연구들을 발표함으로써 놀이치료의 효과를 입증하는 것은 물론, 놀이를 통한 아동의 정신치료라는 하나의 영역을 발전시키는 데 큰 공헌을 하였다.

놀이치료는 모든 정신치료가 그러하듯 치료의 효과 또한 아동과 놀이치료사 간의 치료 장면에서 일어나는 치료적인 관계를 통하여 이루어진다. 하지만 그러한 치료적인 관계가 내담자의 성장을 위해 가장 핵심이 되는 요소임에도 불구하고, 실질적으로 효과적인 치료관계를 발달시키고 역량 있는 상담가로 발달시키기 위한 놀이치료사에 대한 교육 및 훈련 그리고 수퍼비전에 대한 연구는 상대적으로 미흡한 실정이다. 아동상담은 물론 일반 성인상담에 이르러 놀이치료의 기법이나 원리들이 다양하게 활용됨에도 불구하고 놀이치료 수퍼비전에 대한 연구가 상대적으로 적은 데는 놀이치료 영역에서 전문적인 훈련과정과 체계적인 임상경험을 거친 전문가들의 수가 절대적으로 적기 때문이다. 더불어 놀이치료 수퍼비전을 제공할 수퍼바이저들이 더욱 효율적인 수퍼바이저로 발달하기 위한 상담 수퍼비전에 대한 체계적인 교육이 적으며, 대학원 이상의 교육과정에서 놀이치료 학생들을 위한 수퍼비전에 대한 교육과 훈련 과정들이 체계적으로 보편화되어 있지 않기 때문이다. 이러한 현실은 놀이치료 전문가들이 당면한 문제면서도 한편으로는 앞으로 놀이치료가 아동을 포함한 모든 내담자들의 정신건강을 책임지고 보호하는 전문적인 영역으로 토대를 내리는 데 장애가 되므로 시급한 문제가 아닐 수 없다(이미경, 2001).

2) 놀이치료 학생들의 고정관념들

놀이치료에 입문하는 학생들이 가지고 있는 고정관념적인 인식들은 치료적인 관계를 저해하는 요인이 되므로 놀이치료 수퍼비전이나 훈련을 통하여 교정되어야 한다. 놀이치료 학생들은 주로 '놀이 = 즐겁다' 라는 개념을 가지고 아동과의 치료과정이 즐겁고 유쾌한 활동이며, 아동을 대상으로 하는 놀이치료가 성인을 대상으로 하는 개인상담보다 훨씬 쉽다고 여기는 인식을 갖는다. 또한 같은 맥락에서 아동을 대상으로 놀이치료를 해 온 놀이치료사들은 성인 대상의 상담에는 적절하게 개입하지 못한다고 여기는 고정관념을 초래할 수 있다. 이러한 선입견들을 지닌 놀이치료 학생들은 단순히 아동을 좋아하는 성향만으로도 효과적인 놀이치료사가 될 수 있다고 여기는 오류를 가지게 된다.

하지만 아동을 좋아하는 성향만으로는 효과적인 놀이치료사가 될 수 없다. 더욱이 그러한 놀이치료 학생에 대한 적절한 수퍼비전이 없다면 아동을 좋아하는 놀이치료사의 욕구는 치료적으로 활용되기보다 그 학생의 개인적인 욕구들을 충족시키는 결과를 초래하게 된다. 또한 적대적이거나 공격적인 아동과의 놀이치료 과정에서도 문제를 야기할 수 있게 된다. 물론 놀이치료 학생들의 아동에 대한 참된 이해와 관심은 치료과정에 영향을 주는 요인들이나, 그러한 영향이 치료적인 개입으로 나타나는지 비치료적인 개입으로 나타나는지는 놀이치료 수퍼비전을 통하여 자신의 욕구와 아동의 욕구 간의 치료적이고 적절한 경계를 유지하는 훈련을 통해서만 가능한 일이다.

또 다른 저해요인은 놀이치료에 대한 치료적인 접근방법과 기법들을 인생의 경험을 통해서 발달시킬 수 있다는 것이다. 이러한 잘못된 인식을 가진 놀이치료 학생들은 이후에 놀이치료 과정 중에 생기는 예기치 않은 긴장과 불안에 당황하게 되고, 아동보다는 자신의 감정과 행동에 시간을 소모하게 되며, 치료상의 핵심적인 관계를 맺지 못하는 결과를 초래하게 된다. 그러한 학생들은 아동의 치료적인 변화가 아동이 아닌 놀이치료사의 책임 하에 있다고 생각하고, 아동을 도움이 필요한 미약한 존재로 여기며, 아동이 치료적인 변화를 위한 내적 자원들을 충분히 가지고 있지 않다고 여길 수 있다.

따라서 아동의 주도에 따라가기보다는 아동을 치료사의 주도로 이끌려 하고 아동이 치료사의 계획에 따라와 주기를 기대한다. 결국 놀이치료 학생들은 아동의 치료 변화를 위한 장점과 내적인 힘보다는 단점과 부족한 점에 중점을 두게 되며, 치료사중심의 치료 변화를 이루기 위하여 놀이치료의 과정보다는 기법에 더 관심을 쏟게 된다. 그리고 아동에 대한 전체적인 이해보다는 아동의 문제에 집중하는 편협된 시각으로 아동을 이해하게 된다. 놀이치료 학생들의 이러한 잘못된 인식들은 놀이치료 과정에 대한 효과적인 교육, 체계적인 훈련 그리고 집중적인 수퍼비전을 통하여 교정된다. 나아가 놀이치료사가 되는 것은 내담자와의 관계에 대한 치료적인 경험과 기법이 상당히 요구되는 힘든 과정임을 깨닫게 된다(이미경, 2001).

3) 놀이치료 수퍼비전의 부족

놀이치료는 내담자들의 정신건강을 다루는 상담 분야에서 가장 급성장하는 분야들 중의 하나로, 아동과 성인 상담은 물론 가족상담에서도 효과적인 치료법으로 사용되어 왔다. 하지만 전문적인 상담가들과 그들의 전문적이면서 개인적인 성장과 발달을 위한 체계적인 훈련과 수퍼비전은 여전히 부족한 실정이다. 국제놀이치료학회에서 놀이치료사와 놀이치료-수퍼바이저의 등록체계를 만들어 놀이치료사들의 수가 급증하였고, 그들에 대한 지속적인 놀이치료 훈련, 특히 수퍼비전에 대한 필요성이 더욱 커지게 되었다.

2000년 노스 텍사스 대학교(University of North Texas) 놀이치료센터(Center for Play Therapy)의 연구결과에 의하면, 적어도 102개의 대학교에서 놀이치료에 대해 간략하게 1시간 정도를 소개하고 있으며, 83개의 대학원에서는 적어도 놀이치료를 한 학기에 한 과목 가르치고 있었다. 이는 놀이치료센터의 1989년 연구결과인 33개의 대학원에서 놀이치료를 한 학기에 한 과목 가르친다는 것보다 증가한 것임에는 분명하나, 1982년에 시작된 놀이치료가 1988년에는 450명, 2002년에는 4,400명이라는 급격한 놀이치료사의 증가를 가져온 것과 비교하면 여전히 미흡한 것이 현실이다.

Phillips와 Landreth의 1995년의 연구결과에 의하면, 놀이치료사들의 많은 수가 놀이치료에 대한 교육을 대학원의 교육과정으로 훈련받기보다는 놀이치료 워크숍 등을 통하여 훈련받는 것으로 나타났다. 또한 연구에 참여한 응답자 중에 반 이하의 놀이치료사들이 놀이치료 수퍼비전을 받는 것으로 나타났다. 이는 Kranz, Kottman 그리고 Lund의 1998년의 연구결과와 일치하고 있다. 이러한 연구결과들은 놀이치료에 대한 체계적인 훈련과 집중적인 수퍼비전을 위하여 놀이치료를 더 많은 상담 또는 심리 대학원의 교육과정으로 포함해야 하며, 이것은 더 전문적이고 효과적인 놀이치료사의 양성이 절실함을 나타내고 있다.

2. 놀이치료 수퍼비전의 정의

1) 수퍼비전의 개념

수퍼비전을 영어로 표기하면 'supervision' 이지만, 그 의미 그대로 '우수한(super)' '견해(vision)' 로 보기는 어렵다. 또한 영어사전에 나와 있는 '감독하다(to oversee)' 로 보기에는 너무 광범위하고, 수퍼바이저들이 지나치게 권위적인 위치에서 수퍼바이지들을 감독한다는 인상을 주며, 임상치료에서의 수퍼비전을 나타내는 교육(teaching)과 학습(learning)의 의미는 좀처럼 찾기 힘들다. Zinkin(1989)은 "수퍼비전: 불가능한 일(Supervision: The impossible profession)" 이라는 발표문을 통해 "만약 수퍼바이저들인 우리들이 상담가들과 내담자들 사이에 실제로 일어나는 것을 감독한다고 생각한다면, 우리들은 우리 자신에 대한 환상에 사로잡혀 있는 것이다." 라고 언급하였다. 사실상 수퍼바이저로서 수퍼바이지들의 상담 활동을 정확하게 파악한다는 것은 불가능한 일이다. 따라서 수퍼비전에 대한 좀 더 명확한 정의가 필요하다.

영어사전에 나와 있는 수퍼비전의 '감독하다(to oversee)' 라는 의미는 상담뿐만 아니라 모든 직종의 수퍼바이저들이 하는 일을 전형적으로 나타내는 것이기에 상담에서의 수퍼비전을 좀 더 구체적으로 정의하는 것이 필요하다. 또한 많은 학자들이 상담에서의 수퍼비전을 다르게 정의하고 있으며, 수퍼비전에 대한 다양한 논쟁들로 인하여 하나의 합의된 정의를 찾는 것이 어려운 것이 사실이다. 하지만 수퍼비전에 대한 다양한 정의들을 대략적으로 검토하여, 구체적이지만 수퍼비전과 관련된 다양한 역할, 훈련 그리고 환경을 포함할 정도의 넓은 의미를 갖는 수퍼비전을 정의하는 것이 필요하다.

어떤 학자들은 수퍼비전이란 상담 장면이 어떻게 이루어지는지를 이해하기 위하여 가치 있는 통찰을 제공하는 것이라고 대략적으로 정의하여 사용하고 있다. 한편, Proctor(1993)는 수퍼비전을 super-vision이 아닌 extra-vision으로 보고 있다. 즉, 수퍼비전이란 수퍼바이저들이 수퍼비전 과정에서 또 다른 견해(extra-vision)를 제공하는 것이다. Hawkins과 Shohet(1989)은 수퍼바이저들과 수퍼바이지들은 새로운 방식으로 생각하고 배우는 학습의 환경을 만드는 상호창조자(co-creator)의 역할을 한다고 설명하고 있다. Loganbill, Hardy 그리고 Delworth(1982)는 "수퍼비전이란 한 사람이 다른 사람의 치료적인 역량을 발달시키기 위한 집중적인 일대일의 인간관계다."라고 정의하였다. 하지만 이 Loganbill 등의 정의는 개인 수퍼비전만을 언급할 뿐 집단으로 이루어지는 집단 수퍼비전은 간과하고 있으며, 내담자의 복리를 위한다는 수퍼비전의 성격은 언급하지 않았다. Hart(1982)의 정의에 의하면, "수퍼비전이란 수퍼바이저의 역할을 하는 사람이 수퍼바이지의 역할을 하는 사람의 전문적인 활동들을 조사함으로써 적절한 전문적인 행동들을 취득할 수 있도록 하는 하나의 지속적인 교육과정"이다. Hart의 정의 역시 일대일 관계의 수퍼비전을 언급하고 있다.

Bernard와 Goodyear(2004)는 "수퍼비전이란 한 직종에서 좀 더 경험이 많은 사람이 좀 더 경험이 적은 사람 또는 사람들에게 제공하는 하나의 개입이다. 이러한 관계는 평가적이고 시간이 흐름에 따라 이루어진다. 이는 경험이 적은 사람이 내담자(들)에게 제공하는 전문적인 서비스의 질을 감독하고 특정 직업에 입문하는 사람들을 감독하는 감독관으로서의 역할을 하여 경험이 적은 사람의 전문적인 역할들을 향상시키는 데 목적을 두고 있다."라고 정의하였다. 이렇게 학자들마다 수퍼비전에 대한 정의를 다르게 개념화하는 것은 상담에서의 수퍼비전의 독특성과 복합성을 반영하는 것이다. Carroll(1996)은 자신의 수퍼바이지로서의 경험과 수퍼바이저로서의 경험 그리고 수퍼비전에 대한 문헌들과 교육을 통하여 〈표 1-1〉과 같이 수퍼비전에 대한 설명을 하고 있다. Carroll의 설명을 통하여 이후에 살펴볼 여러 가지 수퍼비전의 성격에 대한 개략적인 이해를 도울 수 있을 것이다.

표 1-1 Carroll의 수퍼비전에 대한 설명들

1	수퍼비전은 상담자들을 훈련하는 데 절대적인 필요조건이며, 더 이상 수퍼바이지들이 선택할 수 있는 조건이 아니다.
2	수퍼비전은 수퍼바이지와 수퍼바이저 간의 하나의 공식적이고 전문적인 관계다.
3	수퍼비전의 목적은 수퍼바이지의 전문적인 발달과 내담자의 복리를 위한 것이다.
4	수퍼비전은 상담도 아니고 정신치료도 아니다.
5	근본적으로 수퍼비전은 수퍼바이지의 학습에 초점을 맞춘 하나의 교육과정이다.
6	훌륭한 상담가들이 반드시 훌륭한 수퍼바이저들이 되는 것은 아니다.
7	수퍼바이저들은 수퍼비전에 대한 훈련이 필요하다.
8	수퍼비전은 하나의 전문영역으로 발전하고 있다.
9	수퍼바이저들은 수퍼바이지들이 그들 나름의 상담가가 되게 하는 방법을 찾도록 도와준다.
10	공식적이고 비공식적인 평가는 수퍼비전의 중요한 한 부분이다.
11	수퍼비전에서 계약을 맺는 것(contracting)과 협상하는 것(negotiating)은 중요하다.
12	수퍼바이저들과 수퍼바이지들의 역할과 책임들은 수퍼비전에 참여하는 모든 사람들에게 충분히 이해가 되어야 한다.
13	형편없는(bad) 또는 빈약한(poor) 수퍼비전이 존재한다.
14	여러 가지 형태의 수퍼비전들이 존재하며, 모두 장점들과 단점들을 가지고 있다.
15	수퍼비전에서의 관계는 한 가지가 아닌 여러 가지 역할들로 이루어지며, 훌륭한 수퍼바이저들은 수퍼바이지들에게 여러 가지 역할들을 제공한다.
16	성별, 인종, 문화 그리고 파워에 대한 문제들은 수퍼비전에서 중요한 역할을 차지하며 수퍼비전상에서 언급되어야 한다.
17	수퍼비전은 내담자를 치료하는 상담가들이 평생 동안 지는 하나의 책임(life-long commitment)이다.

〈계속〉

18	이상적으로 수퍼바이저들은 자신들의 수퍼비전에 대해 토론할 수 있는 하나의 포럼(forum)을 가져야 한다.
19	수퍼바이저들과 수퍼바이지들은 수퍼비전을 위하여 윤리적인 지침들(ethical codes)을 인식하고 있어야 한다.
20	수퍼바이지들은 수퍼바이저에게 도움을 구할 권리가 있고, 수퍼비전을 준비하는 데 도움을 받을 권리가 있다.
21	수퍼비전은 수퍼바이저들과 수퍼바이지들이 수퍼비전 관계를 서로 결정하는 선택을 함으로써 가장 잘 이루어진다. 수퍼바이지들의 선택권 없이 한 수퍼바이저에게 개인 수퍼비전이나 집단 수퍼비전의 형태로 배정하는 것은 바람직하지 않다.
22	수퍼비전에서의 학습은 수퍼바이지들이 상담하는 바로 그 순간부터 이루어진다. 수퍼비전은 체계적인 교육, 상담에서의 훈련된 기술들 그리고 윤리적인 지침들을 배우는 것이지, 내담자와 상담을 하는 데 관련이 없는 수퍼바이지의 개인적인 문제들을 해결하는 것이 아니다.

2) 놀이치료 수퍼비전의 정의

수퍼비전의 다양한 개념들을 고려하여 본 저자는 놀이치료 수퍼비전을 다음과 같이 정의하였다. "놀이치료 수퍼비전은 아동, 청소년, 성인의 정신치료 분야 중의 하나인 놀이치료에 대한 학문적인 교육과 훈련 및 임상적인 치료 경험이 많은 놀이치료 전문가가 학문적인 교육과 훈련 및 임상적인 치료 경험이 적은 놀이치료사(들)에게 주는 하나의 집중적인 개입방법이다. 놀이치료 전문가는 치료 경험과 학문적인 교육이 상대적으로 적은 놀이치료사(들)의 전문적인 치료 개입의 발달을 촉진시키며 전문적인 심리치료사로서의 심리적, 인지적 역량을 발달시킨다. 놀이치료 수퍼비전은 궁극적으로 놀이치료 수퍼바이지들이 현재 상담하는, 그리고 앞으로 상담할 내담자의 복리를 보호하는 데 목적이 있다. 이와 같은 놀이치료 수퍼비전은 놀이치료 전문가가 놀이치료사(들)의 전문적, 윤리적 치료 활동들을 평가하는 일련의 과정으로 이루어진다."

이상의 놀이치료 수퍼비전 정의에서 나타난 놀이치료 전문가와 놀이치료사에 대해서 살펴보면, 놀이치료 전문가는 놀이치료 수퍼바이저로서 전반적인 상담은 물론 놀이치료에 대한 체계적인 교육과 충분한 임상 경험을 가졌으며, 수퍼비전에 대한 이론과 적용에 대한 전문적인 훈련을 거친 사람을 의미한다. 그리고 놀이치료사는 놀이치료 교육이나 훈련 및 수퍼비전 과정 중에 있는 놀이치료 수퍼바이지로서 이 책에서는 놀이치료 수퍼바이지, 놀이치료 학생 또는 상담가와 같은 용어로 대치되어 사용한다.

놀이치료 수퍼비전은 여느 인간관계와 마찬가지로 치료적일 수 있다. 수퍼비전은 하나의 인간관계로서 이를 통하여 수퍼바이지들은 배운다. 하지만 수퍼바이지들은 일상적인 수업과정을 통해 배우는 것이 아닌 상담이나 심리치료의 현장에서 일어나는 것을 배우는 것이다. 수퍼바이지는 수퍼비전을 통하여 민감성, 이해 그리고 치료사로서의 태도를 발달시켜야 하며 치료상의 기술이나 특정한 반응들 또는 내담자의 예견된 성격상의 역동들을 규정하거나 진단하는 것을 배우게 된다(Patterson, 1964).

3) 수퍼비전의 특성

수퍼비전은 교육, 상담, 정신건강 자문과 같은 하나의 개입방법이다. 물론 수퍼비전의 독특한 기능에 대해서는 이후에 자세히 다루겠지만, 여기서는 수퍼비전이 갖는 다른 개입방법들과의 공통점과 차이점들을 살펴본다(Bernard & Goodyear, 2004; Bradley & Kottler, 2001; Carroll, 1998; Holloway, 1999).

(1) 수퍼비전과 교육

수퍼비전과 교육은 몇 가지 공통점과 차이점을 가지고 있다. 수퍼비전과 교육은 수퍼바이지와 학생들을 가르치는 교육의 기능과 특정 영역에 입문하는 사람들을 감독하는 평가의 기능을 가지고 있다. 하지만 교육은 궁극적인 목표를 위한 교육과정이 있으며 그 교육과정을 누구에게나 획일적으로 적용한다. 사실상 훈련은 교육의 하나에 속한다. 예를 들어, 반영적인 경청을 훈련시키는 것은 교육

표 1-2 수퍼비전과 교육, 상담, 자문 간의 비교

	수퍼비전 공통점	수퍼비전 차이점
교육	• 새로운 기술들과 지식들을 전달한다. • 평가적이고 감독적이다.	• 교육은 일련의 교육과정이며 계획안에 의하여 이루어지나, 수퍼비전은 특정 수퍼바이지와 그의 내담자들의 요구에 의하여 이루어진다.
상담 또는 치료	• 수퍼비전을 받는 사람이나 상담을 받는 사람들의 행동적, 인지적, 감정적 문제들을 토론할 수 있다.	• 수퍼바이지와의 치료적인 작업은 수퍼바이지가 상담가로서의 효율성을 증진시키기 위하여 이루어져야 한다. • 수퍼비전은 평가적이나, 상담은 평가적이지 않다. • 내담자가 상담가를 결정하는 선택권이 수퍼바이지가 수퍼바이저를 결정하는 선택권보다 훨씬 많다.
자문	• 수퍼비전이나 자문을 받는 사람이 자신의 일에 좀 더 효과적이고 전문적으로 임할 수 있도록 도와준다. • 수퍼비전이나 자문을 받는 사람이 좀 더 유능한 사람들이라면 두 기능의 차이는 거의 없다.	• 자문에서의 관계는 동등한 관계인 반면, 수퍼비전에서의 관계는 수직적 상하 관계(hierarchical)다. • 자문은 한 번에 끝낼 수 있는 반면(one-time event), 수퍼비전은 시간의 흐름에 따라 지속적으로 이루어진다. • 자문을 받는 사람들은 수퍼비전을 받는 사람들보다 좀 더 자유롭게 받는다. • 수퍼비전은 평가적이나 자문은 평가적이지 않다.

의 한 예라는 것이다(Bernard & Goodyear, 2004). 하지만 수퍼비전은 좀 더 광범위한 의미를 지니고 있다. 수퍼비전에 따르는 목표는 동일할 수 있으나, 수퍼바이지에게 개입하는 방법은 수퍼바이지들의 수준과 그들의 내담자에 따라 달라질 수 있기 때문이다(Bradley & Kottler, 2001).

(2) 수퍼비전과 상담

수퍼비전에도 상담의 요소가 있다. 즉, 수퍼바이저들은 수퍼바이지들이 상담 장면에서 내담자와의 치료적인 상담을 방해하는, 또는 내담자에 의하여 자극되는 수퍼바이지들의 행동, 사고, 감정들을 주의 깊게 살피도록 돕는다. 하지만 이러한 수퍼바이저들의 목적은 수퍼바이지가 효과적인 상담치료사로서 발달하도록 한다는 구체적인 목적을 가지고 있다. 반면, 일반적인 상담의 목적은 좀 더 나은 사람(better person)이 되는 개인적인 성장(personal growth)에 있다. 따라서 수퍼비전에서 수퍼바이지의 효과적인 상담가로서의 성장을 돕는 목적이 아닌 그 이외의 다른 목적을 지니고 수퍼바이지를 위한 상담에 임하는 것은 윤리적으로 잘못된 것이다(Bradley & Kottler, 2001; Carroll, 1998, 1999).

상담에서는 내담자들이 자신의 상담가를 결정하는 것에서부터 치료에 참여할지의 여부까지 모든 결정권들을 전적으로 내담자 자신이 갖는다. 하지만 수퍼비전은 상담만큼 수퍼바이지들의 선택권이 허용되지 않다. 때때로 수퍼바이지들은 누가 자신들의 수퍼바이저가 될지에 대한 결정권을 가지고 있지 않기 때문이다. 또한 수퍼바이저들은 상담가들과 달리 수퍼바이지를 평가하는 책임이 있다. 반면에 상담가들은 내담자를 평가하거나 자신들의 가치를 내담자들에게 요구하지 않는다(Bernard & Goodyear, 2004).

(3) 수퍼비전과 자문

사실상 좀 더 경험이 많은 전문가들에게 수퍼비전은 자문이나 마찬가지의 성격을 띠고 있다. 즉, 경험이 많은 전문가들은 다른 전문가들과 가끔씩 비공식적으로 만나서 상담하기 힘든 내담자에게 어떻게 접근해야 하는지에 대한 아이디어를 주고받음으로써 상담에 필요한 객관성을 다시 얻을 수 있다. 이러한 수퍼비전은 주로 문제해결에 초점을 맞추고 훈련의 목적을 둔 수퍼비전이라기보다는 전문적인 교류 활동으로 볼 수 있다(Carroll, 1998). 하지만 자문은 늘 같은 직종에 있는 사람들에게서 이루어지는 것이 아니다. 예를 들어, 놀이치료사가 한 아동의 상담을 위해 학교 선생님과 논의함으로써 자문이 이루어질 수 있다. 이러한 자문은 한 번으로 끝나는 일시적인 것일 수도 있으며, 수퍼비전보다 자유롭게 이루어질 수도 있다. 특히, 가장 큰 차이점은 자문은 평가적이지 않다는 점이다(Bernard & Goodyear, 2004).

좀 더 구체적으로 수퍼비전의 성격들을 설명하면 수퍼비전은 같은 직종의 멤버들로 이루어진다. 수퍼비전의 궁극적인 목적은 수퍼바이지들의 내담자와의 치료적인 관계를 발달시키기 위함이고, 이러한 목적은 수퍼바이저와 수퍼바이지들이 같은 영역에 종사하였을 때 최대화될 수 있다. 다시 말해, 수퍼바이지들은 상담가로서의 전문적인 정체성을 발달시키는 과정 중에 있으며, 이러한 발달과정은 그들과 같은 영역에 있는 수퍼바이저들의 수퍼비전을 통하여 이루어진다. 수퍼바이지들을 하나의 전문영역으로 사회화시키는(socialize) 것은 수퍼바이저들이 역할모델로서 모범을 보임으로써 이루어질 수 있다.

예를 들어, 놀이치료 학생들은 놀이치료 전문가들로부터, 사회사업 학생들은 사회사업가들로부터, 심리학과 학생들은 심리 전문가들로부터, 가족치료 학생들은 가족치료 전문가들로부터 수퍼비전을 받음으로써 좀 더 효율적인 상담가로서의 역량을 발달시킬 수 있다. 물론 기본적인 상담 원리나 기법, 상담가로서의 태도 등은 가장 기본적인 토대를 이루므로 다른 영역의 전문가들로부터 수퍼비전을 받을 수 있다. 하지만 각각의 영역들이 가지고 있는 독특한 성격과 접근방법, 발달과정, 철학 등이 종종 다르기 때문에 같은 영역의 전문가들에게 수퍼비전을 받음으로써 그 영역의 전문성을 지닌 상담가로서의 정체성을 발달시키는 것이 중요하다(Bernard & Goodyear, 2004). 앞에서 논의한 바와 같이 수퍼비전은 자문과 달리 수퍼비전 과정에서 수퍼바이지들을 평가한다. 이는 수퍼바이지들이 현재 상담하는 내담자들이나 이후에 즉 전문적인 교육과 경험을 마친 후에 상담할 내담자들을 보호하기 위함이다. 이러한 평가적인 수퍼비전은 수퍼바이저와 수퍼바이지들의 관계가 평등한 관계라기보다는 상하의 관계임을 암시한다. 따라서 이러한 권위적인 관계의 의미를 지닌 수퍼비전(super-vision)을 상호견해(co-vision) 또는 또 다른 견해(extra-vision)라는 용어를 사용하여, 수퍼비전이 수퍼바이저와 수퍼바이지 간의 상호협력에 의한 관계임을 나타내는 주장들이 있다(Edwards & Chen, 1999; Porter & Vasquez, 1997; Proctor, 1993).

수퍼비전의 이러한 평가적인 특성은 수퍼비전의 말이 암시하는 권위적인 상하관계와 결부되어 수퍼바이저나 수퍼바이지들에게 문젯거리가 될 수 있다. 수퍼비전에서 평가적인 특성을 제외할 수는 없지만 그로 인해 야기되는 여러 가지 문제들을 줄일 수는 있으며, 수퍼바이지들에 대한 평가 또한 효과적으로 할 수 있다(Bernard & Goodyear, 2004). 이러한 수퍼비전에서의 평가는 중요한 요소이므로 이후에 구체적으로 논의할 것이다. 그 밖에도 수퍼비전은 구체적인 기술을 전달하는 데 목적을 둔 훈련이나 자신의 상담과정에 대해 객관성을 얻기 위해 다른 전문가에게 도움을 구하는 일시적인 자문과는 달리 시간의 흐름에 따라 이루어진다. 수퍼바이저와 수퍼바이지들 간의 관계는 함께 성장하고 발달하는 지속적인 과정이다(Bernard & Goodyear, 2004). 이러한 수퍼비전의 관계가 어떻게 이루어지고 발달하고 변화하는지에 대해서는 이후에 구체적으로 논의할 것이다.

3. 수퍼비전의 중요성

신중하게 심사숙고하지 않는 삶은 살 만한 가치가 없는 삶이라고 Socrates가 언급한 것과 같이, 신중하게 심사숙고하지 않는 일은 할 만한 가치가 없다(Ooijen, 2003). 상담에서 학생들을 훈련시키는 수퍼비전은 수퍼바이지로 하여금 자신의 상담 장면에서 일어나는 일들에 대해 면밀하게 검토하고 조사하도록 하는 계기를 준다. 사실상 수퍼비전은 강의나 상담 콘퍼런스, 전문서적을 읽는 등과 같은 접근방법보다 학생들에게 큰 영향을 주며, 이후에 상담 전문가로서 역할을 하는 데 가장 효과적인 방법임이 이미 입증되었다(Pruitt, McColgan, Pugh, & Kiser, 1986). 특히, Carroll(1994)의 연구에서 수퍼바이지들은 자신들의 수퍼바이저들과 수퍼비전 경험에 대해 긍정적이라고 보고하였다. 따라서 상담에서의 수퍼비전은 이제 더 이상 효과적인 상담을 위하여 선택하는 요소가 아닌 필수적인 조건이다.

4. 수퍼비전의 역사적 발달

수퍼비전의 역사적인 발달을 살펴볼 때 두 가지 큰 흐름을 알 수 있다. 하나는 미국에서 시작되어 발달한 수퍼비전이고, 다른 하나는 영국에서 발달한 수퍼비전이다(Carroll, 1998; Holloway & Carroll, 1999). 미국에서의 수퍼비전은 주로 이론과 연구 중심의 문헌들로 대학에서 이루어진 반면, 영국에서는 주로 수퍼비전의 실습, 수퍼바이저들의 훈련 등에 중점을 두고 대학과 같은 기관이 아닌 개인적인 영역에서 이루어졌다.

1) 미국에서의 수퍼비전 발달사

미국에서는 초기의 상담 수퍼비전의 관계가 공식적이기보다는 비공식적이고 지침(guidelines)도 적었으며, 주로 상담 수퍼비전을 받는 시간 수에만 중점을 두었다. 그리고 1980년대 이전에는 효과적인 상담가가 되는 기술과 방법이 효과적인 수퍼바이저가 되는 기술과 방법과 같다고 보아 상담중심의 수퍼비전 모델이 훈련방법으로 사용되었다(Carroll, 1998; Haynes, Corey, & Moulton, 2003; Holloway & Carroll, 1999). 경험이 많은 상담 전문가들은 훈련을 위한 자료들이 있었음에도 수퍼바이저로서의 공식적인 훈련을 거치지 않고 전형적인 수퍼바이저의 역할을 하게끔 기대되었다. 이는 상담중심의 수퍼비전이 정신치료의 이론과 실제에 기반을 두고 생겨났기 때문이다.

즉, 임상치료의 경험과 효과적인 상담기법을 가진 경험 있는 상담가는 수퍼비전에 대한 공식적이고 체계적인 훈련 없이도 수퍼바이저로서 수퍼비전을 제공할 자격이 있다고 여겼으며, 효과적인 상담 경험과 기법만으로도 학생들을 훌륭한 상담가로 만들기에 충분하다는 생각이 지배적이었기 때문이다. 물론 공식적인 훈련 없이 훌륭한 수퍼바이저가 될 수도 있겠으나, 수퍼바이저들의 좀 더 체계적인 훈련을 통한 수퍼비전은 그렇지 않은 수퍼비전보다는 수퍼바이지들에게 훨씬 큰 영향을 미칠 수 있을 것이다. 그리고 수퍼비전은 물론 수퍼바이지의 성장과 발달에 더욱 큰 효과를 나타낼 수 있을 것이다(Haynes et al., 2003).

1980년대 초에는 Bernard(1981)가 자신의 '차별 모델(Discrimination Model)'을 훈련의 한 방법으로 전환시켰다. Loganbill, Hardy 그리고 Delworth(1982)은 발달 모델(Developmental Model)을 소개하였고, 이는 Stoltenberg와 Delworth(1987)에 의하여 좀 더 발전하였다. 1980년대 후반에는 Holloway가 사회역할체계 모델(Social Role Systems Model)을 소개하였는데, 이는 수퍼비전 훈련의 필요성을 절실히 강조하는 사회 그리고 발달 역할모델들을 소개하는 계기가 되었다. 구체적인 수퍼비전 모델에 대한 설명은 이후에 논의할 것이다.

1980년대에서 1990년대 초에는 상담심리 관련 학회들에서 수퍼비전에 대한 구체적인 기준들을 마련하였다(Carroll, 1998; Haynes et al., 2003). 1983년에 미국결혼과 가족치료협회(American Association of Marriage and Family Therapy: AAMFT)에서는 수퍼바이저 훈련을 위한 기준들을 개발하였고, 공인된 수퍼바이저(approved supervisior)를 임명하였다. 1987년에 상담가 교육과 수퍼비전 학회(Association for Counselor Education and Supervision: ACES)에서는 상담 수퍼바이저들을 위한 기준(standards)들을, 1993년에는 윤리적인 지침(ethical guidelines)들을 발표하였다. 1989년에는 미국상담학회(American Counseling Association: ACA)에서 상담가 교육과 수퍼비전 학회의 상담 수퍼바이저들을 위한 기준들을 채택하였다. 국제사회사업학회(National Association of Social Workers: NASW)에서도 1994년 임상사회사업 수퍼비전을 위한 지침들을 발표함으로써 수퍼비전에 관심을 보였으며, 1998년 국제전문상담가협회(National Board for Certified Counselors: NBCC)에서는 윤리적인 수퍼비전을 위한 기준들을 발표하였다. 하지만 놀랍게도 미국심리학회(American Psychological Association: APA)에서는 훈련 프로그램에 대한 구체적인 기준들은 있으나, 수퍼바이저들의 구체적인 자격 요건들이나 전문 역량들에 대해서는 언급하지 않고 있다(Carroll, 1998; Haynes et al., 2003).

2) 영국에서의 수퍼비전 발달사

수퍼비전의 이론과 연구 중심에서 훈련이 생겨난 미국의 접근방법과 달리, 영국에서는 훈련중심에서 이론들과 방법론들 그리고 그에 따른 문헌들이 생겨났다. 물론 1970년대에도 수퍼비전에 대한 문헌들이 출판되었으나 주로 사회사업 분야에서 청소년들을 대상으로 이루어진 것이었다. 1975년에 출판한 Joan Mattison의 『수퍼비전 사례에서의 반영과정(Reflective process in casework supervision)』이란 책은 사회사업 분야의 고전으로 사용되고 있다.

1980년대가 되면서 수퍼비전에 대한 많은 문헌들이 나오기 시작하였다. 특히, 초기 상담 수퍼바이저들 중의 한 사람인 Proctor는 수퍼비전의 기능들에 대해 1980년대 초에 언급하였고, 1986년에는 수퍼비전 훈련의 개요로서 3가지 수퍼비전 과업들(표준적인, normative; 형성적인, formative; 회복적인, restorative)에 대해 명확하게 언급하였다. 그녀의 이러한 노력은 영국 수퍼비전 발달에 큰 공헌을 하였으며, 처음으로 수퍼비전에 대한 일련의 생각들을 하나의 실습방법으로서 명료하게 나타내었다. 더욱이 그녀는 도제생을 훈련시키는 도제제도를 모델로 사용하였다. Proctor의 수퍼비전 모델은 이후 수퍼비전에 대한 연구와 다양한 수퍼비전 훈련과정들을 개발하는 동기가 되었다(Carroll, 1998). 1988년에는 영국 상담 수퍼비전 역사상 가장 큰 핵심이라고 할 수 있는 상담가 수퍼비전을 위한 윤리적이고 실행적인 규율(Code of Ethnics and Practice for the Supervision of Counsellors: BAC)이 마련되었다(BAC, 1988).

Proctor 이후에 Hawkins와 Shohet의 세미나 교재는 수년 동안 수퍼바이저들을 위한 주된 훈련 교재로 사용되었다(1989). 이 책은 저자들의 수퍼바이저로서의 경험들을 바탕으로 하여 집필되었기에 매우 실질적이며, 수퍼바이저로서 활동하는 데 매우 도움이 되는 토대가 마련되었다. 또한 이론들과 그에 바탕이 되는 기본 원리들 그리고 그 이론들의 주된 목적들에 대해 상세하게 나열하였다(Carroll, 1998).

1990년에서 1995년 사이에 영국에서는 상담 수퍼비전 과정이나 콘퍼런스들이 많이 생겨났다(Carroll, 1998). 1990년대 중반부터는 대개 1년 정도가 소요되는 수료증(certificate)이나, 2년 정도가 소요되는 학위수여증이나, 적어도 임상 수퍼비전에서 2개의 석사학위 프로그램이 요구되는 장기 코스로 이루어진 수퍼비전 훈련과정이 생겨났다(Holloway & Carroll, 1999).

3) 수퍼비전 모델들의 발달사

상담에서의 수퍼비전 모델들의 발달사를 살펴보면 3단계로 나누어 볼 수 있다(Carroll, 1998). 첫 번째 단계는 정신분석적 모델이고, 두 번째 단계는 상담이론 중심의 모델들이고, 세 번째 단계는 발달 그리고 사회역할모델들이다. 각각의 수퍼비전 모델들에 대해서는 이후에 구체적으로 논의할 것이나, 여기에서는 각 모델들이 어떻게 생겨났는지에 대해 개략적으로 살펴봄으로써 시대적인 흐름을 파악하고자 한다.

첫 번째 단계는 정신분석적 모델이다. 정신분석적 모델은 상담이론에서나 수퍼비전 분야에서 가장 오랜 역사를 가지고 있다. 이는 정신분석 이론이 다른 이론들보다 먼저 생겨났으며, 처음부터 수퍼비전에 대해 언급하였기 때문이다(Caligor, 1984). Freud가 있었던 초창기의 수퍼비전은 비공식적이고 소규모 집단들로 구성되었으며, 서로의 내담자들에 대한 상담에 대해 재검토하고 토론하고 훈련하는 식으로 구성되었다(Carroll, 1998). 베를린 정신분석학회(Berlin Institute of Psychoanalysis)의 Max Eitingon은 1920년대 초에 정신분석 수퍼비전을 처음으로 베를린 정신분석학회의 공식적이고 필수적인 교육과정으로 만들었다(Frayn, 1991; Lewin, 1972). 그리고 1922년에는 국제정신분석학회(International Psychoanalytic Society)에서 수퍼비전 훈련의 기준을 마련하기 위하여 공식적인 교육과정과 수퍼비전 하에서의 내담자들의 치료를 규정한 체계적인 기준들을 채택하였다(Caligor, 1984; Carroll, 1998). 이러한 공식적이고 체계적인 정신분석 입장의 수퍼비전에서는 수퍼바이지의 분석에 초점을 둔 개인분석을 필수적인 조건으로 내세웠다.

하지만 1930년대에는 '개인분석(personal analysis)'과 '수퍼비전 또는 통제 분석(supervisory or control analysis)'이라는 두 가지 대조되는 견해가 생겨났다(Bernard & Goodyear, 2004; Ekstein & Wallerstein, 1972). 헝가리 부다페스트 학회(Budapest School)에서는 한 정신분석가가 수퍼바이지의 개인분석과 수퍼비전 분석을 동시에 할 수 있다고 주장하였고, 수퍼바이지의 치료에서 나타나는 전이와 수퍼비전 동안에 나타나는 역전이 문제들에 초점을 맞추었다. 하지만 비엔나 학회(Viennese School)에서는 같은 사람이 수퍼바이지의 개인분석과 수퍼비전 분석을 하는 것에 반대하였다. 그들은 수퍼바이지를 위한 수퍼비전 분석은 수퍼바이지의 개인분석보다 좀 더 교육(teaching) 쪽에 가깝기 때문에 수퍼비전 분석과 개인분석은 서로 다른 사람에 의하여 이루어져야 하며, 전이와 역전이에 대한 문제들은 수퍼바이지의 개인분석에서 이루어져야 한다고 하였다(Bibring, 1937; Bernard & Goodyear, 2004). 이러한 개인분석과 수퍼비전 분석에 대한 논쟁은 지금의 수퍼비전 문헌상에서도 수퍼비전과 상담을 어떻게 구분할 것이며, 수퍼비전이 교육적인 양상을 띠는지 치료적인 접근인지에 대한 중요한 문제들로 여전히 찾아볼 수 있다.

두 번째 단계는 1950년대 정신역동 이론 이외의 다른 상담이론들이 생겨남에 따라 시작되었다(Carroll, 1998). 수퍼비전 모델들은 상담이론들과 밀접히 관련되었기에 그 모델들의 이름들조차 인간중심 수퍼비전, 인지행동적 수퍼비전 그리고 합리정서적 수퍼비전과 같이 붙여졌다. 이는 수퍼비전의 철학과 접근방법이 수퍼바이저가 지향하는 상담이론에 기초하여 이루어졌다는 것을 의미하는 것이다(Bernard & Goodyear, 2004).

Carroll(1998)은 이 시기 수퍼비전의 몇 가지 특징적인 요소들을 언급하였다. 우선적으로 이 시기의 수퍼비전은 수퍼바이지에 의하여 일어났던 일에 대해 보고하는 것보다는 실제로 일어나는 것을 관찰하려고 하였다. 또한 개인 수퍼비전 이외에 다른 수퍼비전 형태들이 나타났다. 즉, 소규모 집단이나 동료집단(peer group) 수퍼비전이 생겨났다. 물론 Freud가 내담자의 치료를 토론하기 위하여 소규모 집단을 구성하였지만, 1950년대의 집단은 하나의 학습과정으로 집단과정

(group process)을 사용함으로써 특징지어졌다. 마지막으로 상담에서 기술적인 접근을 강조하게 되어 수퍼바이저들의 수퍼비전 접근방법에도 영향을 끼쳤다. 즉, 수퍼바이저들이 수퍼바이지들의 기술을 발달시키는 것에 어느 정도는 책임이 있는 것으로 여겨져 수퍼바이저들이 좀 더 기술에 기초한 교육방법들을 사용하게 되었다.

세 번째 단계는 1970년대로 수퍼비전에서 발달 모델과고 사회역할모델들이 생겨나면서부터다(Carroll, 1998). 이 시기부터는 상담이론에 중점을 둔 수퍼비전 모델에서 벗어나 좀 더 교육적이고 심리사회적인 모델들이 생겨났다. 발달 모델들은 수퍼바이지들이 훈련과 수퍼비전을 받으면서 어떻게 발달 · 변화하는지, 수퍼바이저들은 어떻게 수퍼바이지의 학문적인 훈련과 경험수준에 맞추어 수퍼비전을 해야 하는지에 초점을 맞추고 있다. 사회역할모델들은 수퍼바이저들의 역할과 과업들을 강조하고 있다(Bernard & Goodyear, 2004; Carroll, 1998; Ooijen, 2003).

5. 수퍼비전의 목적

수퍼비전의 궁극적인 목적은 수퍼바이지를 전문가로서 발달시키는 구체적이고 체계적인 교육과 훈련 그리고 지속적인 수퍼비전을 통해 이루어진다(Holloway, 1999). 수퍼비전의 목적에 대해서는 이미 기존의 많은 상담심리학자

표 1-3 수퍼비전의 목적

- 수퍼바이지의 개인적, 전문적 성장과 발달의 촉진
- 내담자의 복리 보호
- 수퍼바이지의 활동을 검토하고, 상담 전문분야를 위한 감독자(gate-keeper)의 역할
- 수퍼바이지 스스로 자신의 활동을 검토하고, 독립적인 전문 상담가로서의 책임을 질 수 있는 권한 부여

들이 계속해서 언급해 왔다(Bernard & Goodyear, 2004; Bradley & Kottler, 2001; Bradley & Ladany, 2001; Campbell, 2000; Carroll, 1998; Haynes et al., 2003; Holloway, 1999; Kadushin, 1992; Kaiser, 1997). 이들은 각기 다른 의견을 보임에도 불구하고 〈표 1-3〉과 같이 공통된 의견들을 보이고 있다.

1) 수퍼바이지의 개인적, 전문적 성장과 발달의 촉진

역량 있는 상담가로서 내담자들을 효과적으로 상담하는 법들을 가르치는 것은 수퍼비전의 가장 중요한 임무다. 이는 수퍼바이지들이 현재 상담하는 내담자들뿐만 아니라 앞으로 상담할 내담자들의 복리를 보장하기 때문에 매우 중요하다(Haynes et al., 2003). 수퍼비전의 첫 번째 목적은 두 가지 목적들, 즉 수퍼바이지의 개인적인 그리고 전문가로서의 성장과 발달을 의미한다. 수퍼바이지의 개인적인 그리고 전문가로서의 성장과 발달은 서로 긴밀하게 연관되어 있기 때문에 수퍼비전에서는 수퍼바이지 스스로가 자신들의 성장과 발달을 촉진시킬 수 있는 기회를 주어야 한다. 특히, 이러한 목적들은 '개인적, 전문적 성장과 발달' 이라는 말 자체가 갖고 있는 일반적이며 모호한 의미로 다루어서는 안 된다. 또한 수퍼바이저들은 자신의 중심 이론이나 모델 그리고 구체적인 수퍼비전 기법들로 수퍼바이지들의 발달수준에 맞는 체계적인 목표를 설정하여 발달시키도록 도와야 한다(Bernard & Goodyear, 2004; Bradley & Kottler, 2001).

수퍼바이지의 개인적, 전문적 성장과 발달은 수퍼바이지가 경험이 없는 상담가로부터, Stoltenberg와 Delworth(1987)가 말하는 '중견 상담전문가(master-practitioners)' 로 되어 가는 과정을 통하여 이루어진다. 즉, 자율성, 동기부여, 자아와 타인에 대한 의식의 과정을 통하여 경험 있는 상담가가 되는 것이다. 자율성이란 상담가가 독립적인 방법으로 전문가로서의 역할을 할 수 있다는 인식이 계속해서 증가되는 것을 경험하는 것이다. 동기부여는 상담가가 내담자들을 상담할 때 관련된 위험성에 대한 지각과 더불어 좀 더 현실적인 판단력을 가진 상담가로 되어 가는 것이다. 마지막으로 자아와 타인에 대한 의식은 상담가가 자신과 내담자 그리고 그 관계에 대해 좀 더 민감하게 알아차리는 것을 말한다(Stoltenberg & Delworth, 1987).

수퍼비전의 가장 중요한 목적 중의 하나인 수퍼바이지의 개인적, 전문적 발달이 잘 촉진되도록 하는 것은 수퍼바이저뿐만 아니라 수퍼바이지의 노력에도 달려 있다. 궁극적으로 수퍼비전의 첫 번째 목적은 수퍼바이지로 하여금 공식적이고 체계적인 훈련을 통하여 자율적이고 책임감 있는 상담 전문가로서 역할을 하도록 하는 데 있다. 이러한 목적은 수퍼비전의 두 번째 목적인 내담자의 복리를 보호하는 기능과 조화를 이루어야 한다(Haynes et al., 2003).

2) 내담자의 복리 보호

수퍼바이지들을 위한 수퍼비전의 교육적인 기능이 중요하지만, 내담자들을 보호하는 수퍼비전의 목적 또한 소홀히 해서는 안 된다. 대부분의 경우에 수퍼바이지들은 훈련을 받는 상담가들이기 때문에 역량 있고 경험이 많은 상담 전문가로부터 수퍼비전을 받는 것이 중요하다. 이는 수퍼바이지의 내담자들이 해로움을 받지 않도록 보호하며, 수퍼바이지들이 자신의 역량 내에서 상담하도록 하는 것을 보장하기 위함이다(Carroll, 1998). 미국에는 특히 수퍼바이저들이 자신들의 수퍼바이지들의 행동에 책임을 지는 '간접책임제(vicarious liability)'가 있기 때문에 수퍼바이저들은 궁극적으로 자신의 수퍼바이지들이 상담하는 내담자들의 복리에도 책임이 있다. 사실상 Loganbill 등(1982)은 이러한 간접책임제를 수퍼바이저 최고의 책임이라고 할 정도로 내담자의 복리를 보호하는 것에 대한 중요성을 나타냈다.

수퍼바이저들은 자신의 수퍼바이지들이 상담하는 내담자들을 보호하고 감독하는 여러 가지 방법들을 사용할 수 있다(Carroll, 1998). 어떤 수퍼바이저들은 상담 장면들을 직접 관찰하는 라이브 수퍼비전을 사용하고, 어떤 수퍼바이저들은 비디오나 오디오 테이프에 녹화되거나 녹음된 것을 사용한다. 또 어떤 수퍼바이저들은 수퍼바이지의 보고나 설명에 의존하기도 한다. 하지만 어떠한 방법을 사용하더라도 중요한 것은 내담자들이 보호되고 효과적인 상담을 받을 수 있도록 수퍼바이지들의 상담 활동을 감독하는 것이다. 특히, 수퍼바이저는 수퍼바이지들이 자신들의 역량을 넘는 상담을 하는 것을 막아야 하며, 수퍼바이지들의 역량에 맞는 내담자들을 의뢰해야 한다.

3) 수퍼바이지의 활동을 검토하고, 상담 전문분야를 위한 감독의 역할

수퍼바이지의 역량을 검토하고 평가하는 것은 상담, 심리학, 사회사업, 가족치료 분야에서 자격증을 얻을 때 요구되는 필수적인 요소다(Haynes et al., 2003). 이러한 수퍼바이저의 감독자로서의 역할은 수퍼비전이 이루어지는 환경이나 수퍼바이지의 교육과 훈련의 정도에 따라 달라질 수 있다. 하지만 수퍼바이저는 수퍼바이지들의 전문적이고 치료적인 역량을 평가할 필요가 있으며, 전문적인 상담분야에 적합한 사람인지를 파악해야 한다.

4) 수퍼바이지 스스로 자신의 활동을 검토하고, 독립적인 전문 상담가로서의 책임을 질 수 있는 권한 부여

수퍼비전의 중요한 목적들 중의 하나는 수퍼바이지들이 하나의 독립된 전문적인 상담가로서 스스로 자신을 평가하는 데 필요한 기법들, 인식, 자원들을 발달시키도록 돕는 데 있다(Haynes et al., 2003). 이 목적은 문제해결력, 의사결정권 그리고 자율적인 평가를 배울 수 있는 기회가 수퍼바이지들에게 주어진 수퍼비전을 통하여 이루어질 수 있다. 수퍼바이저들은 수퍼바이지들이 자신들의 임상적인 판단력을 믿을 수 있도록 함으로써 수퍼바이지들의 권한을 발달시키도록 도움을 주어야 한다. 이러한 과정을 통해 수퍼바이지들은 개인적으로나 전문적으로 책임과 권한을 경험할 것이며 전문적인 상담가로서의 역할을 다할 것이다. 따라서 내담자들의 복리를 최우선적으로 내세울 것이고, 내담자들에게 해가 되는 일을 하지 않을 것이다. 이러한 자율적이고 책임감 있는 상담가들은 자신들의 상담 역량을 스스로 검토하고 자신들의 한계를 인식하며, 자신의 개인적인 문제들이 상담 장면에서 어떻게 영향을 미치는지에 대해 자각하여, 언제 어떻게 자문을 구하거나 수퍼비전을 받을지에 대해 판단할 수 있을 것이다.

6. 수퍼비전의 일반적인 7가지 과업들

수퍼바이저와 수퍼바이지는 수퍼비전에 대한 기대를 가지고 수퍼비전 관계를 형성하게 된다. 또한 수퍼비전도 여러 가지 과업들을 포함하고 있기에, 그러한 과업들을 구체적으로 살펴보고 이후에 다룰 수퍼비전 모델에 통합하는 것이 필요하다. 여기에서 다룰 Carroll의 7가지 일반적인 수퍼비전 과업들은 수퍼바이지들의 효율적인 교육과 훈련을 위하여 수퍼바이저가 갖추어야 하는 역할들이다. 7가지의 다양한 역할들을 수퍼바이저들에게 훈련시켜, 수퍼바이저들 또한 어떤 역할이 자신에게 적합하고 어떤 역할이 부족한지를 인식함으로써 자신의 수퍼비

그림 1-1 수퍼비전의 7가지 과업들

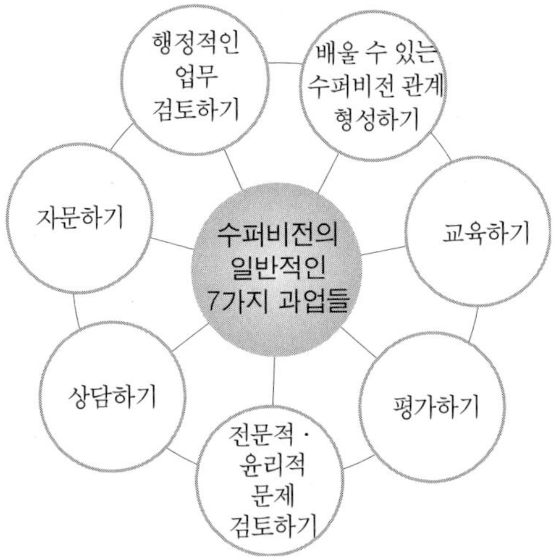

전 기법들을 발달시키는 구체적인 지표가 될 수 있다. 더욱이 수퍼바이저의 역할들이 어떤 수퍼바이지들에게 효과적인지를 살펴보고 수퍼바이지들의 학습방법이나 발달단계에 맞는 역할들을 선택함으로써 융통성 있는 수퍼바이저로서 수퍼비전에 개입할 수 있을 것이다. Carroll(1998, 1999)은 수퍼비전의 7가지 과업들을 [그림 1-1]과 같이 나타내었다.

1) 배울 수 있는 수퍼비전 관계 형성하기

수퍼비전 관계는 특정한 경계 내에서 이루어지는 전문적인 관계다. 수퍼바이저들은 수퍼바이지들이 수퍼비전을 통하여 역량 있는 상담가로 발전할 수 있도록 학습의 장을 마련하는 것이 중요하다. 특히, 상담이라는 분야에 처음으로 입문하는 학생들이나 경험이 적은 상담가들은 혼란스러움, 좌절감, 불안감 등을 경험하며, 자신들의 실수를 성장할 수 있는 기회로 보기보다는 상담가로서의 결정적인 실패로 지나치게 과장하여 생각하기 때문에 상담을 스트레스 요인으로 간주할 수 있다. 따라서 상담가들이 내담자들을 위하여 안전하고 지지적인 환경을 마련하듯이, 수퍼바이저들은 수퍼바이지들을 위하여 안전한 수퍼비전 환경을 마련하는 것이 중요하다(Bradley & Kottler, 2001; Haynes et al., 2003). 이러한 수퍼비전 관계 속에서 수퍼바이지들은 상담가로서의 자신들의 두려움이나 걱정거리, 어려운 문제들, 혼란스러움과 갈등들을 경험하고 탐색하게 된다. 또한 자신에 대한 이해와 더불어 건설적인 모험과 도전적인 태도를 취할 것이며, 좀 더 자신감 있고 전문적인 상담가로 성장하게 되는 기회를 갖게 되는 것이다.

수퍼비전의 관계는 시간이 흘러감에 따라 교사-학생의 관계에서 동료 관계로 발전하게 된다(Carroll, 1998). 중요한 것은 수퍼바이지들의 배움을 향상시킬 수 있는 효과적인 작업 동맹을 이루고 유지하는 것이다. 이러한 협력적인 관계는 수퍼바이저와 수퍼바이지가 수퍼비전에 따르는 기본적인 규칙들을 충분히 이해하고 있으며, 상호간에 있을 수 있는 갈등들을 해결할 기준들을 마련하는 것이다. 특히, 수퍼비전 초기에 수퍼비전 관계에 대한 문서화된 수퍼비전 계약서를 마련하는 것이 중요하다(Carroll, 1998, 1999; Haynes et al., 2003).

2) 교육하기

수퍼바이지들을 교육시키는 것은 수퍼비전의 매우 중요한 역할이다. 어떤 교수법으로 어떻게 가르칠 것인가에 대해서는 여러 가지 의견들이 있을 수 있겠으나, 수퍼바이지들을 위하여 효과적인 방법들을 찾아내는 것이 수퍼바이저들의 중요한 역할이라는 데는 의견의 일치를 보이고 있다. 상담 분야뿐 아니라 일반 교육 분야에서도 마찬가지로 교육의 가장 효과적인 방법은 모델링이다. 수퍼바이저가 수퍼비전에서 어떻게 행동하는가는 단순히 수퍼바이지들에게 이렇게 저렇게 하라고 직접 말하는 것보다 훨씬 큰 영향을 미칠 수 있다(Carroll, 1998, 1999; Haynes et al., 2003).

Bradley와 Kottler(2001)는 수퍼비전에서의 교육과 훈련이 수퍼바이지들의 발달수준에 맞게 이루어져야 함을 강조하고 있다. 일반적으로 경험이 적은 수퍼바이지들은 수퍼바이저가 어떻게 상담하는지에 대해 구체적인 정보를 제공해 주기를 바란다. 그들은 수퍼바이저의 상담 장면들을 관찰하거나 상담을 기술한 문서화된 자료들을 직접 볼 수 있는 직접적이고 구조적인 교수법을 선호한다(Borders & Leddick, 1987; Leddick & Dye, 1987). 반면에 좀 더 경험 있는 수퍼바이지들은 수퍼바이저와 서로 생각이나 아이디어들을 나누는 것을 선호한다(Bernard & Goodyear, 2004; Borders & Leddick, 1987; Ward & House, 1998; E. L. Worthington, 1984; W. Worthington & Stem, 1985). 상담가들은 경험이 적은 상담가에서 시작하여 점점 더 많은 경험을 함에 따라 자신의 상담기법에 자신감을 갖게 되고, 좀 더 자율적이고 책임감 있는 수퍼바이지로서 수퍼비전에 적극적으로 참여하게 된다. 이때 수퍼바이저와 수퍼바이지의 관계는 교사-학생의 관계가 아닌 동료나 자문가의 관계가 되고, 수퍼바이저 또한 수퍼비전을 통하여 배우는 기회가 된다는 것을 깨닫게 된다.

3) 상담하기

수퍼비전 과업들 중의 하나인 상담하기는 수퍼바이지들로 하여금 내담자와의 상담 장면에서 일어나는 그들의 개인적인 반응이나 문제들을 면밀히 검토하도록 하는 것이다. 수퍼비전에서의 상담은 '상담' 이라는 말을 사용하지만 치료나 상담의 의미는 아니다(Bradley & Kottler, 2001; Carroll, 1998, 1999). 수퍼비전에서의 상담의 목적은 수퍼바이지로 하여금 좀 더 효과적이고 치료적인 상담가가 되도록 하는 데 있다. 반면, 일반적인 상담의 목적은 좀 더 나은 사람이 되는 개인적인 성장에 있다.

이러한 수퍼비전에서의 상담의 기능은 무조건 수퍼바이지들의 개인적인 문제들을 모두 다루어야 한다는 것은 아니다. 수퍼바이저는 상담 장면에서 수퍼바이지 스스로의 문제가 내담자와의 치료적인 관계 형성을 저해할 경우에 수퍼바이지들이 좀 더 효과적인 치료사가 될 수 있도록 개입하여야 한다(Carroll, 1999). 그렇다면 수퍼바이지들이 수퍼비전의 상담이 아닌 일반 상담이나 치료를 통하여 도움을 받을 수 있는가? 상담이 개인의 발달적인 과업이나 개인적인 적응상의 문제나 갈등들에 도움을 주기 때문에 그에 대한 대답은 그렇다가 될 것이다. 그렇다면 결국 상담은 수퍼바이저가 아닌 다른 상담심리 치료사에게서 받아야 한다. 물론 수퍼바이저들 또한 상담할 수 있는 능력이나 자격이 있겠으나 다른 치료사에게 의뢰를 하여야 한다(Bradley & Kottler, 2001). 이는 이후에 다룰 이중 관계(dual relationship)를 피하기 위함이다.

4) 전문적/윤리적 문제 검토하기

수퍼바이저는 수퍼바이지들이 윤리적으로나 전문적으로 상담하는 것뿐만 아니라 수퍼바이지들이 자신의 행동이 어떤 영향을 미칠 수 있는가에 민감할 수 있도록 도와야 한다. 그리고 그들이 전문적인 상담 영역에 적합한 사람인지를 살펴보아야 한다(Carroll, 1999; Bernard & Goodyear, 2004; Haynes et al., 2003). 이는 수퍼바이저가 수퍼바이지들뿐만 아니라 그들의 내담자들에 대한 책임이 있기 때문이고, 내담자들이 최상의 효과적인 치료를 받을 수 있도록 보장하기 위함이다.

Lumadue와 Duffey(1999)에 의하면, 수퍼바이지들의 전문적 · 윤리적 행동들을 감독하는 것은 대학원 과정에서 이루어져야 한다. 수퍼비전은 수퍼바이지들의 전문적인 역량을 검토하고 평가하는 중추적인 역할을 한다. 따라서 수퍼바이저는 수퍼바이지들이 전문적인 상담가로서 입문하기 전에 그들이 윤리적인 지침과 기준들을 잘 인식하고 있는지, 그 지침에 따른 의사결정을 할 수 있는지를 살펴보아야 한다. 물론 수퍼바이지들은 실수를 통하여 성장하고, 그러한 실수들은 수퍼비전에서 다루어져야 한다. 하지만 수퍼바이지들의 잘못된 행동이 지나치게 심각할 경우, 수퍼바이저는 수퍼바이지가 본격적으로 상담가로서 입문하기 전에 수퍼바이지와 함께 그의 상담가로서의 적합성을 다시 한 번 살펴보아야 한다. 실제로 미국에서는 수퍼바이지들의 행동으로 인해 수퍼바이저들이 전문적인 임무를 적절히 수행하지 못했다는 직무상 과실행위(malpractice)로 법정인 소송에 연관된 사례들이 종종 있다. 이것은 앞서 언급한 간접책임제가 수퍼바이저들에게 있기 때문이다(Bernard & Goodyear, 2004; Carroll, 1998, 1999).

수퍼비전은 내담자들의 복리와 수퍼바이지들의 성장과 발달을 위하여 수퍼바이지들의 윤리성과 전문성을 검토하는 기회를 제공한다. 수퍼바이저는 수퍼바이지들의 잘못된 행동에 직면시키며, 그들의 전문적인 행동이나 능력에 대한 의심이 있을 때 적극적인 행동을 취할 것이며, 극단적인 경우에는 수퍼바이지들에게 상담가가 아닌 다른 직업을 찾도록 권고할 것이다(Carroll, 1999).

5) 평가하기

수퍼비전의 평가라는 과업에 대해서는 여러 가지 논쟁점들이 있음에도 불구하고 수퍼비전에서의 평가에 대한 연구가 많지 않은 것은 사실이다. 수퍼비전의 평가적인 과업에 대해서는 이후에 자세히 논의할 것이므로 여기서는 간단하게 살펴본다.

많은 수퍼바이저들이나 상담학자들이 수퍼바이지의 역량을 평가하는 것에 대한 중요성을 인정하면서도(Holloway, 1984; Knoff, 1988; Stoltenberg, Solomon, & Ogden, 1986; Stoltenberg & Delworth, 1987; Tyler & Weaver, 1981), 수퍼비전의 평가적인 성격으로 인한 문제들을 제기하고 있다(Tracey, Ellickson, & Sherry, 1989; Yager & Beck, 1985). 심지어 어떤 상담 전문가들은 수퍼비전의 공식적인 평가를 수퍼바이저들이 교육자, 훈련가, 상담가 또는 자문가 등의 다양한 역할을 하는 데 방해가 되는 요인으로 보고 있다(Cohen, 1987; Wolberg, 1967). 실제로 수퍼바이저들은 수퍼바이지들이 효과적으로 배울 수 있는 안전하고 지지적인 수퍼비전 환경을 만들어야 함과 동시에 수퍼바이지들의 역량을 평가해야 하는 두 가지 상반된 역할을 가지고 있다. 수퍼바이지들 또한 수퍼비전에서 탐색되고 논의되는 자신들의 약점이나 부족한 점들이 자신들의 상담가로서의 역량 평가에 부정적인 영향을 미칠 수 있다고 생각할 때, 어떻게 자신들의 갈등이나 문제들을 충분히 논의할 수 있겠느냐가 문제시 된다(Bernard & Goodyear, 2004; Bradley & Kottler, 2001; Carroll, 1998, 1999).

하지만 수퍼바이저들이 수퍼바이지들의 감정을 보호하기 위하여 필요한 평가나 피드백 또는 직면을 하지 않는다는 것은, 수퍼바이지들이 성장할 수 있는 기회를 박탈함과 동시에 그들의 내담자들을 보호하지 않는 것과 마찬가지다. Bradley와 Kottler(2001)는 수퍼비전의 평가적인 과업에 대한 부정적인 견해들을 살펴보면 평가 그 자체가 아닌 평가에 대한 잘못된 인식으로 인하여 부정적인 견해나 두려움 그리고 불안감이 생긴다고 주장하였다. 또한 그들은 평가가 부정적인 의미를 지녔다기보다는 그것을 통하여 수퍼바이지들이 정해진 목표들을 얼마나 달성하였는지를 점검할 수 있으며, 불안감이 아닌 긍정적인 동기를 유발시키는 계기가 된다고 주장하였다.

평가가 효율적이고 긍정적으로 이루어지기 위해서는 수퍼바이지들뿐만 아니라 수퍼바이저에 대한 평가도 이루어져야 하며, 수퍼바이지들이 평가절차에 대해서도 충분히 인식하고 있어야 하며, 자신들을 스스로 평가할 수 있는 기회가 주어져야 한다. 또한 달성한 목표와 더불어 앞으로 노력해서 성장할 수 있는 영역에 대한 언급을 함으로써 좀 더 효과적으로 평가적인 절차가 이루어져야 한다(Bernard & Goodyear, 2004; Bradley & Kottler, 2001; Carroll, 1998; Gilbert & Sills, 1999).

6) 자문하기

수퍼비전의 역할 중에서 자문하기(consulting)는 가장 많이 사용되는 과업이다(Carroll, 1995). 수퍼비전에서 자문의 역할은 주로 경험이 있는 수퍼바이지와의 수퍼비전에서 이루어진다. 사실상 자문적인 성격을 지닌 수퍼비전은 훈련의 목적을 둔 수퍼비전이라기보다는 전문적인 활동으로 간주된다(Bernard & Goodyear, 2004; Carroll, 1998). 또한 이러한 수퍼비전은 문제해결에 초점을 맞추고 수퍼바이지의 상담 활동을 검토하는 접근방법이다.

Bradley와 Kottler(2001)는 자문적인 수퍼비전을 이루기 위해서는 수퍼바이저와 수퍼바이지 간의 협의하에 마련된 목표들이 있어야 한다고 하면서 네 가지 목표들을 언급하였다. 내담자와의 상담과정을 방해하는 개인적인 문제들, 전문적인 발달에 대한 문제점들, 새로운 기법을 획득하거나 상담가로서의 역량을 발달·촉진시키는 방법들, 마지막으로 프로그램을 개발하고 유지하며 평가하는 방법들에 대한 목표를 다룰 수 있다고 하였다. 또한 그들은 자문적인 수퍼비전의 목표들을 달성하기 위해서는 효과적인 전략들이 사용되어야 한다고 하였다.

7) 행정적인 업무 검토하기

수퍼비전의 행정적인(administrative) 성격은 수퍼바이지들이 상담하는 다양한 환경들을 검토하는 것이다. 수퍼바이저의 역할은 수퍼바이지들이 상담하는 환경들, 즉 대학이나 병원 또는 일반 상담기관의 한 일원으로서 효율적으로 활동할 수 있도록 돕는 것이다. 따라서 수퍼바이저들은 수퍼바이지들이 속한 기관의 정책이나 절차들을 인식하고 그에 맞게 내담자와 관련된 모든 문서나 사례들을 보관하고 기록하는지, 적절하게 내담자들을 의뢰하는지 등을 검토한다(Bradley & Kottler, 2001). 더욱이 기관의 관료적인 특성상 수퍼바이지와 기관의 정책이 상반될 수 있다. 따라서 수퍼바이저들은 그러한 갈등들을 수퍼바이지가 어떻게 해결해 나가는지, 그 해결과정에서 수퍼바이지의 교육을 최대화할 수 있는지 등에 관련된 문제들을 검토할 수 있다. 이러한 행정적인 업무나 문제들은 심지어 수퍼바이지들이 개인 상담소를 가지고 혼자서 일하는 경우에도 관련되어 있다(Carroll, 1998, 1999; Haynes et al., 2003).

2장

상담 수퍼비전의 모델들

수퍼비전 관계를 형성할 때 가장 중요한 점은 수퍼바이저 스스로가 수퍼비전의 목적과 적용할 이론에 대한 철학적인 배경, 핵심적인 개념들, 수퍼바이저의 역할들 그리고 구체적인 수퍼비전 기법에 대해 이해하고 있어야 한다는 것이다. 2장에서는 현재 가장 중심이 되는 여러 가지 수퍼비전의 이론들을 살펴보고, 그 이론들을 어떻게 수퍼비전에서 적용할 수 있는지에 대해 검토한다. 〈표 2-1〉에서는 여러 상담학자들(Bernard & Goodyear, 2004; Bradley & Ladany, 2001 Campbell, 2000; Haynes, Corey, & Moulton, 2003; Todd & Storm, 1997)이 분류한 다양한 수퍼비전 모델들을 정리하였기에 수퍼비전 모델에 대한 전체적인 체계를 알 수 있을 것이다.

표 2-1 상담학자들에 따른 수퍼비전 모델들의 분류

Bernard와 Goodyear	Bradley와 Ladany	Campbell	Haynes, Corey와 Moulton	Todd와 Storm
상담이론에 입각한 모델들	상담이론에 입각한 모델들	상담이론에 입각한 모델들	상담이론에 입각한 모델들	정신역동 모델
발달 모델들	발달 모델들	수퍼비전 중심의 모델들	발달 모델들	세대초월 모델들
사회역할모델들	통합 모델들		통합 모델들	통합 모델들
				목적-체계 모델들
				가족치료 수퍼비전의 포스트모던 모델들

1. 상담이론에 입각한 수퍼비전 모델들

내담자의 변화에 도움이 되는 상담이론은 수퍼바이지의 변화를 이끌기 위한 수퍼비전에서도 사용되었다. 또한 수퍼바이지들은 수퍼바이저의 행동이나 사고 방식들을 채택하는 경향이 있기 때문에 사실상 수퍼바이저가 지향하는 상담이론은 수퍼바이지들의 중심 이론에 큰 영향을 미치게 된다(Guest & Beutler, 1988; Lochner & Melchert, 1997). 따라서 수퍼바이저는 자신의 중심 이론을 수퍼바이지들을 훈련시키는 하나의 접근방법으로 철저하게 이해하고 사용함으로써 일관성 있는 수퍼비전이 이루어지도록 해야 할 것이다. 수퍼바이지 또한 수퍼바이저가 지향하는 상담이론에 대한 철학, 이론, 원리 등에 대해 충분한 이해를 가지고 내담자를 상담할 때 효율적으로 활용할 뿐만 아니라 수퍼비전을 통한 학습의 효과를 극대화하도록 노력해야 할 것이다(Patterson, 1983). 여기서는 상담이론에 입각한 여섯 가지 수퍼비전 모델들, 즉 정신역동 모델, 인간중심 모델, 인지행동중심 모델, Adler 이론중심 모델, 실존주의 모델 그리고 가족치료 모델에 대해 살펴본다.

1) 정신역동 모델

상담 수퍼비전에서 정신역동 수퍼비전은 가장 오랜 역사를 가지고 있으며, 다른 이론들보다 수퍼비전 이론이나 실행에 가장 큰 영향을 미쳤다(Caligor, 1984). 상담 분야에서 최초의 수퍼바이저라면 Freud라고 할 수 있다. Freud는 1902년에 정신분석 이론을 배우고 그에 따라 치료하고자 하는 많은 젊은 의사들과 모임을 가졌다고 보고하였다(Freud, 1986). 사실상 19세기에 사회사업 분야에서도 수퍼비전이 있었다(Harkness & Poertner, 1989). 즉, 자선단체 기구에서 급료를 받은 사회사업가가 가난한 사람들에게 친절한 방문자로 개입하여 그들의 도덕성을 수퍼비전한 것이 비슷한 시기다.

하지만 Freud는 실질적인 치료 사례들을 수퍼비전 하였으므로 최초의 수퍼바이저라 할 수 있다. Jacobs, David 그리고 Meyer(1995) 등은 최초로 기록된 정신역동 수퍼비전은 1909년의 다섯 살 난 한스 소년의 사례(Freud, 1909)라고 주장하였다. 그들은 Freud가 한스 소년의 아버지에게 여러 가지 제안과 직접적인 교육법을 사용하여 수퍼비전을 하였다고 논쟁하였다. 그렇지만 정신역동 수퍼비전의 시기에 관계없이 무엇보다도 중요한 것은 정신역동 이론의 창시자인 Freud가 상담뿐 아니라 수퍼비전의 영역에서도 가장 선두자였다는 사실이다. 특히, 이후에 언급할 정신역동 이론의 작업동맹과 평행과정(parallel process)은 수퍼비전의 중요한 개념들로 모든 수퍼바이저들이 인식하고 있다.

(1) 정신역동 수퍼비전의 목적

정신역동 수퍼비전은 수퍼바이지가 내담자들, 수퍼바이저들, 다른 동료들 그리고 다른 사람들과의 관계 속에서 나타난 개인 내의, 또 대인 간의 역동에 초점을 맞춘 치료적인 과정이다(Bradley & Gould, 2001). 따라서 수퍼비전의 목표는 그러한 역동에 대한 수퍼바이지의 자아의식을 발달시키며, 상담에서 정신역동 접근을 사용하기 위해 필요한 기법들을 발달시키는 데 있다. 이러한 궁극적인 목적을 달성하기 위하여 Bradley와 Gould(2001)는 네 가지 하부 목적들, 즉 역동을 의식하기, 두 가지 역동들인 대인 간의 역동과 개인 내의 역동을 이해하기, 역동들을 변화시키기 그리고 역동들을 치료적으로 사용하기를 언급하였다.

첫 번째 하부 목적은 개인 내의 역동과 대인 간의 역동을 의식함으로써 치료에 대한 이해를 할 수 있다는 것이다. 개인 내의 역동이란 비밀스런 행동들이나 감정, 사고, 인식, 태도, 신념 등의 감각과정들과 자극에 대해 의미를 부여하는 인지적 과정으로 이루어진다. 대인 간의 역동이란 수퍼바이지와 내담자 간에 일어나는 언어적인 그리고 비언어적인 의사소통을 말한다. 수퍼바이지는 민감하고 효과적인 의사소통자로서 분명하거나 암시적인 의사소통을 파악하여, 그러한 의사소통을 내담자에게 치료적으로 전달하는 책임을 지닌다. 이와 같은 대인 간의 역동과 개인 내의 역동을 파악함으로써 수퍼바이지는 누구에게나 자신의 생각이나 느낌 그리고 태도들을 숨기고 싶어 하는 부분이 있으며, 인간관계는 전달하고자 하는 행동에 대한 대인 간의 교류와 관련되어 있음을 깨닫게 된다(Bradley & Gould, 2001).

두 번째 하부 목적은 두 가지 역동들에 대한 평가를 통해 그 역동들을 이해하는 것이다(Bradley & Gould, 2001). 한 가지 역동은 개인 내의 역동이 대인 간의 행동에 미치는 영향이고, 다른 한 가지 역동은 대인 간의 행동이 개인 내의 역동에 미치는 영향이다. 수퍼바이지-내담자의 역동을 평가하는 것은 수퍼바이지가 내담자와의 대인 행동이 수퍼바이지 자신의 개인 내의 역동에 어떻게 영향을 미치는지, 수퍼바이지의 대인 행동이 내담자 개인 내의 역동에 어떻게 영향을 미치는지, 그리고 내담자 개인 내의 역동이 수퍼바이지에 대한 내담자 자신의 대인 행동에 어떻게 영향을 미치는지를 평가함으로써 이루어질 수 있다.

Haynes 등(2003)은 수퍼바이지의 저항, 역전이, 내담자들에 대한 반응방법 그리고 내담자들의 치료자에 대한 반응들(전이)의 의미를 파악하는 것이 정신역동 수퍼비전의 가장 중요한 과정이라 하였다. 이러한 두 가지 역동에 대한 평가는 수퍼바이지-내담자의 관계뿐만 아니라 수퍼바이지-수퍼바이저의 관계에서도 적용되는 평가들이다. 특이하게도 정신역동 수퍼비전의 발달을 검토한 Frawley-O' Dea와 Sarnat(2001)의 조사에 따르면, 초기의 정신역동 수퍼비전은 내담자의 역동에 초점을 둔 '내담자중심'의 수퍼비전인 반면, 이후의 수퍼비전은 수퍼바이지의 역동에 더 많이 초점을 둔 '수퍼바이지 중심'의 수퍼비전이었다.

세 번째 하부 목적은 역동을 변화시키는 것이다. 상담에서 역동의 변화는 내담자의 개인 내의 기능과 대인관계의 기능을 향상시키는 데 필수적인 요소다. 정신역동 수퍼비전에서의 수퍼바이지 역시 개인 내의 그리고 대인 간의 역동적인 기능의 문제점들이 있을 수 있다. 그러한 문제점들은 내담자와의 상담을 방해하는 중요 요인으로 작용하므로 수퍼바이지의 역동을 변화시키는 것이 세 번째 목적이라 하겠다(Bradley & Gould, 2001).

네 번째 하부 목적은 역동들을 치료적으로 사용하는 것이다(Bradley & Gould, 2001). 수퍼바이지들은 개인적인 역동을 경험하고 통제해야 한다. 물론 상담가들은 다른 사람들의 행동을 조정하는 통제자 역할에 대한 거부감이 있을 것이다. 하지만 여기서 수퍼바이지 개인의 역동을 통제한다는 것은 내담자들의 이익을 위하여 수퍼바이지 개인의 역동을 통제한다는 치료적인 개입을 말하는 것으로 역동통제라는 용어가 사용되었다. 또한 내담자의 역동에 영향을 미칠 수퍼바이지의 영향을 계획해야 한다. 다시 말해서 수퍼바이지는 내담자를 상담하기 전에 내담자의 역동에 치료적으로 영향을 미칠 수 있는 대인적인 행동들을 미리 선택할 수 있다. 마지막으로 내담자들에게 간접적으로 영향을 미칠 역동들을 관리하고 통제하는 것이다. 이와 같은 과정을 통하여 수퍼바이지들은 내담자와의 치료적인 관계에서 생겨나는 역동들을 치료적으로 활용하는 기법들을 터득해 나가게 된다.

(2) 평행과정

평행과정(parallel process)은 모든 수퍼비전 관계를 설명하는 데 중요한 개념으로, 이후에 다룰 수퍼비전 관계에서 자세히 살펴볼 것이므로 여기서는 개략적인 의미를 살펴본다. 원래 평행과정의 개념은 정신역동 수퍼비전에서 출발하였다. 평행과정 개념을 처음으로 사용한 사람은 Searles(1955)로 '반영적인 또는 반영과정(reflective or reflection process)' '반영(mirroring)' '평행 재현(parallel re-enactment)' 이라는 용어를 사용하여, 내담자와 상담가의 상담관계가 수퍼바이지(상담가)와 수퍼바이저의 수퍼비전 관계에서 나타나는 것을 말하였다. 그리고 이후에 학자들(Ekstein & Wallerstein, 1972; Mueller, 1982; Mueller & Kell, 1972)에 의하여 평행과정이란 용어가 사용되었다. 이러한 평행과정은 초기의 문헌들에서는 무의식적인 과정으로 일방적(unidirectional)이고 관계에 도움이 되지 않는 전이의 형태로 간주되었다(Carroll, 1998).

평행과정에 대하여 Ekstein과 Wallerstein(1972)은 수퍼바이저에 대한 수퍼바이지(상담가)의 행동이 상담가에 대한 내담자의 행동과 일치하는 것(parallel)이라고 설명하면서 경험이 적은 수퍼바이지들에게 많이 나타난다고 하였다. 또한 그들은 평행과정이 상담과정이나 수퍼비전 과정에서 일어나는 현상이지만, 일어나는 순서는 상담과정에서 시작되어 수퍼비전 과정으로 영향을 미친다고 주장하였다.

반면에 평행과정이 양방적(bidirectional)이라는 Doehrman(1976)은 자신의 논문을 통하여 수퍼바이저와 수퍼바이지(상담가), 상담가와 내담자에 관련된 수퍼비전 관계나 상담관계에서 권위와 파워가 개입되므로, 그러한 불평등한 관계로 인해서도 평행과정이 생긴다고 주장하였다. 그리고 평행과정은 수퍼비전 과정에서 시작하여 상담과정으로도 영향을 미친다고 주장하였다. 즉, 수퍼바이지의 수퍼비전 과정에서의 갈등이 내담자와의 상담과정에서 재현된다는 것이다. 수퍼비전 관계에 갈등을 가진 수퍼바이지는 수퍼바이저가 자신에게 하는 행동과 똑같이 또는 완전히 반대되는 행동으로 내담자에게 행동하기 때문에, 상담은 수퍼비전 과정에서의 갈등이 해결되기 전까지 수퍼비전 과정에 갈등을 지닌 수퍼바이지에 의하여 영향을 받게 된다.

Binder와 Strupp(1997)은 상담과정에서 시작하여 수퍼비전 과정으로 이어진다는 평행과정의 방향에 대한 연구들은 아마도 수퍼바이저들이 수퍼비전에서 일어나는 대인 간의 갈등이나 문제들을 인정하는 것을 꺼려함을 반영한 것일 수 있다고 주장하였다. 평행과정의 방향에 관계없이 수퍼바이지는 수퍼비전과 상담관계에 모두 연관되어 있으며 한 관계에서 다른 관계로 영향을 미치는 역할을 한다. 그러므로 무엇보다도 수퍼바이지가 좀 더 효과적인 상담가로 성장할 수 있도록 평행과정을 탐색하는 것이 필요하겠다. 이 밖의 평행과정에 대한 여러 가지 의견들에 대해서는 수퍼비전 관계 부분을 참조하기 바란다.

(3) 정신역동 수퍼비전에 대한 평가

정신역동 수퍼비전의 가장 큰 장점은 상담관계나 수퍼비전 관계에 있는 대인간의 역동을 강조하였다는 것이다(Bradley & Gould, 2001). 수퍼바이지들은 상담관계에서의 의사소통 문제를 확인하고 효과적인 반응들을 훈습할 수 있도록 하기 위한 적절한 반응들과 기법들을 배우게 된다. 또한 정신역동 수퍼바이저가 개인 내의 역동들을 강조한다면, 수퍼바이지들은 상담 장면에서 생기는 감정적인 단서들에 대한 자신들의 반응들을 깨닫게 된다. 그러므로 수퍼바이지들은 정신역동 수퍼비전을 통하여 얻은 통찰을 자신들의 일상생활에까지 일반화할 수 있게 되는 것이다.

두 번째 장점은 작업동맹이라는 수퍼비전 관계를 강조하였다는 것이다(Bernard & Goodyear, 2004). 작업동맹이라는 용어는 초기 정신역동 이론가들에 의하여 사용된 개념이나, Bordin(1979)에 의하여 체계적인 개념으로 발전하였다. Bordin은 상담관계에서 작업동맹의 개념을 '변화를 위한 협력' 으로 설명하였고 이후에는 수퍼비전 관계에도 그 개념을 도입하였다.

Bordin에 의한 작업동맹은 [그림 2-1]과 같이 세 가지 요소들로 구성된다. 첫째는 상담가와 내담자가 목표들에 대해 동의하는 정도고, 둘째는 그러한 목표들을 달성하기 위하여 필요한 과제들에 동의하는 정도며, 셋째는 상담가와 내담자 간에 생기는 관계다. 정신역동 수퍼비전에서는 상호협력적인 작업동맹을 통하여 수퍼바이지의 발달수준이나 학습의 요구사항들을 만족시킬 수 있었으며, 궁극적으로는 수퍼바이지의 자율성을 발달시킬 수 있었다(Bradley & Gould, 2001).

세 번째 장점은 대인 간의 의사소통, 모델링과 같은 정신역동 수퍼비전의 기술들과 기법들은 상담의 중요한 기본이 되므로 수퍼바이지들이 자신들의 이론들을 발달시킴에 따라 또 다른 기법이나 기술들을 배우게 된다는 것이다.

한편, 정신역동 모델은 상담이나 수퍼비전 분야에서 다문화성(multicultural)에

그림 2-1 작업동맹 모델

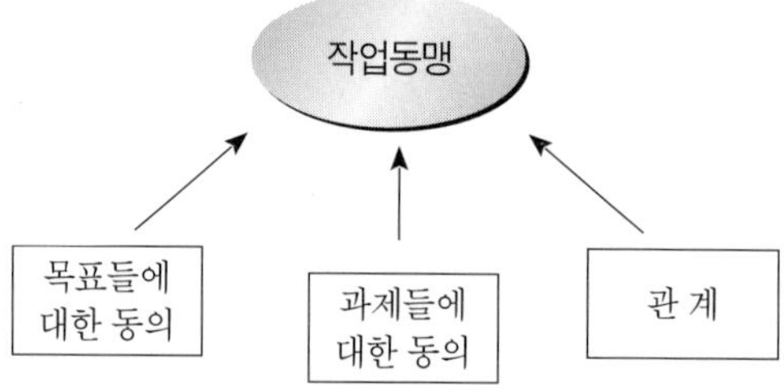

대한 문제들을 다루지 않았다(Bradley & Gould, 2001). 유럽 문화에서 생겨난 정신역동 모델은 다른 문화에 똑같이 적용되지는 않을 것이다. 따라서 다른 문화의 내담자들을 상담할 때 갈등의 원인, 인지적인 성향, 동기, 의사소통 스타일, 신뢰, 가치 등에 대한 대인 간의 의사소통에서 실수를 범할 위험성이 있다. 정신역동 수퍼비전의 두 번째 단점은 다른 수퍼비전 모델과 마찬가지로 경험적이고 평가적인 연구가 부족하다는 것이다. 마지막으로 정신역동 수퍼비전에서는 수퍼비전과 상담의 경계를 유지해야 한다는 제한점이 있다. 물론 개인 내의 통찰이 수퍼비전의 목적이지만 주된 강조점은 아니므로, 만약 수퍼바이지의 문제가 심각할 경우에는 다른 상담 전문가로부터 상담을 받도록 격려하는 것이 바람직하다.

2) 인간중심 수퍼비전

(1) 인간중심 수퍼비전의 목적

인간중심 상담의 기본적인 개념은 인간이란 근본적으로 신뢰로운 존재며, 상담가의 직접적인 개입이나 지시 없이도 자신의 문제들을 효과적으로 해결할 수 있는 능력을 가지고 있다는 것이다. 따라서 Rogers(1951)는 내담자들이 자율적이고 통합된 개인(fully functioning person)으로 성장하도록 하는 데 상담가들의 태도와 개인적인 성향들 그리고 상담가와 내담자 간의 관계가 결정적이고 치료적인 요인들이라고 하였다.

이러한 인간중심의 상담이론을 수퍼비전 이론에 적용해 볼 때, 수퍼바이지들은 개인적으로나 전문적으로 성장할 수 있는 자원들을 가지고 있으며, 수퍼바이저와 수퍼바이지의 관계 그리고 수퍼바이저의 태도와 성향들이 수퍼바이지들의 발달에 결정적인 요인들임을 알 수 있다. 인간중심 수퍼바이저들은 수퍼바이지들이 자신들의 상담 사례들이나 스스로를 성장시키고 발달시킬 수 있는 능력을 가졌다고 신뢰해야 한다. 이러한 신뢰는 상담가가 내담자에게 갖는 신뢰와 같은 형태의 신뢰다(Patterson, 1983; Rice, 1980). 수퍼바이지들이 성장할 수 있는 환경을 제공해 주며, 직접적인 지시나 조언을 제공하기보다는 자신의 상담 사례들을 어떻게 잘 해결해 나가는지 생각할 수 있도록 격려한다(Haynes et al., 2003). 이러한 지지적인 수퍼비전은 수퍼바이지들로 하여금 자신들의 문제들에 대해 적극적인 태도로 임하도록 도와준다.

Goodyear가 Rogers와 가진 면담을 보면 인간중심의 수퍼비전 모델이 상담에 가까움을 알 수 있다(Hackney & Goodyear, 1984). Rogers는 "수퍼비전의 가장 중요한 목적은 상담가가 자신감, 자신에 대한 이해 그리고 상담과정에 대한 이해를 발달시키도록 돕는 데 있다. 또한 상담가가 내담자와의 상담 장면에서 겪을 수 있는 문제점들을 탐색하는 것은 매우 중요하다. 내가 생각하기에 수퍼비전은 치료적인 개입의 또 다른 형태다."라고 언급하였다(Hackney & Goodyear, 1984: 283). Rogers는 수퍼비전을 상담과 구분하는 분명한 방법은 없으며, 수퍼비전과 상담은 하나의 연속선상에 있다고 언급하였다. 또한 그는 수퍼비전과 상담을 구분하는 하나의 방법이라면 상담 장면보다 수퍼비전에서 좀 더 자유롭게 자신이 어떻게 했을지에 대해서 표현할 수 있는 것이라고 덧붙였다.

(2) 인간중심 수퍼비전에 대한 평가

Rogers는 지시적이고 전통적인 정신역동 이론에 기초한 상담에 대한 반기로, 1940년대에 처음으로 비지시적인(non-directive) 상담이라는 새로운 개념을 도입하였다(Rogers, 1942). 그의 접근방법은 1950년대에 이르면서 비지시적이라는 기법보다는 내담자에 초점을 둔다는 개념을 강조하면서 내담자중심(client-centered) 상담으로 개명하였다(Rogers, 1951). 그리고 1960년대와 1970년대에 이르러서는 진정한 자아의 본성에 중점을 두면서 인간중심(person-centered) 상담으로 발전시켜 나갔다(Rogers, 1961).

이러한 인간의 본성에 중점을 둔 Rogers는 내담자를 가장 잘 파악하기 위한 단서는 진단적인 평가와 다양한 테스트와 같은 측정도구들이 아닌 내담자 자신이며, 내담자가 스스로를 어떻게 생각하는지가 가장 중요한 단서라고 언급하였다(Rogers, 1942). 그는 만약 상담을 일련의 각종 테스트로부터 시작한다면 내담자는 상담가가 자신의 문제에 대한 해결책들을 제공해 줄 거라는 인식을 갖게 된다고 하면서, 진단이나 테스트는 상담이 끝나는 시점이나 내담자가 요구할 때 할 수 있다고 하였다.

이와 같은 인간중심의 상담이론에서 알 수 있는 것은 수퍼바이저는 수퍼바이지의 개인적, 전문적 성장과 발달을 위하여 수퍼바이지가 자신에 대한 이해를 최대화할 수 있는 치료적인 수퍼비전 환경을 제공해 주어야 한다는 것이다. 이러한 치료적인 관계는 인간중심의 수퍼비전뿐만 아니라 다른 모든 이론에서도 기본이 되는 핵심 사항이다. 따라서 인간중심 수퍼비전의 가장 큰 공헌이라 함은 수퍼바이지의 내적인 자원들이나 수용, 존중, 이해를 제공하는 수퍼비전 관계에 대해 가치를 부여하였다는 점이다.

인간중심의 상담은 다양한 문화의 사람들에게 상호존중이라는 개념을 가지고 적용되었다. 사실상 Rogers는 30여 개국에서 인간중심 이론에 대한 워크숍과 교육을 하였으며, 그의 저서들은 12개의 다른 언어로 출판되었다. 또한 유럽, 오스트리아, 남아프리카, 일본, 멕시코 등의 나라에서 인간중심의 이론이 수용적으로 받아들여졌다(Corey, 2001). Rogers의 이론은 인간관계와 다양한 문화에서의 적용에 큰 영향을 미쳤다.

인간중심의 수퍼비전 역시 몇 가지 한계점을 지닌다. 우선 인간중심 수퍼비전의 가장 큰 단점은 수퍼바이저가 평가적인 역할과 전문적인 상담 영역에 대한 감독관으로서의 역할을 하는 데 한계가 있다는 것이다(Haynes et al., 2003). 수퍼바이지에 대한 평가는 긍정적일 수도 있으나 때로 부정적인 평가도 있을 수 있고, 수퍼바이지의 문제에 직면을 하는 등의 도전적인 접근을 할 수도 있다. 따라서 지지적이고 수용적인 인간중심의 수퍼바이저는 윤리적으로나 법적으로 요구되는 수퍼바이저의 평가적인 역할이나 수퍼바이지의 상담 분야에 대한 적합성을 평가하는 감독관의 역할을 하지 못할 수 있다. 또한 이러한 단점과 관련하여 인간중심의 수퍼바이저는 객관적인 평가도구를 통한 수퍼바이지의 평가에도 한계가 있다.

두 번째로 인간중심 수퍼바이저는 직접적인 조언이나 정보 등을 제공하지 않는다. 이 점은 상담에 경험이 적은 수퍼바이지(상담가)에게는 큰 장애가 될 것이다. 경험이 적은 수퍼바이지들은 수퍼바이저가 상담에 대해 어떻게 하라는 구체적인 정보를 제공해 주기를 원하므로(Bradley & Kottler, 2001), 비지시적인 수퍼비전은 수퍼바이지들의 불안을 초래할 수 있다.

비록 인간중심의 이론이 다양한 문화에서 적용되었다 하더라도, 어떤 문화에서는 자신이 원하는 내적 동기보다는 사회적인 기대와 같은 외적 동기에 의하여 자신의 결정이 이루어지는 경우도 있다(Corey, 2001). 특히, 동양이나 라틴 문화에서 한 가정의 어머니는 자기 자신의 고유한 정체성을 잃어버린 채 어머니로서, 아내로서 가족의 이익을 위해 사는 경향이 많다. 이러한 내담자를 인간중심의 이론으로 접근할 때 다른 사람보다는 자신의 복리를 먼저 생각하도록 무조건 접근한다면 내담자의 문화적인 특성을 고려하지 않는 것이 된다. 따라서 인간중심의 상담 또한 문화적인 민감성을 가지고 접근해야 하며, 이러한 원칙은 인간중심의 수퍼비전에서도 마찬가지다.

이 밖에도 다음과 같은 수퍼바이지들은 인간중심의 수퍼비전을 통하여 성장하고 발달하는 데 장애가 있을 것이다. 예를 들어, 자아실현에 대한 인간의 동기와 능력에 대한 믿음이 없는 수퍼바이지, 역동적인 무의식에 대한 믿음을 가진 수퍼바이지, 통제하고 지시하려는 욕구가 있는 수퍼바이지는 인간중심의 수퍼비전이 적합하지 않다(Bernard & Goodyear, 2004).

3) 인지행동중심 수퍼비전

인지행동 이론은 인간의 믿음, 가정(assumption), 사고에 중점을 둔 인지이론과 고전적 그리고 조작적 조건화에 중점을 둔 행동이론이 합쳐져 하나의 이론으로 탄생한 것이다. 인지행동 이론은 인간의 인지에 초점을 두고 어떻게 그러한 인지들이 인간의 감정과 행동에 영향을 미치는지를 강조하고 있다(Haynes et al., 2003).

(1) 인지행동중심 수퍼비전의 목적

인지행동중심의 수퍼비전에서 가장 중요한 과제들은 수퍼바이지들로 하여금 인지행동 기술들과 방법들에 대한 지식을 축적하게 하고, 상담과정에서 그것들을 효과적으로 활용할 수 있도록 돕는 것이다(Bradley & Gould, 2001). 또한 상담에 대한 수퍼바이지의 잘못된 개념들을 확인하고 수정하여, 상담과정을 방해하는 수퍼바이지 개인의 문제들을 인식하고 그 문제들을 해결하기 위한 방법들을 협력적으로 찾는 데 있다(Bradley & Gould, 2001; Haynes et al., 2003).

따라서 인지행동 수퍼비전은 구조적이고 집중적이며 교육적인 성격을 띠고, 수퍼비전의 내용이나 구조는 수퍼바이저와 수퍼바이지 모두가 책임을 져야 한다(Liese & Beck, 1997). Liese와 Beck은 매주 한 시간의 개인 수퍼비전과 함께 적어도 2주에 한 번 보충적인 집단 수퍼비전이 이루어져야 한다고 주장하였다. 이때 수퍼바이저는 교육자로서, 수퍼바이지는 학생으로서 역할을 한다(Corey, 2001). 이러한 체계적이고 집중적인 인지행동중심의 수퍼비전을 통하여 수퍼바이지는 자신의 기법들에 대한 생각이 상담가로서의 능력에 어떻게 영향을 미치는지를 파악하게 된다. 그리고 수퍼바이저가 이끄는 인지행동중심의 수퍼비전 모델링을 통하여 그러한 기법들을 내담자들에게 적용하는 법을 배우게 된다(Haynes et al., 2003). Liese와 Beck(1997)은 〈표 2-2〉와 같이 인지행동중심의 수퍼비전을 9단계의 과정으로 나누었다.

표 2-2 인지행동 수퍼비전의 9단계

단계	과제들
1	인사하기: 서먹함을 없애기 위하여 인사와 간단한 대화를 나눈다.
2	주제 정하기: 수퍼바이저는 수퍼바이지가 수퍼비전에서 나눌 주제들을 정하도록 준비시킨다.
3	복습하기: 전 시간에 배운 개념이나 기법들 또는 토론한 내용들을 간단하게 복습한다.
4	전 시간에 배운 내용에 대해 질문하기
5	과제 검사하기: 특정 사례에 관련된 책들을 읽거나 쓰기 또는 새로운 기법들을 상담 장면에서 사용하기가 과제로 사용될 수 있다.
6	주제에 대해 토론하기: 테이프에 녹음된 수퍼바이지의 회기를 검토하는 것이 주요 목표다. 교육과 역할극이 주로 사용된다.
7	새로운 과제 주기: 수퍼비전에서 나눈 의견들에 기초하고 인지행동 상담에 대한 이해와 기술들을 발달시킬 수 있는 새로운 과제를 준다.
8	수퍼바이저가 요점정리하기: 수퍼비전에서 나눈 중요 내용들을 강조하기 위하여 수퍼바이지의 생각들을 요점정리한다.
9	수퍼바이지로부터 피드백 유도하기: 수퍼바이저는 수퍼비전 내용에 대한 수퍼바이지의 의견을 수렴한다.

(2) 인지행동중심 수퍼비전의 기법들

인지행동중심의 수퍼비전에서는 다양한 구조적인 방법들이 사용되므로 경험이 적은 수퍼바이지들에게 도움이 된다. Kurpius와 Morran(1988)은 수퍼바이지의 상담기법들을 발달시키고 상담 장면에서의 불안감을 줄이기 위하여 인지행동중심의 기법들이 수퍼비전에서 사용되어야 한다고 제안하였다. 그들이 말한 인지행동중심의 기법은 세 가지 구체적인 개입들로 머릿속에서 연습하기(mental practice), 간접적으로 모델링하기(covert modeling) 그리고 인지적으로 모델링하기(cognitive modeling)다. 머릿속에서 연습하기란 수퍼바이지가 내담자의 문제에 대하여 적절하게 반응하지 못했던 상담 장면들을 자세히 머릿속에서 상상하고 효과적인 반응을 연습하도록 수퍼바이저로부터 지시를 받는 것이다. 이러한 기법은 가설적인 상담 장면이므로 수퍼바이지의 상담기법들의 발달을 촉진시키며, 실제 내담자 없이도 끊임없이 시행착오를 할 수 있고 수퍼비전 이외의 시간에도 사용할 수 있다.

간접적으로 모델링하기란 간접적인 자아 모델링(covert self-modeling)과 간접적인 타인 모델링(covert other-modeling)으로 이루어진다. 이는 머릿속에서 연습하기와 비슷하나 수퍼바이저가 좀 더 적극적인 역할을 한다는 점에서 차이가 있다. 수퍼바이저는 상담가가 하나의 특정 기법이나 일련의 기법들이 적용되는 상담 장면들을 상상하도록 구체적인 지시를 한다. 이때 수퍼바이저는 수퍼바이지의 발달이나 요구에 맞는 간단한 또는 어려운 지시를 할 수 있다. 또한 수퍼바이지로 하여금 자신을 상담가로서(간접적인 자아 모델링) 상상하여 상담 장면을 이끌어 가도록 하거나 다른 상담 전문가가 상담가(간접적인 타인 모델링)의 역할을 하도록 상상하게 한다. 이러한 간접적인 모델링은 수퍼바이지가 새로운 기법들을 배우고 이미 배운 기술들을 확고히 하는 데 효과적이다.

세 번째로 Kurpius와 Morran(1988)이 제시한 방법은 인지적으로 모델링하기다. 이 방법은 수퍼바이저가 효과적이면서 개념적으로 생각하는 사고과정을 보여 주는 것이다. 즉, 수퍼바이저가 테이프에 녹화된 수퍼바이지의 상담 회기를 보면서 내담자에 대한 수퍼바이저 자신의 사고과정들을 이야기 나눔으로써 이루어진다. 이때 수퍼바이지는 수퍼바이저의 머릿속에서 이루어지는 내적인 대화(internal dialogue)에 초점을 맞춤으로써 상담 장면에서의 자신들의 사고기법들을 조절할 수 있게 된다. 이 방법은 거의 모든 훈련 상황에서도 적용될 수 있기 때문에 중요한 가치를 가진다.

이 밖에도 인지행동중심의 수퍼비전에서는 인지적인 재구조화(restructuring), 인지적인 자아교수법(self-instruction), 인지적인 자아관리법(self-management) 등이 사용된다(Kurpius, 1985; Morran, 1986).

(3) 인지행동중심 수퍼비전에 대한 평가

인지행동중심 수퍼비전 모델의 가장 큰 장점은 효과적인 상담을 방해하는 수퍼바이지의 부족한 기술들과 불합리한 사고들을 확인하고 수정하여 훈련시킬 수 있다는 점이다(Bradley & Gould, 2001). 또한 수퍼바이저와 수퍼바이지의 상호협력적인 수퍼비전 관계와 다양하고 구조적인 교육 방법들과 기법들이 사용될 수 있다는 것도 장점이다. 이러한 체계적인 기법은 특히 경험이 적은 수퍼바이지들에게 효과적일 수 있다.

다른 수퍼비전 이론에서도 나타나는 한계점이기는 하지만, 인지행동중심 수퍼비전은 효율성을 검증하는 경험적인 연구가 부족하다. 또한 다문화성에 대한 문제점들과 관련된 언급이 없다. 따라서 문화가 다른 수퍼바이지에 대한 수퍼바이저의, 그러한 내담자에 대한 수퍼바이지의 문화적인 민감성이 요구된다.

인지행동중심의 수퍼비전은 문제의 본성에 초점을 두고 새로운 기법의 획득과 문제해결에 치중하게 된다. 이에 행동을 결정짓는 무의식적인 요인이나 감정들 그리고 통찰들을 소홀히 하고 상담과정보다는 결과에, 수퍼바이지 자체의 능력보다는 특정 기법 획득에만 주의를 기울이게 된다. 따라서 인지행동중심의 수퍼비전은 결과적으로 수퍼바이지들의 문제를 이해하고 수정하려 하기보다는 인지적으로 처리하려는 우려를 초래할 수도 있게 된다.

4) Adler 이론중심 수퍼비전

Adler는 Jung과 함께 Freud의 정신역동 치료에 주요 공헌을 한 사람이다. 하지만 8~10여 년의 공동연구 이후에 Adler는 비엔나 정신역동학회 회장직을 1911년에 사임하고 1912년에 개인심리학학회를 창설하였다. 근본적으로 Adler는 Freud가 지나치게 생물학적이고 본능적인 결정론에 치중한다고 여겼다. 물론 Freud와 마찬가지로 Adler는 생후 6년의 기간이 인간의 성장에 주로 영향을 미친다고 여겼다. 그러나 그는 단순히 과거 사건에 중점을 두기보다는 과거 사건에 대한 현재의 지각이 중요하며, 과거 사건에 대한 해석이 어떻게 계속해서 영향을 미치는지에 더 관심을 두었다(Adler, 1964).

Adler(1964)에 의하면 인간이란 성적인 욕구가 아닌 사회적인 관심에 의하여 동기화되며, 인간의 행동은 의도적이고 목적지향적이다. 이러한 Adler의 이론에 의하면 내담자의 문제는 아동기 경험에서 유래한 개인적인 허상 또는 잘못된 지각의 결과로 인한 것이다. 따라서 내담자는 정신적으로 아픈 사람이 아니라 낙담한(discouraged) 사람이며, 자신들의 잘못된 인지나 믿음 또는 목적으로 인해 심리적으로 용기를 잃은 상태며, 행동적으로는 비효율적으로 기능한다는 것이다. 따라서 상담의 목표는 내담자를 격려하고 잘못된 지각이나 동기들을 내담자로 하여금 재점검하게 하여 자아인식을 도우며, 사회적으로 유용한 목적들을 개발하도록 돕는 것이다.

이와 같은 Adler의 상담목표는 수퍼비전의 목표와 똑같이 적용되며, 수퍼바이저의 주된 임무라면 수퍼바이지의 기능에 대한 광범위한 평가를 하는 것이다 (Mosak, 1995). Mosak은 4단계의 상담과정을 제시하였는데 이를 수퍼비전에 적용하면 다음과 같다. 첫째, 수퍼바이저와 수퍼바이지 간의 상호협력적인 수퍼비전 관계를 형성한다. 둘째, 수퍼바이지의 생활 스타일 평가와 더불어 수퍼바이지의 출생순위, 형제-부모 관계를 평가하는 가족 전체(family constellation) 평가와 어린 시절에 대한 기억(early recollection), 꿈, 자아방어 경향 등을 분석하는 광범위한 평가를 통하여 수퍼바이지의 역동을 탐색한다. 셋째, 수퍼바이지의 잘못된 목적과 자아를 파괴하는 행동들에 대한 자아 이해와 인식을 발달시키도록 격려와 더불어 도전적으로 접근한다. 마지막으로 새로운 선택을 할 수 있도록 지도 또는 교육한다. 이때에는 즉각성(immediacy), 역설적인 의도(paradoxical intention), 가상행동하기(acting as if) 등의 여러 가지 기법들이 사용된다.

5) 실존주의 수퍼비전

실존주의 상담에서는 인간을 자유로운 존재로 보고 자유로운 인간이 자신의 가능성들을 깨닫도록 하는 데 중점을 둔다. 상담가는 내담자의 존재를 정확하게 파악하고, 개인적이고 참된 만남을 이루려고 한다. 실존주의 입장에서는 인간의 본성을 이해하고 인간 존재에 관한 네 가지 절대적인 관심, 즉 피할 수 없는 죽음, 인간이 살아갈 삶을 만들어 가는 자유, 삶에서의 고립감과 외로움, 삶의 무의미성 또는 목적상실에 대한 걱정에 중점을 두고 있다(Yalom, 1980). 따라서 상담의 목표는 내담자로 하여금 이러한 네 가지 근심들을 극복하기 위해 의식적이거나 무의식적인 노력에서 일어나는 불안감에 부딪히도록 돕는 것이다(Yalom, 1989). 실존주의 상담가는 불안이란 모든 문제의 핵심이며 인간의 삶에서 자연적이고 정상적인 과정이라고 여겼다.

이러한 실존주의 이론은 위기, 정신적인 외상, 죽음 그리고 임종과 관련되어 상담하는 수퍼바이지에게 도움이 될 수 있다(May & Yalom, 1995). 또한 개인적인 성장을 위한 접근방법으로도 도움이 될 수 있다. 실존주의 접근방법은 수퍼바이저에게 수퍼비전에서 다룰 폭넓은 문제들을 제공한다. 그러한 문제들이라면 삶의 의미, 죽음, 고통, 삶의 목적과 의미의 역할, 상담 분야에서의 삶의 의미 또는 목적의 역할, 생활의 만족도 그리고 그러한 모든 문제들로 인하여 생겨나는 감정들이다. 수퍼바이지 역시 자신의 전문적인 정체감과 역할에 대한 질문들을 원활히 할 수 있도록 지지받는다. 예를 들어, 어떤 수퍼바이지는 상담이 자신의 직업으로 적합한지, 자신이 효과적인 상담가가 될 수 있는지, 어떤 상담이 정말로 내담자를 도울 수 있는지 등의 문제를 가질 수 있다. 실존주의 수퍼비전은 수퍼바이지로 하여금 자신의 자유와 선택을 깨닫도록 도우며, 그 자유와 선택을 막는 요인들을 파악하도록 도움으로써 구체적인 수퍼비전을 제공할 수 있게 된다.

6) 가족치료 수퍼비전

가족치료 입장에서는 시간이 흐름에 따라 가족이 어떻게 구성되고 유지되는지에 관한 가족의 구조, 그리고 가족이 어떻게 전개되고 적응하며 변화하는지에 관한 가족의 과정에 중점을 두고 있다(Goldenberg & Goldenberg, 1995). 가족치료에서 가족은 지속적으로 변화하며 복잡하게 조직화된 체계고, 한 개인은 그 개인이 속한 가족이라는 체계 내에서의 상호작용을 평가함으로써 더욱 잘 이해될 수 있다(Corey, 2001). 따라서 개인의 증상은 가족 내의 역기능을 드러내는 것이고, 그러한 역기능적인 패턴들은 몇 세대를 거쳐 이어져 내려오는 것이다. 개인의 문제를 개인의 역기능으로 보는 가족치료의 이러한 견해는 상당히 진보적인 접근이었다.

가족치료 접근방법이 가족치료 수퍼비전과 상당히 일치하기 때문에(Liddle, Becker, & Diamond, 1997), 가족치료 수퍼바이저는 수퍼바이지와의 수퍼비전 관계를 하나의 체계로 보며 수퍼바이지(상담가)와 내담자 간의 상담관계를 또 하나의 체계로 본다. 수퍼바이저는 수퍼바이지들이 그들의 인식과 성장을 위해, 그리고 가족치료사로서의 역할을 배울 수 있도록 수퍼바이지 개인의 세대 간의 역동, 가치, 문화 등을 점검하도록 격려한다.

수퍼바이지는 수퍼바이지 자신의 가족들에 대한 역동들을 탐색함으로써 상담에서 만나는 내담자의 가족들과 좀 더 효과적으로 상호작용할 수 있다(Haynes et al., 2003). 만약 수퍼바이지가 자신의 가족 중 특정 구성원에 대해 강한 감정적인 반응을 일으키는 과정에 대한 인식이 부족하다면, 비슷한 내담자의 가족구성원들에게 지나치게 빨리 또는 부적절하게 반응하는 경향이 있다. 사실상 수퍼바이지들은 자기 가족의 역동과 비슷한 내담자의 가족을 만나는 것을 피할 수 없다. 하지만 가족치료 수퍼바이저는 수퍼바이지들이 자신들의 가족 내의 또는 가족 간의 역동 패턴을 이해하고, 자신의 가족에 대한 감정들을 내담자들의 가족들에게 투사하는 것을 막도록 노력해야 할 것이다.

가족치료사로서의 개인적인 성장과 전문가로서의 성장은 긴밀하게 연관되어 있다. 그러므로 가족치료 수퍼비전에서는 상담가 개인의 가족 간의 역동이나 경험들이 전문적인 상담가로서의 역할에 어떠한 영향을 미치는지에 대한 논의가 있어야 할 것이다. 이러한 목적을 위하여 가족치료 수퍼바이지는 가족 내의 분리, 밀착, 소원함, 삼각관계 등과 같은 역동들을 파악하고, 가족치료 수퍼바이저는 지노그램(genogram), 가족 히스토리, 가족 조각(family sculpting) 등의 기법들을 사용한다(Goldenberg & Goldenberg, 1995; Haynes et al., 2003).

2. 발달 수퍼비전 모델

발달 수퍼비전 모델은 발달심리학의 영향을 받았으며, 주로 수퍼비전의 발달적 또는 교육적 기능에 중점을 둔다. 발달심리학에서 인간은 일생을 통하여 특정한 단계들을 거치게 된다. 각 단계들은 고유의 과업들과 요구사항들을 가지며, 다음 단계를 준비하고 그 단계로 이동하기 위해서는 그러한 과업들과 요구사항들을 만족시켜야 한다(Carroll, 1998). 발달 수퍼비전 모델도 발달심리학과 같은 입장이다. 즉, 수퍼바이지, 수퍼바이저 그리고 수퍼비전 관계는 특정 과업들로 이루어진 각 단계들을 거치면서 발달하게 된다. 발달 수퍼비전 모델은 두 가지 기본 개념에 기초하고 있다(Chagnon & Russell, 1995). 첫째는 수퍼바이지들은 상담가로서의 역량을 달성하기 위한 과정에서 각 단계마다 질적으로 다른 일련의 단계들을 거친다는 것이다. 둘째는 수퍼바이지의 최대한의 성장과 만족을 위해서 그가 속한 각 단계들은 질적으로 다른 수퍼비전 환경이 요구된다는 것이다.

다양하고 중요한 발달 수퍼비전 모델들이 1950년대부터 발달되었으며(Fleming, 1953), 1989년에는 25개의 발달 모델들이 존재하였고(Borders, 1989) 현재까지도 많은 모델들이 생겨났다. 이러한 발달 모델들의 증가는 수퍼바이지가 역량 있고 전문적인 상담가로 발달하는 것에 대한 중요성을 나타내는 것이라 하겠다. 다양하고 핵심적인 발달 수퍼비전 모델들이 많지만, 여기에서는 중요한 세 가지 발달 모델들인 Stoltenberg, McNeill 그리고 Delworth(1998)의 통합된 발달 모델, Rønestad와 Skovholt(1993)의 모델, Loganbill, Hardy 그리고 Delworth(1982)의 모델을 살펴보았다.

1) 통합된 발달 모델

통합된 발달 모델(Integrated Developmental Model: IDM)은 10년간의 연구결과에 기초하여 발달된 모델로서 4단계에 걸친 수퍼바이지의 발달을 설명하고 있다

(Stoltenberg et al., 1998). 각 단계는 3개의 중요한 영역에서 상담가의 전문적인 성장을 평가하고 그 영역에서의 변화로 특징지어진다. 세 가지 중요한 영역이란 자아-타인 인식, 동기 그리고 자율성을 말한다. 자아-타인 인식이란 자아몰입, 내담자의 세계에 대한 인식, 증가된 자아인식 등에 대하여 수퍼바이지가 어디에 중점을 두는가를 말하는 것이다. 동기란 임상 훈련과 실행에 나타나는 수퍼바이지의 흥미, 장래에 대한 투자 그리고 노력을 말한다. 마지막으로 자율성이란 수퍼바이지가 나타내는 독립성의 정도를 말한다. Stoltenberg 등은 통합된 발달 모델에서 발달과정과 성숙과정은 끊임없이 변화하지만 일직선과 같이 변화하는 것은 아니라고 주장하였다(1998). 즉, 지식, 기술, 능숙함의 발달에는 발전하는 단계도 있고 퇴행하는 단계도 있다는 것이다. 또한 단순히 정보나 기술들을 획득하는 것만으로는 경험이 적은 상담가에서 경험이 많은 상담가로 자연스럽게 발달하는 과정을 설명하기에 부족하다고 하였다.

〈표 2-3〉에서 나타난 수퍼바이지들의 특성들을 설명하면, 1단계에 있는 수퍼바이지들은 자신의 상담 활동에 대하여 지나치게 의식하며, 평가에 대한 긴장감과 불안감을 느끼고 상담가로서의 전문적인 행동들에 대한 혼동감을 느낀다. 또한 수퍼바이저에게 의존적이고 직접적인 교육이나 지시를 원한다. 따라서 신중하게 수퍼비전을 준비하도록 하고, 수퍼비전에 대한 명확한 기대를 가질 수 있도록 하며, 수퍼비전에서 배울 내용에 대한 구체적인 이해가 있도록 도와야 할 것이다(Stoltenberg et al., 1998).

2단계의 수퍼바이지들은 직접적인 지시나 교육을 덜 원하는 경향이 있으므로 자율성을 증가시키도록 격려하는 것이 중요하다. 이 시기의 수퍼바이지들은 상담 경험의 장점들과 단점들 그리고 제한점들을 극복하기 위해 노력한다. 내담자의 세계에 대한 인식이 증가하나 객관성을 잃고 내담자에게 지나치게 동일시하는 경향이 있을 수 있는데, 이는 상담목표를 달성하지 못하는 곤경에 처하게 만든다. 이러한 고착된 상황은 전이와 역전이를 일으킬 수 있으며, 이러한 관계는 수퍼비전 관계에도 영향을 미칠 수 있다. 수퍼바이지의 내담자에 대한 지나친 인식은 상담의 효율성을 떨어뜨리므로 상담 자체의 효율성에 대해 의심을 갖게 된다. 수퍼

표 2-3 통합된 발달 모델의 각 단계에 따른 수퍼바이지의 특성들

1단계: 수퍼바이지들은 수퍼비전을 받고자 하는 특정 영역에 대해 제한된 훈련을 받았거나 적어도 제한된 경험을 한 사람들이다.	
동 기	동기나 불안감이 높으며 기술 획득에만 중점을 둔다. 내담자에 대한 '옳은' 또는 '최상의' 접근방법을 알고 싶어 한다.
자율성	수퍼바이저에게 의존하고 구조적 교육과 긍정적인 피드백을 원하며 직접적인 직면은 원하지 않는다.
인 식	자신에게 중점을 두나 자아인식은 제한적이다. 평가에 대한 걱정을 한다.
2단계: 수퍼바이지들은 지나치게 의존적이고 모방적이며, 인식이 부족한 수퍼비전 관계에서 좀 더 구조적이고 지지적이고 주로 교육적인 수퍼비전 관계로 전환을 한다. 이러한 전환은 대개 2학기에서 4학기 동안의 실습을 한 후에 이루어진다.	
동 기	매우 자신감 있는 상태와 자신감이 없는 상태 사이를 오르내리며 혼동감을 느낀다.
자율성	비록 좀 더 독립적으로 활동한다 할지라도 청소년의 단계와 같이 자율성과 의존성 사이에서 갈등한다. 이것은 수퍼바이저에 대한 강한 저항으로도 나타날 수 있다.
인 식	내담자에게 집중하고 공감할 수 있는 능력이 증가한다. 그러나 균형이 여전히 문제다. 이 경우에는 내담자와의 밀착과 혼동감이 문제될 수 있다.
3단계: 수퍼바이지들은 상담 시 좀 더 개인적인 접근방법에 중점을 두며, 상담에서 자아의 사용과 이해를 강조한다.	
동 기	일관성이 있다. 가끔씩 자신의 효율성에 대한 의심이 생기나 효율성을 저해하지는 않는다.
자율성	자율적인 상담 활동을 함에 따라 자신의 전문적인 판단에 대한 굳건한 믿음이 생긴다. 전문가인 수퍼바이저와 수퍼바이지의 차이가 줄어듦에 따라 동료적인 수퍼비전으로 바뀌는 경향이 있다.
인 식	자아인식을 하는데 이는 1단계 때의 자아인식과는 질적으로 차이가 있다. 또한 내담자에 대한 의식을 유지하고 자신의 개인적인 반응에도 주의를 기울여 내담자에 대한 의사결정을 할 때 사용한다.
3 i(integrated)단계: 이 단계는 수퍼바이지가 여러 가지 영역들(치료, 평가, 개념화)에서 3단계의 수준에 도달하였을 때 일어난다. 수퍼바이지의 임무는 다양한 영역들에 걸친 통합을 이루는 것이다. 이것은 여러 영역들에 대한 전문적인 실행을 할 때 개인적인 접근방법으로 접근하는 것과 그러한 영역들에 쉽게 도달하는 능력으로 특징지어진다.	

바이지는 또한 치료방법의 선택에 대한 혼동감과 때때로 압도감을 느끼며, 수퍼바이저에 대한 의존감과 자율감 사이에서 갈등을 한다. 이 시기의 수퍼바이지가 경험하는 문제 패턴들은 불균형, 불안정 그리고 혼란이다(Stoltenberg et al., 1998).

3단계의 수퍼바이지들은 좀 더 자아에 대한 확신이 있으며, 객관적이고 대인간의, 개인 내의, 상담의 역동과정들에 대한 의식이 증가한다. 이 시기의 성숙도는 수퍼바이지로 하여금 다양한 내담자의 동기들을 이해하도록 하며, 자신과 수퍼바이저의 여러 가지 장점들과 한계점들을 깨닫게 한다. 내담자에 대한 공감이 증가함과 동시에 상담과정에 대한 객관성을 유지할 수 있다. 수퍼바이지의 성숙된 인식수준은 상담 장면에서 자아를 사용함으로써 확장될 수 있다. 수퍼비전에서는 수퍼바이지의 자아 활용이 내담자에게 미치는 영향을 탐색할 수도 있다(Stoltenberg et al., 1998).

마지막으로 네 번째 단계인 3 i단계에서 수퍼바이지들은 임상 활동의 여러 영

표 2-4 수퍼바이지들이 발달해야 하는 8개의 전문영역들

1	치료기법에의 자신감: 치료적인 개입을 실행할 수 있는 자신감과 능력
2	평가기법: 심리적인 평가를 실행할 수 있는 자신감과 능력
3	대인관계의 평가: 형식적인 평가를 벗어나 자아를 활용하여 내담자의 문제를 이해하는 것을 포함한다. 상담가가 지향하는 이론에 따라 다양할 수 있다.
4	내담자에 대한 이해: 진단뿐 아니라 내담자의 환경, 히스토리, 성격 등이 그의 기능에 어떻게 영향을 미치는지에 대한 상담가의 이해도 포함한다.
5	개인 간의 차이: 개인에게 영향을 주는 윤리적, 인종적, 문화적 영향들을 이해한다.
6	지향하는 이론: 상담가가 지향하는 이론의 복잡성과 정교성을 이해하는 수준을 말한다.
7	치료 계획과 목표들: 상담가가 내담자를 치료하기 위하여 자신의 노력들을 계획하는 방법을 말한다.
8	전문적인 윤리성: 상담가가 전문가로서의 윤리와 자신의 개인적인 윤리를 어떻게 조화시키는가를 말한다.

역들에 대한 역량들을 지속적으로 통합하고 관련된 지식들을 연관시킨다. 이 시기의 수퍼비전은 상호협력적인 자문의 성격을 띤다. 수퍼바이저와 수퍼바이지는 동료의 관계로서 서로의 독특함을 존중한다. 수퍼바이지들은 수퍼바이저의 개인적인 상담 경험들을 자신들과 나누는 것을 환영하고, 수퍼바이저는 수퍼바이지들이 스스로의 선택에 의한 상담 활동을 하도록 자율성을 허용한다. 수퍼바이지는 전문적인 상담가로서의 정체감을 지속적으로 발달시키며, 독립적이고 책임감 있는 상담 전문가로서의 역할을 하게 된다(Stoltenberg et al., 1998).

Stoltenberg 등은 또한 수퍼바이지들이 전문적으로 발달해야 하는 8개의 영역들을 정리하였다. 이 8개의 영역들은 앞의 〈표 2-4〉와 같다.

2) Rønestad와 Skovholt 모델

대부분의 수퍼비전 모델들은 수퍼바이지의 발달이 대학원 과정이나 인턴십 과정에서 나타나는 것에 초점을 두고 있다. 하지만 Rønestad와 Skovholt는 상담가의 발달과정을 대학원 기간 동안에만 국한하지 않고 일생을 통해 일어나는 과정으로 설명하였다(1993, 2003). 그들은 대학원 2학기 원생에서 대학원 졸업 후 40년간 상담을 한 상담 전문가에 이르는 100명의 상담가들을 대상으로 면담한 결과를 토대로 상담가의 발달을 설명하는 모델을 개발하였다. 그들의 초기 연구(Skovholt & Rønestad, 1992)에서는 상담가의 발달을 특징짓는 8단계의 과정을 정리하였다. 8단계란 역량감, 전문적인 훈련으로의 전환, 전문가에 대한 모방, 조건적인 자율감, 탐색, 통합, 개인화 그리고 완전함을 말한다. 이러한 8단계의 모델은 수퍼바이저로 하여금 수퍼바이지가 경험하는 발달과정을 이해하는 데 도움을 준다. 이에 수퍼바이저는 수퍼바이지의 욕구에 만족할 수 있는 수퍼비전 방법들을 조정할 수 있게 된다.

최근에 Rønestad와 Skovholt(2003)는 다시 몇몇 상담가들과의 재면담, 지난 10년간의 피드백들 그리고 자신들의 자료들을 재분석한 결과에 기초하여 수퍼바이지(상담가)의 발달단계를 좀 더 정교한 모델로 제시하였다. 그들은 8단계 모델을 6단계 모델로 수정하여 발표하였는데 이 6단계의 모델은 〈표 2-5〉에서 설명하였다. 흥미로운 것은 Rønestad와 Skovholt 모델의 초기 단계는 Stoltenberg 등 (1998)의 단계와 비슷한 면이 있다는 것이다.

표 2-5 Rønestad와 Skovholt 모델

1단계	풋내기 조언자 단계(lay helper phase)
이 단계의 수퍼바이지들은 친구나 부모 또는 다른 동료 등을 돕는 경험을 가졌을 것이고, 전형적으로 문제를 빨리 파악하고 심리적인 지지를 제공하며 자신들의 경험에 기초한 조언들을 준다. 이러한 경우에 수퍼바이지들은 경계 문제들과 타인의 문제에 지나치게 개입하는 경향이 있으며 공감보다는 동정심을 표현하는 경향이 있다.	
2단계	초보 학생 단계(beginning student phase)
비록 이 시기가 수퍼바이지(학생)들에게는 흥미로운 시기지만, 이들은 주로 의존적이고 연약하며 긴장감을 느끼고 자신감이 약하다. 따라서 수퍼바이저들의 격려와 지지를 가치 있게 여긴다. 자신들의 내담자와 수퍼바이저들의 비판은 이들의 자신감과 도덕성에 크게 영향을 미친다. 적극적으로 상담에서의 옳은 방법들을 추구하며, 수퍼바이저와 같은 전문가의 방법들을 모방하려고 애쓴다.	
3단계	경험 있는 학생 단계(advanced student phase)
주로 실습이나 인턴십의 경험이 상당히 있는 이들의 주된 과제는 전문가의 수준에 도달하기 위해 필요한 기본적인 것들을 형성하는 것이다. 옳게 하려는 것에 부담감을 느끼므로, 편안하고 위험감을 감수하고 자연스럽게 하기보다는 보수적이고 주의를 기울이며 철저하게 하려고 한다. 이 시기의 학생들은 훈련과 좀 더 편안한 자세가 효과적이라는 것을 인식한다. 그러나 여전히 불안전하고 연약함을 느낀다. 이들에게 수퍼비전을 통한 지지와 확신은 매우 중요하다. 즉, 이 단계에 있는 경험 있는 수퍼바이지들은 자신들보다 초보적인 단계에 있는 학생들에게 수퍼비전을 제공하는 경험을 함으로써 자신이 얼마나 많이 배웠는지를 알 수 있으며 자신의 배움을 더욱 굳건히 할 수있다. 따라서 전문 수퍼바이저에게 수퍼비전을 받는 경험 있는 수퍼바이지들이 초보적인 학생들에게 수퍼비전을 제공하는 기회는 경험 있는 수퍼바이지들의 자신감 향상에 매우 효과적일 수 있다.	
4단계	초보 전문가 단계(novice professional phase)
대학원 졸업 후인 이 시기는 대학원 교육과정에서의 요구사항이나 수퍼비전이라는 제한 속에서 완전히 벗어나므로 신나는 시기가 될 수 있다. 하지만 여전히 이 시기의 많은 사람들은 자신들이 생각했던 것처럼 준비가 잘 되어 있지 않았다고 밝혔다.	

〈계속〉

새로운 상담가는 자신의 성격을 치료에 많이 통합하므로 좀 더 편안한 상담가가 되어 간다. 이 시기의 상담가는 또한 자신에게 적합한 역할이나 환경을 찾으려고 노력한다.	
5단계	경험 있는 전문가 단계(experienced professional phase)
몇 년간의 다양한 경험을 지닌 상담가들은 자신의 가치나 흥미 그리고 성격과 일치하는 상담 스타일을 개발하여 자신에게 맞는 참된 방법을 찾는 것이 주요 과제다. 이들은 모두 치료적인 관계가 내담자의 변화를 위하여 중요하다는 것을 이해하고 있으며, 사용하는 기법들을 융통성이 있고 자신의 성격에 맞게 사용한다. 또한 이들은 종종 자신들이 상담하는 상황들에 대하여 명확한 정답을 갖는 것이 불가능하다고 여긴다. 이 시기의 한 가지 특징은 내담자와 완전한 관계를 맺고(fully engaged), 그 후에는 그대로 놓아 주는(let go) 식으로 내담자에게 개입하는 수준을 조정할 수 있는 능력을 갖게 된다는 것이다. 이들은 경험이 적은 다른 상담가들에게 조언도 하고, 동시에 내담자들을 통해서도 배운다. 또한 자신의 전문영역 이외에 종교, 시, 심지어 연극이나 영화 등을 통하여 인간에 대한 이해를 넓혀 나간다.	
6단계	중견 상담전문가 단계(senior professional phase)
이 시기의 전문가들은 주로 20년 이상의 상담 경험을 가지고, 전형적으로 자신의 성격에 잘 맞는 개인화된 그리고 참된 접근방법들을 개발해 왔다. 이들은 자신들의 역량에도 불구하고 주로 내담자에 대한 자신들의 영향에 대해서는 매우 겸손하다. 또한 새로운 것들에 대해 회의적인 경향이 있으며, 상실감은 이 시기의 두드러진 특징이다. 자신들의 퇴직을 생각하고 자신의 스승들이 더 이상 살아 있지 않으며 같은 연령대의 동료들도 대개는 더 이상 큰 영향을 미치는 역할을 하지 않기 때문에, 이들이 경험하는 상실감은 예견될 수 있는 사실이다.	

3) Loganbill, Hardy 그리고 Delworth 모델

Loganbill 등(1982)의 수퍼비전 모델은 기존의 일직선상의(linear) 모델에서 벗어나 3개의 단계를 상담가가 순환하고 재순환하는 순환식(cyclical) 모델로 8개의 수퍼비전상의 문제들과 함께 언급된다. 수퍼바이저의 역할은 각 수퍼바이지들의 문제들에 대한 입장을 평가하는 것이며, 다음 단계의 발달로 전환하도록 이끄는 것이다. 이 모델은 복잡한 모델로 수퍼바이저가 수퍼바이지의 발달을 24개(3단계×8개의 문제들)의 다른 입장에 따라 계속해서 평가하는 것이 요구된다. 침체

(stagnation), 혼동(confusion), 통합(integration)의 각 단계들은 세계, 자아 그리고 수퍼바이저에 대한 특징적인 태도로 나타낼 수 있다. 상담가는 각각의 단계를 계속해서 순환하는데, 그럴 때마다 각 단계의 통합수준과 정교함이 높아진다. [그림 2-2]에서 Loganbill 등의 모델을 나타내었다.

그림 2-2 Loganbill, Hardy 그리고 Delworth 모델

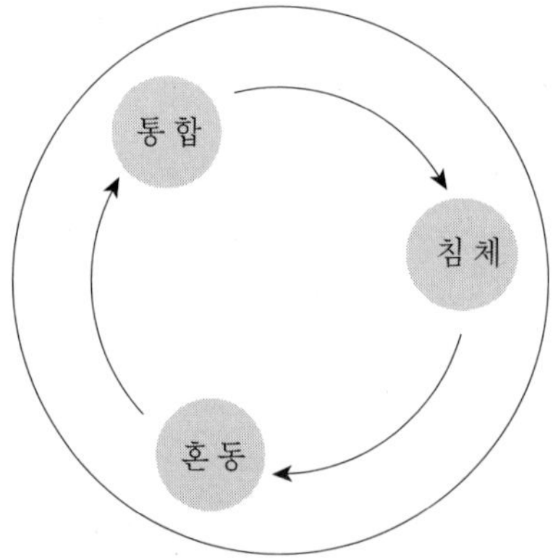

그림에서 침체의 단계는 초보 상담가들이 부족한 점과 어려운 점들을 의식하지 못하는 것으로 특징지어진다. 그리고 좀 더 경험 있는 상담가들은 침체된 상황 또는 고착을 경험하거나 특정 영역에서 자신들의 기능에 대한 맹점을 경험하게 된다. 이 시기의 수퍼바이지들은 인지적으로 단순한 흑백논리를 가지고 개입하며, 자신의 수퍼바이저나 내담자에 대한 영향의 통찰이 부족하다. 그들은 또한 상담을 지루하고 무료한 것으로 여길 수 있다. 이 시기의 수퍼바이지들은 수퍼비전상에서 두 가지 패턴을 지닌다. 하나는 지나치게 수퍼바이저에게 의존하고 수퍼바이저를 이상화시키는 것이다. 다른 하나는 수퍼바이저가 수퍼바이지들이 다루는 문제들에 대하여 부적절하게 대처한다고 여기는 것이다.

혼동의 단계는 점차적으로 생기거나 갑작스럽게 생길 수 있다. 이 시기의 특성은 불안정성, 해체, 불규칙적인 변동, 방해, 혼동, 갈등 등이다. 수퍼바이지들은

자신의 신념체계나 자아에 대한 완고한 견해 그리고 타인에 대한 고정적인 시각에서 벗어나 자유롭게 생각하게 된다. 이 시기는 또한 무언가 잘못된 것을 느꼈음에도 어떻게 바로잡을지 모르는 수퍼바이지들에게 문제가 되는 시기다. 그들은 모든 해답들이 수퍼바이저에게서 나오지 않는다고 생각하게 된다. 초기 단계에서 수퍼바이저에게 의존했던 수퍼바이지가 이 단계에서 수퍼바이저를 어떻게 인지하느냐에 따라, 수퍼바이저를 무능력하거나 대답을 주지 않는 대상으로 여기고 그에 대한 분노와 좌절감을 나타낼 수 있다.

통합의 단계는 폭풍 후의 고요함과 같이 새로운 인지적인 이해와 융통성, 불안정성에 대한 인식과 더불어 중요한 문제들에 대한 끊임없는 자문을 통해 개인적인 안정감을 갖게 되는 시기다. 수퍼바이지들은 수퍼바이저에 대한 현실적인 시각을 갖게 된다. 즉, 수퍼바이저도 장점과 단점을 지닌 사람이라는 시각을 갖게 된다. 수퍼바이지는 수퍼비전 동안에 나눌 문제들에 대한 책임감을 지니며, 정해진 수퍼비전 동안 수퍼바이저의 경험과 전문성을 충분히 살려 자신의 배움을 증진시킨다.

Loganbill 등(1982)이 언급한 수퍼비전에서 나타나는 수퍼바이지의 발달상의 문제들은 이후에 다룰 것이므로 여기서는 간단하게 살펴본다. Loganbill 등은 수퍼바이저들이 8개의 수퍼비전상의 문제들을 인식함으로써 수퍼바이지들이 경험하는 갈등들을 좀 더 빠르게 밝히도록 하는 데 도움을 주었다. 더욱이 이러한 수퍼바이저의 이해는 특정 패턴들이 나타날 것을 예견하거나 발달적인 접근에 따라 개입할 수 있으므로 수퍼바이지들을 효과적으로 도울 수 있게 된다. 8개의 문제는 역량, 감정적인 인식, 목적과 지향, 자율성, 개인차의 존중, 전문가로서의 윤리, 동기 그리고 정체감이다.

4) 발달 수퍼비전에 대한 평가

대부분의 사람들이 경험이나 훈련을 통하여 좀 더 발전한다고 생각하기 때문에 발달 모델은 처음에 호소력이 있었다. 하지만 이 모델은 수퍼비전에서 무엇이 일어나는지에 대한 설명이 부족하다는 제한점이 있다. 사실상 발달 수퍼비전은 실질적인 연구보다는 이론에 기초하여 발달하였으며 지지적이고 경험적인 연구가 부족하다(Bernard & Goodyear, 2004). 다시 말해서 발달 수퍼비전 모델에서 제시하는 단계들이 고정적이거나 연속적이라는 근거는 없다. 또한 어떻게 수퍼바이지가 변화하는지에 대한 설명과 수퍼바이지의 발달을 나타내는 기법이나 방법들에 대한 설명 없이 단순히 수퍼바이지가 거칠 단계만을 나타내고 있다(Bradley, Gould, & Parr, 2001; Carroll, 1996).

더욱이 수퍼바이지가 거쳐 가는 단계는 일정한 훈련을 받으면 자동적으로 주어지는 단계가 아니다. 예를 들어, 어떤 수퍼바이지가 5년간의 상담 훈련을 수료하였다고 해서 어느 특정 발달단계에 도달하였다고 생각하는 것은 옳지 못하다. 발달단계는 개인마다 다르다. 집단 수퍼비전에서 함께 훈련받았다 하더라도 수퍼바이지들의 발달 속도는 천차만별일 수 있다. 이는 개인의 연령, 개인적인 경험에 대해 반영하는 능력, 성별, 인종, 인지적인 사고 스타일, 상담에 중심이 되는 이론적인 배경, 훈련과정, 이전의 훈련 경험 등의 다양한 요인들이 수퍼바이지들의 발달 속도에 작용하기 때문이다(Skovholt & Rønestad, 1992). 그러므로 발달 모델이 어떻게 수퍼바이저에게, 수퍼비전 관계에, 수퍼바이지의 성격에 관련되는지, 또 수퍼바이지와 수퍼바이저의 특성이 상호작용하여 다양한 발달단계에 있는 수퍼비전 관계에 어떻게 영향을 미치는지에 대한 연구도 필요하다.

기본적으로 수퍼바이지의 발달수준에 따라 수퍼비전을 제공하는 것이므로, 만약 수퍼바이지의 발달수준과 수퍼비전의 접근이 조화를 이루지 못한다면 문제가 될 수 있다(Ooijen, 2003). 예를 들어, 경험이 있는 수퍼바이지를 경험이 없는 초보 상담가로 대한다면 그는 기분이 상할 것이다. 반대로 경험이 없는 수퍼바이지를 경험이 많은 수퍼바이지로 간주하고 그의 수준을 훨씬 넘는 역할들을 기대한다면 그 역시 부담감과 긴장감을 가질 것이다. 이와 같이 수퍼바이지의 발달수준과 수퍼바이저의 접근방법이 일치하지 않는다면, 수퍼바이지나 수퍼바이저 심지어 내담자에게도 도움이 되지 않을 것이다. 또한 전자의 경우보다는 후자의 경우가 훨씬 위험하며 효율적인 수퍼비전을 제공하기 어려울 것이다.

이러한 발달 모델은 지나치게 단순화하였다는 제한점도 가진다(Russell, Crimmings, & Lent, 1984). 전문적인 상담가로 발달하는 것은 발달 모델에서 제시하는 것보다 훨씬 많은 영역과 관련된다. 수퍼비전은 상담가의 개인적이고 전문적인 발달을 위한 하나의 접근으로, 예측되는 수퍼바이지의 발달을 표현하는 발달단계를 나열하는 것은 성급한 접근이라고 본다(Holloway, 1987).

3. 사회역할 수퍼비전 모델

사회역할 수퍼비전 모델은 수퍼바이저와 수퍼바이지가 수퍼비전에서 무엇을 하며, 어떤 임무를 수행하며, 그것이 누구에 의해 이루어지는지를 설명하고 있다(Carroll, 1996). 다시 말해서 이 모델은 수퍼바이지들의 전문적인 발달에 관련된 수퍼바이저의 역할에 초점을 두고 있다(Ancis & Ladany, 2001). 수퍼바이저는 수퍼바이지의 학습 요구에 따라 교육자, 상담가 그리고 자문가의 역할을 한다. 가장 영향력 있는 사회역할 수퍼비전 모델들은 수퍼바이저의 역할에 대해 선구적인 연구를 한 Bernard(1979)의 차별 모델(Discrimination Model)과 매우 구체적인 역할로 접근한 Holloway(1997)의 체계접근 수퍼비전(Systems Approach to Supervision: SAS)이다. 때때로 Bernard의 차별 모델과 Holloway의 체계접근 수퍼비전은 수퍼바이저의 역할에 대한 공헌에도 불구하고, 사실상 다른 대부분의 사회역할 모델들보다 훨씬 광범위하고 절충주의(eclecticism)에 기초하고 있기 때문에 통합적인 수퍼비전 모델로 보는 경향이 있다. Bernard와 Goodyear는 차별 모델과 체계접근 수퍼비전 모델을 사회역할 수퍼비전 모델로 보지만(2004) Bradley와 Ladany(2001), Haynes 등(2003)은 통합적인 수퍼비전 모델로 여기고 있다. 본 저자는 이들의 전반적인 수퍼비전 모델의 특성에 기초하여 통합적인 수퍼비전 모델로 간주하였다.

4. 통합적인 수퍼비전 모델

1) 차별 모델

Bernard는 1970년대 중반에 하나의 교수법으로서 차별 모델(Discrimination Model)을 개발하였다. 그 당시 Bernard는 수퍼비전 과목을 가르쳐야 했고, 박사 학위를 최근에 받은 그녀는 초기 수퍼비전 활동들을 조직화하여 학생들의 요구를 처음으로 이해하는 수퍼바이저의 역할을 수행하였다. Bernard의 차별 모델은 절충주의에 기초한 절충 모델이라고 볼 수 있다. 여기서 수퍼바이저는 수퍼바이지의 갈등에 대응하는 여러 가지 융통성을 갖는다(Bernard, 1997, 2004).

차별 모델은 수퍼비전의 세 가지 중요 사항들과 세 가지 수퍼바이저의 역할에 기본을 둔 모델이다. 세 가지 중요 사항이란 첫째는 수퍼바이지의 개입 기술들로 수퍼바이지들이 상담에서 무엇을 하는지에 대한 것이며 수퍼바이저에 의해 관찰되는 것이다. 둘째는 개념화하는 기술들로 수퍼바이지가 상담에서 일어나는 것을 이해하고 패턴들을 인지하며 개입방법들을 선택하는 것을 말한다. 셋째는 개인화하는 기술들로 수퍼바이지가 자신의 개인적인 스타일을 상담에 조화시킴과 동시에, 개인적인 문제나 역전이 반응들로 인해 상담이 방해받지 않도록 노력하는 것을 말한다(Bernard, 1997; Bernard & Goodyear, 2004). 수퍼바이저의 세 가지 역할이란 교육자, 상담가 또는 자문가의 역할이다. 결과적으로 수퍼바이저는 9개의 다른 영역(3개의 중요 사항×3개의 역할)으로 접근할 수 있으며, 수퍼바이지의 요구에 따라, 각각의 수퍼비전 회기마다 또는 회기 내에서 수퍼바이저의 중요 사항이나 역할이 달라지기 때문에 차별 모델이라고 부르게 되었다. 〈표 2-6〉에서 구체적인 예를 들어 차별 모델을 설명하였다(Bernard & Goodyear, 2004).

Bernard(1997)는 자신의 차별 모델이 상담이론에 입각한 수퍼비전 모델들과는 다르다고 언급하였다. 상담이론에 입각한 모델들은 상담이나 수퍼비전에 같은 상담 원리를 적용하는 것이지만, 차별 모델은 수퍼비전에서 사용되는 언어가 상

표 2-6 차별 모델

수퍼비전의 중요사항	수퍼바이저의 역할		
	교육자	상담가	자문가
개입	Se: 체계적인 감각법을 사용하려 하나 그 기법을 전혀 배우지 않았다.	다양한 상담기법을 사용하나, 어떤 내담자는 수퍼바이지의 주된 스타일에 의문점을 갖는다.	내담자가 수퍼바이지의 은유법에 잘 반응하며, 수퍼바이지는 상담에서 다양한 은유법의 사용을 알고 싶어 한다.
	Sr: 체계적인 감각법 절차를 가르친다.	수퍼바이지로 하여금 내담자가 자신에게 미치는 영향을 깨닫게 한다.	수퍼바이지가 다양한 방법의 은유법을 이해하고 연습하도록 한다.
개념화	Se: 상담 장면이나 이후에 내담자의 패턴이나 핵심 주제들을 깨닫지 못한다.	자기주장 훈련이 요구되는 내담자를 위한 현실적인 목표를 세우지 못한다.	사례 개념화를 위한 다른 모델들을 사용하고 싶어 한다.
	Sr: 상담 원고를 사용하여 수퍼바이지가 내담자의 주된(비난, 의존하는) 말들을 통해 패턴이나 핵심 주제를 이해하도록 가르친다.	수퍼바이지가 자신의 인지적인 어려움들을 다양한 관계에서 자기주장적이지 못한 자신의 능력과 비교할 수 있도록 돕는다.	수퍼바이지가 고려할 다양한 모델들을 논의한다.
개인화	Se: 자리 배정에 대한 선호가 자신의 문화적인 배경을 반영한다는 것과 내담자를 부담스럽게 한다는 것을 인식하지 못한다.	남성 수퍼바이지는 자신의 여성 내담자가 자신에게 성적으로 매력을 느끼는 것을 인식하지 못한다.	나이가 많은 내담자와의 상담을 좀 더 편안하게 하고 싶어 한다.
	Sr: 근접성에 대하여 정리한 책들을 읽게 한다.	수퍼바이지 자신의 성적인 관심과 내담자로부터의 성적인 단서들을 깨닫지 못하는 수퍼바이지의 저항을 직면시킨다.	나이든 사람들의 발달적인 관심사들을 토론한다.

Sr: 수퍼바이저, Se: 수퍼바이지

담에서 사용되는 언어와 다르기에 수퍼바이지들이 자신들을 내담자로 여길 수 있는 혼동을 줄일 수 있다고 하였다. 그녀는 수퍼비전의 중심 목표를 수퍼바이지들의 내적인 본성에 두기보다는 수퍼바이지들의 상담 활동에 두어야 한다고 하였다. 수퍼비전은 상담 활동을 나타내는 요소들을 이해함으로써 상담 활동에 직접적으로 관련을 맺을 수 있었고, 그에 따라 상담 활동을 나타내는 상담과정을 조직화하는 역할과 중요 사항들을 사용하여 차별 모델이 발달하였다.

(1) 수퍼비전의 세 가지 중요 사항들

첫째로 개입 기술은 수퍼바이지에게서 관찰할 수 있는 활동들을 말한다. 이러한 기술들은 간단한 기술에서 복잡한 기술들에 이르는 모든 행동들을 포함한다. 예를 들어, 상담을 시작할 때 내담자에게 인사하는 것에서 시작하여 공감, 직면, 해석 또는 다른 상담 기술들을 사용하는 것까지 상담 장면에서 일어나는 모든 행동들을 포함한다. 여기서 중요 사항은 수퍼바이지가 치료 개입들을 능숙하게 전달할 수 있는 능력에 둔다.

두 번째 중요 사항은 수퍼바이지의 개념화하는 기술이다. 이 사항은 다른 사항들보다 좀 더 추상적이기 때문에 수퍼바이저가 수퍼바이지의 역량수준을 결정하기 위하여 수퍼바이지를 면담하는 것이 필요하다. 이때 수퍼바이저는 수퍼바이지가 내담자의 정보를 이해하는지를 파악하고, 내담자의 핵심 주제들을 깨닫고 있는지, 그리고 내담자에 대한 여러 가지 정보들 중에서 핵심적으로 중요한 정보들을 구별할 수 있는 능력이 있는지를 결정한다. 수퍼바이지는 내담자의 정보에 대하여 적절하게 반응해야 한다.

마지막으로 개인화하는 기술은 상담에 영향을 미치는 수퍼바이지의 독특한 개인적인 특성들을 말한다. 수퍼바이지의 성격, 문화적인 환경, 타인에 대한 민감성, 유머 감각과 같은 개인적인 성향들이 상담과정에 영향을 미친다. 수퍼바이저가 수퍼바이지의 이러한 특성들을 이해하는 것이 때로는 어렵기 때문에 수퍼바이지를 잘못 해석하는 경향이 생기기 쉽다. 따라서 수퍼바이저는 수퍼바이지의 성격적인 이해를 그들과 논의할 필요가 있다. 이러한 수퍼바이지의 개인적인 성향은 상담과정에 나타나기 때문에 수퍼비전에서 논의할 필요가 있다.

Bernard는 이러한 세 가지 중요 사항들이 구별된다고 하였지만, 수퍼비전이 역동적인 과정이기 때문에 세 가지 사항들이 중복되는 경우가 있음을 인정하였다(1997). 하지만 수퍼바이지가 상담 장면에서 특정한 기술들이 부족할 경우 수퍼바이저는 수퍼바이지가 어떻게 해야 할지를 몰라서인지(개념화의 문제), 치료기법들을 어떻게 전달하는지를 몰라서인지(개입의 문제), 아니면 내담자와의 상담이나 기법들을 사용하는 것이 불편한지(개인화의 문제)를 알아야 한다. 그럼으로써 수퍼바이저는 적절한 수퍼비전 개입을 사용하여 수퍼바이지들을 도울 수 있다.

(2) 수퍼바이저의 세 가지 역할들

차별 모델에서 수퍼바이저는 교육자, 상담가 그리고 자문가로서의 역할을 한다. 교육자의 역할에서 수퍼바이저는 수퍼바이지가 상담가로서의 역량을 획득하기 위해 필요한 활동들을 결정하는 책임을 가진다. 이때 수퍼바이저는 수퍼바이지에게 부족한 기술, 수퍼바이지가 학습한 기술 그리고 기술을 적용하는 영역에 대해 평가한다. 수퍼바이저의 두 번째 역할은 상담가의 역할이다. 수퍼바이저는 상담관계에서 일어나는 사건의 의미를 생각하도록 물으며, 수퍼바이지는 그러한 의미들을 파악함으로써 통찰을 경험하게 되고 전문적인 발달을 향상시킬 수 있게 된다. 마지막으로 자문가의 역할에서 수퍼바이저는 수퍼바이지가 자신의 상담에 대한 생각, 통찰, 감정들을 신뢰할 수 있도록 도우며, 자신의 지식을 수퍼바이지와 나눔으로써 수퍼바이지를 위한 하나의 자원으로서의 역할을 한다.

(3) 차별 수퍼비전 모델에 대한 평가

차별 모델의 가장 큰 장점이라면 다른 이론이나 모델들과 효과적으로 사용될 수 있다는 점이다(Bradley et al., 2001). 이 모델은 하나에 중점을 두지 않으며, 특정하게 초점을 둔 다른 이론이나 모델과 잘 조화를 이룰 수 있다. 그러므로 상대적으로 사용하기가 쉽다.

비록 차별 모델이 다문화성에 중점을 두고 발달한 것은 아니지만, 이는 다문화성에 대한 인식을 갖도록 수퍼바이저들을 격려한다. 수퍼바이저들은 수퍼바이지의 개인화 기술들을 평가할 때 많은 부분의 성격들이 문화적인 표현으로 나타난다는 것을 인식해야 한다. 더욱이 Bernard는 수퍼바이저들이 수퍼바이지와 내담자 간의 관계, 수퍼바이지와 수퍼바이저 간의 관계에서 나타나는 행동의 맥락들에서 특히 다문화성의 실체를 고려할 것을 권고하고 있다(Bradley et al., 2001).

수퍼바이저의 역할을 나타내는 많은 수퍼비전 모델들이 연구에 의하여 점검된 경우가 적기 때문에(Russell et al., 1984), 차별 모델의 장점 중의 하나는 많은 연구들에 의해 점검되었다는 것이다. 특히, 1980년대에 많은 연구가 이루어졌으며, 다양한 연구결과들이 차별 모델을 지지하였다(Bernard & Goodyear, 2004).

반면, 차별 모델의 가장 큰 단점은 두 가지 영역인 수퍼비전 관계와 수퍼비전 목표라는 영역에 대한 구체적인 정보가 부족하다는 것이다(Bradley et al., 2001). 따라서 차별 모델을 사용하는 수퍼바이저들은 다른 이론이나 모델에서 그러한 정보들을 도입해야 한다. 이것은 차별 모델을 사용하려는 경험이 적은 수퍼바이저들에게 문제를 일으킬 수 있다. 더욱이 차별 모델에서는 그 예시들이 도움이 되기는 하지만, 구체적인 기법들이나 개입에 대한 정보는 제시하지 않고 있다.

다른 모델에 비하여 상대적으로 이용하기 쉽다 할지라도, 경험이 적은 수퍼바이저들에게는 수퍼바이저의 역할들을 효과적으로 사용하는 데 어려움이 있을 수 있다. 따라서 수퍼바이저들은 수퍼바이저의 역할들을 선택하기 전에 자신들이 어떤 목표를 달성할지를 먼저 신중하게 생각하는 것이 필요하다(Bradley et al., 2001).

수퍼비전 내에서의 수퍼바이지의 학습 요구와 관련하여 수퍼바이저와 수퍼바이지의 상호작용에 관련되는 이 모델은 수퍼바이저의 역할에서 중요한 역할을 간과하고 있다. 즉, 이 모델에서는 내담자의 복리를 위한 질을 향상시키는 수단으로서 중요한 수퍼바이저의 평가자나 감독관의 역할을 배제하고 있다(Bernard & Goodyear, 2004).

2) 체계접근 수퍼비전

Holloway(1995, 1999)의 체계접근 수퍼비전(Systems Approach to Supervision:

SAS)은 기존의 모든 모델 중에서 가장 광범위한 모델일 것이다. 그녀의 모델은 수퍼비전의 단계, 계약, 구조 등을 포함하는 수퍼비전 관계 자체와 수퍼바이저의 특성, 수퍼비전이 일어나는 기관의 특성, 내담자의 특성, 수퍼바이지의 특성 등을 포함하는 다양한 요소들을 설명하고 있다(Bernard & Goodyear, 2004). 특히, 이 SAS 모델은 수퍼바이저의 이론적인 지향에 상관없이 수퍼비전에서 사용되는 보편적인 용어들을 사용함으로써 수퍼비전의 이해를 넓혔으며, 수퍼바이저의 수퍼비전 실행에 대한 교육과 구체적인 지식들을 제공하고 있다. Holloway의 체계접근 수퍼비전은 경험적, 개념적, 실행적 지식들을 바탕으로 이루어진 모델이다(1995).

(1) 체계접근 수퍼비전의 목적

체계접근 수퍼비전의 주된 목적은 수퍼바이저가 전문가로서의 수퍼바이지 발달에 관련된 구체적인 학습 과제와 교수 전략들을 마련하는 지속적인 관계를 형성하는 것이다(Holloway, 1999). 또한 수퍼바이지가 전문적인 상담 분야에서 요구되는 기술, 태도, 지식들을 이해함으로써 전문적인 상담 분야에 들어갈 수 있도록 권한을 부여하는 것이며, 그들이 전문적인 상담의 기준들을 성취하도록 수퍼비전 관계를 전략적으로 지도하는 것이다.

Holloway는 이러한 궁극적인 목적들을 달성하기 위하여 다섯 가지 전반적인 목적들을 열거하였다(1997, 1999). 첫째, 수퍼비전의 목적은 수퍼바이지로 하여금 광범위한 전문적인 태도와 지식 그리고 기술들을 효과적이고 지지적인 방법으로 배울 수 있도록 기회를 제공하는 것이다. 둘째, 성공적인 수퍼비전은 지속적이며 수퍼바이저와 수퍼바이지가 서로 개입하는 전문적인 관계의 맥락하에서 일어난다. 셋째, 수퍼비전 관계는 수퍼바이지로 하여금 수퍼비전의 목적들을 달성하도록 하기 위한 중요한 환경이다. 이러한 대인 간의 과정에서 가장 본질적인 특성은 수퍼바이저와 수퍼바이지가 관계를 형성함에 따라 그들 모두에게 파워를 부여하는 것이다. 넷째, 수퍼바이저에게 수퍼비전의 두 가지, 즉 내용과 과정은 수퍼비전 관계 내에서 교육을 계획할 때 하나로 통합된다. 마지막으로 수퍼바이저가 교육을 함에 따라 수퍼바이지는 전문적인 상담의 기술들과 지식들을 획득함과 동시에 대인 간의 관계를 경험하고 설명함으로써 권한을 부여받게 된다.

(2) 체계접근 수퍼비전의 관계

수퍼비전 관계는 체계접근 수퍼비전의 가장 기초가 되는 핵심 요소며, 수퍼바이저와 수퍼바이지의 상호작용 과정이 포함된다(Holloway, 1999). 그러한 관계는 수퍼바이저와 수퍼바이지가 서로에게 영향을 주면서 상호 연관되어 있는 역동적인 과정이다. Holloway는 수퍼비전 관계와 수퍼비전 과정에 대한 많은 경험적인 연구들과 실질적인 지식들을 통하여 수퍼비전 관계의 세 가지 중요 요소들을 알아내었다. 즉, 수퍼비전 관계는 파워와 개입을 나타내는 대인 간 구조(interpersonal structure), 수퍼바이저와 수퍼바이지의 관계의 발달을 나타내는 관계단계(relationship phases), 그리고 수퍼비전의 과업과 기능에 대한 일련의 기대들을 형성하는 수퍼비전 계약(supervisory contract)으로 구성된다(Holloway, 1995, 1997, 1999). Holloway는 이러한 수퍼비전 관계의 세 가지 핵심 요소들을 다음과 같이 구체적으로 설명하였다.

첫째는 파워와 개입을 나타내는 대인 간 구조다. 수퍼비전은 하나의 공식적인 관계로서 수퍼바이저는 전문적인 지식을 전달해 주고 수퍼바이지의 상담 활동을 판단하며 전문적인 상담 영역에서 감독자로서의 기능을 한다. 따라서 수퍼비전에는 이러한 공식적인 파워 또는 지위에 따른 파워가 수퍼바이저에게 있다. 이러한 의미에서 수퍼비전은 상하의 위계적인 관계다. 그러나 파워의 행사는 자유롭게 이루어지는 것이 아니라 수퍼바이저와 수퍼바이지가 서로 영향을 주는 지속적인 과정을 통하여 이루어진다. 이러한 파워는 개인과 기관의 자원에 따라, 개인의 개입 형태에 따라 달라질 수 있다.

개입은 애착을 포함하는 친밀감으로도 표현될 수 있다. 이러한 개입은 수퍼비전 관계에서 파워의 행사와 효과에 영향을 미치며, 개별적이고 역할에 기초한 관계를 발달시키는 데 중요하다. 수퍼바이저와 수퍼바이지는 서로에 대한 파워의 분배와 애착의 정도를 결정하여야 한다. 이러한 관계가 발달함에 따라 상대방의 행동을 예견할 수 있으며, 수퍼바이저와 수퍼바이지 간의 대인관계에서의 불확실성을 줄일 수 있으며, 상대방을 더욱 잘 이해할 수 있으며, 주어진 정보에 대한 상대방의 반응들을 정확하게 파악할 수 있기에 수퍼비전 관계에서의 갈등들을 줄일 수 있다.

둘째는 수퍼바이저와 수퍼바이지의 관계의 발달을 나타내는 관계단계다. Holloway는 수퍼비전 관계를 나타내는 3단계를 제시하였다(〈표 2-7〉 참조). 발달단계에서 수퍼바이지는 수퍼비전에 대한 역할 기대를 밝혀 나가고 애매모호함을 줄이며 수퍼바이저로부터의 지지와 확신을 증가시킨다. 성숙단계에서 수퍼바이지는 여전히 애매모호함을 줄이고 지지를 증가시키며, 자아확신을 증가시키고 상담에서의 기술들을 발달시킨다. 수퍼바이지는 대인 간의 행동에 대한 개인적인 도전과 직면을 추구한다. 종결단계에서 수퍼바이지는 특정 내담자와 관련되는 이론과 실행 간의 관계를 이해하며 수퍼바이저의 지도를 덜 필요로 하게 된다. 수퍼비전 관계는 수퍼바이지의 학습 스타일과 요구, 수퍼바이저의 교육 스타일 등의 개인적인 특성들에 좀 더 초점을 맞추게 된다. 하지만 수퍼비전의 단계만

표 2-7 Holloway의 수퍼비전 관계의 단계

발달단계	• 수퍼바이저와의 관계를 명확하게 하기 • 수퍼비전 계약을 성립하기 • 교육적인 개입을 지지하기 • 역량을 발달시키기 • 치료계획을 발달시키기
성숙단계	• 관계상에서 개인적인 특성을 증가시키고 역할에 기초한 관계를 줄여나가기 • 사회적인 관계와 잠재적인 영향을 증가시키기 • 사례 개념화의 기술을 발달시키기 • 상담에서의 자아확신과 자아효율성을 증가시키기 • 전문적인 상담 활동에 관련되는 개인적인 문제들을 직면하기
종결단계	• 특정 내담자에 관련된 이론과 그 실행 간의 관계를 이해하기 • 수퍼바이저의 지도의 필요성을 줄여나가기

으로 수퍼비전 관계의 개입 정도가 결정되는 것은 아니다. 개인적인 정보, 발표 스타일, 내담자 문제의 긴급성 등과 같은 요인들도 개입의 정도를 결정한다.

마지막으로 수퍼비전의 과업과 기능에 대한 일련의 기대들을 나타내는 수퍼비전 계약서를 작성한다. 수퍼비전에서 나타나는 역할 기대와 기능들이 수퍼비전 계약서에 명백하게 나타나야 하며 특정 학습목표도 언급되어야 한다. 이러한 계약서에는 평가 방법과 구분에 대한 구체적인 설명도 포함되어야 한다. 수퍼바이저와 수퍼바이지는 계약서를 작성하는 데 함께 참여해야 한다. 이러한 상호협력적인 개입이 계약서에 나타난 기대들을 충족시킬 가능성을 증가시킨다. 수퍼비전 계약서는 수퍼바이지의 요구와 목적이 바뀔 수 있으므로 정기적으로 재평가되어야 한다.

(3) 체계접근 수퍼비전의 과업들과 기능들

Holloway의 SAS 모델에서는 교육 과업들과 수퍼비전의 기능들을 사용하여 수퍼비전의 과정이라는 활동들을 설명하고 있다. 그녀의 이론에 따르면, 수퍼비전의 과업은 상담자의 역할에서 요구되는 전문적인 지식들로 정의된다. 수퍼바이저와 수퍼바이지는 수퍼바이지의 요구에 의하여 구체적인 학습목표를 결정한다. Holloway는 수퍼비전의 과업들을 다섯 가지로 분류하고 있다. 첫 번째 과업은 상담의 근본이 되는 활동과 구체적인 기술들에 초점을 맞춘 상담 기술이다. 두 번째 과업은 인간의 발달과 변화라는 토대 위에서 내담자의 히스토리와 문제점들을 이해하는 사례 개념화다. 세 번째는 전문적인 상담 활동을 위한 원리와 윤리들을 나타내는 전문적인 역할이다. 네 번째는 내담자와의 상담, 수퍼바이저와의 수퍼비전에서 일어나는 대인 간의 그리고 개인 내의 역동에 대한 수퍼바이지의 자아인식과 관련된 감정적인 인식이다. 마지막으로 상담이나 수퍼비전에서 수퍼바이지가 자신의 역량과 효율성에 대한 한계점을 깨닫는 의지와 기술을 나타내는 자아평가다.

Holloway는 이 다섯 가지 수퍼비전 기능들을 모두 동사로 기술하였다. 이는 수퍼비전이 역동적인 과정이라는 것과 수퍼바이저의 역할을 좀 더 구체적으로 나타내기 위함이다. 첫 번째 수퍼비전 기능은 감독하기(monitoring)-평가하기로 이 기능은 수퍼바이지의 기술들을 평가하거나 판단할 때만 사용된다. 평가는 형식적이고 규준적이지만 비형식적이고 독특할 수도 있다. 하지만 파워는 수퍼바이저에게 있으며 일방적인 의사소통으로 행사될 수 있다.

두 번째 기능은 교육하기-충고하기로 전문적인 지식에 기초한 정보, 의견 그리고 제안들을 전달하는 교사-학생의 관계를 나타낸다. 여기서 파워는 수퍼바이저에게 있으며 일방적인 의사소통으로 이루어진다.

세 번째 기능은 모델링하기로 수퍼바이저는 전문적인 상담 활동과 실행의 역할 모델로서 기능을 한다. 이 경우 파워는 상호협력적인 과정에서 나누어지며 양방적으로 의사소통된다. 파워가 상호협력적으로 나누어지기 때문에 대인관계의 거리감이 줄어든다.

네 번째 기능은 자문하기-탐색하기로 수퍼바이지는 수퍼바이저의 의견이나 정보들을 참고로 임상적이고 전문적인 문제들을 해결하도록 도움을 받는다. 파워는 서로 나누며, 의사소통은 양방적이고 상호교류적이다.

마지막으로 지지하기-나누기 기능이다. 이 기능에는 공감적인 관심, 격려 그리고 건설적인 직면들이 포함된다. 수퍼바이저는 수퍼바이지와 그들의 행동, 감정, 태도들에 대한 지각을 나눔으로써 좀 더 깊은 대인관계를 이루도록 노력한다. 이러한 직접적이고 개인적인 대화는 직면적일 수 있으나, 적절하게 건설적으로 이루어진다면 수퍼바이지 또한 협력적일 것이다. 대화는 양방적이며 상호교류적이다.

(4) 과업+기능=과정

SAS 모델에서의 수퍼비전의 과업들(5가지)과 기능들(5가지)은 25개의 과업-기능의 조합들을 나타낸다. 과업은 수퍼비전의 '무엇'에 해당하며 교육과 학습에서 사용되는 목적과 전략들의 점검과 관련된다. 기능은 수퍼비전의 과업이 '어떻게' 이루어지는지를 나타낸다. 예를 들어, 한 수퍼바이저는 수퍼바이지의 상담 기술, 감정적인 인식 등의 수퍼비전 과업들을 감독하기-평가하기라는 수퍼비전 기능들에 개입할 수 있다. 이론적으로 어떠한 과업들이라도 어떠한 기능에 맞추어 조합을 이룰 수 있으나, 현실적으로는 몇 가지 과업과 기능의 조합이 수퍼비전에서 많이 나타날 수 있다.

예를 들면, 감정 인식의 과업은 지지하기-나누기 기능과 조합이 잘 이루어지며, 상담 기술의 과업은 교육하기-충고하기 기능과 조합이 잘 이루어진다. 이러한 과업과 기능의 조합은 수퍼바이지의 경험, 내담자의 상황 그리고 수퍼비전 관계에 의해 영향을 받는다. 수퍼바이저는 이러한 조합을 사용하여 이전 회기의 효율성을 점검할 수 있으며, 이후의 수퍼비전의 중요 사항과 전략을 계획할 수 있다.

(5) 수퍼비전의 환경적인 요인들

수퍼비전의 환경적인 요인들은 수퍼바이저와 수퍼바이지의 과업과 기능의 선택, 관계 형성들에 대한 상황들을 말한다. 그러한 요인들은 수퍼바이저, 수퍼바이지, 내담자 그리고 기관들이다. 각 요인들의 구체적인 설명은 이후에 자세히 논의할 것이므로 여기서는 개략적으로 살펴본다. 수퍼바이저 요인들에는 전문적인 경험, 역할, 지향하는 이론, 문화적인 특성, 자아표현들이 해당된다. 수퍼바이지 요인으로는 상담 경험, 지향하는 이론 및 학습 스타일, 요구, 문화적인 특성, 자아표현들이 해당된다. 내담자 요인으로는 내담자의 특성, 문제와 진단, 상담관계의 특성들이 포함된다. 마지막으로 기관 요인들은 기관의 특성으로 기관의 사명, 직원, 관리 구조, 기관의 구조와 분위기, 전문적인 윤리와 기준들을 포함한다.

(6) 체계접근 수퍼비전에 대한 평가

Holloway의 SAS 모델의 가장 큰 장점은 수퍼비전 관계를 수퍼비전의 가장 핵심적인 요소로 보았다는 것이다. 수퍼비전은 늘 변화되는 역동적인 관계에 초점을 둔다. 문화적인 영향, 대인 간의 특성들이 수퍼바이저, 수퍼바이지, 내담자들에게서 나타나며 그러한 영향이 수퍼비전에서 구체적으로 나타난다. SAS 모델은 상담과 수퍼비전의 분야에서 얻어진 경험적이고 개념적이며 실질적인 지식을 바탕으로 한 수퍼비전을 개발하는 토대를 마련하였다. 특히, Holloway의 모델은 수퍼바이저가 지향하는 이론에 상관없이 사용될 수 있다.

반면, SAS 모델은 통합적이나 매우 복잡하고 다양하게 연결되어 있기 때문에 경험이 적은 수퍼바이저가 효율적으로 사용하기에는 어려운 개념들이 있을 수 있다. 더욱이 구체적인 기술과 방법들에 대한 설명이 부족하기 때문에 좀 더 직접적인 접근을 하려는 수퍼바이저들이 꺼릴 수 있다. 역동적인 상호작용과 대인간의 의사소통의 중요성에 확신을 갖지 않는 수퍼바이저도 SAS 모델이 지나치게 대인 간의 관계를 강조한다고 여길 수 있다. 또한 이 모델이 경험적인 연구에 기초한 개념에 바탕을 두었다 할지라도, 수퍼비전의 효율성을 평가하기 위한 모델의 개념과 방법들은 체계적인 연구에 기초하지 않았다는 한계도 가진다.

3) 새로운 통합적인 수퍼비전 모델들

여기서는 통합적인 수퍼비전 모델의 최근 연구들과 발달들을 반영하는 새로운 통합적인 수퍼비전 모델들을 설명한다. 이에 반영적인 학습 모델, 해결중심 모델 그리고 계획중심 모델들을 포함하였다.

(1) 반영적인 학습 모델

Ward와 House(1998)는 수퍼비전 관계와 전문가로서의 수퍼바이지의 발달에 반영적인 학습이론을 통합시키는 반영적인 학습 수퍼비전 모델을 발달시켰다. 수퍼바이지의 발달과 수퍼비전에 적용된 반영적인 학습은 수퍼바이지가 문제적인 상황을 재구조화하기 위해 이해, 이미지, 활동들을 사용하여 의미 있게 상담경험들을 재구성하는 과정으로 정의할 수 있다. 수퍼비전 관계의 질은 반영적인 학습이 일어나는지, 발달된 행동을 어떻게 변화시키는지에 대한 지식으로 결정될 수 있다. Ward와 House의 모델은 반영적인 학습이론의 원리를 수퍼비전의 역동과 수퍼비전 발달단계에 관련짓고 있다.

반영적인 학습 모델은 네 가지 단계로 구성된다. 첫 번째 단계는 환경적인 지향의 단계로 수퍼바이저는 수퍼바이지가 전문적인 발달을 촉진시킬 때 나타낼 수 있는 부적응적인 생각과 감정(죄책감, 불안감, 완벽주의, 분노, 혼란 등)들로 어려움을 겪을 수 있다. 두 번째 단계는 신뢰감을 형성하는 단계로 수퍼바이저의 지지에 대한 수퍼바이지의 지각은 수퍼비전 관계에서의 신뢰나 수퍼바이지의 학습과 성장을 높이는 데 중요하다. 세 번째 단계는 개념적인 발달의 단계로 수퍼비전에서는 내담자의 문제와 치료계획에 대한 이해를 향상시키기 전에 수퍼바이지의 개념적인 오류들을 먼저 논의해야 한다. 마지막은 임상적인 독립의 단계로 수퍼바이지는 임상적인 자아평가와 사례계획에 대한 독립성을 발달시키도록 격려받고 지지받는다.

(2) 해결중심 모델

해결중심 수퍼비전의 기본적인 가정은 수퍼바이지는 전문가고 임상적인 상황에서의 문제점들을 해결하는 자원들을 가지고 있다는 것이다(Thomas, 1994). 해결중심 모델에는 2단계가 있는데, 첫째는 개념적인 윤곽을 형성하는 것으로 수퍼바이지가 수퍼비전과 수퍼비전 관계를 통하여 원하는 것을 토론하며 해결중심 모델의 가정들을 논의하는 것이 포함된다. 둘째는 해결중심 수퍼비전을 실행하는 것으로 수퍼비전의 목표를 설정하고 앞으로 논의할 것들을 정한다. 수퍼바이저는 수퍼바이지와의 상호협력적인 관계를 이루도록 노력해야 하며, 수퍼바이지는 수퍼비전 목표를 성취하기 위하여 자신은 능력이 있고 유능하다고 여겨야 한다. 이 모델은 가족치료와 화술(narrative)치료에 기초하여 발달되었으며, 수퍼비전에서의 학습과 성장을 위하여 수퍼바이지에게 확신을 주고 권한을 부여하는 데 초점을 두고 있다. 따라서 수퍼바이저는 협력적이고 목적지향적인 관계를 이루어야 한다.

Thomas(1994)는 해결중심 수퍼비전을 위한 일곱 가지 주제들을 제안하였다. 수퍼바이저와 수퍼바이지 간에는 상호존중이 있어야 하며, 수퍼비전 관계는 위계적이지 않고 동료적이어야 하며, 협력적인 평가는 잘 정의된 목적의 성취를 바탕으로 이루어져야 한다. 그리고 수퍼바이저는 수퍼바이지가 내담자와의 상담에서 근본적으로 역량이 있고 자신의 장점과 단점을 알며 전문성을 증가시키기 위한 의지가 있다고 여겨야 하며, 수퍼바이지의 성공과 역량에 기초하여 그들에게 확신과 권한을 주어야 한다. 마지막으로 성공적인 수퍼비전 경험은 수퍼바이저의 자문가로서의 역량과 수퍼바이지의 변화하려는 필요성에 기초한다는 것을 알아야 한다.

(3) 계획중심 모델

Greenwald와 Young(1998)의 계획중심 모델은 인지적, 행동적, 경험적, 대인관계적 접근들을 통합하는 계획중심의 치료(Schema-Focused Therapy: SFT)에 기초하고 있다. 수퍼비전 과정의 세 가지 주된 요소들은 사례 개념화와 치료계획, 기술과 기법 향상을 위한 역할극 그리고 수퍼바이지 자신의 계획, 계획과정, 치료과정이다. 그들은 또한 SFT 훈련과 수퍼비전에 통합할 수퍼비전 경험들을 설명하였다. 우선 서로 잘 알아가는 경험으로 이전의 훈련과 상담 경험, 수퍼바이지가 가장 많이 또는 덜 편안한 내담자의 타입, 상담에서 일어날 수 있는 민감한 문제들, 수퍼비전에서 도움이 되는 것들 그리고 수퍼바이저의 경험과 기대에 대한 질문들로 이루어질 수 있다. 초기 회기들이 지남에 따라 수퍼바이저와 수퍼바이지는 각 회기마다 다룰 내용을 정한다. 다룰 내용들은 주로 어떤 타입의 도움을 수퍼바이지가 원하는지, 어떤 사례들에 수퍼바이지가 초점을 두고 싶어 하는지를 다룬다. 전형적으로 SFT 수퍼바이저는 다음의 수퍼비전 경험들 중에서 한 가지 경험에 대한 도움을 제공한다. 사례 개념화, 사례 전략, 사례 수행하기, 사례 문제 해결하기, 상담관계상의 문제 해결하기, 수퍼바이지를 위한 지지와 개인적인 도움 제공하기 그리고 일반적인 치료상의 문제와 개념적인 문제 토론하기다. 대부분의 회기에서 수퍼바이저와 수퍼바이지는 주로 한두 가지 경우를 토론한다.

3장

놀이치료 수퍼비전 모델들

놀이치료의 중요성과 효과가 인정됨에 따라 놀이치료사에 대한 수요가 증가되었으며, 체계적인 교육과 훈련 그리고 전문적인 수퍼비전을 통한 효율적인 놀이치료사들의 양성 문제가 대두되었다. 놀이치료 영역은 놀이라는 매개를 통한 심리치료로 어린 아동에서 일반 성인에 이르기까지 광범위한 내담자들을 포함하고 있기 때문에 일반 상담 이론 및 기법은 물론 놀이의 가치와 활용에 대한 구체적인 교육과 훈련이 있어야 한다. 더욱이 놀이치료에서 가장 중요한 핵심 요소는 잘 꾸며진 놀이치료실도 아니고 다양하고 치료적인 놀잇감도 아닌 바로 놀이치료사 자신이다. 내담자의 심리적인 성장을 위하여 자신을 하나의 도구로 활용하여 내담자와의 치료적인 만남을 촉진하기 때문에(Rogers, 1957) 놀이치료사들을 위한 수퍼비전은 중요하지 않을 수 없다.

또한 놀이치료사들이 자율성과 독립성을 가지고 자신의 상담 활동을 평가하고 검토하는 능력을 향상시키며, 윤리적이고 전문적인 기준들에 입각하여 전문적인 상담가로서 책임감 있는 상담을 수행하도록 하기 위해서는 그들에 대한 전문적이고 계속적인 수퍼비전이 동반되어야 한다. 따라서 놀이치료사들을 훈련하고 교육하고 수퍼비전하는 여러 가지 모델들을 살펴봄으로써 효과적인 수퍼비전 모델의 발달은 물론 실질적인 활용을 도울 수 있을 것이다. 이 장에서는 놀이치료를 배우는 학생들이나 현재 놀이치료사로 활동하는 놀이치료사들의 교육과 훈련을 위한 훈련방법들이나 수퍼비전 모델들에 대한 기존의 연구들을 중심으로 살펴본다.

1. Linden과 Stollak의 수퍼비전 모델

Linden과 Stollak(1969)은 대학생들의 놀이치료 기법을 훈련시키기 위한 방법으로서 직접적인 교수법과 경험적인 접근을 각각 사용하여, 그에 따른 학생들의 반영적이고 공감적이며 덜 간섭하는(noninterfering) 행동의 변화를 살펴보았다. 그들의 연구에서는 놀이치료를 배울 심리학과 대학생들(총 260명)로부터 48명이 선발되었고, 이들은 임의로 실험1 집단(12명), 실험2 집단(12명) 그리고 통제집단(24명)으로 배정되었다. 사전 놀이 회기로 48명의 학생들은 20분간 두 차례 각각 다른 아동과 놀이 회기를 가졌고 학생들의 기본적인 행동들이 파악되었다. 19가지 기본 행동들은 관심 갖지 않기, 가까이서 관찰하기, 멀리서 관찰하기, 언어적으로 인정하기, 감정을 말로 나타내기, 요구할 때 도움 주기, 요구하지 않았는데 도움 주기, 정보를 요구하기, 지시하기, 제한하기, 허용하기, 행동을 칭찬하기, 아동 전체(whole child)를 칭찬하기, 언어적으로 나타낸 감정을 반영하기, 행동으로 나타낸 감정을 반영하기, 언어적인 내용을 반영하기, 행동으로 나타낸 것을 반영하기, 불안감 느끼기 그리고 증오감 느끼기다.

실험1 집단은 6주 동안 매주 1시간 30분의 직접적인 강의식 훈련을 Linden으로부터 받았으며, 실험2 집단은 같은 기간, 같은 시간 동안 Stollak으로부터 경험적인 방식으로 훈련을 받았으며, 통제집단은 어떠한 훈련도 받지 않았다. 실험1 집단에서 수퍼바이저는 수퍼바이지들에게 Axline(1947)의 비지시적인 놀이치료의 원리에 대하여 설명하였고 역할극을 통하여 시범을 보였으며 한 아동과 놀이를 하였다. 수퍼바이지들은 5분 동안 세 명의 다른 아동들과의 놀이 회기를 관찰하였다. 세 번의 놀이 회기를 연습한 후에 수퍼바이지들은 자신들의 행동에 대하여 개인적으로나 집단적으로 피드백을 받았으며, 토론과 비판 그리고 질문들을 자유롭게 할 수 있도록 격려받았다.

실험2 집단은 직접적인 교수법이 아닌 경험적인 접근으로 훈련을 받았다. 12명의 실험2 집단의 수퍼바이지들은 아동과 놀이 회기를 가졌고 서로 관찰하였으며, 그들이 어떻게 행동했고 어떻게 관찰하였는지에 대하여 서로 토론하였다. 이를 통해 아동과 이상적이고 민감한 방법으로 상호작용하는 방법을 찾을 수 있도록 하였다. 이때 수퍼바이저의 임무는 주로 수퍼바이지들의 토론을 종합하거나 통합하는 것으로 주로 학생들의 질문이나 의견들을 반영하였다.

예를 들어, 처음 두 회기 동안에 수퍼바이저는 다음과 같은 토론 상황들을 제시하였다. "여러분이 놀이치료 대기실에 진희를 데리러 갔을 때 진희는 놀이치료실로 가려 하지 않고 엄마 뒤에 숨었어요. 여러분은 이 상황에서 어떻게 할 건가요? 그리고 왜 그렇게 할 건가요?" "형석이가 갑자기 놀다 말고 뭔가 화가 난 듯이 여러분을 발로 차고 때리려 합니다. 여러분은 이때 어떻게 할 건가요? 그리고 왜 그렇게 할 건가요?" "민우의 놀이치료 시간이 다 끝났습니다. 하지만 민우는 놀이치료실을 나가려 하지 않고 계속해서 그렸던 그림을 끝내려 합니다. 여러분은 어떻게 할 건가요? 그리고 왜 그렇게 할 건가요?" 이와 같은 상황에 대한 학생들의 토론이 있는 동안 수퍼바이저는 학생들이 토론한 것을 좀 더 명확하게 하고 반영하였다.

실험2 집단의 학생들은 마지막 4번의 훈련 동안 한 명의 5~8세 아동과 놀이 회기를 15분간 가졌고 그 후에는 토론을 45분간 가졌다. 이때는 놀이 회기를 한 학생들의 느낌, 학생들 간의 차이점, 아동과 상호작용하는 이상적이고 민감한 방법 등을 토론하였다. 여기서 훈련가는 정답이나 정보를 제공하지 않고 학생들의 토론을 명확하게 하였으며, 수퍼바이지들의 감정을 반영하여 경험적인 훈련방식으로 이끌어 나갔다. 마지막으로 사후 놀이 회기가 각각의 집단들에게 사전 놀이 회기와 같은 방법으로 이루어졌다.

Linden과 Stollak(1969)의 연구결과를 살펴보면, 직접적인 강의식 훈련을 한 집단의 학생들이 다른 두 집단의 학생들보다 아동의 행동과 언어로 나타나지 않는 아동의 감정들을 의미 있게 더 많이 반영하였다. 또한 요구하지 않았는데 도움 주기, 지시하기, 질문하기, 정보 주기 등을 다른 두 집단의 학생들보다 의미 있게 덜 제공하였다. 이들의 연구에서 특이한 점은 경험적인 접근의 훈련을 받은 학생들은 아동이 요구할 때 도움 주기의 영역만 제외하고는 아무런 훈련도 받지 않은 학생들과 의미 있게 다르게 행동하지 않았다는 것이다.

그들의 연구에서 경험적인 접근으로 훈련을 한 실험2 집단을 개입시킨 것은 두 가지 원리 때문이었다. 하나는 수퍼바이저가 모범을 보임으로써 학생들이 놀이치료에서 수퍼바이저를 모방할 것이라는 것이고, 다른 하나는 영리하고 동기 유발된 학생들은 아동과의 민감하고 공감적인 방법으로 상호작용하는 것을 그들 스스로 알아낼 수 있을 것이라는 것이다. 하지만 연구결과에 의하면 두 가지 중의 어떠한 원리도 지지되지 못하였다. Linden과 Stollak은 그 원인을 두 가지로 설명하고 있다. 우선 1시간 30분간 6주 동안의 훈련기간은 훈련 학생들이 아동과의 공감적인 상호작용을 스스로 파악하기에 충분하지 않았다는 것이다. 만약 1시간 30분간 15주나 20주 동안 훈련을 하였다면, 아마도 아동의 행동과 감정을 반영하고 공감하는 대화법이 아동과의 민감하고 공감적인 상호작용이라는 것을 깨달을 정도에 와 있었을 것이다.

또 하나는 공감적으로 의사소통하는 것은 아무리 경험적인 접근으로 학생들을 훈련한다 할지라도 가르치지 않는다면 쉽게 깨닫지 못한다는 것이다. 아마도 어떤 학생들은 다른 학생들보다 타인과의 관계에서 더 공감적일 수는 있겠으나, 공감적으로 의사소통하는 능력은 배워야 한다는 것이다. 이 결과는 앞으로의 놀이치료 훈련과 수퍼비전에 큰 시사점이 있다. 그것은 직접적인 강의 스타일의 수퍼비전은 초보적인 단계의 학생들을 훈련하는 데 반드시 필요한 요소라는 것이다. 또한 이 연구결과는 전문적인 상담가가 아닌 일반 학생들도 적절한 훈련과 수퍼비전을 통하여 효과적인 보조 상담가가 될 수 있음을 나타내며, 오늘날에도 중요시 되는 수퍼비전의 접근방법에 따른 효과를 이미 1960년대 후반에 검증하였다는 것을 보아 상당히 시대적으로 진보된 연구임에 중요성을 갖는다.

2. Kranz의 수퍼비전 모델

Kranz(1972)의 수퍼비전 모델은 초등학교 교사들을 대상으로 이루어졌다. 그는 아동들을 위한 전문적인 상담가가 부족하여 적절한 심리적 지도를 하기에는 역부족이라고 느꼈다. 이에 그는 초등학교 교사들이 적절한 준비기간과 실습기간을 거친 후에 전문적인 수퍼비전하에서 보조 상담가의 역할을 하여, 전문 상담가나 정신과의사의 도움이 필요한 심각한 심리적인 문제를 가진 아동들을 제외한 일반적인 심리적인 어려움을 가진 아동들을 도울 수 있을 것이라는 생각을 하게 되었다. 그의 접근 또한 Axline(1947)의 비지시적인 놀이치료 접근으로 초등학교 교사들을 훈련하였다.

실질적인 놀이치료 경험을 하기 전에 교사들은 10주 동안 놀이치료 과정을 다루는 이론적인 교육을 받았으며, 그 후에는 다시 10주 동안 한 아동과 직접적인 치료 경험을 하였다. 매주 교사들은 정해진 아동과 1시간씩 2번의 치료 경험, 총 20시간의 치료시간을 가졌다. 교사들을 위한 수퍼비전은 일주일에 1번 2시간 30분 동안 이루어졌다. 이때 교사들은 자신들의 사례들을 발표할 기회를 가졌고, 치료 장면에서 생기는 여러 가지 문제들에 대한 토론과 피드백이 주어졌다. 또한 교사들은 자신들의 특정 상담 장면에서 일어나는 치료적인 갈등으로 고민하기 시작했고 초보 '상담가' 로서의 고통을 나누게 되었다.

Kranz(1972)는 다음의 여섯 가지 공통된 갈등들이 교사들에게 나타난다고 하였다. 첫째 치료적인 접근으로 인하여 즉각적인 결과가 일어날 것이라는 기대, 둘째 치료과정에서 아동들이 스스로의 진도에 맞게 진행해 나가게 하기보다는 교육자로서의 역할로 치료과정을 지도하려는 열망, 셋째 언어적인 교류가 없으면 교사들은 불안해 하거나 통제력을 잃기 때문에 치료과정 중 침묵이 흐를 때

참기 어려움, 넷째 아동의 감정에 초점을 둠과 동시에 자신의 감정에도 관심을 갖는 문제점, 다섯째 놀이치료 밖에서의 교사와 어머니의 역할과 치료에서의 상담가의 역할을 구별하지 못하는 능력, 마지막으로 놀이 상황에서 자신을 표현하는 아동을 수용하는 데서의 저항감이 초보 '상담가'가 되어 가는 과정에서 경험하게 되는 갈등들이다.

교사들은 치료적인 놀이 경험에 따른 수퍼비전으로 인해 아동은 물론 자기 자신들에게 좀 더 솔직하고 수용적인 태도를 지녔다. 그리고 좀 더 자연스럽게 자아표현을 하였고, 아동의 세계에 정확하게 관심을 가질 수 있었으며, 놀이치료사로서의 역할에 적응해 나갔다. 더욱이 자아에 대한 인식이 증가된 교사들은 치료장면이 아닌 일반 수업시간과 일상생활에서도 좀 더 진실되게 상호작용하였다. 놀이치료 대상의 아동들 또한 교육적인 환경에 적응을 더욱 잘하였으며, 적절한 또래관계를 이루었으며, 부모나 교사와 같은 권위적인 인물들 앞에서 좀 더 편안하고 덜 위협적으로 행동하였다. 이와 같은 Kranz의 연구결과는 Linden과 Stollak(1969)의 연구결과처럼 전문적인 상담가가 아닌 일반 학생이나 부모, 교사들도 적절한 훈련과 집중적인 수퍼비전을 통하여 효과적인 치료적 대행자(therapeutic agent)가 될 수 있음을 시사해 준다.

3. Arnold의 마이크로카운슬링 수퍼비전 모델

Arnold의 마이크로카운슬링(micorcounseling) 수퍼비전 모델을 설명하기 전에 Ivey(1971)의 마이크로카운슬링에 대하여 간단하게 살펴보는 것이 필요하다. 마이크로카운슬링은 마이크로 훈련(micortraining) 형태의 교사 교육에서 시작되었다. 마이크로 훈련은 구체적인 교실 교수법 기술들을 가르치기 위한 하나의 접근으로 개발되었으나 Ivey에 의하여 상담자 교육을 위해 다시 재구조화되었다. 역할극, 즉각적인 피드백, 간접 학습이 사용된 마이크로카운슬링은 초보적인 상담가들이 임상 기술들을 빠르게 연습하고 배우게끔 한다.

마이크로카운슬링의 기본적인 절차는 우선 학생(또는 수퍼바이지)이 배우려는 첫 번째 기술에 대한 훈련 책자를 읽는다(Ivey, 1971). 그 학생은 첫 번째 기술을 효과적으로 모델링 하는 수퍼바이저의 테이프를 보거나 들음으로써 그 기술의 옳은 활용법을 깨닫는다. 그런 다음 내담자 또는 내담자 역할을 하는 사람과 5분 정도의 면담을 하고 새로운 기술을 적용한다. 학생과 내담자 간의 면담 테이프를 통하여 수퍼바이저와 학생은 새로 배운 첫 번째 기술을 보거나 듣는다. 수퍼바이저는 학생에게 즉각적인 피드백을 제공한다. 마지막으로 그 학생은 첫 번째 기술을 다시 활용할 또 다른 면담을 갖거나 그 기술을 배운 식대로 또 다른 기술을 배운다. Ivey의 마이크로카운슬링 연구를 통하여 많은 구체적인 기법들이 마이크로카운슬링 형태에 적용되었다.

마이크로카운슬링의 성공요인들 중의 가장 핵심적인 요인은 한 번에 한 가지의 특정 기술에 중점을 둔다는 것으로, 학생들이나 수퍼바이지들이 그 기술들을 숙달하도록 도와주고 자신이 향상되는 것을 볼 수 있도록 한다는 것이다(Ivey & Authier, 1978). 둘째로 마이크로카운슬링은 자아 관찰과 직면을 하게끔 하는 기회를 제공해 준다. 셋째로 수퍼바이저의 모델링을 통한 간접 학습과 바람직한 기술의 활용을 모방하려는 학습을 가능하게 한다. 넷째로 마이크로카운슬링은 행동적으로 구분할 수 있는 다른 기법들과 함께 사용될 수 있다. 마지막으로 실제 상담 장면과 거의 비슷한 환경에서의 실질적인 수행과 연습은 실질적인 경험을 가능하게 한다(Ivey, 1971).

이러한 Ivey(1971)의 마이크로카운슬링 수퍼비전 모델을 놀이치료 훈련에 적용한 Arnold(1976)는 노스 텍사스 대학교 상담학과 석사과정에 있는 기초 놀이치료 수업에 등록한 학생들을 대상으로 세 가지 구체적인 기술들, 즉 감정을 반영하기, 내용을 반영하기 그리고 제한하기의 기술들을 훈련하였다. 학생들은 마이크로카운슬링 집단과 전통적인 훈련집단으로 임의로 나누어져 모두 2시간에 이르는 훈련기간을 거쳤다. 이 2시간 동안에는 5분 정도의 아동(또는 아동 역할을 하는 학생)과의 놀이 회기를 4번 가졌고 30분간의 훈련시간을 3번 가졌다. 놀이 회기와 훈련 시간은 조화롭게 이루어졌다. 마이크로카운슬링 집단은 다른 수퍼바이저에 의하여 제한하는 방법, 행동을 반영하는 방법 그리고 감정을 반영하는 방법들을 교육받았다. 전통적인 훈련집단은 그들의 수퍼바이저를 통해서 학생들의 놀이 회기 테이프를 들었으며, 학생들의 상담 활동이나 아동에 대하여 토론하였다. 전통적인 훈련집단의 학생들은 마이크로카운슬링 집단의 학생들이 배운 기술들에 대한 어떠한 훈련도 받지 않았다.

두 집단 학생들의 놀이 회기를 추후 2번의 회기를 포함하여 6번 녹음하였고, 평가자들은 그들의 놀이 회기에서 구체적인 놀이치료 기술들의 횟수를 기록하였다. Arnold(1976)의 연구결과에 의하면, 마이크로카운슬링 집단의 학생들이 전통적인 훈련집단의 학생들보다 감정 반영하기와 내용 반영하기 기술들에서 훨씬 높은 빈도 수를 나타내었다. 제한하기에서는 마이크로카운슬링 집단이 전통적인 훈련집단보다 높은 추세를 나타내었지만 통계적인 의미를 갖기에는 충분하지 않았다. 결과적으로 Arnold의 연구에서는 마이크로카운슬링 모델이 놀이치료의 특정한 기법들인 감정 반영하기와 내용 반영하기 영역에서 효과적인 것으로 나타났다. 이는 마이크로카운슬링 모델이 특정 놀이치료 기술들을 빨리 학습하는 데 도움이 되었다는 것을 시사한다.

4. Brady와 Friedrich의 수퍼비전 모델

Brady와 Friedrich(1982)의 모델은 놀이, 놀이치료, 훈련이라는 발달적인 과업들에 초점을 두고 있다. 우선 수퍼바이지들은 Piaget의 이론에 따른 놀이의 발달과정에 대하여 교육을 받고, 그 다음에는 놀이치료 관계의 발달적인 측면에 대한 교육과 네 가지 구체적인 개입단계를 훈련받아야 한다고 주장하였다. 그들의 입장에 따르면, 아동의 놀이는 자아중심적인 신체의 활동에서 좀 더 복잡한 사회적인 현상으로 진보되며, 상징적인 활동에서 좀 더 현실생활적인 사회적 활동으로 발전해 나간다. 따라서 아동과의 놀이치료 관계 또한 아동의 발달적인 과정을 따르는 것이다.그들은 놀이치료 장면에서 만나는 대부분의 아동들의 놀이는 발달적으로 지연되어 있으며, 대상관계를 형성하는 것도 상당히 지체되어 있다고 하였다.

놀이치료를 통하여 치료적인 관계는 발달된다. 구체적으로 말하면, 아동이 자신의 감정이나 경험을 나눌 수 있는 능력이 발달함에 따라, 아동과 놀이치료사는 서로간의 친밀감을 형성해 나가고 여러 가지 성격을 띤 관계로 점차적으로 발전해 나간다는 것이다. 또한 감정 표현이 중요한데, 이는 아동이 좀 더 발달된 수준에서 사회적으로 상호작용할 수 있도록 하는 능력만을 점차적으로 증가시킨다. 이에 따라 아동의 행동이나 말들에 대한 치료사의 개입을 4단계로 제안하였다. 여기서 각 단계들은 단계적으로 발달되는 독특한 과정이다. 놀이치료는 치료사의 개입뿐만 아니라 아동의 주도에 의해서도 이루어져야 하며, 아동과 치료사 간의 주고받는 상호적인 관계의 놀이치료 과정을 강조한다.

4단계의 치료적인 개입을 설명하면, 첫 번째 단계는 신체적인 개입, 신체적인 참여, 비언어적인 제스처다. 두 번째 단계는 말을 바꿔 이야기하는 것(paraphrasing)을 반영하기, 따라가는 것, 참여하는 것이다. 세 번째 단계는 제3자로서 해석하기고, 마지막 단계는 직접적인 해석하기다.

첫 번째 단계는 주로 놀이치료사의 신체적인 참여다. 아동이 놀이를 할 때 놀이치료사가 아동을 향해 있는지 떨어져 있는지에 대한 움직임, 수용과 수용하지 않음을 나타내는 비언어적인 제스처나 어깨를 토닥거리는 등의 행동들을 포함한다.

두 번째 단계는 아동의 말들을 반영하거나 바꿔 말하기다. 아동의 놀이에 참여하고 아동의 언어들을 다른 말로 바꿔 말함으로써 놀이치료사는 아동이 자신의 활동을 명명할 수 있도록 돕는다. 이러한 놀이치료사의 언어적인 반영은 그가 아동에게 관심이 있으며 아동으로 하여금 자신을 표현할 수 있도록 격려한다는 메시지를 전달해 준다.

세 번째 단계는 제3자로서 해석하기다. 예를 들면, "누구나 가끔씩 자기가 원하는 대로 되지 않을 때는 화가 많이 난단다." "게임에 이기고 싶었는데 졌다면 누구나 기분이 나쁠 거야."와 같다. 이러한 식의 개입은 놀이치료사가 어떤 특정한 문제들에 집중하여 아동들이 그 문제들에 대처하도록 도울 때 사용된다. 그러한 문제들은 놀이치료실에서 일어나는 '지금-여기(here and now)' 에 해당하는 문제들일 수도 있으며, 통제력과 불안감과 같은 좀 더 일반적인 문제들일 수도 있다. 이러한 제3자로서 해석하기를 통하여 아동의 감정을 간접적으로 해석하게 되고, 치료사의 해석에 대한 아동의 반응은 아동이 자신의 감정을 해결할 수 있는 준비가 되어 있는지의 준비 정도를 알려 준다. 만약 아동이 준비가 되어 있지 않다면, 이전의 낮은 단계의 개입으로 되돌아갈 수 있다.

마지막 단계는 좀 더 직접적인 해석이다. 이는 놀이치료사가 보는 아동을 나타내는 직접적인 언급으로 이루어진다. 예를 들어, "준영인 아빠가 치료시간에 늦게 데리고 온 것에 대해 무척 화가 나는구나."와 같은 직접적인 해석은 아동의 감정을 해석함으로써 아동에게 직면을 시키는 것이다. 따라서 아동의 저항이 있을 수 있다. 만약 아동이 해석에 대한 저항을 한다면, 놀이치료사는 한 단계 낮은 수준의 개입으로 접근해야 한다. 따라서 아동과의 치료적인 관계가 지속되고 적절한 수준의 강도가 이루어져야 한다.

Brady와 Friedrich는 아동과 놀이치료사 간의 치료적인 관계를 구체적으로 밝혔다. 앞에서 잠시 언급한 것과 같이, 아동과의 치료적인 관계는 아동의 놀이와 마찬가지로 순차적으로 발달되며 아동과 다양한 수준에서 상호작용하는 것으로 이루어진다. 아동은 놀이치료에 개입될 때 아동 자신이 갖고 있는 특성들, 예를 들면 아동의 연령, 성격, 문제의 심각성, 언어적인 능력, 불안감 등의 여러 가지 자원들을 가지고 치료에 개입한다. 이러한 아동의 특성은 치료사로 하여금 아동과의 치료적인 관계를 형성할 때 어디에서 시작할지를 알려 주는 단서가 된다. 다시 말해서 놀이치료사가 결정하는 치료적인 개입 단계와 형태는 아동이 수용하는 정도에 따라 달라져야 한다는 것이다. 놀이치료사의 개입단계들은 놀이치료 회기 내에서나 회기 간에 따라 달라질 수 있으나, 그 개입들의 근본적인 원리는 아동이 놀이를 통하여 스스로를 배우는 방향으로 증가되어야 한다.

Brady와 Friedrich는 이러한 치료적인 개입단계들을 수퍼바이지에게 훈련할 때 놀이와 놀이치료 관계의 발달적인 특성들을 훈련시키는 것은, 수퍼바이지의 놀이치료 기술의 발달을 위한 하나의 토대가 되기 때문이라고 하였다. 따라서 수퍼바이저는 첫째로 수퍼바이지가 상담하는 아동의 발달수준에 맞는 놀이의 발달적인 특성들을 가르쳐야 하고, 둘째로 4단계의 놀이치료사의 개입에 따른 치료관계의 발달적인 특성을 가르쳐야 하며, 마지막으로 4단계의 개입을 하나의 별개의 기술로서 가르쳐야 한다. 놀이치료 수퍼바이저는 상담 장면에서 일어나는 아동의 행동이나 말들을 나타내는 여러 가지 예를 들고, 수퍼바이지는 적절한 개입방법을 생각해내는 식의 교육을 통하여 4단계의 개입을 훈련시켜야 한다. Brady와 Friedrich는 수퍼바이지들이 각 단계들을 하나씩 배우는 마이크로카운슬링의 접근으로 배울 수 있다고 덧붙였다. 그들의 수퍼비전 모델은 기본적으로 놀이, 놀이치료, 놀이치료사의 훈련을 발달적인 접근으로 보았다.

5. Adler 중심의 놀이치료 수퍼비전 모델

Kottman(1987)은 인종학적인 접근을 사용하여 Adler의 개인심리학 이론을 놀이치료 훈련과정에 접목시켰다. 그녀가 인종학적인 접근을 사용한 이유는 인종학적인 접근이 주로 질적 연구를 기초로 하여 특정 교육환경에서 참여자들의 신념, 활동, 관계들에 대한 기술적이고(descriptive) 풍부한 정보들을 얻을 수 있기 때문이었다. 따라서 인종학적인 접근을 통하여 훈련 중인 상담가들은 개인심리학 이론이나 기법들을 놀이치료에 접목함으로써 훈련 상담가들의 과정과 영향들에 대한 기술들을 얻을 수 있었다. 노스 텍사스 대학교의 9명의 박사과정 학생들이 연구 대상이었는데, 이들은 모두 석사과정의 놀이치료 과정들을 마쳤고 아동중심의 놀이치료 훈련과정들을 거쳤다.

훈련 프로그램은 기존의 인턴십 과목들에 접목하여 3번 이루어졌으며 총 8시간의 훈련시간을 가졌다. 첫 번째 인턴십 시간에는 개인심리학의 기본적인 원리에 대하여 살펴보았고, Adler식 기술이나 태도들을 놀이치료 과정에 통합하도록 하기 위한 참여자들의 생각을 토론하였다. 두 번째 인턴십 시간에는 놀이치료에서의 개인심리학 이론에 기초하여 태도와 기법들을 통합하는 구체적인 방법들에 초점을 두었다. 마지막 인턴십 시간에는 그 통합된 기술들을 역할극이나 내담자와의 상담을 통하여 연습하는 기회를 가졌다.

또한 연구자는 훈련받는 놀이치료사들과 세 번에 걸친 면담을 하였다. 각각의 면담은 개방형 질문으로 이루어졌다. 첫 번째 면담은 상담가들의 개인적인 상담 중심 이론과 놀이치료, 내담자들에 대한 사전 훈련의 경험들에 초점이 맞춰졌고, 새로운 상담기법을 배우거나 새로운 아이디어에 대한 그들의 태도들에 대하여 물었다. 두 번째 면담은 놀이치료를 어떻게 해야 하는지에 대한 새로운 아이디어와 훈련에 대한 상담가들의 반응에 초점을 두었다. 이 면담에서는 훈련 중에 제시된 정보들을 상담가들이 어떻게 활용할 것인지를 탐색하도록 하였다. 이로 인하여 상담가들은 자신들의 태도와 실습에서의 잠재적인 변화에 대한 인식들을 파악할 수 있었다. 마지막 면담은 놀이치료에 개인심리학의 기법이나 태도들을 통합하는 과정에 대한 상담가들의 이해, 반응, 감정, 상호작용, 대화 패턴 그리고 행동에 관련되어 있었다. 이 면담에서는 Adler식 놀이치료의 효과와 적용에 대한 상담가의 개인적인 그리고 보편적인 이해들을 조사하였다.

또 다른 질적 분석을 위하여 훈련받는 상담가들은 훈련에 대한 자신들의 개인적인 경험이나 반응들을 시간적인 순서에 입각하여 일기를 쓰도록 지시받았다. 그리고 여섯 번의 놀이치료 회기는 비디오테이프에 녹화되었다. Kottman(1987)의 연구결과에 의하면, 놀이치료와 놀이치료사로서의 상담가 자신들 그리고 내담자들에 대한 자신들의 태도가 Adler식 놀이치료 훈련에 참여하고 나서 변화되었으며, 놀이치료 과정에서의 상담가 자신들의 행동이 좀 더 창의적이고 적극적으로 변화되었다.

6. Carmichael의 상호작용 매트릭스

Carmichael(1993)의 치료사/내담자 상호작용 매트릭스(interaction matrix)는 치료 장면에서 놀이치료사의 반응수준과 아동의 행동 간의 관계를 그래프식으로 나타낸 것이다. 그녀는 놀이치료사를 위한 수퍼비전에서 사용되는 하나의 도구와 치료사와 내담자 간의 상호작용에 대한 경험적인 연구를 위한 Carmichael 매트릭스를 개발하였다. 기존의 연구들(Carkhuff, 1969, 1973, 1987; Egan, 1986; Ivey, 1988; Wittmer & Myrick, 1974)을 바탕으로 하여 치료사의 반응과 내담자의 행동결과들을 종합한 다음, 전반적으로는 절충적인 이론적 접근으로(기본적으로는 인간중심의 이론을 바탕으로 함에도) 가장 덜 바람직한 치료사의 반응과 내담자의 행동에서 가장 바람직한 치료사의 반응과 내담자의 행동들로 열거하였다. 그리고는 Flanders(1970)의 방법론을 적용하여 〈표 3-1〉과 같은 상호작용 매트릭스를 개발하였다.

치료사의 언어적인 반응과 내담자의 행동은 1번부터 9번까지 나열되었는데, 1은 가장 덜 바람직한 행동이고 9는 가장 바람직한 행동이다. 치료사의 9가지 언

표 3-1 Carmichael의 치료사/내담자의 상호작용 매트릭스

치료사										
종합하기	9									
명확하게 언급하기와 제한하기	8									
감정 반영하기	7									
개방형 질문과 언급	6									
트래킹(tracking) 하는 언급	5									
침묵하기	4									
정보 전달하기	3									
판단적인 언급하기	2									
분석하기	1									
		1	2	3	4	5	6	7	8	9
	내담자	저항	침묵	정보	탐색	라포형성	감정	문제확인	대안	책임감

어적인 반응들은 매트릭스의 세로로, 내담자의 9가지 행동 반응들은 가로로 기록되었다. 매 10초마다 점수가 기록된다. 첫 번째 숫자는 치료사의 언어적인 반응을, 두 번째 숫자는 내담자의 행동을 나타내며 두 숫자 모두 1에서 9까지 나타낸다. 이렇게 하여 50분 동안 300개의 반응들이 있게 되며, 각각의 숫자는 해당되는 칸에 기록된다.

놀이치료사의 트래킹 언급(5번)과 내담자의 라포 형성(5번)이 나타내는 교차점들은 내담자에게 치료적이지도 않고 해가 되지도 않는 치료사의 반응들이다. 그 교차점들을 중심으로 위쪽 오른편의 사각형은 가장 바람직한 반응들을 나타낸다. 그리고 위쪽 왼편의 사각형은 두 번째로 바람직한 반응들을, 아래쪽 오른편은 세 번째로 바람직한 반응들을, 아래쪽 왼편은 가장 덜 바람직한 반응들을 나타낸다.

Carmichael의 상호작용 매트릭스는 다양한 치료사의 반응과 그에 따른 내담자들의 행동들을 구체적인 모형으로 나타냈기 때문에 놀이치료 수퍼비전에 효과적으로 사용될 수 있다. 더욱이 놀이치료사들은 치료관계를 촉진시키는 여러 가지 형태의 대화법들을 체계적으로 배움으로써 Carmichael의 상호작용 매트릭스를 효과적으로 활용할 수 있을 것이다. 이 매트릭스는 또한 놀이치료를 배우는 학생들의 기초 자료로도 활용될 수 있으며, 집중적인 훈련과 수퍼비전을 마친 후 학생들의 '상담가' 로서의 발달 정도를 알 수 있는 도구로도 사용될 수 있다. 놀이치료 수퍼바이저는 수퍼바이지들이 각각의 개별적인 치료적 대화법들을 이해하고 하나씩 배워서 내담자와의 치료 장면에서 자연스럽게 활용할 수 있도록 도와야 할 것이다.

7. 놀이치료센터 수퍼비전 모델

놀이치료센터의 수퍼비전 모델(Center for Play Therapy Supervision Model)은 1992년 노스 텍사스 대학교에 있는 놀이치료센터 여름 수퍼비전 워크숍에서 처음으로 사용되었다(Bratton, Landreth, & Homeyer, 1993). 이 CPT 수퍼비전 모델은 3일간의 집중적인 수퍼비전 모델로, 이론적으로는 치료의 가장 핵심이 되는 아동중심의 놀이치료를 바탕으로 수퍼바이지들의 다양한 경험과 훈련수준들을 고려하는 발달 모델에 기초하고 있다. 이 모델은 수퍼바이지들을 특정한 기술들이 부족한 사람들로 간주하기보다는 기술과 이론들, 자아와 타인에 대한 통합이라는 궁극적인 목적을 가지고 발달 · 성장하는 과정 중에 있는 사람들로 간주한다. 기본적으로 CPT 수퍼비전 모델의 목적은 효과적인 수퍼비전을 받지 못하는 환경에 처한 바쁜 놀이치료사들에게 수준 높은 수퍼비전을 제공하는 것이며, 그러한 집중적인 수퍼비전 접근은 마치 마라톤식 집단상담의 효과처럼 효과적이라는 것이다. 즉, 같은 양의 수퍼비전 훈련시간을 12주나 24주에 걸쳐 훈련하는 것보다 3일간의 집중적인 수퍼비전이 수퍼바이지들에게 훨씬 큰 감정적, 인지적 영향을 미칠 수 있다는 것이 Bratton 등(1993)의 주장이다.

1) 놀이치료센터 수퍼비전 모델의 조직

집중적인 CPT 수퍼비전 모델의 조직은 12명의 놀이치료 수퍼바이지들(T)과 4명의 훈련된 놀이치료 수퍼바이저들(S)이 4개의 집단으로 나누어진다. 이들의 활동은 모두 1명의 놀이치료 수퍼바이저(Registered Play Therapy-Supervisor: RPT-S)의 수퍼비전하에서 이루어지게 된다. 이러한 집단적인 특성은 3일간의 학습 효과를 최대한으로 촉진시킬 수 있으며, 1명의 놀이치료 수퍼바이저가 각 참여자들과의 개인적인 훈련을 최대화하도록 놀이치료 수퍼바이저 역할의 효율성을 증가시킬 수 있게 고안되었다.

[그림 3-1]에서 나타난 바와 같이, CPT 수퍼비전 모델에서는 3명의 놀이치료사들이 1명의 훈련된 놀이치료 수퍼바이저와 함께 하나의 집단을 구성하며, 같은 집단 구성원들은 3일간의 수퍼비전 동안 지속된다. 4개의 수퍼비전 집단들은 1명의 놀이치료 수퍼바이저의 수퍼비전하에 있게 된다. 놀이치료 수퍼바이저는 4개의 수퍼비전 집단들을 각각 돌면서 부분적으로 놀이치료 장면들을 관찰하고,

그림 3-1 놀이치료센터 수퍼비전 모델의 조직

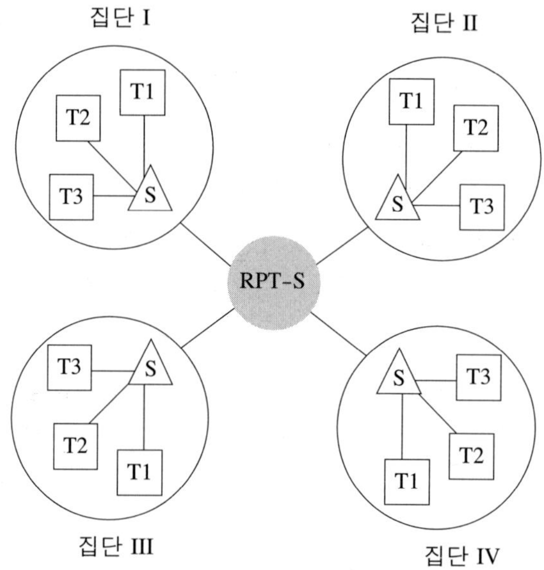

최소한의 피드백을 주며, 훈련된 놀이치료 수퍼바이저들을 관찰하고, 수퍼비전에서 생기는 여러 가지 문제들을 해결한다. 놀이치료센터 모델은 경험이 적거나 많은 놀이치료사들이 다양한 수퍼비전 경험을 하도록 개인 놀이치료와 집단 놀이치료 회기를 갖는 기회를 제공하고 다양한 수퍼비전 기법들을 사용한다. 일방경을 통한 라이브 수퍼비전, 비디오테이프에 녹화된 놀이치료에 대한 소규모 집단의 평가, 자신에 대한 평가, 동료 수퍼비전, 마이크로 훈련기법 그리고 여러 가지 다른 교육과 경험적인 활동들이 사용된다.

2) 놀이치료 수퍼바이저와 수퍼바이지의 조건들

Bratton 등(1993)의 CPT 수퍼비전 모델에서는 놀이치료 수퍼바이저와 수퍼바이지의 선발 기준과 그에 따른 교육과 훈련에 대하여 구체적으로 언급하고 있다.

3일간의 집중적인 놀이치료센터의 수퍼비전 감독역할은 놀이치료 수퍼바이저(RPT-S)가 맡아야 한다. RPT-S의 지도하에 있는 4명의 훈련된 놀이치료 수퍼바이저들은 적어도 공인된 대학에서 심리학, 상담학과 같은 정신건강을 전공으로 석사학위를 받아야 하고, 적어도 150시간의 놀이치료 교육과 1,000시간의 놀이치료 임상시간을 포함하는 광범위한 놀이치료 훈련을 거친 전문가들이어야 한다. 이상적으로는 수퍼바이저들이 수퍼비전 기술의 발달에 대한 구체적인 훈련도 가져야 한다.

특히, 집단적인 형태의 이러한 모델에서는 수퍼바이저들이 집단 역동을 촉진시키는 기술들에 대해 인지하고 있어야 한다. 그리고 수퍼바이지들은 각각의 개인적인 욕구와 집단의 욕구를 균형 있게 만족시킴과 동시에, 주어진 시간과 구조적인 제한 내에서 수퍼비전이 이루어질 수 있도록 상당한 조직적인 기술과 융통성을 갖추어야 한다. 더욱이 수퍼바이지들의 치료적인 관계를 촉진시키는 다양한 기법들을 체계적으로 가르치는 마이크로기법 훈련 경험도 있어야 한다. 이러한 수퍼바이저들은 놀이치료사들을 빨리 평가하여 필요한 정보를 제공하며, 한 단계에서 다음 단계로 적절한 성장을 이루도록 계속적으로 훈련시킬 수 있어야 한다. 수퍼바이저들은 또한 자신의 발달수준에 대한 확신과 안전감을 가져서 놀이치료사들의 발달수준에 맞는 접근을 해야 한다.

놀이치료 전문가(RPT-S)는 CPT 수퍼비전이 시작되기 전에 4명의 훈련된 놀이치료 수퍼바이저들과 여러 차례 모임을 가져야 한다. 이 모임에서는 CPT 수퍼비전 모델의 목표를 재검토하고 수퍼바이저들의 개인적, 전문적 목표들을 토론하여 그들 자체의 집단 응집력을 발달시킨다. 또한 수퍼비전의 스케줄과 다른 기타 사항에 대해서도 논의한다. 기본적으로 이 모임은 수퍼바이저들에게 집단을 준비시키는 준비과정이다.

놀이치료센터 수퍼비전 모델에서 집중적인 수퍼비전 경험에 성공적으로 참여할 수퍼바이지들을 선발(screening)하는 것은 중요한 임무다. CPT 수퍼비전에 참여할 수퍼바이지들은 직접적인 교육과 경험적인 훈련을 거친 놀이치료사들이어야 한다. 수퍼바이지들의 인지적인 교육은 효과적인 놀이치료사로 발달하는 기본이 되기 때문에, 수퍼바이지들은 놀이치료에 대한 충분한 교육을 거쳐야 하며 150시간의 훈련시간을 거의 만족시켜야 한다. 따라서 인지적인 훈련이 바탕이 된 수퍼바이지들은 경험적인 훈련을 거친 후에 실제적인 놀이치료 장면에 적용함으로써 수퍼비전을 통해 최대한의 효과를 낼 수 있게 된다.

3) 놀이치료센터 수퍼비전 모델의 구조

놀이치료센터 수퍼비전 모델은 다섯 가지 활동들로 구성되며, 〈표 3-2〉와 같이 각 집단들에 다양한 활동들을 매일 똑같이 3일 동안 적용한다. 활동 A, C, E는 매일 1번씩 이루어지며, 활동 B와 C는 3번은 아침에 이루어지는 개인 놀이치료와 그에 따른 수퍼비전으로, 나머지 3번은 오후에 이루어지는 집단 놀이치료와 그에 따른 수퍼비전으로 매일 6번씩 이루어진다. 이러한 수퍼비전의 구조는 수퍼비전 집단 내에서 개인과 집단의 욕구를 만족시키는 데 융통성을 허락함과 동시에, 수퍼바이지들이 수퍼비전 경험에 집중하고 그 경험의 강도를 최대화하도록 하는 데 필요한 활동들을 제공하고 있다.

놀이치료사들의 수퍼비전 경험을 나타내는 구체적인 하루 일과가 〈표 3-3〉에 제시되어 있다. 놀이치료 수퍼비전 집단 I과 집단 II는 활동 B와 C를 9시부터 시작하고 집단 III과 IV는 같은 활동을 9시 30분에 시작하여, 4개의 수퍼비전 집단이 2개의 놀이치료실을 교대로 사용하도록 하였다.

표 3-2 놀이치료센터 수퍼비전의 활동들

수퍼비전 활동들	활동 내용들
활동 A	집중 시간
활동 B	놀이치료 관찰 및 수행
활동 C	수퍼비전 피드백
활동 D	비형식적인 수퍼비전/훈련 시간
활동 E	4개의 집단원들과 RPT-S 간의 토론

표 3-3 놀이치료 수퍼비전 집단 I의 하루 일과

시 간	활동 내용들
8: 30	집중 시간
9: 00	놀이치료사(T1)가 한 아동과 놀이치료를 한다. (치료사(T2), 치료사(T3), 수퍼바이저는 관찰한다.)
9: 30	T1은 피드백과 수퍼비전을 받는다. (아동은 대기실에 있는다.)
10: 00	T2는 한 아동과 놀이치료를 한다. (T1, T3, 수퍼바이저는 관찰한다.)
10: 30	T2는 피드백과 수퍼비전을 받는다. (아동은 대기실에 있는다.)
11: 00	T3은 한 아동과 놀이치료를 한다. (T1, T2, 수퍼바이저는 관찰한다.)
11: 30	T3는 피드백과 수퍼비전을 받는다. (아동은 대기실에 있는다.)
12: 00	점심식사
1: 00	T2는 집단 놀이치료를 한다. (T1, T3, 수퍼바이저는 관찰한다.)
1: 30	T2는 피드백과 수퍼비전을 받는다. (아동들은 대기실에 있는다.)
2: 00	T3는 집단 놀이치료를 한다. (T1, T2, 수퍼바이저는 관찰한다.)
2: 30	T3는 피드백과 수퍼비전을 받는다. (아동들은 대기실에 있는다.)
3: 00	T1는 집단 놀이치료를 한다. (T2, T3, 수퍼바이저는 관찰한다.)
3: 30	T3는 피드백과 수퍼비전을 받는다. (아동들은 집에 간다.)
4: 00	비형식적인 수퍼비전/훈련 시간
5: 00	4개의 집단원들과 RPT-S 간의 토론

(1) 활동 A: 집중 시간

매일 30분씩 이루어지는 집중 시간은 소규모 집단들끼리 이루어진다. 이때 놀이치료를 할 내담자들에 대한 토론과 함께 앞으로의 치료 회기를 위한 개인적인 목표와 내담자의 목표를 확인하며, 수퍼바이지들이 가질 수 있는 여러 가지 문제점들을 토론한다. 수퍼바이저의 역할은 날마다 달라지는데, 첫째 날에 수퍼바이저의 주된 역할은 상호협력적인 집단 분위기와 안전한 집단환경을 만드는 것이다. 또한 수퍼비전 집단이 비밀보장과 구체적인 피드백을 주는 것에 대한 규준들을 명확하게 설정하는 것이 중요하다. 두 번째 날에는 전날의 내담자의 문제를 논하고 역량의 문제나 이론 적용상의 문제들을 토론한다. 마지막 날에 수퍼바이저는 놀이치료사와 아동 간의 종결을 준비시킨다. 즉, 아동과 치료사의 성장을 검토하고 구체화함과 동시에 마지막 놀이치료를 위한 구체적인 목표들을 설정하는 것으로 아동과 치료사들을 위한 끝맺음을 준비시킨다.

(2) 활동 B: 놀이치료 관찰 및 수행

놀이치료사들은 30분간의 놀이치료를 6번 거치게 된다. 각 놀이치료 회기들은 즉각적인 수퍼비전 시간으로 이어진다. 같은 아동들이 같은 수퍼비전 집단에 배정되고, 한 아동이 개인 놀이치료에, 다른 두 명의 아동들이 집단 놀이치료에 참여한다. 따라서 각 아동들은 3일 동안 9번의 놀이치료 경험을 한다. 특히, 놀이치료의 핵심이 되는 아동중심의 놀이치료 접근으로 놀이치료사들이 훈련받기 때문에, 놀이치료사들의 다양한 접근으로 야기될 수 있는 아동들의 혼동을 줄일 수 있고 아동들이 충분히 자아를 표현할 수 있는 안전한 환경이 제공된다. 또한 놀이치료 수퍼바이지들도 아동과의 놀이치료를 함으로써 아동의 세계를 경험하고, 아동과 아동의 놀이에 대한 이해를 도울 수 있으며, 아동이 어떻게 놀이를 사용하여 자아치유를 이끌어 내는지에 대한 이해의 폭을 넓힐 수 있다. 그리고 다른 놀이치료사의 놀이치료 장면을 관찰함으로써 자신의 놀이치료에 대한 아이디어를 생각해 낼 수 있고, 실질적인 놀이치료 기법들을 효과적으로 적용할 수 있다.

(3) 활동 C: 수퍼비전 피드백

놀이치료를 막 끝낸 수퍼바이지에 초점을 둔 30분간의 수퍼비전 피드백 활동은 CPT 수퍼비전 모델의 가장 핵심이 되는 부분이다. 이는 수퍼바이저들이 스스로 설정한 수퍼비전 목표와 수퍼바이지의 장점 및 더욱 성장해야 할 부분들, 다른 수퍼바이지들의 관찰과 그에 대한 반응들을 논의하는 것으로 이루어진다. 수퍼바이저는 안전하고 신뢰로운 집단환경을 이루어, 새로운 행동에 대하여 도전적이고 개방적인 태도를 취할 수 있는 수퍼비전이 되게 한다. 특히, 수퍼바이저의 즉각적인 피드백은 수퍼바이지의 장점들을 더욱 확고히 해 주고, 동료 놀이치료사들 간에 피드백을 주고받음으로써 자아를 향상시키는 교육의 계기를 준다.

Bratton 등(1993)은 CPT 수퍼비전 모델의 집중적인 특성과 피드백을 통해 놀이치료의 적용이 계속해서 이루어지는 순환식의 특성은 대인 간의 그리고 개인 내의 역동에 대한 인식을 증가시키는 데 크게 기여한다고 보았다. 이러한 인식이 증가함에 따라 놀이치료사들은 행동적인 기법들에 덜 치중하고, 어떻게 자신들이 놀이치료 과정을 통하여 내담자들에게 영향을 미치는지에 대한 이해를 넓힐 수 있다.

(4) 활동 D: 비형식적인 수퍼비전/훈련 시간

비디오테이프에 녹화된 놀이치료에 대한 자아평가를 위한 이 시간은 다양한 수퍼비전이나 훈련의 기회로 사용될 수 있다. 특히, 형식에 얽매이지 않고 덜 구조화된 비형식적인 수퍼비전 시간은 수퍼바이지들의 관심과 어려움들을 다루는 데 융통성을 가지고 접근할 수 있다. 수퍼바이저들은 다양한 수퍼비전과 훈련 방법들 그리고 그 방법들의 적용에 대한 충분한 경험이 있어야 하며, 수퍼바이저 개인은 물론 수퍼비전 집단의 요구들도 만족시킬 수 있는 활동들을 이루어야 한다.

이 시간은 또한 자아 수퍼비전 기술의 발달을 촉진시킬 수 있다. 놀이치료사들은 수퍼바이저에 대한 의존성에서 시작하여 자율성으로 발달하기 때문에, 자신의 놀이치료에 대한 정확한 자아평가를 경험함으로써 좀 더 독립적인 놀이치료사로서의 역할을 훈련하게 되는 것이다.

(5) 활동 E: 4개의 집단원들과 RPT-S 간의 토론

이 시간에는 놀이치료사들과 4명의 훈련된 놀이치료 수퍼바이저들 그리고 놀이치료 수퍼바이저가 함께 모여 상담가의 윤리에서 시작하여 아동 발달이나 특정한 치료절차들에 이르는 광범위한 주제 및 문제들을 다룰 수 있다. 때에 따라서는 특정 주제에 대한 발표가 있을 수 있고, 수퍼바이지들과 수퍼바이저들 간의 문제점들이 논의될 수 있다. 특히, 마지막 날의 토론시간에는 참여자들이 아동들과 자신들의 종결에 대한 문제들을 탐색할 수 있는 기회가 주어지므로 수퍼바이저들이 개인적인 끝맺음을 맺도록 도와야 한다.

4) 놀이치료센터 수퍼비전에 대한 평가

놀이치료센터의 CPT 수퍼비전 모델은 여러 가지 의미에서 중요성을 갖는다. 우선 3일이라는 단기적이고 집중적인 모델은 수퍼비전을 받기 어려운 바쁜 상담가들에게 유용하게 활용될 수 있다. 또한 이 모델은 놀이치료 수퍼비전이라는 새로운 영역에 대한 구체적인 제안들을 제공하고 있다. 즉, 수퍼비전의 목적, 집단 수퍼비전 형태의 활용, 수퍼바이저와 수퍼바이지들의 선발과정, CPT 수퍼비전 모델의 실질적인 적용과 활용, 수퍼비전 모델의 평가 등에 대한 실질적인 정보를 제공함으로써 이 모델을 사용하려는 수퍼바이저들의 이해를 돕고 있다.

전문적인 놀이치료 수퍼바이저(RPT-S)의 부족에도 불구하고, 이 CPT 수퍼비전 모델은 전문 수퍼바이저로 훈련받는 수퍼바이저들을 활용함으로써 RPT-S의 효율성을 극대화하였다. 또한 훈련받는 수퍼바이저들은 자신의 경험과 지식들을 수퍼바이지들에게 훈련시키고 교육시키는 경험을 통하여, 자신들의 개인적이고 전문적인 역량을 발달시킴과 동시에 개인적인 성격과도 통합시키는 기회를 갖게 된다. CPT 수퍼비전에 참여하는 놀이치료사들도 3일 총 27시간의 수퍼비전을 거쳐 개인적이고 전문적인 놀이치료사로서의 역할을 긍정적으로 경험한다. 따라서 수퍼바이지들은 기존의 성공적인 연습을 통하여 이후의 지속적인 훈련과 수퍼비전에 대한 동기가 유발됨과 동시에 좀 더 자신감 있고 독립적인 상담가로서의 정체성을 발달시킬 수 있다. Bratton 등은 이 모델이 실습 학생들로 하여금 고급 기법들을 빨리 습득할 수 있도록 도와주기 때문에 실습시간의 초기에도 사용될 수 있다고 주장하였다.

8. 상호 놀이치료 수퍼비전 모델

상호 놀이치료(Co-play Therapy)는 치료적인 진전이 없는 '고착된' 놀이치료 사례를 해결하고, 놀이치료 수퍼바이지들에게 라이브 수퍼비전과 모델링의 기법을 제공하여 어려운 놀이치료 사례에 대처해 나가도록 하기 위해 Levinger(1994)가 고안한 기법이다. 그녀의 상호 놀이치료에서는 기본적으로 아동중심의 놀이치료에 바탕을 둔 두 명의 놀이치료사가 치료적인 역할을 나누어 한 명의 아동과 상호작용하는 것으로 이루어진다. 한 명의 놀이치료사는 아동과 충분하고 강도 높은 놀이를 직접적으로 하며, 또 한 명의 놀이치료사는 다른 놀이치료사와 아동의 상호작용을 설명하고 필요한 경우에는 제한을 설정한다.

1) 상호 놀이치료의 발달

놀이치료에서 놀이치료사가 아동과의 직접적인 놀이에 참여해야 하느냐에 대한 다양한 논의가 있음에도 불구하고(Frank, 1955; Ginott, 1961; Landreth, 2002; Moustaka, 1959), Levinger는 치료사의 치료적인 환경에 대한 통제력과 아동의 놀이환경에 대한 통제력이 부딪쳐 치료적인 진전이 정지된 고착된 사례의 경우에 상호 놀이치료가 필요하다고 주장하였다. 예를 들어, 어떤 아동의 경우는 자신의 상상놀이에 치료사가 적극적으로 개입하기를 원한다. 초기에 놀이치료사는 이러한 놀이에 만족할 수도 있을 것이다. 하지만 아동이 자신의 놀이에 몰두하여 놀이의 강도가 심해지고 제한이 필요할 때, 놀이치료사는 계속해서 아동의 놀이에 참여해야 하는지 제한을 해야 하는지에 대해 혼동할 수 있다. 때때로 자신의 놀이를 통하여 통제력을 행사하려는 아동들은 치료사가 자신의 환상놀이에 적극적으로 참여하도록 하는 통제력을 행사하고, 치료사가 아동 놀이의 환상적인 역할에서 벗어나 제한을 가하거나 아동의 감정을 반영하는 치료사의 역할로 되돌아가는 것을 적극적으로 반대할 것이다. 그러한 아동은 치료사와의 직접적인 상호작용을 인형이나 다른 놀잇감과의 상호작용으로 전환하려 하지 않고 계속해서 저항할 수 있다.

이때 치료사는 계속해서 아동에게 제한을 설정하고 부적절한 상호작용에 저항하는 데 많은 시간과 노력을 보낼 것이다. 또한 다양한 놀이 상황의 역할들에서 치료사의 역할로 전환하는 데 따르는 어색함을 경험할 것이다. 이러한 경우가 아동의 놀이환경에 대한 통제력과 치료사의 치료적인 환경에 대한 통제력이 서로 부딪쳐 치료의 진전이 멈춘 상태다. Levinger는 이러한 경우에 두 명의 치료사를 설정하여 한 명은 아동과의 충분한 직접적인 상호작용을 하고, 다른 한 명은 그들의 상호작용을 기술하는 역할을 하도록 하는 상호 놀이치료를 생각해 내었다.

Levinger는 상호 놀이치료 모델이 어려운 놀이치료 사례들을 해결하는 놀이치료 수퍼바이지들을 위하여 수퍼바이저의 라이브 수퍼비전과 모델링을 제공하는 수퍼비전으로도 활용될 수 있다고 하였다. Levinger가 상호 놀이치료 수퍼비전 모델을 발달시키게 된 계기는 다음과 같다. 그녀가 있던 놀이치료 환경은 일방경이나 비디오카메라의 녹화시설이 없는 환경이었다. 따라서 치료의 진전 없이 고착된 사례와 같이 어렵고 힘든 놀이치료들에 대해 놀이치료 수퍼바이지를 훈련시킬 수 있는 유일한 방법은 수퍼바이지가 놀이치료실에서 관찰하는 것이었다. 물론 이는 아동이 수퍼바이지의 개입에 편안해 하고 그에 대한 허락을 할 경우였다. Levinger는 아동에게 치료사인 자신과 아동이 보이지 않는 '유리벽' 에 의해 수퍼바이지와 떨어져 있다고 상상하도록 하여 수퍼바이지가 철저히 분리되도록 하였다. Levinger에 의하면 이러한 '유리벽' 기법이 많은 아동들에게 효과적으로 적용되지만, 어떤 아동들은 유리벽에 의한 경계를 수용하기 어렵다고 하였다. 그녀는 이렇게 눈에 보이지 않는 벽을 받아들이지 못하는 아동들은 그들의 대인관계에서 경계의 어려움을 갖는다고 주장하였다.

2) 상호 놀이치료와 수퍼비전의 절차

앞에서 언급한 바와 같이, 상호 놀이치료는 아동이 놀이치료사와 좀 더 직접적인 놀이를 원하고 치료사로부터 언급을 적게 원할 때 가장 효과적이라는 것이 Levinger의 주장이다. 이런 경우에는 아동의 요구를 반영함으로써 두 번째 치료사를 소개하는 것이 수월할 수 있다. 치료사는 아동에게 "진우야, 지금부터는 다른 놀이치료 선생님이 우리와 함께 시간을 보낼 거란다. 그 선생님은 진우와 직접 놀이를 할 거고, 나는 여기에 앉아서 마치 TV 아나운서같이 행동하고 말할 거란다(또는 "다른 선생님이 여기 이 의자에 앉아서 TV 아나운서같이 행동하고 말할 것이고, 나는 진우랑 함께 놀이를 할 거란다.")." 이때 각 치료사들의 역할이 확고하게 지켜져서 아동으로 하여금 경계에 대한 확실한 이해를 경험하도록 하는 상황을 만들어야 한다. 아동과 직접적으로 놀이를 하는 치료사는 아동의 지도에 맞게끔 가능한 자유스럽게 반응을 한다. 두 번째 치료사는 놀이의 활동, 감정, 언어적인 대화들을 반영하고 필요할 때 제한도 설정한다. 이러한 놀이치료에서는 두 명의 놀이치료사가 아동중심의 놀이치료에 입각한 접근으로 참여한다.

상호 놀이치료는 강도가 높기 때문에 아동과 치료사가 모두 놀이치료에서 치료실 밖의 일상생활로 전환하기 위해 일정한 시간을 갖는 것이 중요하다. 이를 위하여 우선은 두 명의 치료사가 놀이치료실을 정리한다. 이때 아동은 함께 정리할 수도 있으나 놀이치료실을 청소하도록 강요받지 않는다. 청소가 끝난 후에 두 명의 치료사와 아동은 앉아서 놀이치료에 대하여 글을 쓰거나 그림을 그린다. 두 치료사들은 자신들의 개별적인 경험에 따른 견해들을 그림이나 글로 나타냄으로써 놀이의 기본적인 주제에 대하여 종합할 기회를 갖는다. 치료사들과 아동은 자신들이 쓰거나 그린 것에 대하여 읽거나 보여 주고 이야기를 나눈다.

치료가 끝난 후에는 두 치료사들만의 두 번째 모임을 갖는다. 그들은 놀이치료에 대한 검토를 하고 자신들의 감정적인 반응에 특별한 주의를 기울인다. 이러한 치료사들만의 토론은 중요하다. 상호 놀이치료 수퍼비전이 효과적으로 실행되기 위해서는 두 치료사들이 서로에 대해 편안해야 하고 상호협력적이어야 한다.

이 관계는 무엇이 일어나는지에 대한 개방적이고 수용적인 토론에 의해 촉진될 수 있다. 치료사들은 치료에서 나타난 패턴들을 살피고 다음 놀이치료에 대한 계획으로 토론을 마무리 짓는다. 이러한 치료과정에 대한 즉각적인 피드백과 토론은 놀이치료 수퍼바이지의 치료적인 과정에 효과적인 영향을 줌과 동시에, 수퍼바이저 또한 실제적인 훈련기법들을 모델링하기 때문에 초보적인 놀이치료 수퍼바이지들에게 효과적이다.

9. 아동중심의 플라토형 수퍼비전 모델

1995년에 Tanner와 Mathis에 의해 제안된 플라토형(PLATO) 수퍼비전 모델은 초보 놀이치료사들에게 가장 핵심이 되는 아동중심 놀이치료 개념을 실제적인 놀이치료 장면에서 훈련시키는 데 유용한 인지적인 개념이나 구조적인 관찰 영역을 나타낸다. 그들은 놀이치료사가 아동의 내적 또는 외적 세계에 초점을 두는지, 아동에게 지시적으로 또는 비지시적으로 반응을 하는지에 대한 치료사의 태도나 반응이 중요하다고 보았다. 따라서 치료사의 태도나 반응을 관찰하는 놀이치료 관찰자(Play Therapy Observer)의 도구로서 각 첫 글자를 따서 플라토(PLATO)라 명명하였다.

이 모델에서는 아동의 내적 또는 외적 세계에 대한 치료사의 반응을 '초점(focus)' 이라고 하였고, 치료사가 지시적인지 비지시적인지를 나타내는 치료사의 반응을 '스타일(style)' 로 구분하였다. 그리고 아동의 내적 세계에 초점을 둔 치료사의 반응과 비지시적인 반응이 외적 세계에 대한 반응이나 지시적인 반응보다 치료적이라는 아동중심의 놀이치료를 기본 가정으로 두었다. [그림 3-2]에서 나타낸 바와 같이 X축은 초점의 정도를, Y축은 스타일의 정도를 나타낸다. 초점과 스타일 측으로 나누어진 이 그림에서 치료사의 반응은 네 가지 치료적인 가치에 따라 촉진적, 참여적, 지시적, 비촉진적 반응들로 나타나고 그에 따른 점수도 다르게 나타난다. 0에서 100에 이르는 점수를 얻기 위해 관찰자는 해당되는 반응

그림 3-2 치료적인 가치를 나타내는 아동중심의 플라토형 모델

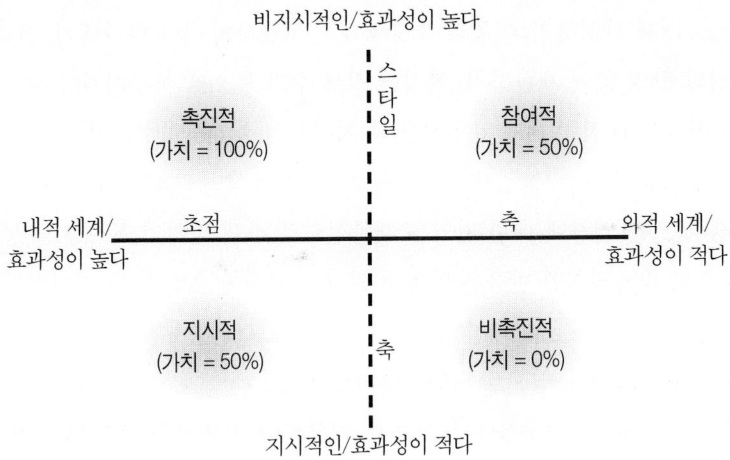

의 수와 각 영역의 가치 점수를 곱한 후에 각 영역의 총점을 더한다. 그런 다음 그 총점을 전체 반응의 수로 나눈다.

예를 들어, 놀이치료를 녹화한 테이프를 관찰한 결과 한 놀이치료사가 총 99개의 반응을 나타내었다. 수퍼바이저와 그 놀이치료사는 총 99개의 반응들 중에 30개는 촉진적인 반응을, 9개는 비촉진적인 반응을, 40개는 참여적인 반응을, 20개는 지시적인 반응을 나타내었다. 0에서 100에 이르는 점수를 얻기 위해서 각 영역의 개수들을 가치 점수로 곱한다. 촉진적인 반응(30×1 = 30), 비촉진적인 반응(9×0 = 0), 참여적인 반응(40×0.5 = 20), 지시적인 반응(20×0.5 = 10)의 점수들이 각각 나오고 총 합계는 60(30 + 0 + 20 + 10 = 60)이 된다. 60을 총 반응의 수인 99로 나누면 플라토형에 의한 치료사의 치료적인 반응은 61%가 되는 것이다.

Tanner와 Mathis는 플라토형 수퍼비전 모델의 각 영역에 해당하는 반응들을 구체적으로 기술하였다. 촉진적인 반응은 아동의 내적인 세계에 초점을 둔 비지시적인 스타일로 감정 반영하기, 자아생각(self-ideation) 반영하기, 역량 반영하기, 종합하여 반영하기, 개방형으로 언급하기, 아동에게 책임감 부여하기, 치료

적인 제한하기 등으로 구성된다. 참여적인 반응은 아동의 외적 세계에 초점을 둔 비지시적인 스타일로 아동의 행동을 그대로 언어적으로 반영하는 트래킹(tracking), 내용 반영하기, 아동의 감정에 대한 치료사의 반응 나타내기, 선택권이나 감정의 반영 없이 제한하기, 적절한 정보 주기 등으로 이루어진다. 지시적인 반응은 아동의 내적인 세계에 초점을 둔 지시적인 치료사의 스타일로 아동의 감정, 사고, 역량에 대한 질문이나 언급을 하기, 잠정적인 해석하기, 아동의 감정, 자아 생각 또는 역량에 대한 반영을 질문형으로 바꿔 말하기 등으로 구성된다. 마지막으로 비촉진적인 반응은 아동의 외적인 세계에 초점을 둔 지시적인 스타일이다. 여기에는 내용에 대한 질문하기, '왜' 라고 질문하기, 내용이나 행동을 기술하는 언급을 질문형으로 바꿔 말하기, 부적절한 정보 주기, 치료사 자신에 대한 정보 노출하기, 아동을 이끌어가기, 칭찬이나 평가 또는 비난을 하기, 분석하기, 촉진적인 반응을 할 기회 놓치기 등이 해당된다.

플라토형의 수퍼비전 모델은 놀이치료 과목이나 실습에 효과적으로 사용될 수 있다. 또한 놀이치료 이론이나 방법의 훈련을 위한 보충적인 개입으로 유용할 수 있다. Tanner와 Mathis는 자신들의 수퍼비전 모델들을 어느 정도 경험이 있는 석사과정 학생들을 대상으로 임상실습 시간의 초기에 사용하였다. 학생들은 플라토형 모델을 두 학기 내내 정기적으로 사용하도록 하였으며, Landreth의 놀이치료 책과 수퍼바이저들의 아동중심 놀이치료 테이프를 보았다. 또한 집단실습 시간에는 수퍼바이저들이 아동중심의 놀이치료에 대한 기본적인 개념이나 기법들을 강의하고 설명하고 모범을 보였다. 결과적으로 학생들은 놀이치료의 이론이나 기법들을 실질적인 놀이치료 장면에 적용할 수 있는 구체적인 훈련을 받았으며, 자신들의 치료 반응뿐만 아니라 다른 학생들의 치료 반응도 플라토형 모델에 기초하여 평가하였다. 이 모델은 궁극적으로 놀이치료 수퍼바이지들에게 구체적인 정보나 기법들을 제공할 뿐만 아니라 그들의 자율성도 향상시킨다. 일단 플라토형 개입방법을 습득하면 수퍼바이지들은 아동중심 놀이치료 이론을 치료 장면에 통합하여 자신들의 반응에 대한 자아평가를 촉진하기 때문에 독립적인 태도를 발달시킬 수 있다.

10. 아동중심의 자아반영적인 놀이치료 수퍼비전 모델

Giordano가 2000년 노스 텍사스 대학교 대학원 상담학과 학생들을 대상으로 연구하고 제안한 아동중심의 자아반영적인 놀이치료 수퍼비전 모델은 15주로 이루어진 구조적인 모델이다. 이는 놀이치료 수퍼바이지들의 아동에 대한 긍정적인 태도와 믿음, 아동중심 놀이치료의 이론적인 개념에 대한 지식 그리고 임상 놀이치료 기법의 효과적인 적용들을 향상시키는 데 목적을 두고 있다.

이 모델은 석사과정의 놀이치료 수퍼바이지들이 전문적인 상담가로서 발달하는 데 스스로 적극적인 참여자가 되도록 격려한다. 이는 놀이치료 매뉴얼, 놀이치료 워크북 그리고 일주일에 한 번 하는 수퍼비전으로 구성되었다. 놀이치료 매뉴얼은 아동중심 놀이치료의 철학이나 원리를 검토하고 구체적인 치료 반응들의 사용에 대한 이론적인 근거를 제시하였다. 놀이치료 워크북은 수퍼바이지의 놀이치료 비디오테이프를 관찰하고 치료적인 과정들을 검토하고 자아평가 자료를 완성하여 자신의 발달과 성장을 검토하도록 하는 수단으로서 수퍼바이지들에게 제공되었다. 노스 텍사스 대학교 대학원 상담학과 박사과정 학생들은 놀이치료 수퍼바이저로서 석사과정에 있는 수퍼바이지들에게 일주일에 한 번 놀이치료 수퍼비전을 제공하였다. 박사과정의 수퍼바이저들은 놀이치료에 관련된 모든 과목들과 실습들은 물론 집중적인 놀이치료 훈련과 수퍼비전을 받았으며, 수퍼비전에 대한 이론 및 실제 경험들을 거친 수퍼바이저들이었다.

자아반영적인 놀이치료 수퍼비전 모델은 놀이치료 수퍼바이지들이 놀이치료 장면을 녹화한 테이프를 매주 관찰하고 검토함으로써 자아평가 과정이 이루어지도록 그들에게 역량을 부여하는 모델이다. 이러한 자아평가 과정은 수퍼바이지들로 하여금 좀 더 자율적인 태도를 가질 수 있도록 도와주고, 수퍼비전에서 논의할 필요가 있는 특정 영역들을 파악하도록 함으로써 책임감 있는 발달을 촉진시킨다.

놀이치료 수퍼바이저는 교육자의 역할로 치료적인 반응들에 대한 정보와 원리들을 제공해 준다. Ivey(1971)의 마이크로 훈련을 사용하여 놀이치료 수퍼바이지들의 트래킹, 내용 반영, 감정 반영, 의사결정권과 자아책임감의 촉진, 자아존중감 향상, 격려, 제한하기, 창의성과 자연스러움의 발달, 치료사의 일관성, 언어적이고 비언어적인 반응들의 질 높이기 등과 같은 구체적인 치료적 반응들을 훈련시킨다. 또한 수퍼바이저는 Kagan과 그의 동료들(Kagan & Krathwohl, 1967; Kagan, Krathwohl, & Miller, 1963)이 개발한 대인과정 회고법(Interpersonal Process Recall: IPR)을 사용하여, 수퍼바이지 개인 내의 과정이 놀이치료사와 아동 간의 역동에 어떻게 영향을 미치는지에 대한 인식을 발달시키고 놀이치료사의 일관성, 공감성 그리고 무조건적인 긍정적 관심을 향상시킬 수 있도록 돕는다.

4 장

놀이치료 수퍼비전 관계

1. 놀이치료 수퍼비전 관계

놀이치료 수퍼바이저와 수퍼바이지가 형성하는 수퍼비전 관계에 대한 논의는 본 저자가 앞에서 제시한 놀이치료 수퍼비전의 정의를 통하여 살펴보았다.

〈표 4-1〉의 놀이치료 수퍼비전의 정의에서 알 수 있듯이 놀이치료 수퍼비전 관계는 두 참여자들, 즉 놀이치료 전문가라는 놀이치료 수퍼바이저와 놀이치료를 배우는 학생 또는 경험이 적은 놀이치료사라는 수퍼바이지 간의 관계를 말한다(물론 대인과정 회고법(IPR)과 같이 내담자가 직접 수퍼비전 과정에 참여하며 모든 수퍼비전에서 수퍼바이지들과 내담자의 상담 활동을 다루기 때문에 내담자도 수퍼비전에 직접적으로나 간접적으로 관련된 하나의 참여자로 여길 수 있다. 하지만 여기에서는 수퍼바이저와 수퍼바이지의 관계에 중점을 두어 논의하였다). 이렇게 두 참여자들로 이루어진 놀이치료 수퍼비전 관계는 특수한 목적을 띤 하나의 인간관계다. 그 목적은 놀이치료사들이 전문적인 상담가로서 개인적이고 전문적인 발달을 촉진시키며, 궁

극적으로는 그들의 내담자들을 보호하기 위함이다. 따라서 수퍼비전 관계에서는 수퍼비전의 목적과 그에 따른 세부적인 활동들을 수퍼바이저와 수퍼바이지가 서로 동의하고 충분히 이해하여 상호협력적인 관계가 되도록 노력해야 한다.

이러한 상호협력적인 놀이치료 수퍼비전 관계에서는 놀이치료 수퍼바이저와 수퍼바이지가 수퍼비전을 함에 따라, 그리고 함께 시간을 보냄에 따라 감정적인 유대가 생긴다. 이 감정적인 유대는 신뢰감, 좋아함, 소중히 여김과 같은 감정들로 이루어진다(Bordin, 1983). 수퍼바이저와 수퍼바이지가 수퍼비전의 경험들을 서로 나누는 것 또한 수퍼비전 관계를 강하게 해 준다. 하지만 Bordin은 이러한 감정적인 유대는 수퍼비전의 평가적인 역할로 인해 문제가 생길 수 있다고 주장하였다.

놀이치료 수퍼비전 관계는 수퍼바이저와 수퍼바이지의 공식적인 관계다. 특히 〈표 4-1〉의 놀이치료 수퍼비전의 정의에서 알 수 있듯이, 상담 분야의 학문적인 교육과 훈련 및 임상 경험이 많은 수퍼바이저가 자신의 전문적인 지식들을 교육이나 훈련 및 임상 경험이 상대적으로 적은 수퍼바이지에게 전달하기 때문에 수퍼비전 관계는 상하 위계적인 관계다. 이러한 관계는 수퍼바이지가 수퍼바이지의 상담 활동을 평가하는 평가자로서의 역할과 수퍼바이지가 전문적인 상담 분

표 4-1 놀이치료 수퍼비전의 정의

놀이치료 수퍼비전은 아동, 청소년, 성인의 정신치료 분야 중의 하나인 놀이치료에 대한 학문적인 교육과 훈련 및 임상적인 치료 경험이 많은 놀이치료 전문가가 학문적인 교육과 훈련 및 임상적인 치료 경험이 적은 놀이치료사(들)에게 주는 하나의 집중적인 개입방법이다. 놀이치료 전문가는 치료 경험과 학문적인 교육이 상대적으로 적은 놀이치료사(들)의 전문적인 치료 개입의 발달을 촉진시키며 전문적인 심리치료사로서의 심리적, 인지적 역량을 발달시킨다. 놀이치료 수퍼비전은 궁극적으로 놀이치료 수퍼바이지들이 현재 상담하는, 그리고 앞으로 상담할 내담자의 복리를 보호하는 데 목적이 있다. 이와 같은 놀이치료 수퍼비전은 놀이치료 전문가가 놀이치료사(들)의 전문적, 윤리적 치료 활동들을 평가하는 일련의 과정으로 이루어진다.

야에 들어서기에 적합한 사람인지를 판단하는 감독자로서의 역할들을 함으로써 파워와 권위를 갖게 된다(Holloway, 1997). 놀이치료 수퍼바이저의 파워와 권위로 인한 문제들은 수퍼비전 과정에 수퍼바이지가 동등하게 참여함으로써, 그리고 수퍼바이지와의 끊임없는 상호협력적인 관계를 통하여 줄일 수 있다. 또한 수퍼바이저의 파워는 수퍼바이지의 수퍼바이저 역량에 대한 지각, 수퍼바이지들 간의 지지적인 체계, 수퍼바이지의 연령과 경험에 따라 달라질 수 있다(Skovholt & Rønestad, 1992).

2. 놀이치료 수퍼비전 관계의 형성

수퍼비전 관계를 나타내는 단계에 대해서는 이미 Holloway의 3단계(발달단계 → 성숙단계 → 종결단계)를 2장에서 언급하였다. 여기에서는 놀이치료 수퍼비전 관계를 형성하기 위한 준비단계에서 관계를 끝맺음하는 종결단계까지의 과정을 Carroll(1996)의 5단계를 바탕으로 살펴본다. Carroll이 주장한 5단계의 수퍼비전 관계는 집단 수퍼비전이나 동료 수퍼비전 또는 팀 수퍼비전으로 활용될 수도 있지만, 기본적으로는 일대일의 개인 수퍼비전에 바탕을 두고 있다. 또한 Carroll의 수퍼비전 관계는 수퍼비전에서의 두 참여자, 즉 수퍼바이저와 수퍼바이지가 상대를 선택할 수 있다는 것을 전제하고 있다.

하지만 수퍼비전 관계에서 수퍼바이지들이 수퍼바이저를, 수퍼바이저가 수퍼바이지들을 선택하는 것은 항상 가능한 일은 아니다. 대학원의 놀이치료 훈련과정에서는 수퍼바이지들이 특정 수퍼바이저들에게 배정되는 경우도 있을 수 있기 때문이다. 이런 경우에는 수퍼비전 관계를 지속적으로 모니터하고, 수퍼바이저와 수퍼바이지가 참여하는 수퍼비전 관계가 효과적인 관계인지를 평가하는 어떠한 형태의 방법을 사용하는 것이 중요하다. 수퍼바이지들의 선택권이 없는 배정은 다음과 같은 수퍼바이지에게 더욱 큰 문제가 될 수 있다.

예를 들어, 특정 수퍼바이저와의 수퍼비전 관계에서 어려움이나 갈등을 느끼는 놀이치료 수퍼바이지가 있을 수 있다. 그는 자신이 '까다로운(difficult) 학생'으로 여겨지는 것에 대하여 두려워하며, 수퍼바이저에 대한 불만을 표현하는 것이 '저항'으로 간주되어 이후의 훈련과정에서 자신의 발달이나 평가에 부정적인 영향을 미칠 수 있다고 생각하므로, 자신의 긴장감이나 불안감을 제대로 표현하지 못할 것이다. 따라서 정기적으로 놀이치료 수퍼비전 관계를 평가하고, 수퍼바이저와 수퍼바이지가 효과적이고 긍정적인 수퍼비전 관계를 형성하도록 하는 기회가 주어져야 하며, 궁극적으로는 수퍼비전 관계를 맺는 과정에서 가능한 한 수퍼바이지들에게 선택권이 주어져야 할 것이다.

〈표 4-2〉에 나타난 바와 같이 놀이치료 수퍼비전 관계는 5단계로 이루어진다. Carroll(1996)의 수퍼비전 형성 단계는 순서가 변하는 단계는 아니지만, 수퍼바이저와 수퍼바이지 간의 협의에 의하여 융통성 있게 사용될 수 있는 하나의 안내 지침이 된다. 수퍼비전 관계를 형성할 때 무엇보다도 중요한 것은 지나치게 구조적이고 조직적인 수퍼비전과 지나치게 체계가 없는 수퍼비전 간의 균형을 찾는 것이다. 때때로 처음으로 놀이치료에 입문하는 학생들이나 경험이 적은 수

표 4-2 놀이치료 수퍼비전 관계의 5단계

1단계 조사단계	2단계 계약단계	3단계 참여단계	4단계 평가단계	5단계 종결단계
수퍼바이지	실질적인 문제들	시간의 사용	수퍼바이지	활동 검토
수퍼바이저	수퍼비전의 관리	발표	수퍼바이저	학습 욕구와 목표의 검토
수퍼비전 환경	역할들	수퍼바이지의 학습 욕구	수퍼비전	앞으로의 계획
역할과 책임	평가	수퍼바이지의 발달단계	훈련과정	추천
평가방법	응급/위기 상황들	평행과정	배정 기관	
실질적인 문제들	학습목표들	외적인 영향		
		수퍼비전의 초점		

퍼바이지들은 지나치게 구조적이고 조직적인 수퍼비전에서는 자연스러움이나 융통성을 경험하지 못하는 반면, 지나치게 체계가 없는 수퍼비전에서는 혼동감을 경험하는 경향이 있다. 따라서 수퍼비전 관계에 사용되는 기존의 모델들이나 방법들은 하나의 도구로서 수퍼바이저와 수퍼바이지가 융통성을 가지고 활용하여야 한다. 어떤 경우에는 장기간의 수퍼비전 계약을 형성하기 전에 단기간의 수퍼비전을 가질 수 있다. 이때 놀이치료 수퍼바이저와 수퍼바이지는 그들의 짧은 기간 동안의 수퍼비전 경험들에 대하여 충분히 이야기를 나눈 후에 장기간의 수퍼비전을 결정하는 기회를 갖게 된다.

1) 사전조사 단계

(1) 놀이치료 수퍼바이지를 위한 사전조사

수퍼비전 관계를 형성하기에 앞서 놀이치료 수퍼바이지에게 무엇보다도 중요한 것은 놀이치료 이론과 원리들에 대한 학문적인 지식과 그 지식들을 실질적인 놀이치료 장면에 활용할 수 있는 여러 가지 기법들에 대한 교육과 훈련이다. 그러한 것들이 있어야 놀이치료 수퍼비전이 효율적으로 이루어질 수 있다. 놀이치료 수퍼바이지들은 수퍼비전이 시작되기 전에 수퍼비전에 대한 사전조사 단계를 거치는 것이 도움이 된다. 수퍼바이지들은 놀이치료 수퍼비전은 무엇이고, 수퍼바이저와 수퍼바이지의 역할과 책임은 무엇이며, 다양한 형태의 수퍼비전 방법과 그에 따른 장단점은 무엇인지 등에 관한 지식들을 수퍼바이저나 훈련과정을 통하여 얻을 수 있다.

또한 자율적이고 독립적인 전문 상담가라는 궁극적인 목적을 두고 성장・발달하는 과정 중에 있는 놀이치료 수퍼바이지는, 놀이치료 수퍼비전과 수퍼바이저를 통하여 무엇을 얻고자 하는지를 곰곰이 생각하고 자신이 원하는 수퍼비전 형태는 무엇인지를 검토함으로써 스스로 수퍼비전을 준비할 수 있다. 더욱이 수퍼바이지는 훈련자로서의 자아를 이해하는 과정이 중요하다. 즉, 놀이치료사로서 자신의 발달수준, 중심이 되는 상담 이론과 철학, 학습자로서의 수퍼바이지, 수퍼바이지로서의 타인과의 상호작용 스타일, 놀이치료사로서의 역량 등에 대한 전반적인 이해가 필요하다.

마지막으로 놀이치료 수퍼바이지는 수퍼바이저와의 첫 만남을 갖기 전에 수퍼비전에 따른 실질적인 사항들을 고려해야 한다. 즉, 수퍼비전 장소가 편리한 곳에 위치해 있는지, 수퍼비전 비용은 얼마로 책정하면 좋겠는지, 얼마나 자주 수퍼바이저와 만나야 하는지, 어떤 특정 놀이치료 수퍼바이저와의 수퍼비전을 갖고 싶은지, 개인 수퍼비전이나 집단 수퍼비전 중에서 어떤 형태가 자신에게 효과적인지, 수퍼비전을 위하여 준비해야 하는 사항은 무엇인지와 같이 현실적인 문제들도 고려해야 한다.

이러한 놀이치료 수퍼비전에 대한 종합적인 검토와 훈련자로서의 자아에 대한 통찰 그리고 실용적인 고려사항들을 바탕으로 준비된 놀이치료 수퍼바이지들은 수퍼비전 관계를 형성하는 과정에서 좀 더 적극적이고 책임감 있는 훈련자로서 참여하게 될 것이다. 이는 놀이치료 수퍼바이지의 궁극적인 목적인 전문적인 상담가로서의 자율성과 책임감들을 수퍼바이지가 훈련자의 시점부터 경험함으로써 그들의 전문적인 역량을 촉진시키는 계기를 제공한다.

(2) 놀이치료 수퍼바이저를 위한 사전조사

사전조사 기간은 놀이치료 수퍼바이저에게도 매우 중요할 수 있다. 수퍼바이저는 자신이 택하는 수퍼비전에 대한 철학과 원리, 어떻게 수퍼비전 관계를 형성하고 유지할 것인지에 대한 정보, 수퍼바이지를 평가하는 평가 기준들, 수퍼바이저 자신의 역할과 책임, 그 역할과 책임들을 어떻게 수행할 것인지 등에 관한 전반적인 정보들을 문서화하거나 수퍼바이지에게 설명해야 한다. 그리하여 수퍼바이지가 자신의 수퍼바이저를 결정하는 중요한 자료로 사용할 수 있도록 한다.

또한 놀이치료 수퍼비전은 하나의 전문영역이기 때문에 수퍼바이저는 수퍼비전에 대한 체계적인 교육과 훈련을 통하여 역량 있는 수퍼바이저로서의 역할과 책임들을 수행해야 할 것이다. 수퍼바이저들의 발달에 대한 연구는 수퍼바이지

표 4-3 수퍼바이저의 발달단계

발달단계	수퍼바이저들의 경험들
1단계	초보 수퍼바이저의 단계로 수퍼비전에 따른 역할, 구조, 실행, 수퍼바이지의 저항에 대처하는 방법, 적절한 개입에 대한 불안감, 수퍼비전 모델과 연구의 지식들에 대한 스트레스 등과 같은 문제들을 훈습한다.
2단계	초보 수퍼바이저의 단계에서 벗어나 탐색의 단계로 간다. 탐색의 단계에 있는 수퍼바이저는 수퍼바이지에게 미치는 자신의 영향에 대한 훈련에 집중하며, 수퍼비전 모델들과 개입방법들에 대한 지식을 쌓는다. 이 시기의 함정이나 약점은 수퍼비전을 다양한 역할들로 사용하기보다는 하나의 역할로 제한시켜 사용하며 지나치게 강요적이라는 것이다.
3단계	이 단계에서 수퍼바이저는 자신이 역량 있는 수퍼바이저라는 정체감을 갖는다. 수퍼비전은 활기차고 흥미로우며, 수퍼비전 관계에 대한 걱정을 덜 하며, 수퍼바이지와 모든 부분에서 더 많이 나누며, 수퍼비전의 초점은 수퍼바이지의 토론 내용에 둔다.

의 발달의 경우보다 훨씬 적지만, 〈표 4-3〉에 나타난 Hess(1986)의 수퍼바이저 발달의 3단계를 통하여 수퍼바이저는 자신의 수퍼비전 활동을 모니터할 수 있다. 그리고 이를 통해 앞으로의 수퍼비전 활동을 어떻게 실행해 나가야 하는지에 대한 예견과 계획을 할 수 있다.

2) 1단계: 조사단계

1단계인 조사단계는 놀이치료 수퍼바이저와 놀이치료사가 수퍼비전 관계를 형성하는 계약의 단계로 발전할 것인지에 대한 결정에 도움이 되는 여러 가지 정보들을 수집하는 시기다. 만약 놀이치료 수퍼바이저와 놀이치료사가 수퍼비전 관계를 맺지 않기로 결정하였다면, 이러한 결정은 하나의 실패로 간주하기보다는 수퍼바이저나 놀이치료사 모두에게 가치 있는 결과로 보아야 할 것이다. 왜냐하면 이러한 조사단계를 통하여 놀이치료사는 다른 수퍼바이저와의 수퍼비전 활동에 좀 더 편안하게 참여할 수 있는지, 집단 수퍼비전 경험이 좀 더 유익할 것인지, 특정 상담이론에 중점을 둔 수퍼바이저로부터 더 많이 배울 수 있을 것 같은지 등에 대한 파악을 할 수 있기 때문이다. 놀이치료 수퍼바이저 또한 이러한 조사단계를 통하여 놀이치료사가 내담자를 상담할 단계가 아닌지, 또는 초보적인 상담 활동보다는 놀이치료사 자신의 개인상담이 필요한지를 결정할 수 있기 때문이다.

놀이치료 수퍼바이저와 놀이치료사가 서로에 대한 정보를 수집하는 조사의 기능 외에도, 이 시기는 놀이치료 수퍼바이저와 놀이치료사가 서로 함께 있는 것(being together)에 대한 경험을 제공한다. 놀이치료 수퍼바이저나 놀이치료사는 상대방에 대한 느낌이나 그들의 성격, 대인관계 스타일, 수퍼비전에 참여하는 방식 등에 대한 민감성을 경험하게 된다. 이러한 경험들은 수퍼비전 관계를 형성할 것인지에 대한 결정을 하는 데 중요한 역할을 한다.

(1) 놀이치료사에 대한 조사

놀이치료 수퍼바이저는 놀이치료사와 함께 수퍼비전을 할 수 있는지를 판단하고 놀이치료사가 상담가로서 어느 발달단계에 있는지를 결정하기 위하여 그에 대한 정보가 필요하다. 수퍼바이저는 다음과 같은 질문들을 함으로써 놀이치료사에 대한 정보를 얻을 수 있을 것이다. 즉, 수퍼바이저는 놀이치료사의 상담가로서의 지식이나 기술 그리고 능력들이 어느 발달단계에 있는지, 상담가로서 어떤 경험을 하였는지, 어떤 전문적인 학회에 가입하였는지, 그에 따른 상담윤리에 대한 지식이 있는지, 어떤 학습방법이 놀이치료사에게 적합한지, 놀이치료사의 학습목표는 무엇인지, 수퍼비전을 받은 경험이 있는지, 왜 수퍼비전을 받으려 하는지, 지향하는 상담이론이 수퍼바이저의 이론과 비슷한지 다른지, 다르다면 어떻게 조절해야 하는지, 특정 놀이치료사에게 수퍼비전이 적합하지 않다는 것을 언제 결정해야 하는지 등에 대한 자료들을 수집해야 한다.

놀이치료사에 대한 조사는 수퍼바이저에 따라 다양한 방법으로 수집될 수 있다. 어떤 수퍼바이저의 경우는 놀이치료사의 최근의 상담 장면을 녹화한 비디오테이프를 요구하기도 한다. 이 경우에 수퍼바이저는 놀이치료사의 발달수준을 파악할 수 있고, 놀이치료사가 설명한 자신의 상담 활동이 비디오테이프에 나타난 상담가의 실제 상담 수행과 얼마나 일관되는지를 알 수 있다. 만약 놀이치료사가 이미 수퍼비전을 받은 경험이 있다면, 이전 수퍼바이저로부터의 편지를 요구하거나 놀이치료사에게 그때의 수퍼비전 경험에 대한 질문지를 작성하도록 할 수 있다.

어떤 수퍼바이저는 놀이치료사의 내담자와의 상담 활동을 판단하기 위하여 자신이 내담자 역할을 하여 놀이치료사와 역할극을 하는 경우도 있다. 놀이치료사에 대한 조사가 질문지와 같은 형식적인 조사건 면담이나 비디오테이프나 역할극과 같은 비형식적인 조사건 간에, 수퍼바이저는 놀이치료사의 수퍼비전이나 상담 경험에 대해 정확하게 파악할 필요가 있다. 또한 수퍼바이저는 놀이치료사가 이전 경험들을 통하여 무엇을 배웠는지, 어느 발달수준에 도달하였는지, 앞으로의 수퍼비전을 통하여 무엇을 배우고 싶어 하는지 등에 대한 전반적인 이해가 있어야 할 것이다.

(2) 놀이치료 수퍼바이저에 대한 조사

놀이치료사가 수퍼비전 관계를 형성하기 전에 실시하는 놀이치료 수퍼바이저에 대한 조사는 앞으로의 수퍼비전 관계를 긍정적으로 만들고 수퍼비전의 효율성을 최대화하는 데 중요한 역할을 한다. 따라서 놀이치료사는 다음과 같은 질문들에 답해 봄으로써 자신에게 맞는 수퍼바이저를 선택할 수 있을 것이다. 즉, 놀이치료사는 수퍼바이저의 어떤 자질이나 기술들 그리고 지식들을 원하는지, 자신의 학습 욕구를 최대한으로 만족시킬 수 있는 수퍼바이저는 어떤 종류의 수퍼바이저인지, 이 수퍼바이저는 어떻게 수퍼바이저의 역할을 하는지, 이 수퍼바이저의 핵심적인 상담이나 수퍼비전 이론과 철학은 무엇인지, 수퍼바이저의 상담 경험이나 중심 이론은 무엇이며 수퍼비전을 위한 훈련을 받았는지, 어떤 수퍼비전 활동을 하였는지, 어떤 전문학회에 가입하였고 그에 따른 윤리적인 전문적 활동을 어떻게 하는지, 수퍼비전에서 평가는 어떻게 하는지, 수퍼바이지의 어느 역할에 중심을 두는지, 놀이치료사에게 특정 형태의 사례 발표나 수퍼비전 기간이나 개인 또는 집단 수퍼비전에 대한 요구사항들이 있는지, 수퍼비전 비용은 얼마고 장소는 어디고 시간은 언제로 정하는지 등에 대한 이해가 있어야 할 것이다.

특히, 놀이치료사가 특정한 개인 수퍼비전이나 집단 수퍼비전에 관심이 있거나 특정 내담자 집단에 관심이 있을 때, 자신의 상담 경험에 적합한 수퍼비전을 제공할 놀이치료 수퍼바이저에 대한 정보는 도움이 될 것이다. 놀이치료 수퍼바이저에 대한 형식적인 조사건 비형식적인 조사건 간에, 놀이치료사는 수퍼바이저에 대한 정보뿐 아니라 수퍼바이저에 대한 느낌 그리고 자신이 특정 수퍼바이저와 함께 협력적으로 수퍼비전 활동을 할 수 있는지에 대해 탐색하는 것이 중요하다. 이때 다른 수퍼바이지들의 경험들이나 조언들은 수퍼바이저들을 파악하는 데 도움이 될 것이다.

(3) 환경 조사하기

환경 조사하기란 상담이 일어나는 장소와 그에 따른 수퍼바이저와 수퍼바이지 간의 책임들을 파악하는 것이다. 놀이치료사는 다양한 환경에서 내담자를 만난다. 예를 들어, 일반 개인상담소, 사회복지관, 학교, 정신과병원, 일반 종합병원 등과 같은 여러 장소에서 내담자를 만난다. 또한 다양한 환경에 따라 내담자들의 특성들도 다르다. 내담자의 연령집단이나 특정 문제들로 인해 내담자들이 호소하는 문제들은 달라질 수 있다. 따라서 놀이치료 수퍼바이저와 수퍼바이지는 수퍼비전 관계에서 특정 내담자들이나 그에 따른 수퍼바이지의 욕구들을 만족할 수 있는지도 조사해야 한다. 또한 상담이 일어나는 환경적인 요소들은 상담이나 수퍼비전에 영향을 미칠 수 있다. 예를 들어, 놀이치료사들이 상담가의 역할 이외의 다른 역할을 맡게 될 수 있으며, 상담기관의 정책들이 상담가의 윤리와 대조되는 경우가 있을 수 있다. 따라서 놀이치료 수퍼바이저와 놀이치료사는 이러한 환경적인 요인들을 면밀히 조사하여 수퍼비전에서 그에 대한 논의도 해야 할 것이다.

이와 같이 1단계인 조사단계는 특정 놀이치료사에게 적합한 수퍼비전을 찾는 과정이며, 다음의 계약단계로 진전할지에 대한 결정을 돕는 충분한 정보들을 수집하는 단계다. 따라서 조사단계에 따른 결정에 대하여 두 참여자, 즉 놀이치료 수퍼바이저와 놀이치료사가 함께 이야기 나누는 기회가 있어야 한다. 설령 수퍼바이저와 수퍼바이지 간에 수퍼비전 관계를 맺지 않기로 결정하였더라도, 수퍼바이저나 놀이치료사는 그 원인에 대하여 이야기 나눔으로써 모두에게 도움이 되는 건설적인 경험으로 활용해야 할 것이다.

3) 2단계: 계약단계

계약단계는 놀이치료 수퍼바이저와 수퍼바이지의 욕구들을 만족시키기 위하여 수퍼비전 계약서에 동의하고 협상하는 단계다. 1단계인 조사단계를 통하여 수퍼비전 관계를 형성하기로 한 결정이 이미 내려졌기 때문에, 2단계인 계약단계에서는 각 참여자들의 역할이나 책임들을 규정하는 효과적인 동의안을 마련하는 데 초점을 둔다. 계약단계에서 조사단계의 내용들이 다시 한 번 논의될 수도 있으나, 이것은 상호간의 욕구를 어떻게 만족시킬 것인가에 대해 협상하는 단계다.

놀이치료 수퍼비전 관계를 기술하는 계약서에는 네 가지 영역에 대한 언급이 있어야 하는데, 그것은 실질적인 부분들, 효과적인 상호협력 체계, 수퍼비전 제시 방법들, 평가로 이루어진다. 실질적인 부분이라면 앞에서도 언급한 바와 같이 얼마나 자주, 어디서 수퍼비전을 할 것이며 수퍼비전 시간은 어느 정도로 할 것인지, 집단 수퍼비전이라면 어느 정도의 시간이 개인에게 배당되는지, 수퍼비전 비용은 얼마인지, 수퍼비전에 결석한 경우에도 비용을 내야 하는지, 휴일과 겹친 수퍼비전 날은 어떻게 하는지, 내담자와의 상담 중 위기 상황일 때는 어떻게 대처해야 하는지, 그러한 응급 상황에 수퍼바이저와 연락이 안 되면 어떻게 해야 하는지, 수퍼비전 종결은 언제 하는지 등이 해당된다.

효과적인 상호협력 체계란 각 참여자들의 역할과 책임들은 무엇이며 어떻게 피드백이 주어지는지, 협력관계를 어떻게 언제 검토할 것인지, 두 참여자 중의

한 사람이 수퍼비전에 만족하지 않다면 어떻게 할 것인지, 서로간의 경계에 대한 협상과 동의가 있는지, 윤리적인 규준은 무엇인지 등을 의미한다. 수퍼비전 제시 방법은 수퍼비전 시간을 어떻게 사용할지, 몇 명의 내담자와 상담 활동을 다룰 수 있는지, 수퍼비전 과정에 대한 기록을 해야 하는지 등과 관련된다. 평가에는 언제 공식적인 평가가 이루어지는지, 어떻게 이루어지는지, 평가에 대한 불일치가 있을 때 어떻게 할 것인지, 평가 기준들은 어떤 것들인지 등이 포함된다.

계약의 마지막 단계에서는 놀이치료 수퍼바이저와 수퍼바이지가 각자의 역할들, 책임들, 경계, 실질적인 문제들을 명확하게 기술한 계약서를 갖는다. 수퍼비전의 단기목표와 장기목표 또한 계약서에 언급할 수 있다. 수퍼비전 관계의 계약은 구두로 언급하기보다는 문서로 작성하는 것이 바람직하다. 이러한 계약서에 기술한 계약들은 정기적으로 검토하며 융통성 있고 지속적으로 협상하여 놀이치료 수퍼바이저와 수퍼바이지의 욕구를 최대한으로 만족시켜야 한다.

4) 3단계: 참여단계

참여단계는 2단계에서 동의한 계약을 실행하는 단계다. 이 시기에는 1, 2단계에서는 언급되지 않는 것들에 대한 질문이 생길 수 있으므로 그에 대한 시간도 배려해야 한다. 놀이치료 수퍼비전은 수퍼바이지의 학습목표들과 그 목표를 달성하기 위하여 놀이치료 수퍼바이저와 수퍼바이지가 어떻게 모니터 할 것인지, 수퍼바이지의 학습 경험에 적합한 교수법은 무엇인지, 수퍼바이지의 발달수준은 어떠한 단계에 있으며 그 발달단계가 수퍼바이저의 수퍼비전 전략에 어떠한 영향을 미치는지, 그 밖의 관련 업무적인 사항들은 무엇인지에 대한 의견도 다루어야 한다.

수퍼비전을 통한 수퍼바이저와 수퍼바이지의 학습을 위하여 수퍼비전 과정을 모니터 하는 방법에는 여러 가지가 있을 수 있다. 수퍼비전 과정을 녹음하거나 녹화하여 다시 듣거나 볼 수 있으며, 다른 수퍼바이저가 수퍼비전 과정이 녹음된 테이프를 들을 수 있다. 그리고 수퍼바이지들의 피드백을 요구할 수도 있고, 수퍼바이지와 어떤 영역에 좀 더 집중하고 싶은지에 대한 협의를 할 수도 있으며, 피드백 시간을 따로 가질 수도 있다. 이러한 다양한 모니터 방법들을 통하여 수퍼바이저와 수퍼바이지는 수퍼비전에서 어떤 부분이 부족하거나 논의되지 않았는지에 대한 정보를 얻을 수 있다.

놀이치료 수퍼비전에 참여하는 것은 수퍼바이저나 수퍼바이지에게 각기 다른 책임들과 역할들이 주어진다는 것을 의미한다. 수퍼바이저는 수퍼바이지의 학습 욕구에 민감하게 대처해야 하며, 내담자와의 상담 활동에 관련된 여러 가지 면들을 다루어야 한다. 나아가 수퍼바이지가 수퍼비전을 통하여 배운 것들을 상담 장면에 반영할 수 있도록 도와서, 수퍼바이지는 물론 내담자의 이익과 복리를 위하는 상담 활동이 되도록 모니터 하고 학습의 효과를 최대화해야 한다. 놀이치료 수퍼바이지 또한 수퍼비전에서 무엇을 어떻게 발표할 것인지에 대하여 선택해야 하고, 공식적인 또는 비공식적인 피드백을 받으면서 그러한 피드백을 학습 과정에 적용하고, 궁극적으로는 내담자와의 상담 활동에 그들의 학습 내용이 전환되도록 노력해야 할 것이다.

결론적으로 말하면, 발달 수퍼비전에 맞추어 수퍼바이지의 학습 욕구에 민감하게 대처하는 것이 수퍼바이저에게 도전적일 수 있으나 발달 모델에 대한 충분한 지식은 효과적인 놀이치료 수퍼비전에 도움이 된다. 또한 놀이치료 수퍼비전의 실행과정에서 수퍼비전 관계를 모니터 할 수 있는 능력과 좀 더 폭넓은 수퍼비전 개입이 지속되도록 하는 수퍼바이저와 수퍼바이지의 준비기간 역시 필요하다. 놀이치료 수퍼바이지는 무엇보다도 수퍼비전 과정에서 발달 과업에 대한 자신의 감정적, 인지적 반응들을 신뢰하는 것이 중요하다. 이밖에도 참여단계에서는 평행과정이 일어나게 되는데, 이에 대한 설명은 이후에 자세히 다루겠다.

5) 4단계: 평가단계

수퍼비전에서 평가의 역할이 중요하다고 많은 수퍼바이저들과 수퍼바이지들이 동의하고 있다 하더라도 수퍼비전에서의 평가단계는 아마도 어려운 단계일 것이다. 특히, 공식적인 평가에는 좋고 나쁨에 대한 판단적인 요소가 개입되기 때문에 상대에 대한 부족한 점들을 평가할 경우에는 더욱 어려울 수 있다. 평가는 수퍼비전의 모든 단계에서 지속적으로 이루어져야 한다. 놀이치료 수퍼바이저는 수퍼바이지들의 상담 활동들을 평가함으로써 수퍼바이지는 물론 내담자들을 보호해야 하며, 특정 내담자에 대한 또 다른 개입방법이 효과적인지도 검토해야 한다.

평가단계는 단순히 놀이치료 수퍼바이저가 수퍼바이지에게 주는 일방적인 과정이 아니다. 수퍼바이저와 수퍼바이지가 서로의 역할과 책임들에 대해, 수퍼비전 관계에 대해 피드백을 제공하는 것이다. 여기서 중요한 것은 이 피드백을 어떻게 제공하느냐의 문제일 것이다. 이에 다음의 단계를 통하여 피드백을 주는 것이 효과적이다.

첫째, 수퍼비전은 피드백을 주는 관계라는 것을 재확인하고 어떤 피드백이 수퍼비전 관계의 발달에 적합한지를 파악하며 수퍼비전 관계를 재점검한다. 만약 수퍼비전 관계가 안전하거나 공정하지 못하다면 긍정적인 피드백은 '잘 봐준(being nice)' 피드백으로, 부정적인 피드백은 '처벌적인' 피드백으로 왜곡되어 해석될 수 있기 때문이다. 둘째, 놀이치료 수퍼바이저와 수퍼바이지가 동의한 학습 목표와 욕구에 관련하여 피드백을 주어서 수퍼바이저의 편견이나 선입관을 나타내기보다는 좀 더 객관적인 피드백이 될 수 있도록 한다. 셋째, 특정한 단계에서 놀이치료 수퍼바이지에게 수퍼비전을 줄 때 수퍼바이저 자신의 동기를 검토한다. 넷째, 피드백이 건설적인 방식으로 전달되도록 노력한다. 즉, 피드백은 명확하고 구체적이고 객관적으로 제공하며, 긍정적인 피드백과 부정적인 피드백을 균형 있게 제공하며, 수퍼바이지의 비일관적이고 모순적인 면에 초점을 두고 정기적으로 제공한다. 특히, 수퍼바이저는 수퍼바이지에 대한 자신의 피드백에 대하여 책임을 지는 태도를 갖는다. 다섯째, 피드백을 논의하는 시간을 갖는다. 놀이치료 수퍼바이지가 피드백에 대하여 다시 한 번 진술하고, 그에 대한 수퍼바이지의 반응과 감정들을 나누도록 격려한다. 이렇게 함으로써 수퍼바이저와 수퍼바이지는 피드백에 대한 이해를 도울 수 있으며, 있을 수 있는 어떠한 오해나 장애 그리고 서로에 대한 차이점들을 논의할 기회를 갖는다. 여섯째, 피드백이 좀 더 효과적인 상담 활동을 위하여 어떻게 활용될 수 있는지를 토론한다. 수퍼바이지가 상담 기술이나 이론적인 학문 등과 같은 어떤 특정 문제들에 대해 노력해야 할 필요가 있는지를 살핀다. 마지막으로 피드백은 일방적으로 주어지는 것이 아니라 수퍼바이저와 수퍼바이지 간의 상호 피드백으로 이루어져야 한다.

수퍼바이지는 수퍼바이저가 어떻게 피드백을 자신에게 주었으면 하는지에 대한 바람이나 수퍼비전 관계, 그 밖의 수퍼비전에 관련된 의견들이 있을 수 있기 때문에 수퍼바이지 또한 수퍼바이저에게 피드백을 제공하는 기회가 있어야 한다. 이 밖에도 공식적인 또는 비공식적인 평가, 평가 기준들, 평가방법들에 대한 여러 가지 의견들이 있다. 그에 대한 논의는 이후에 살펴보겠다.

6) 5단계: 종결단계

놀이치료 분야에서 종결에 대한 내담자, 특히 내담자가 아동일 경우 아동의 감정적인 반응들에 어떻게 대처해야 하는지에 대한, 또는 종결을 어떻게 준비시켜야 하는지에 대한 의견들은 많이 있다(Allen, 1942; Axline, 1947; Ginott, 1961; Landreth, 2002; Moustakas, 1959). 하지만 종결에 따른 놀이치료사의 감정적인 반응이라든지, 놀이치료사 스스로가 종결을 어떻게 준비해야 하는지에 대한 의견들은 거의 없는 실정이다. 또한 놀이치료 수퍼비전 분야에서도 수퍼비전 관계가 어느 정도로 지속되어야 하는지, 수퍼비전 관계를 다시 계약하는 경우, 수퍼바이저를 바꾸는 경우에 대한 제안들은 있지만(Inskipp & Proctor, 1993; Page & Wosket, 1994), 수퍼비전에서 종결이 어떻게 이루어져야 하는지에 대한 연구들은 부족한 것이 사실이다. 따라서 놀이치료의 종결에 대한 수퍼바이지들의 감정적인 반응들과 그에 대한 수퍼비전은 물론 수퍼비전 관계의 종결에 대한 연구가 지속적으로 다양한 각도에서 이루어져야 할 것이다.

(1) 수퍼비전 관계의 종결과정

관계의 끝맺음은 모든 인간관계에서 일어나는 보편적인 사건이다. 하지만 상담이나 수퍼비전에서는 그 보편적인 사건을 신중하게 고려해야 한다. 놀이치료 수퍼비전 관계의 종결은 놀이치료 과정의 종결과 비슷한 점이 있다. 놀이치료 과정 동안에 발달된 놀이치료사의 긍정적인 감정들이 내담자와의 종결단계에서는 감정적인 고통이나 슬픔을 야기할 수도 있다는 것을 초보 놀이치료사들은 인식하지 못하기 때문에 그러한 감정들을 이해하는 것이 종종 어려울 수 있다(Kranz & Lund, 1979). 더욱이 놀이치료사들이 종결에 대하여 충분히 토론하고 인지적으로 인식한다 할지라도, 그들은 자신의 깊은 내면에 자리 잡고 있는 개인적인 감정들을 여전히 경험할 수 있다. 또한 놀이치료사가 내담자와의 종결을 아무리 잘 대처하고 준비한다고 할지라도 내담자가 느끼는 개인적인 감정들을 막을 수는 없다(Landreth, 2002).

이러한 놀이치료에서의 종결에 대한 놀이치료사들의 감정적인 경험들은 수퍼비전 관계에서의 수퍼바이지에게도 마찬가지로 나타나는 현상이다. 놀이치료 수퍼바이지들은 수퍼비전 관계의 종결에 대하여 불안감, 상실감, 분노, 슬픔 등을 경험할 수 있다. 이러한 감정들은 놀이치료사가 내담자의 감정들을 수용하듯이 놀이치료 수퍼비전 관계에서 수용되어야 한다. 이때 수퍼바이지의 감정을 좋게 하려는 노력은 없어야 할 것이다. 수퍼바이지들의 감정을 더 낫게 하려는 노력은 불안이나 상처, 분노, 상실감 등과 그들의 내담자가 느끼는 감정들을 수용하지 않는 것을 나타내기 때문이다.

또한 Landreth(2002)는 놀이치료에서 종결 회기는 마지막 회기의 두세 번째 전부터 시작되어야 한다고 하였다. 종결에 대한 준비는 놀이치료 수퍼비전에서도 이루어져야 한다. 그런데 놀이치료 수퍼비전에서의 종결은 이미 수퍼바이저와 수퍼바이지가 계약단계에서 종결의 시기를 결정하기 때문에 놀이치료에서의 내담자의 진전에 따른 종결과는 차이가 있다.

놀이치료 수퍼비전 관계의 종결에 따른 수퍼바이지의 감정들을 수용하는 것과 더불어, 수퍼바이저는 수퍼바이지의 상담가로서의 발달에 대한 평가와 함께 수퍼바이지의 학습 욕구와 수퍼비전의 목표들이 달성되었는지에 대한 검토를 한다. 수퍼비전 접근방법에 대한 장단점들을 파악하는 것도 중요하다. 전반적인 평가를 바탕으로 하여 수퍼바이지의 발달에서 어떤 영역을 계속해서 발전시킬지, 이후의 상담가로서의 성장과 발달을 위하여 어떻게 해야 하는지, 앞으로의 계획은 어떤지에 대한 대화를 나누는 것도 필요하다.

마지막으로 수퍼비전을 종결하는 느낌을 갖도록 하는 간단한 활동들, 예를 들어 돌아가면서 서로 악수하기와 같은 활동들을 할 수도 있다. 놀이치료 수퍼비전 관계의 종결에서 중요한 것은 수퍼바이지의 교육과 성장을 위하여 수퍼비전의 종결은 적절하게 준비되어야 하고 체계적으로 끝맺어야 한다는 것이다. 그렇게 함으로써 놀이치료 수퍼바이지는 좀 더 독립적이고 자율적이며 전문적인 상담 활동을 할 수 있도록 하는 역량을 발달시킬 수 있다.

(2) 수퍼비전 관계의 종결에서 나타난 평행과정

평행과정이란 수퍼바이저와 수퍼바이지의 상호작용이 수퍼바이지(상담가)와 내담자의 상호작용과 일치하는 것이다. Wall(1994)은 수퍼비전의 종결상의 문제들을 평행과정과 연결하여 설명하였다. 즉, 수퍼바이지의 내담자와의 종결상의 문제점들이 수퍼비전 관계의 종결과정에 반영된다는 것이다. 수퍼바이저는 수퍼바이지가 내담자와의 종결에 따른 문제들과 갈등들을 어떻게 대처하는지에 대한 인식을 갖고 평행과정을 모니터 해야 한다. 또한 수퍼바이저는 수퍼바이지(상담가)와 내담자 간에 일어나는 똑같은 역동이 수퍼비전 관계에서 일어날 때, 그러한 역동에 참여하기보다는 수퍼바이지가 수퍼비전에서 나타나는 평행과정을 깨닫도록 도와주며, 내담자와의 종결과 수퍼비전 관계의 종결에 대한 자신의 감정이나 갈등들을 탐색하도록 격려해야 할 것이다.

이렇게 수퍼바이저가 평행과정을 창의적으로 활용함으로써 수퍼바이지는 내담자와의 상담 종결은 물론 자기 자신에 대한 통찰을 얻을 수 있게 된다. 이러한 평행과정은 수퍼비전 관계에서 상담관계로의 방향으로도 영향을 미친다. 예를 들어 수퍼바이저와 수퍼바이지가 수퍼비전 관계의 종결에 효과적으로 대처하지 않을 경우, 수퍼바이지와 내담자의 상담관계의 종결도 치료적이지 않을 경우가 많다. 따라서 수퍼바이저는 수퍼비전 관계를 효과적으로 종결하는 것을 모델링함으로써 수퍼바이지가 내담자와의 상담을 효율적으로 끝맺을 수 있도록 도와야 할 것이다.

이와 같이 놀이치료 수퍼바이저가 수퍼비전 관계의 종결은 물론 수퍼바이지의 내담자와의 상담관계 종결에 체계적으로 접근하는 것은 수퍼비전의 종결단계에서 중요한 임무다. Kranz와 Lund(1979)는 놀이치료 수퍼바이지의 상담 종결에 따른 불안감과 그에 대한 집중적인 수퍼비전을 연구하였다. 비록 그들의 연구가 1979년도에 이루어졌고 연구결과가 관찰과 놀이치료 학생들의 자아보고에 기초하여 이루어졌다 하더라도, 놀이치료 종결에 대한 놀이치료사들의 감정적인 경험들을 다룬 선구적인 연구며 그 시사점이 현재까지도 적용될 수 있는 가치 있는 연구기에 여기에서 다루었다.

Kranz와 Lund는 종결에 대한 놀이치료사 자신의 감정들을 수퍼비전 시간에서 다루어야 함을 강조하였으며, 놀이치료 종결에 대한 직접적인 강의식 접근과 소집단의 상담 접근이 절충된 개입을 제안하였다. 직접적인 강의식 접근은 3번에 걸친 10주간의 놀이치료 수업들로 훈련되고 경험 있는 아동 상담가가 25명의 학생들에게 직접 가르쳤다. 각 과정은 2주일에 1번 2시간의 강의와 사례 연구들을 다룬 실습이 포함되었다. 이밖에도 학생들은 4~10세의 아동들과 일주일에 2번 1시간씩 개인 놀이치료를 하였다. 한 학생당 아동과 총 20번의 놀이치료 회기를 가졌으며, 모든 학생들은 같은 시간에 놀이치료를 종결하였다.

놀이치료의 종결에 대한 불안감에 대처하기 위하여 학생들은 놀이치료 수퍼바이저와 개인적으로, 집단적으로 만나 종결을 함에 따라 생길 수 있는 감정들을 탐색하였다. 집단 토론에서는 학생들이 보편적으로 느끼는 감정들을 다루었으며, 개인 면담시간에는 그러한 감정들을 좀 더 깊고 면밀하게 살필 수 있는 계기를 제공하였다. 총 25명 중 20명의 학생들에게서 종결에 대한 감정이 관찰되었고, 그러한 감정들이 개인과 집단 토론시간에 보고되었다. 놀이치료 수퍼바이지의 지지와 도움으로 20명의 학생 모두는 그러한 종결의 감정이 개인적인 감정과 중요한 연관이 있음을 인정하였다.

분노, 거부감, 슬픔, 고독감 등과 같은 감정들이 주로 발견되었으며, 총 16명의 학생들은 상처받은 감정을 나타내었다. 그러한 감정을 인식함에 따라 몇 가지 고통스러운 순간들이 현재 그리고 내담자가 없는 상태에서 일어났다. 25명 중 23명의 학생들은 아동에 대한 관심과 존중을 나타내었고, 모두들 놀이치료 회기를 고대하였으며, 치료관계가 지속되기를 희망하였다고 보고하였다.

종결 회기가 다가옴에 따라 25명 중 16명의 학생들은 지나치게 걱정하거나 아동에 대하여 보호적이고 소유적인 행동들을 보였다. 그리고 놀이치료 학생들의 자아에 대한 인식이 놀이치료사의 역할에서 대리부모(총 11명), 나이든 형이나 누나(총 8명), 심지어 같은 또래(총 5명)의 역할로 바뀌었다. 이러한 내담자에 대한 왜곡된 애착은 치료사와 내담자의 관계를 객관적으로 파악하기 어렵게 만들었으며, 이런 경우들에 대처하기 위하여 놀이치료 수퍼바이저가 제안을 하였을 때 많은 학생들(총 14명)이 방어적인 태도를 나타내었다.

그들은 치료적인 관계를 지속하려고 노력하였음에도 불구하고 치료 종결이 다가오고 내담자와의 분리가 불가피하다고 느낀 상태에서, 긴밀한 치료관계의 종결에 따른 상처와 고통으로부터 자신을 방어하기 위하여 분노를 표현하였다. 이러한 경우에서 알 수 있는 것은 내담자와의 치료과정과 그에 따른 종결은 예측하지 않은 감정상의 친밀함을 야기할 수 있고, 심지어 개인적인 위기까지 경험하게 할 수 있다는 것이다.

때때로 놀이치료의 종결에 대한 아동의 준비는 놀이치료사들의 종결에 대한 준비보다 앞설 수 있다. Kranz와 Lund의 연구에서는 처음에 반 이상의 학생들이 종결에 대하여 인지적으로 준비되었기에 종결에 대한 감정들이 문제되지 않는다고 보고하였다. 그들이 놀이치료 종결을 아동에게 처음 언급하였을 때 아동들은 아무런 신경을 쓰지 않는 것 같아 보였고, 종결하는 날이 다가옴에 따라 아동은 오히려 치료사와 종결에 대한 감정을 이야기 나누는 것에 싫증난 듯해 보였다. 이에 대하여 놀이치료 학생들은 불편한 감정을 나타내었다. 아마도 놀이치료사는 종결에 대하여 지나치게 준비하였으며, 아동은 이미 놀이치료 관계를 끝내고 독립적인 자신의 현실 세계로 나아갈 준비가 되어 있었던 것 같았다.

또한 놀이치료사들이 처음의 생각과 달리 불편한 감정을 느낀 것은, 종결에 대한 아동의 감정이 어떠하리라고 기대하고 있었던 것과 아동의 실제 감정 간의 차이로 인해 야기되었을 것이다. 이때 놀이치료 수퍼바이저의 역할은 놀이치료사들의 감정들을 수용하고, 그들로 하여금 치료상의 종결은 치료관계의 한 부분이며 아동에게 좀 더 독립적으로 성장할 수 있는 자유를 제공하기 위하여 필수적인 과정임을 깨닫도록 격려하는 것이다. 따라서 놀이치료사들은 아동과의 종결이 긍정적이며 놀이치료 과정의 통합적인 부분임을 수용할 수 있게 된다.

(3) 수퍼비전 관계의 종결에 따른 감정적인 문제들

인간관계에서 관계를 끝맺는 종결의 의미는 사람마다 각기 다른 문제들을 야기할 수 있다. 분리, 방임, 외로움, 의존성, 자아존중감, 선택 그리고 대부분의 경우에 상실감과 관련된 문제들이 생겨날 수 있다. 아마도 상실감과 같은 감정적인 문제들로 인해 종결에 대하여 구체적으로 논의하고 연구하는 것을 꺼리고, 종결을 인정하거나 대처하는 것을 회피하려는 경향이 있을 수 있다.

Kranz와 Lund(1979)는 놀이치료 수퍼바이지들이 종결에 대한 감정들에 대처하기 위한 세 가지 접근을 제시하였다. 첫째는 수퍼바이지들이 그러한 감정들이 존재한다고 인정하는 것이며, 둘째는 그 감정을 확인하는 것이며, 마지막으로 그 감정들을 수용하는 것이다. 그들은 또한 종결의 과정이 중요한 사람을 잃었을 때의 애도(mourning)의 과정(Husband & Scheunemann, 1972)과 다음과 같은 면에서 유사하다고 하였다. 첫째, 자아를 보호하기 위한 수단으로 깊은 내면의 감정들을 부인하는 경향이 있다. 하지만 우울감, 슬픔, 분노, 자기도취적인 상처가 부각된다. 둘째, 분리 상태가 일어난다. 이때 개인은 절박한 상실에 대한 긍정적이거나 부정적인 감정들을 훈습하려고 시도한다. 마지막으로 재구조화와 해결의 단계다. 이러한 슬픔의 과정은 관계의 상실에서 점차적으로 새로운 관계를 맺는 방향으로 이어진다.

Stoltenberg와 Delworth(1987)는 수퍼비전 종결에 관하여 두 가지 문제들을 제기하였다. 첫 번째 문제는 수퍼바이지의 발달단계와 종결에 관한 문제로, 수퍼바이지의 발달단계에 따라 종결에 관한 다른 문제가 생겨난다는 주장이다. 초보 수퍼바이지들은 수퍼비전 관계를 종결할 때 신뢰하였던 조언가를 잃는 상실감을 주로 느끼는 반면, 새로운 수퍼바이저와의 유대감을 빨리 형성한다. 2단계에 있는 수퍼바이지들은 새로운 수퍼바이저에 대하여 좀 더 회의적인 시각을 갖고, 3단계의 경험 있는 수퍼바이지들은 수퍼비전 관계의 종결을 친구와 떨어지는 것으로 본다. 종결에 관한 두 번째 문제는 성별과 관련된 수퍼비전 관계의 종결에서 일어난다. 그들이 주장하는 것은 여자들은 주로 관계를 끝맺는 데 어려움을 경험하고, 남자들은 주로 관계를 맺는 데 어려움을 경험한다는 것이다. 따라서 수퍼비전에서 여자 수퍼바이지들은 수퍼비전 관계의 종결을 꺼려한다. 특히, 여자 수퍼바이저와 여자 수퍼바이지 간에는 더욱 그렇다. 반면에 남자 수퍼바이지들은 Stoltenberg와 Delworth가 명명한 가장된 종결(pseudotermination)로 수퍼비전 종결을 지나치게 가볍게 여긴다.

(4) 특정 상황에서의 수퍼비전 관계의 종결

모든 수퍼비전 관계의 종결이 수퍼바이저와 수퍼바이지 간의 상호 동의에 의해서 이루어지는 것은 아니며, 상호간에 그리고 수퍼비전에 대한 긍정적인 감정만을 가지고 수퍼비전이 종결되는 것도 아니다. 놀이치료 수퍼바이저의 교수법, 수퍼바이지의 학습 욕구, 두 참여자의 서로 맞지 않는 성격상의 문제 등과 같은 여러 가지 문제들이 예기치 않은 수퍼비전의 종결과 관련될 수 있다. 어떠한 이유로 수퍼비전이 효과적으로 이루어지지 않는다면, 수퍼비전에 관련된 참여자들인 수퍼바이저와 수퍼바이지가 서로 이야기를 나누고 그 이유에 대하여 솔직하게 직면할 필요가 있다.

일반적으로는 수퍼바이저가 먼저 그러한 대화를 나누는 기회를 제공하는 것이 그의 임무라 할 수 있다. 만약 수퍼바이저나 수퍼바이지가 실제로 수퍼비전에서 일어나는 것에 대하여 부인한다면 서로에 대한 배움의 기회 없이, 쓸모없이 시간만 낭비하는 것이다. 실제로 수퍼비전 관계가 효율적으로 이루어지지 않는 경우는 효과적으로 이루어지는 수퍼비전 관계보다 관계에 대하여 더 많은 배움의 기회를 가져다 준다. 따라서 만족스럽지 않는 수퍼비전 관계 또한 만족스러운 수퍼비전 관계와 같이 공식적으로 끝맺음을 할 필요가 있다.

또 다른 경우는 놀이치료 수퍼바이저가 생각하기에 특정 수퍼바이지가 상담활동을 그만두어야 한다고 보기 때문에 그와의 수퍼비전 관계를 더 이상 맺지 않기로 결정할 때 종결이 일어날 수 있다. 이때 수퍼바이저와 수퍼바이지의 의견이 서로 상충한다면 문제가 야기되는 상황이 된다. 수퍼바이저는 특정 수퍼바이지와의 수퍼비전 관계를 종결하는 것에 대하여 명백한 이유를 제시하여야 하며, 수퍼바이지가 이해하도록 해야 할 것이다. 따라서 수퍼바이저와 수퍼바이지가 함께 종결을 결정하는 데 따른 여러 가지 이유들과 사항들에 대하여 이야기를 나누는 기회를 갖는 것이 중요하다.

때때로 예기치 않은 수퍼비전 관계의 종결은 놀이치료 수퍼바이저나 수퍼바이지의 죽음, 이사 등과 관련된다. 수퍼비전이 두 참여자 중 한 사람의 죽음으로 인해 종결될 경우에는 나머지 참여자가 또 다른 수퍼비전 관계나 개인상담에서 그러한 뜻하지 않은 관계의 종결에 대하여 대처할 기회를 갖는 것이 중요하다. 만약 수퍼비전이 집단 수퍼비전이었다면, 나머지 수퍼바이지들이 집단 내에서 특정 집단원의 죽음과 그에 따른 개개인들의 감정들을 나누는 과정이 필요하다. 또한 특정 수퍼바이지가 이사를 가는 경우에는 수퍼비전의 조기 종결에 대한 반응들과 그에 따른 문제들을 다루는 시간을 갖는 것이 중요하다.

7) 종결 후 단계

놀이치료 수퍼비전 관계를 종결한 후에 두 참여자들이 새로운 형태의 관계를 형성하는 것은 가능한 일이다. 수퍼바이저와 수퍼바이지로서의 관계가 종결된 후에 그들의 관계가 수퍼바이저와 수퍼바이지의 관계로 계속 이어질지, 전문적인 상담 동료의 관계로 발전할지, 두 참여자가 서로 동의하여 친구의 관계로 발전할지 등의 여러 가지 가능성들이 존재한다(Estadt, 1987). 어떠한 형태의 관계로 발달하든 간에 그 관계에 대하여 신중하게 이야기할 필요가 있다. 그렇게 함으로써 수퍼비전 관계의 종결에 대한 논의를 회피하려는 방법으로 새로운 관계를 논의하는 것을 피하게 된다.

때로는 수퍼비전 관계의 종결 후 연락이 없는 일정 기간이 도움이 될 수 있다. 그 기간 동안에 수퍼바이지는 자신의 경험들을 숙고할 기회를 가질 수 있으며, 수퍼바이저와 수퍼바이지는 또 다른 형태의 관계로 이어가고 싶은지에 대한 바람들을 생각할 시간적인 기회를 갖기 때문이다. 놀이치료 수퍼바이지는 때로 직장을 구할 때나 전문자격증들을 위하여 수퍼바이저의 추천서나 편지들이 필요할 수 있다. 따라서 수퍼바이저는 수퍼바이지에 대한 기록들을 보관해 두면 편리하다.

3. 효과적인 놀이치료 수퍼비전 관계

상담가와 내담자의 관계인 상담관계는 수퍼바이저와 수퍼바이지의 관계인 수퍼비전 관계와 비슷한 점이 있다. 우선적으로 상담관계나 수퍼비전 관계에서 두 참여자 간의 진실되고 상호 존중하는 '관계' 에 대한 중요성을 들 수 있다. 물론 수퍼비전은 수퍼바이지의 지식과 기술에 관련된 교육적인 성격이 강하고 상담은 내담자를 위한 치료적인 성격이 강조되지만, 수퍼바이지와 수퍼바이저, 내담자와 상담가 간의 관계는 수퍼비전이나 상담의 효과를 촉진하는 핵심 요소다.

그런데 수퍼비전은 상담과 달리 수퍼바이저와 수퍼바이지의 긍정적인 관계 없이도 효과적일 수 있다(Haynes, Corey, & Moulton, 2003). 하지만 그러한 수퍼비전은 성공적이지 못하다. 수퍼비전의 관계가 성공적인 수퍼비전의 전부를 차지하거나 전혀 관련 없는 요소는 아니지만, 수퍼비전 관계가 더욱 신뢰롭고 상호협력적일수록 그 효과는 극대화될 것이다. 따라서 수퍼바이저의 주된 임무는 수퍼바이지의 개인적이고 전문적인 발달을 위하여, 전문적인 상담가로서의 역할들을 수행할 수 있는 지지적인 수퍼비전 환경을 마련하는 것이다.

Bordin(1983)은 수퍼비전의 관계에 대하여 작업동맹이라는 용어를 사용하였고 ([그림 2-1] 참조), 그러한 관계는 '변화를 위한 협력(collaboration to change)'을 의미한다고 주장하였다. Bordin은 수퍼비전에서의 협력체계는 수퍼비전의 목표와 과업들에 대한 상호 동의 그리고 수퍼바이저와 수퍼바이지 간에 발달된 유대감을 바탕으로 이루어진다고 보았다. 특히, 수퍼바이저와 수퍼바이지의 유대감은 공통된 목표를 달성하기 위하여 같은 과업에 함께 참여하거나 감정적인 경험들을 함께 나눔에 따라 일어난다고 하였다(Bordin, 1979, 1983).

Bordin은 수퍼비전 관계에서 나타나는 작업동맹의 목표들을 다음과 같이 언급하였다(Bordin, 1979, 1983). 즉, 특정 기술들을 숙달하기, 내담자에 대한 이해를 증가시키기, 어떻게, 무엇을, 언제, 어디서 등과 관련하여 상담에 주의를 기울이며 상담과정에서의 문제들에 대한 인식을 증가시키기, 수퍼바이지의 자아인식을 증가시키고 자아의 상담과정에의 영향을 탐색하며 내담자에게 영향을 미칠 수 있는 수퍼바이지 자신의 감정들을 민감하게 탐색하기, 학습을 방해하는 개인적, 인지적 장애물들을 극복하기, 상담 이론이나 개념에 대한 이해를 넓히기, 연구와 질문 및 관찰들을 계속적으로 제공하기, 상담 기준들을 유지하기, 윤리적인 기준이나 지침에 대해 인식하고 검토하기 등이다.

효과적인 수퍼비전 관계를 촉진시키는 조건들은 여러 상담학자들(Haynes et al., 2003; Moses & Hardin, 1978)에 의하여 언급되었는데, 기본적으로 그러한 조건들은 Rogers의 치료적인 조건들을 포함하고 있다. Moses와 Hardin은 긍정적인 수퍼비전 관계를 위한 두 가지 조건을 들었다. 첫 번째는 촉진적인 조건들로 공감, 존중, 구체성(concreteness)이 포함되며, 두 번째는 행동중심의 조건들로 진실성(genuineness), 직면, 즉각성(immediacy)이 포함된다. 그들은 이러한 조건들이 충족된다면 효과적이고 긍정적인 수퍼비전 관계와 경험들이 보장된다고 주장하였다. Haynes 등(2003)은 수퍼비전 관계의 핵심적인 요소들을 신뢰, 자아노출 격려하기, 전이와 역전이를 파악하기, 문화적인 다양성을 이해하기, 적절한 경계를 형성하기 등을 들었다.

여기에서는 Rogers(1951, 1957), Landreth(2002)의 치료적인 조건을 바탕으로 하여 놀이치료 수퍼비전 관계를 촉진하는 조건들을 살펴보았다. 여기서 제시하는 효과적인 놀이치료의 촉진적인 조건들 중 진실성, 무조건적인 긍정적 관심, 공감은 놀이치료 수퍼바이저의 태도에 중점을 둔 것이며, 구체성, 직면, 즉각성은 실질적인 수퍼바이저의 개입방법에 초점을 둔 것이다. 긍정적인 놀이치료 수퍼비전의 첫째 조건은 진실성이다. 이러한 진실성은 Rogers가 언급한 일관성으로, 상담가가 참되고 깊은 내면의 자아를 경험하고 나타내는 것을 말한다(Rogers, 1957). 진실성이란 자기 자신에게 진실되어야 하며 여러 다른 순간들에서 자아를 정확하게 표현하는 것이다.

특히, Landreth(2002)는 놀이치료사가 진실되다는 것은 자아를 진실되게 그대로 나타내는 것(way of being)을 의미하며, 진실되게 행동으로만 나타내는 것(way of doing)이 아니라고 강조하였다. 그는 치료적인 관계에서 참된 것은 자신이 생활하는 방식을 그대로 진실되게 나타내는 것이지, 비가 오면 우비를 입고 안 오면 벗는 것과 같이 치료적인 관계를 위해서는 의도적으로 진실되게 행동하고 또 다른 관계에서는 다르게 행동하는 것이 아니라고 주장하였다.

더욱이 놀이치료사가 일관되려면 자신이 경험하는 감정들은 물론 그러한 감정들이 상담과정에 어떻게 영향을 미치는지에 대해서도 의식하고 있어야 한다(Rogers, 1951, 1957). 마찬가지로 놀이치료 수퍼비전에서는 수퍼바이저가 수퍼바이지와의 관계에서 진실됨과 신뢰감, 적절한 자아노출을 하는 것을 모델링 하고 상담가로서의 인간적인 면을 정직하게 나누는 것이 요구된다. 그러나 놀이치료 수퍼바이저가 염두에 두어야 하는 것은 참되다고 해서 수퍼바이저가 모든 것을 자연스럽게 이야기 나누거나 수퍼바이지에게 해가 될 수 있는 언급을 표현해도 된다는 것이 아니라는 점이다(Moses & Hardin, 1978).

수퍼비전 관계의 진실성은 상호 신뢰 및 존중과 관련된다. 수퍼바이저의 정직하고 신뢰로운 개입을 통하여 수퍼바이지는 자신의 어떠한 감정이라도 탐색할 수 있는 안전한 수퍼비전 환경을 경험하게 되고, 상담가로서의 자신에 대한 이해가 가능하며, 자신의 개인적이고 전문적인 성장을 위한 역량을 발달시키게 된다.

이러한 참된 수퍼비전 관계를 형성하기 위해서는 놀이치료 수퍼바이저는 물론 수퍼바이지도 함께 노력해야 한다.

두 번째 조건은 무조건적인 긍정적 관심으로 수용을 나타낸다. 놀이치료사가 내담자를 긍정적으로 판단 없이 수용한다면 치료적인 관계가 촉진된다(Rogers, 1951). 무조건적인 긍정적 관심에는 치료사가 내담자가 경험하는 어떠한 감정이라도 받아들이고 내담자가 경험하게끔 하는 치료사의 의지가 개입된다. 놀이치료 수퍼비전에서도 수퍼바이저의 수퍼바이지에 대한 수용이 요구된다. 수퍼바이저는 수퍼비전을 받는 놀이치료 학생들이나 놀이치료사들을 전문적인 놀이치료사로의 발달과정 중에 있는 사람들로 받아들이고, 그들의 장점과 부족한 점들을 있는 그대로 받아들여야 한다. 이는 수퍼바이지 자신에게도 마찬가지로 적용된다.

Landreth(2002)는 상담과정에서 놀이치료사의 자신에 대한 수용이 타인에 대한 수용에 전제가 됨을 강조하였다. 즉, 놀이치료 수퍼바이저는 수퍼바이지들을 수용하기 전에 자신을 있는 그대로 받아들여야 한다. 이러한 수퍼바이저의 자신에 대한 수용을 통해 수퍼바이지에 대한 무조건적인 관심들이 진실되게 표현될 수 있게 된다. 수퍼바이저의 수퍼바이지에 대한 수용은 수퍼바이지로 하여금 새로운 상담기법에 대하여 도전적인 태도를 취하고, 자신의 장점을 더욱 계발함과 동시에 단점을 성숙과 발전의 기회로 보는 좀 더 자아수용적인 상담가로서의 역량을 경험하게 한다.

세 번째 조건은 공감이다. Rogers(1961)에 의하면, 공감이란 상담가가 자신을 잃지 않고 내담자의 내적인 세계를 볼 수 있는 능력이다. 이때 상담가의 내담자에 대한 공감어린 이해가 정확해야 하지만, Rogers가 강조하는 것은 심지어 상담가의 공감이 내담자의 경험과 다를 경우에 내담자에 의해 기꺼이 수정될 수도 있다는 의지를 포함한 내담자의 내적 세계에 대한 이해를 전달하는 것이다. 이러한 공감으로 치료사는 내담자의 의미와 감정에 좀 더 가까이 가게 되고 치료적인 관계는 발전하게 되는 것이다. Rogers에게 공감이라는 것은 내담자가 의식하는 것에 대한 의미를 명확하게 하는 것뿐 아니라 의식하지 않는 수준에 대한 의미까지도 분명하게 하는 것을 포함한다.

따라서 Rogers는 공감을 감정의 반영이라는 기법으로 단순하게 예시화하기보다는 내담자가 경험하는 세계에 대한 치료사의 민감한 몰입이라고 설명하였다(Raskin & Rogers, 1995). 이러한 상담 장면에서의 공감은 수퍼비전에서도 적용된다. 놀이치료 수퍼바이지에 대한 공감으로 인해, 수퍼바이지는 수퍼바이저가 자신을 이해하고 있다고 느끼며 상담가로서의 자신을 더 많이 나누도록 격려받는다. 특히, 수퍼바이지가 상담가로서의 성장에 따른 고통을 경험하게 될 때 수퍼바이저의 공감어린 개입은 더욱 중요하다. 그로 인해 수퍼바이지는 심리적인 갈등의 경험이 촉진되며, 그러한 경험은 상담가로 성장하기 위한 하나의 과정임을 깨닫게 된다.

네 번째 조건은 구체성이다. 이것은 수퍼바이저가 수퍼바이지의 전문적인 발달에 관련된 감정, 사고, 행동, 경험들을 구체적으로 표현하는 것을 의미한다(Muse-Burke, Ladany, & Deck, 2001). 예를 들어 특정 상담 장면에 대하여 수퍼바이저가 정보를 제공할 때, "내 생각에는 (수퍼바이지가) 무엇을 하는지 모른다는 생각이 드네요."라고 표현하기보다는 "(수퍼바이지가) 이 시점에서 내담자와의 치료적인 관계를 형성하는 데 어려움이 있는 것 같네요."라고 언급한다. 이로써 수퍼바이지 개인에 대한 일반적인 언급을 피하고 수퍼바이지의 학습목표에 대해 좀 더 구체적으로 언급할 수 있게 된다. 명확하고 구체적인 정보를 제시하는 구체적인 수퍼비전 관계는 수퍼바이지의 자아인식을 증가시키고, 효과적인 태도와 행동 그리고 전문적인 변화를 유지하도록 돕는다. 수퍼바이저가 구체적이고 직접적인 피드백을 전달할 때는 이렇게 수퍼바이지에 대한 공감과 존중 그리고 신뢰가 바탕을 이루어야 수퍼바이지가 피드백을 더 잘 수용하게 된다.

Powell(1993)은 샌드위치식 피드백, 즉 수퍼바이지가 수정해야 하는 교정적 또는 부정적 피드백을 긍정적 피드백 사이에 제공할 것을 제안하였다. 즉, 수퍼바이지에게 특정 상담 장면에서 효과적으로 대처한 것을 구체적으로 언급한 다음, 수정을 위한 수퍼바이저의 제안을 간단하고 수퍼바이지가 감당할 수 있을 정도로 제공한다. 그런 다음에 수퍼바이지의 전반적인 상담 활동에 대한 긍정적인 언급으로 마무리한다.

다섯 번째 조건은 직면이다. 상담관계에서 내담자의 특정 경험과 행동에 대한 의식을 증가시키기 위한 직면은 수퍼비전 관계에서도 수퍼바이지가 전문적인 상담가로서의 깊은 인식과 통찰을 얻도록 하기 위하여, 수퍼바이지의 일관되지 않는 감정, 태도, 행동들에 대한 수퍼바이저의 생각을 나누는 것이다(Muse-Burke et al., 2001). 하지만 이러한 직면이 수퍼바이지의 의식을 증가시키는 목적이 아니라 수퍼바이지를 처벌하고 비난하거나 수퍼바이저가 파워를 행사하고 싶은 욕구를 충족시킨다면 적절하게 개입하는 것이 아니다.

놀이치료 수퍼바이저는 수퍼바이지의 모순된 감정이나 행동들에 대하여 직면을 할 때 수퍼바이지에게 지지적이고 교육적인 방법으로 제시해야 한다. 그렇게 함으로써 놀이치료 수퍼바이지는 자신의 행동이나 감정을 의식하고, 그러한 행동이나 감정이 내담자에게 어떻게 영향을 미치는지에 대하여 생각하게 되며, 좀 더 치료적인 개입방법을 발달시킬 수 있는 계기를 마련하게 된다. 놀이치료 수퍼바이지가 자신의 비일관적인 행동을 녹화한 비디오테이프를 관찰하는 경우에는 수퍼바이저의 도움과 함께 수퍼바이지 스스로 자신의 상담 장면을 모니터 할 수 있는 능력을 발달시킬 수 있다.

마지막 조건은 즉각성으로 수퍼바이저와 수퍼바이지의 '지금-여기'의 상호작용에 초점을 둔다. 놀이치료 수퍼바이지는 내담자와의 상담관계에서 어려움을 느낄 수 있고, 그러한 어려움은 수퍼바이저와 상호작용하는 수퍼비전 관계에서도 비슷한 역동으로 나타날 수 있다. 이것은 앞서 설명했듯이 평행과정으로, 민감하고 경험 있는 수퍼바이저는 즉각성 기법을 사용하여 수퍼바이지가 수퍼비전 관계에서의 어려움들을 훈습함으로써 내담자와의 어려움을 해결할 수 있도록 도와준다. 또한 이러한 즉각성은 진전 없이 고착된 수퍼비전 관계에서도 적절하게 사용될 수 있다(Mueller & Kell, 1972).

만약 놀이치료 수퍼바이지가 수퍼바이저의 공감과 신뢰로운 태도에 대해 의심을 한다면, 그는 수퍼바이저에게 공감과 신뢰의 중요성에 대한 질문을 함으로써 자신의 의구심을 표현할 수 있다. 민감하고 경험 있는 수퍼바이저는 수퍼바이지의 질문이 수퍼비전 관계를 나타낸다는 것을 알아차린다. 이때 수퍼바이저는 즉각성을 사용하여 자신의 수퍼바이지에 대한 공감이나 신뢰에 대해 그 수퍼바이지가 의심을 하고 있는지를 개방형으로 질문함으로써 수퍼바이지에게 반응할 수 있다. 수퍼비전에서의 즉각성은 수퍼바이저가 수퍼바이지의 대인관계상의 역동에 대하여 직접적으로 언급함으로써 수퍼바이지가 자신을 더욱 잘 이해할 수 있게 하며, 수퍼바이지의 상담관계에서도 즉각성을 사용하도록 하는 기회를 제공한다(Muse-Burke et al., 2001).

4. 놀이치료 수퍼비전에 영향을 미치는 수퍼바이지와 수퍼바이저 요인들

Bernard와 Goodyear(2004)는 수퍼비전 관계에 관련된 각 개인들(수퍼바이저, 상담가, 내담자)이 서로에게 영향을 미치고, 상호협력적인 관계의 질과 특성 그리고 방향에 대하여 주된 영향을 미친다고 주장하였다. 따라서 여기에서는 놀이치료 수퍼비전 관계에 영향을 미치는 수퍼바이저와 수퍼바이지(상담가)의 특성들에 중점을 두고 살펴보며, 그러한 관계를 촉진하거나 저해하는 요인들을 설명한다. 마지막으로 수퍼바이저와 수퍼바이지가 경험하는 갈등들이나 도전적인 문제들을 살펴본다.

1) 수퍼비전에서의 개인적 및 대인관계 문제들

수퍼비전 관계는 수퍼비전이라는 과정에 독특한 두 명의 개인들이 참여하는 관계다(Bernard & Goodyear, 2004). 이 수퍼바이저나 수퍼바이지는 독특한 개성적인 특성들을 가지고 수퍼비전에 임하게 된다. 따라서 상담 수퍼바이저가 수퍼바이지에 대한 개인적인 특성들을 파악하는 것은 수퍼바이지가 상담가로서의 역량을 성취하도록 돕는 보조적인 도구를 갖추는 셈이 된다. 상담과 마찬가지로 상담 수퍼비전은 내재적인 직관과 관련되어 있다. 상담 수퍼바이저들은 그들의 직관에 좀 더 민감하게 귀 기울일 수 있기 때문에 수퍼비전을 제공하는 위치에 있는 것이다. 그리고 수퍼비전의 평가는 직관적인 판단과 객관적인 기준들로 이루어져 있으며, 모든 수퍼바이저들은 공정하게 합리적으로 수퍼바이지들을 평가하려고 노력한다.

하지만 수퍼바이저와 수퍼바이지 간의 개인적인 적합성이 수퍼바이지에 대한 평가에 영향을 미치고(Bernard & Goodyear, 2004), 수퍼바이저의 개인적인 주관성이 전문적인 주관성을 방해하기 때문에(Robiner, Saltzman, Hoberman, Semrud-Clikeman, & Schirvar, 1997), 수퍼바이저는 자신의 전문적인 직관이 결여된 채 수퍼바이지를 평가하게 된다. 이렇게 수퍼바이저 자신의 개인적인 편견이 들어간 채 평가하는 것은 부인할 수 없는 사실이고 피할 수가 없다. 그렇지만 편견을 가지고 평가를 할 수 있다는 가능성을 인식하고, 개인적 및 대인관계 스타일 등의 특성들을 인식함으로써 수퍼바이저의 주관적인 편견들을 줄일 수는 있다.

(1) 개인적인 특성들

놀이치료 수퍼바이저는 다양한 개인적인 성격들과 그러한 특성들이 수퍼비전 관계에 어떠한 영향을 미치는지에 대한 인식을 하고 있는 것이 중요하다. 그러한 개인적인 특성들에는 수퍼바이저와 수퍼바이지의 가치, 태도, 신념체계, 연령, 성별, 인종, 영성(sprituality)이 포함된다(Haynes et al., 2003). 그 밖에도 종교, 낙태, 결혼과 이혼, 동성애, 안락사 등에 대한 가치 차이가 있을 수 있다.

놀이치료 수퍼바이저와 수퍼바이지는 자신들의 차이점과 공통점 그리고 그러한 특성들의 영향을 수퍼비전에서 탐색할 수 있다. 앞에서 언급한 바와 같이 수퍼바이저들의 가치, 태도, 신념체계들이 수퍼비전에 영향을 미치며, 그들이 아무리 객관적인 태도로 수퍼비전에 임하고 자신의 가치들을 수퍼바이지에게 부여하지 않는다 해도 수퍼바이저의 가치나 신념들이 여러 가지 미묘한 방법으로 수퍼바이지에게 전달되는 것이 사실이다.

또한 수퍼바이저의 가치가 부여되지 않는(value-free) 수퍼비전이란 불가능하다. 따라서 자신들의 가치체계와 태도에 대한 인식과 그러한 특성들이 수퍼비전 관계나 수퍼바이지에게 어떠한 영향을 미치는지를 깨닫고 있어야 한다. 효과적인 수퍼비전을 위하여 수퍼바이저와 수퍼바이지가 비슷한 신념이나 태도를 가질 필요는 없다. 하지만 상호협력적인 수퍼비전 관계는 서로간의 차이점과 공통점들을 이야기 나눔으로써 더욱 촉진될 수 있다. 이러한 토론을 통해 수퍼바이저가 가치 탐색에 대한 모델을 보이게 되고, 수퍼바이지는 내담자와의 관계에서 이를 어떻게 다룰 수 있는지에 대한 배움을 갖게 된다.

수퍼비전 관계에서 놀이치료 수퍼바이저나 수퍼바이지가 서로간의 가치체계의 차이점이나 공통점들을 인식하고 있다 하더라도 가치에 따른 갈등은 있을 수 있다(Haynes et al., 2003). 수퍼바이저들의 특성에 따라 어떤 수퍼바이저들은 수퍼바이지와의 가치 차이에 상관없이 수퍼비전을 제공하는 반면, 어떤 수퍼바이저들은 차이점이 생길 때 수퍼비전 관계를 중지하고 다른 수퍼바이저에게 의뢰하는 경우도 있다. 중요한 것은 수퍼비전 내에서 둘 간의 가치가 다를 수 있으며, 수퍼바이지와의 가치로 인한 갈등을 해결하기 위해서는 수퍼바이저가 스스로의 가치에 대하여 의식하고, 그러한 것들이 언제 어떻게 수퍼비전 관계에 영향을 미치는지에 대하여 인식할 필요가 있다는 것이다. 서로간의 차이점에 대하여 솔직하게 터놓고 이야기하고, 갈등이 무엇인지를 확인하고, 그 갈등이 수퍼비전에 미치는 영향에 대하여 토론할 필요가 있다. 만약 서로간의 가치 차이가 수퍼비전 관계를 더 이상 진전하게 하지 못하고 고착된 상태에 머물게 한다면 다른 수퍼바이저에게 의뢰하는 계획도 세워야 할 것이다. 중요한 것은 내담자의 복리를 위한 수퍼비전이 계속해서 유지되도록 하는 것이다.

일반 상담 분야에 있는 상담가들이나 수퍼바이저들과 달리, 놀이치료 수퍼비전에 임하는 놀이치료사들이나 그들의 수퍼바이저들에게는 그들만의 독특하고 공통된 개인적인 특성들이 있다. 놀이치료가 아동에게 국한되지 않고 청소년, 일반 성인 및 부모 상담 등에서도 다양하게 접근하는 치료 개입이기는 해도 많은 놀이치료의 내담자들은 아동들이다. 따라서 놀이치료사들과 놀이치료 수퍼바이저들은 아동에 대해 관심을 가지고 있으며 놀이의 가치를 인정하는 공통된 특성을 지니고 있다.

Axline(1982)은 효율적인 놀이치료사가 되기 위한 몇 가지 개인적인 특성들이 있다고 주장하였다. 그녀에 따르면 놀이치료사들은 하나의 인간으로서 아동에 대한 참된 존중감과 관심, 아동의 내적 세계의 복잡함에 대한 이해와 인내심, 자신에 대한 이해를 통하여 감정적인 개입 없이 아동의 욕구를 위해 일하려는 의지력, 충분한 객관성과 인지적인 자유로움, 적절한 융통성, 민감성, 공감, 유머 감각, 가벼운 접촉, 감정적인 안정감, 일관성, 아동을 따라가려는 의지가 있어야 한다. 그리고 아동과 놀이치료 과정에 대한 신뢰가 있어야 하며, 아동을 좋아하고 진정으로 알아야 한다.

Landreth(2002)는 놀이치료사가 아동에 대하여 아는 것보다 아동에 대하여 느끼는 감정이 더욱 중요하다고 주장하면서 놀이치료사들의 성격적인 특성들을 설명하였다. 그에 따르면 놀이치료사들은 아동의 세계에 대한 참된 이해와 아동 자신의 표현에 기초하여 아동의 세계를 이해하려는 노력을 갖추어야 한다. 이러한 놀이치료사의 이해는 아동에 대한 민감한 이해, 관심, 소중함, 좋아함이 특징이다. 또한 그는 아동을 판단하지 않고 평가하지 않으려는 의지, 개방적인 생각, 애매모호함을 그대로 받아들이는 포용력, 아동의 과거에 집착하지 않는 미래지향적인 생각, 아동을 따라가려는 의지, 자신도 실수하고 때때로 연약한 인간임을 인정하는 인간적인 용기, 인내심, 개인적인 안정감, 유머 감각 등을 효과적인 놀이치료사가 되기 위한 특성으로 들었다.

Ginott(1982)는 아동과의 놀이치료에서 아동과 공감할 수 있는 능력이 놀이치료사로서 지녀야 할 절대적인 요건이라고 주장하였다. 그는 놀이치료사들이 지나치게 무미건조하거나 엄숙하거나 심각해서는 안 되며, 어린이와 같은 마음을 가져야 하며, 아동들의 비이성적인 자질들을 갖추어서 아동들을 더욱 이해하고 인내할 수 있어야 한다고 주장하였다. 또한 놀이치료사들은 더러움, 무질서, 소란스러움, 적대감, 모독 등에 대하여 기존의 어른들의 반응과는 달리 반응해야 한다고 주장하였다.

놀이치료사나 놀이치료 수퍼바이저가 자신의 장점이나 단점은 물론 가치나 신념들에 대해 의식하는 것은 놀이치료 과정이나 놀이치료에 대한 자신들의 영향에 대하여 현실적인 시각을 갖도록 한다. 특히, 놀이치료 수퍼바이저는 수퍼바이지들의 독특성을 인정하고, 그것을 어떻게 치료관계에서 효과적으로 활용할 수 있는지에 대한 대화를 나누는 것이 중요하다. 그럼으로써 놀이치료 수퍼바이저는 놀이치료사의 자아이해를 도울 수 있다. 놀이치료 수퍼바이지 또한 놀이치료가 만병통치약이 아니라는 것을 인식하고 있어야 하며(Axline, 1974), 자신들도 제한점이 있는 한계를 지닌 인간이라는 것을 깨달아야 한다(Allen, 1982; Landreth, 2002). 따라서 놀이치료사 자신이 모든 내담자들을 상담할 수 있는 전능한 힘을 지녔다고 생각하는 것은 아주 위험한 발상이다.

놀이치료 수퍼바이저는 수퍼바이지의 개인적인 성향이나 특성들로 인해 아동과의 관계가 치료적이지 못한 경우에 대한 인식과 함께 때때로 적극적인 개입의 필요성도 인지하고 있어야 한다. Ginott(1982)는 여러 가지 놀이치료사들의 개인적인 특성들이 놀이치료 장면에서 비효과적으로 나타나는 사례들을 자세히 설명하였다. 예를 들어, 질서정연하고 깨끗하며 단정하고 예의바름에 대해 강한 욕구를 지닌 놀이치료사들은 놀이치료 장면에서 어려움을 겪는다. 이러한 놀이치료사들은 아동들을 수용하려는 노력에도 불구하고 불안감과 당혹스러움을 경험한다. 그들은 더럽고 무질서하고 적대적인 언변을 허용하려고 얼마 동안은 노력하지만, 계속적으로 놀이치료사의 욕구를 자극하는 아동들의 놀이와 언어에 그들의 인내심은 극한 상황으로 처하게 된다. 그러한 상황은 놀이치료사의 분노와 혐오스러움으로 발전하게 된다. 이때 놀이치료사는 자신의 개인적인 감정을 누르려고 노력하는데, 그러면 그럴수록 자신의 에너지는 없어지게 되고 감정적으로나 신체적으로 쇠진한 상태에 이르게 된다.

처벌적인 가정에서 자란 놀이치료사들은 모든 부모들에 대하여 적대감을 경험하는 경우가 있다고 Ginott(1982)는 주장하였다. 이러한 치료사들은 아동의 히스토리 조사에서 부모의 지나친 처벌이 나타날 때 객관성을 유지하기 어렵게 되고, 치료의 목표를 부모의 적대감에서 아동을 구제하려는 데 초점을 두게 된다. 또한 그는 어떤 놀이치료사들은 선교사와 같은 열망과 아동을 '빨리 구제하려는 태도' 를 지녔다고 주장하였다. 이러한 치료사들은 지나치게 친절한 태도를 취하고 아낌없이 후하게 칭찬하며, 아동의 어떠한 작은 행동에도 존경심을 나타낸다. 심지어는 껴안거나 뽀뽀하는 행동들을 함으로써 에로틱한 만족감을 전달하기도 한다.

아동과의 관계를 친밀하게 하려는 이러한 치료사의 태도는 아동의 자신감을 불어넣어 주거나 아동과의 우정어린 관계를 형성하는 데 실패하게 한다. 놀이치료사가 따뜻함을 지나치게 표현하는 것은 거부감에 익숙한 아동에게 불안감을 증가시키는 역할만을 할 뿐이다. 또한 사모하는 대상이 지나치게 가까이 다가올 때 압도감을 경험하는 오이디푸스 갈등을 가진 아동들에게는 특히 위협적일 수 있다. 이러한 아동들은 그들과의 안전한 거리를 기꺼이 유지하려는 치료사와 강한 긍정적인 관계를 형성할 필요가 있다. 다시 말해서 아동이 자신들의 심리적인 속도에 의해 치료사와의 관계를 형성하도록 하는 기회를 주어야 한다.

Ginott(1982)는 놀이치료사의 공감적인 태도가 중요함에도 불구하고, 다른 아동들을 못살게 굴고 소리치거나 코를 흘리는 아동들에 대한 공감이 어려운 치료사들도 있다고 주장하였다. 반면에 어떤 놀이치료사들은 나약하고 온순한 아동에게 지나치게 과잉 행동하는 경향이 있다고 주장하였다. 물론 한 놀이치료사가 모든 아동들에 대하여 똑같은 감정을 갖기를 기대할 수는 없다. 어떤 아동들은 흥미로우며 어떤 아동들은 지치게 만드는 것과 같이 놀이치료사의 아동들에 대한 감정은 어느 정도 다를 수 있다.

이러한 현상은 누구에게나 있는 보편적이고 정상적인 반응이다. 여기서 중요한 것은 놀이치료사들이 자신들의 개인적인 성향이 아동에게 부정적인 영향을 미칠 수 있다는 가능성을 알고 자신들의 편견이나 선입관들을 해결하려는 노력을 해야 한다는 것이다. 이러한 노력은 개인상담이나 놀이치료 수퍼바이저와의 수퍼비전을 통하여 탐색할 수 있다. 이렇게 수퍼바이지가 노력을 하면 할수록 아동을 좋아하고 싫어하는 약간의 감정들이 놀이치료 과정에 영향을 미치는 가능성들을 줄일 수 있다. 하지만 놀이치료사가 자신의 공감 능력에 한계를 느끼는 경우가 생긴다면, 놀이치료 수퍼바이저는 아동을 다른 치료사에게 의뢰하는 것을 고려할 수 있다. 또한 놀이치료사에게도 자신에 대한 이해를 돕기 위해 상담을 권고하여 개인적인 특성들을 탐색할 수 있도록 한다.

놀이치료사들은 놀이의 가치를 중요시하며, 치료적인 관계를 발달시키기 위해 놀기 좋아하는(playful) 태도를 지니고 있다. Schaefer와 Greenberg(1997)는 아동들에게 있는 놀기 좋아하는 태도는 하나의 성격적인 특성으로 창의성, 기쁨, 자연스러움, 감정들의 표현, 상상력, 신체적인 활동들과 같은 다른 중요한 특성들과 직접적으로 관련되어 있다고 주장하였다. 104명의 심리학과 학생들을 대상으로 한 그들의 연구는 놀기 좋아하는 영역을 일으키는 5가지 성격적인 요인들, 즉 즐기기 좋아하는(fun-loving), 유머 감각 있는, 비공식적인(informal), 홍겨운, 그리고 어리석음을 즐기는(enjoy silliness) 특성들을 밝혔다. Schaefer와 Greenberg는 놀이치료사들의 놀기 좋아하는 특성이 아동들의 특성을 진실되게 나타내고 그에 대하여 아동들이 매력을 느끼기 때문에, 그러한 성격적인 특성들은 아동과의 라포 형성을 촉진하는 중요한 요소라고 주장하였다. 또한 그들은 놀기 좋아하는 성격적인 특성은 효과적이거나 비효과적인 놀이치료사들을 구분하는 중요한 요인이 될 수 있다고 덧붙였다.

훈련과정 중에 있는 놀이치료사와 비놀이치료사 곧 일반 상담가들 간의 성격적인 차이를 연구한 Solt(2003)는 성격적인 특성들과 더불어 아동에 대한 태도와 그러한 태도가 놀이치료 학생들의 효율성과 어떠한 관계가 있는지를 연구하였다. 그녀의 연구결과에 의하면, 놀이치료 학생들은 비놀이치료 학생들보다 덜 외향적인 것으로 나타났으며 아동과 그 행동에 대한 호감도는 높게 나타났다. 놀이치료 학생들의 상대적으로 내향적인 특성은 아동과의 놀이치료가 언어에 의존하지 않고 아동의 내면 세계를 읽으려는 노력으로 이루어지기 때문이다. 아동에 대한 호감이 높은 것은 놀이치료 학생들이 아동의 감정적인 표현들을 이해하도록 격려받기 때문이다.

이러한 놀이치료사들의 성격적인 특성과 아동에 대한 호감은 기존의 놀이치료 문헌들(Axline, 1947; Landreth, 2002; Schaefer & Greenberg, 1997)에서 나타난 놀이치료사의 아동에 대한 따뜻함, 인내심, 침착함, 편안함 등의 특성들과 관련되어 있다. 놀이치료사들의 특성과 아동에 대한 선호도가 놀이치료 학생들의 효율성과는 통계적으로 의미 있는 결과가 없었으나, 각각의 놀이치료 수퍼바이저들에 의하여 등급이 매겨진 놀이치료사들의 효율성은 대부분의 경우가 '매우 효율적이다' 와 '효율적이다' 의 범주에 속하는 추세를 나타내었다. 따라서 Solt의 연구에서 놀이치료 수퍼바이저들에 의하여 평가된 효율적인 놀이치료사들은 아동에 대한 선호도가 높았음을 알 수 있다.

이와 같이 놀이치료사들은 일반 상담가들과는 다른 독특한 특성을 지니고 있다. 놀이의 가치와 아동에 대한 진실된 관심은 아동상담을 하는 상담가들에게 중요한 특성이다. 이러한 개인적인 특성들은 놀이치료에서 아동을 포함한 모든 내담자들의 발달과 성장을 도울 수 있도록 충분히 활용되어야 한다. 마지막으로 놀이치료사나 그들의 수퍼바이저가 기억해야 할 것은 이러한 개인적인 특성들을 갖는 것은 지속적으로 자신을 동기화하는 것, 개인의 삶 속에서 그 특성들을 성취하고 통합하기 위해 끊임없이 노력하는 것, 그리고 아동과의 관계를 형성하는 것보다는 훨씬 덜 중요하다(Landreth, 2002). 따라서 놀이치료 수퍼비전을 통하여 놀이치료사들은 자아와의 통합이 이루어지도록 지속적으로 노력해야 한다.

(2) 개인적, 발달적 차이

놀이치료 수퍼바이저와 수퍼바이지는 각각의 독특한 인간으로서 수퍼비전 과정에 참여하게 된다. 그들의 개인적인 특성들에 대해서는 앞에서 살펴보았고, 여기에서는 수퍼바이저와 수퍼바이지 간의 개인적, 발달적 차이를 인지적인 학습 스타일, 인지적인 복합성, 이론적인 경향 그리고 수퍼바이지의 경험수준에 따라 살펴본다. 인지적인 학습 스타일은 개인이 정보를 처리하는 독특한 방법과 학습에서의 서로 다른 선호와 관련된다(Bernard & Goodyear, 2004). 이러한 인지적인 학습 스타일과 인지적인 복합성은 개인의 서로 다른 능력이 아닌 선호성을 나타낸다.

인지적인 스타일과 복합성에 대해서는 MBTI(Myers-Briggs Type Indicator: Mayers, 1962; Myers & McCaulley, 1985)를 사용하여 설명한 연구들을(Craig & Sleight,

1990; Kitzrow, 2001; Lochner & Melchert, 1997) 살펴봄으로써 수퍼비전의 성격이 어떻게 달라지는지를 파악하는 데 도움이 될 것이다. MBTI(Mayers, 1962; Myers & McCaulley, 1985)는 관심 초점, 정보 수집, 정보 개입, 정보 관리의 네 가지 영역에 대한 개인의 선호도를 나타내는 것이다. 관심의 초점을 사람이나 사건의 외적 세계에 두면 외향성(Extroversion: E)이고, 아이디어와 같이 내적 세계에 두면 내향성(Introversion: I)이다. 정보의 수집을 사실과 자료에 의존하면 감각(Sensing: S)이고, 그 의미를 이해하려는 직관에 의지하면 직관(Intuiting: I)이다. 정보의 개입이 주관적인 경험에 초점을 두면 감정(Feeling: F)이고, 객관적인 분석에 중점을 두면 사고(Thinking: T)다. 그리고 정보의 관리에서 조절하고 통제하는 데 초점을 두면 판단(Judging: J)이고, 삶을 경험하고 적용하려고 노력하면 인식(Perceiving: P)이다.

이러한 MBTI의 개념으로 수퍼바이저와 수퍼바이지 간의 차이를 나타낸 연구결과(Craig & Sleight, 1990)에 의하면, 수퍼바이저들은 ENTJ, INTJ, 또는 ESTJ의 성향을 많이 띠었다. 이는 대학교수들에게서도 많이 나타나는 성향이었다. 임상 수퍼바이저와 수퍼바이지 간에는 T와 F 그리고 J와 P 스케일에서 가장 큰 차이를 나타낸다고 하였다. 예를 들어, 사고적이고(T) 판단적인(J) 수퍼바이저는 주관적인 경험에 기초하여 의사결정을 하는 수퍼바이지들에게 좌절감을 경험할 것이다. 또한 아주 조직적인(J) 수퍼바이저는 FP 수퍼바이지가 자신보다도 내담자를 공감하는 능력이 훨씬 뛰어남에도 불구하고, 서류정리나 일반적인 학습에 대하여 너무 조직적이지 못하다는 이유로 그를 비판할 수도 있다.

또 다른 차이로는 N과 S 스케일을 들 수 있다. NS 스케일은 자료를 수집하는 데 대한 선호도를 나타내기 때문에 많은 면에서 수퍼비전에 영향을 미칠 수 있다(Craig & Sleight, 1990). 감각적인(S) 수퍼바이지는 자료 수집에 의하여 이해하려 할 것이고, 직관적인(N) 수퍼바이저의 직관적인 통찰은 S 수퍼바이지를 혼동스럽고 좌절스럽게 만들 수 있을 것이다. 더욱이 Handly(1982)의 연구에 의하면, 감각적인 수퍼바이지들보다 직관적인 수퍼바이지들이 그들의 수퍼바이저들로부터 훨씬 많은 관심을 받으며 수퍼바이지로서의 역량이 매우 많은 것으로 평가된다. 하지만 이러한 연구결과에도 수퍼바이저의 인지적인 스타일은 수퍼바이지의 평가,

즉 수퍼바이지들과 그들의 수퍼바이저들 간의 관계나 수퍼비전에 대한 수퍼바이지들의 만족도를 평가하는 데는 영향을 미치지 않은 것으로 나타났다. 그렇지만 수퍼바이지들의 인지적인 스타일은 그들이 선호하는 수퍼비전 형태를 결정한다. Lochner와 Melchert(1997)에 의하면 직관, 감정, 인식의 점수가 높은 수퍼바이지들은 관계중심의 수퍼비전을 선호하며, 감각, 사고, 판단의 점수가 높은 수퍼바이지들은 과제중심의 수퍼비전을 선호하는 것으로 나타났다.

MBTI의 심리적인 성향들에 기초한 수퍼비전 스타일들의 장단점들을 밝힌 Kitzrow(2001)의 연구를 〈표 4-4〉에 나열하였다.

표 4-4 심리적인 성향에 따른 수퍼비전 스타일

외향적인 수퍼바이저	
장점과 특성들	• 적극적인 접근을 한다. • 학생들이 광범위한 관심들과 문제들을 탐색하도록 돕는다. • 개방적이고 표현적이며 활기차다.
노력해야 할 수퍼비전 기술들	• 학생들이 광범위한 관심들이나 문제들을 충분히 깊이 있게 탐색하도록 돕는다. • 지나치게 빨리 진행하지 않고 천천히 진행하며, 심사숙고하는 과정을 중요시하는 시간을 허용한다. • 말을 많이 하지 말고 더 많이 듣는다.
내향적인 수퍼바이저	
장점과 특성들	• 학생들이 정보를 내재화할 수 있는 시간을 허용한다. • 학생들이 문제나 사례들을 깊이 있게 탐색하도록 돕는다. • 심사숙고하는 반영적인 접근을 한다. • 일대일 의사소통 기술에 능숙하다.
노력해야 할 수퍼비전 기술들	• 학생들이 반영뿐 아니라 행동도 중시하도록 돕는다. • 말을 좀 더 많이 하고 더 개방적이고 표현하려고 노력한다.

〈계속〉

<table>
<tr><th colspan="2">감각적인 수퍼바이저</th></tr>
<tr><td>장점과
특성들</td><td>• 현재의 문제나 근심들에 대처하는 데 중점을 둔다.
• 세부 사항이나 사실 파악을 잘한다.
• 학생들이 실제적이고 단계적인 행동계획을 찾아내도록 돕는다.
• 실질적이고 현실적이다.</td></tr>
<tr><td>노력해야 할
수퍼비전
기술들</td><td>• 기존의 방법들과는 달리 좀 더 다양한 방법들을 수용한다.
• 학생들이 사실 이외에도 직관과 상상력을 활용하고 중요시하도록 격려한다.
• 좀 더 큰 상황적인 이해와 패턴 그리고 새로운 가능성들을 생각해 내기 위하여 물러서서 생각할 필요가 있다.</td></tr>
<tr><th colspan="2">직관적인 수퍼바이저</th></tr>
<tr><td>장점과
특성들</td><td>• 학생들이 직관과 상상력을 활용하고 신뢰하도록 격려한다.
• 추상적인 사고나 이론을 즐기며 패턴이나 의미들을 파악한다.
• 앞으로 있을 잠재적인 문제나 근심들에 대처하는 데 중점을 둔다.
• 학생들이 좀 더 큰 상황적인 이해와 가능성들을 볼 수 있도록 돕는 것에 능숙하다.</td></tr>
<tr><td>노력해야 할
수퍼비전
기술들</td><td>• 현재 중점을 두어야 하는 사건들, 세부 사항들 그리고 문제들에 더 많은 주의를 기울인다.
• 이론과 실제적인 활용들을 통합한다.</td></tr>
<tr><th colspan="2">사고적인 수퍼바이저</th></tr>
<tr><td>장점과
특성들</td><td>• 복잡한 문제들을 해결하는 데 능숙하다.
• 인지적으로 도전적이다.
• 논리적이다.
• 객관적이고 분석적인 접근을 한다.</td></tr>
<tr><td>노력해야 할
수퍼비전
기술들</td><td>• 이론과 실제적인 접근 그리고 구체적인 예시들 간에 균형을 이룬다.
• 좀 더 주관적이면서 논리와 분석 이외에도 감정이나 가치들을 중요시한다.
• 지나치게 도전적이고 비판적인 경향을 줄인다.
• 긍정적인 피드백을 주는 것을 기억한다.</td></tr>
<tr><th colspan="2">감정적인 수퍼바이저</th></tr>
<tr><td>장점과
특성들</td><td>• 공감적이고 지지적이고 상호협력적이다.
• 타인의 성장과 발달을 촉진하는 데 능숙하다.
• 조화를 추구하고 갈등을 회피한다.
• 주관적이고 개인적인 접근을 한다.</td></tr>
</table>

〈계속〉

노력해야 할 수퍼비전 기술들	• 수퍼비전 관계에서 일어날 수 있는 갈등들과 문제들을 언급하고, 학생들이 내담자와의 갈등이나 문제들을 언급하도록 돕는다. • 좀 더 객관적이면서 감정이나 가치 이외에도 분석과 논리를 중요시한다. • 지지와 더불어 도전적인 태도를 취한다.
판단적인 수퍼바이저	
장점과 특성들	• 세부 사항들, 스케줄, 마감 기한들에 중점을 둔다. • 학생들이 구조적인 방법으로 치료목표들을 계획하고 수행하도록 돕는다. • 구조적이고 조직적이다. 비조직적이고 마지막에 변하는 것을 싫어한다.
노력해야 할 수퍼비전 기술들	• 새로운 접근들에 대하여 좀 더 융통적이고 자연스러우며 수용적인 태도를 취한다. • 목표나 마감 기한들 외에도 과정에 중점을 둔다. • 긍정적인 피드백을 주는 것을 기억한다.
인식적인 수퍼바이저	
장점과 특성들	• 스케줄이나 마감 기한들을 너그럽게 봐준다. • 새로운 혁신적인 접근들을 수용하고, 학생들이 새로운 접근들을 시도하도록 격려한다. • 자연스럽고 융통적이며 참을성이 있어서 마지막에 바꾸는 변화나 위기들에 잘 적응한다. • 미루는 경향이 있고 과제나 결정들을 연기한다.
노력해야 할 수퍼비전 기술들	• 미루며 수퍼비전에서의 마감 기한이나 세부 사항들 그리고 요구 사항들(예: 일상 서류, 테이프 관찰하기, 사례 노트 읽기)에 주의하지 않는 경향이 있다는 것을 인식한다. • 수퍼비전을 좀 더 정해진 시간에 시작하고 끝내며 구조적인 방법으로 이루어 간다. • 학생들이 목표들과 구조적인 치료계획들을 발달시키도록 돕는다.

개인의 심리적인 성향을 나타낸 MBTI 이외에도 Piaget의 용어를 사용하여 서로 다른 학습 형태들을 설명한 체계 인지발달 수퍼비전(Rigazio-DiGilio, 1995)이 있다. 체계 인지발달 수퍼비전(Systemic Cognitive-Developmental Supervision: SCDS)은 발달적인 모델로서 각기 다른 4가지 형태의 학습 스타일로 구분된다. 그

러나 이 모델은 한 형태의 수퍼바이지가 다른 형태의 수퍼바이지보다 우월한 것은 나타내지 않는다. 오히려 다른 학습 형태를 지닌 수퍼바이지들은 각기 장단점을 가졌고, 수퍼바이저의 과업은 각각의 수퍼바이지들의 주된 학습 형태를 파악하여 다른 형태로 융통성 있게 학습함으로써 좀 더 효율적인 상담을 돕도록 하는 데 있다.

첫 번째 학습 형태는 감각운동 스타일로, 이러한 수퍼바이지들은 그들의 경험에 의하여 감정적으로 영향을 받는다. 이들은 감정을 쉽게 파악하고 처리한다. 이들의 단점은 감정에 의하여 지나치게 민감할 수 있고, 이로 인해 인지적인 기술들이 방해받을 수 있다는 것이다. 또한 이들은 구체적인 치료계획보다는 치료에 대한 옳게 느껴지는 느낌에 의존할 수 있다. 감각운동형의 수퍼바이지를 위한 수퍼비전은 좀 더 직접적인 스타일로 수퍼바이지에게 자신의 감정적인 근거들을 탐색할 수 있는 안전한 환경을 제공하는 것이다.

두 번째 학습 형태는 구체적인 학습 스타일로, 이러한 수퍼바이지들은 세상을 원인 결과의 일직선적인 시각을 통하여 바라본다. 이들은 원인 결과론적인 추론 능력을 통해서 내담자의 행동 패턴들을 예견할 수 있다. 하지만 이들은 내담자에 대한 그들의 이해를 다른 대안적인 견해로 바라보기 힘들고, 구체적인 시각에서 벗어나 좀 더 포괄적인 이해를 하기 어렵다.

세 번째 학습 형태는 형식적인 스타일로, 이러한 수퍼바이지들은 다양한 시각에서 상황을 분석한다. 이들은 수퍼바이저의 피드백에 기초하여 그들의 치료계획을 쉽게 수정할 수 있고 구체적인 회기를 전반적인 치료계획과 연관짓는 데 어려움이 없다. 하지만 지나치게 형식적인 스타일은 내담자들의 패턴에 대한 자신들의 이해를 실제적인 상담 활동에 전환하기 어려울 수 있다. 이들은 또한 상담에서의 감정과 행동의 역할을 간과할 수 있다. 이들의 분석적인 능력을 가장 큰 장점으로 보기 때문에 그 분석 능력을 시험하거나 도전하는 데 어려움이 있을 수 있다.

마지막 학습 형태는 변증법적인 스타일로, 이러한 수퍼바이지들은 상담 사례를 개념화하는 자신의 원리를 시험할 수 있다. 다시 말해서 이들은 자신이 생각하는 것에 대한 이유들을 추론할 수 있다. 전반적으로 개념화하려는 경향으로 인해 변증법적인 사고를 가진 이들은 내담자들의 히스토리나 문화적인 환경들을 포함한 광범위한 환경들을 고려하기 쉽다. 하지만 지나친 변증법적인 사고를 가진 이들은 다양한 견해들로 압도당할 수 있고, 다른 견해 또한 중요하다고 생각하기에 한 가지 견해를 정할 수 없다. 그리고 이들의 내담자들은 이러한 수퍼바이지들의 변증법적인 복잡한 사고들을 통합하는 데 어려움을 느낄 수 있다.

이상으로 살펴본 MBTI의 심리적인 성향들과 SCDS의 다른 학습 형태들은 수퍼비전 관계나 스타일에 영향을 미치나, 중요한 것은 수퍼비전 관계에 영향을 미치고 수퍼바이저나 수퍼바이지를 이해하려는 수많은 접근방법들 중의 한 방법으로 이해해야 한다는 것이다. 단순히 피상적으로 이러한 접근들을 적용할 때는 수퍼바이지들에게 혼동을 줄 뿐만 아니라 수퍼바이저와 수퍼바이지의 인지적인 고정관념을 초래할 수 있다.

놀이치료 수퍼비전에 임하는 수퍼바이저의 핵심적인 이론적 경향은 수퍼바이지의 이론보다 수퍼비전의 방향을 이끌어 가는 데 큰 역할을 한다. 대부분의 수퍼바이저들은 자신들의 상담에 대한 기본 이론에 기초하여 수퍼바이지들을 가르친다. 그렇다고 해서 놀이치료 수퍼바이지의 중심 이론이 수퍼바이저의 이론과 똑같아야 된다는 것은 아니다. 놀이치료 수퍼비전은 서로 다른 이론적인 경향을 가진 수퍼바이저와 수퍼바이지 간에도 효과적으로 이루어질 수 있으며, 서로의 이론은 물론 그에 대한 각 개인의 태도들을 배울 수 있는 좋은 기회를 제공하기도 한다.

대부분의 놀이치료가 아동중심의 놀이치료 이론을 기본으로 발달되었고, 치료적인 관계를 형성하고 아동 및 내담자에 대한 믿음과 이해를 도울 수 있기 때문에 아동중심의 이론이 중요시 되었다(Axline, 1947; Guerney, 1983; Landreth, 2004; Moustakas, 1959). 더욱이 놀이치료사들은 상담가로서의 전문적인 발달은 물론 개인적인 발달을 이루어야 하므로, 아동/인간중심의 이론을 통하여 자아를 점검하고 이해하고 수용하여 자신과 내담자에 대한 철학적인 신념을 상담과정의 접근방법으로 통합하게 된다(Kao & Landreth, 1997). 따라서 아동중심 이론에 기초한 수퍼비전으로 인해 수퍼바이지들은 아동에 대한 긍정적인 믿음과 신념을 가질 수 있었고, 지지적이며 안전한 환경을 제공하기 때문에 놀이치료 학생들에게 제안되었다.

놀이치료 수퍼바이저들은 수퍼바이지들의 핵심 이론을 특정 이론으로 강요해서는 안 된다. 반대로 수퍼바이지들은 수퍼바이저의 핵심 이론만이 옳은 이론이라고 생각하거나 수퍼바이저의 상담 접근방법만을 모방하려고 해서도 안 된다. 물론 놀이치료사들의 상담가로서의 발달과정에서 수퍼바이저나 경험이 많은 다른 상담가들의 기법들을 모방하려는 단계가 있을 수 있다. 하지만 그러한 단계는 일시적인 단계며, 자신의 통합적인 접근방법을 찾는 과정 중에 일어나는 것으로 이해해야 한다. 놀이치료에서 이론적인 중심은 인간에 대한 기본적인 이해방식이므로 수퍼바이지들은 자신이 가장 편안하게 받아들일 수 있는 핵심 이론이나 접근방법을 발달시켜야 한다(Kranz & Lund, 1994). 그러기 위해서 수퍼바이저들은 수퍼바이지들이 장단점들을 지닌 다양한 이론들의 각기 다른 접근들에 접하여, 자신들이 선호하는 이론에 대한 지식과 그 이론에 자신의 성격을 조화롭게 통합시킬 수 있는지를 탐색할 기회를 가질 수 있도록 해야 한다(Moustakas, 1959).

수퍼바이지의 경험과 발달수준 또한 수퍼비전에 영향을 미치는 요인 중의 하나다. 경험이 있는 수퍼바이지들은 경험이 적은 초보 수퍼바이지들보다 융통성이 많으며, 수퍼비전을 통하여 전문가로서의 전문적이고 개인적인 성장에 중점을 둔다. 반면, 초보 수퍼바이지들은 내담자들의 사례를 인지적으로 분석하는 개념화에 중점을 둔다(Bernard & Goodyear, 2004). 경험이 많은 수퍼바이지들은 평가에 대한 두려움이 적으며, 수퍼바이저에게 자신의 전문적이고 개인적인 성장과 발달을 위한 피드백을 요구하는 경향이 있다.

또한 수퍼바이저들도 수퍼바이저로서의 경험이 쌓임에 따라 상담에서 어려움을 느끼는 수퍼바이지들을 부정적인 성격적 특성으로 투사하기보다는 행동적이거나 환경적인 어려움으로 보는 경향이 있다(Worthington, 1984). 따라서 수퍼바이지들의 문제를 적절하고 효과적인 수퍼비전을 통하여 수정될 수 있는 것으로 보는 경향이 있다.

(3) 파워와 권위

수퍼비전 관계는 수퍼바이저와 수퍼바이지 간의 파워 차이가 있으므로 불평등한 파워가 특징이라고 할 수 있다(Bernard & Goodyear, 2004; Kadushin, 1992). 물론 정신치료에서도 내담자와 상담가 간에 파워의 차이가 있는 것은 분명한 사실이고, 내담자중심의 상담이나 수퍼비전 그리고 페미니스트 수퍼비전 모델에서는 이러한 파워의 차이를 가능한 줄이고 상호협력적인 관계를 형성하는 것도 사실이다. 하지만 수퍼비전 관계에서는 수퍼바이저의 파워와 권위가 개입된다.

Kadushin(1992)에 의하면, 파워란 타인에게 영향을 주거나 통제할 수 있는 능력이며, 권위란 타인에게 영향을 주거나 통제할 수 있는 권리를 의미한다. 그리고 수퍼바이저는 수퍼비전 관계에서 수퍼바이지와는 다른 파워와 권위를 지닌 권위자다. 더욱이 이러한 수퍼바이저의 파워는 그의 전문성과 수퍼바이지들을 평가하는 평가자로서의 역할로 인해 더욱 두드러진다.

이러한 파워와 권위의 차이가 수퍼비전 관계를 형성할 때 수퍼바이저와 수퍼바이지 간에 상호 신뢰를 형성하는 데 걸림돌이 된다는 주장도 있다(Robiner, 1982). 하지만 수퍼바이저는 수퍼바이지를 존중하는 모범을 보이고 책임 있는 수퍼비전 관계를 형성함으로써 상호협력적인 관계를 유지할 수 있다. 더욱이 수퍼바이저는 위계적으로 이루어진 파워의 근본을 인식하고 효과적으로 활용함으로써 긍정적인 결과를 초래할 수도 있다. 따라서 수퍼바이저가 수퍼비전 관계에서 파워와 권위를 인정하지 않거나 의식하지 못하는 경우, 수퍼바이지에게 지지와 보호막을 효과적으로 제공할 수 있는 기회를 놓치게 되고 심지어 수퍼비전 관계를 남용할 수도 있다. 더욱이 수퍼바이저는 수퍼바이지와의 수퍼비전 관계를 형성할 때, 그에게 평가적인 성격을 지닌 수퍼비전 관계와 수퍼비전의 목적, 평가 영역들 그리고 수퍼비전에서의 비밀보장의 한계점들을 명확하게 알려 줄 필요가 있다(Holloway, 1999).

(4) 평행과정

수퍼바이저와 수퍼바이지 간의 상호작용은 수퍼바이지가 어떻게 내담자와 상호작용을 하는지에 대한 이해를 도울 수 있다. 이미 앞에서도 언급하였지만, 평행과정(parallel process)은 원래 정신역동 수퍼비전에서 출발하였다. 평행과정 개념을 처음으로 사용한 사람은 Searles(1955)다. 그는 '반영적 또는 반영 과정(reflective or reflection process)' '반영(mirroring)' '평행 재현(parallel re-enactment)' 이라는 용어를 사용하여, 내담자와 상담가의 상담관계가 수퍼바이지(상담가)와 수퍼바이저의 수퍼비전 관계에도 나타나는 것을 말하였다(Searles, 1955). 그리고 이후에 학자들(Ekstein & Wallerstein, 1972; Mueller, 1982; Mueller & Kell, 1972)에 의하여 평행과정이란 용어가 사용되었다.

평행과정이 생기는 이유에 대해서는 여러 가지 설명들이 있다. 우선 수퍼바이지가 자신이 갖고 있는 문제에 일치하는 내담자의 문제를 선택한다는 의견이 있다(Muller & Kell, 1972). 그리고 수퍼바이지가 내담자의 심리적인 기능들의 몇 가지들을 무의식적으로 동일시하여 평행과정이 일어나는데, 수퍼바이지가 그러한 동일시를 의식하지 못하기 때문에 수퍼비전에서 언어적으로 언급하지 못하고, 오히려 수퍼바이저와의 수퍼비전 관계에서 내담자의 심리 역동을 재연한다는 의견도 있다(Frawley-O' Dea & Sarnat, 2001). 또한 수퍼바이지의 내담자와의 동일시로 인하여 수퍼바이지는 내담자에게 느끼는 반응으로 자신의 수퍼바이저에게도 반응한다는 의견도 있다(Russell et al., 1984).

수퍼비전 관계에서 나타나는 평행과정들은 수퍼바이지의 개인적이고 전문적인 성장들을 촉진함은 물론 효과적인 수퍼비전을 촉진시키는 계기를 마련해 줄 수 있다. 수퍼바이저는 수퍼바이지의 감정적인 반응이나 경험들을 다룸으로써 수퍼바이지가 자신의 내담자와의 치료적인 과정에서 효과적으로 대할 수 있도록 도울 수 있다(Ekstein & Wallerstein, 1972). 또한 수퍼바이지는 자신의 내담자와의 관계가 수퍼바이저와의 관계와 일치하는 것을 인식함에 따라 내담자의 심리적인 부적응이나 갈등들을 이해할 수 있으며, 수퍼바이저가 수퍼바이지에게 치료적으로 반응하는 것과 같이 수퍼바이지가 내담자에게 어떻게 치료적으로 반응하는지에 대한 이해를 증가시킬 수 있다(Russell et al., 1984).

특히, 경험이 적은 수퍼바이지들을 지도하는 수퍼바이저는 평행과정을 직접적으로 언급하거나 해석하려 하지 않고 간접적으로 접근하는 것이 효과적일 수 있다(Neufeldt, Iverson, & Juntunen, 1995). 즉, 수퍼바이저는 하나의 역할모델로서 수퍼바이지의 문제들에 대처하는 모범을 보임으로써 수퍼바이지가 배울 수 있도록 한다. 경험이 많은 수퍼바이지들에게는 평행과정에 대한 언급과 더불어 전이와 역전이에 대한 논의를 하는 것이 더욱 효과적일 수 있다(McNeill & Worthen, 1989). 또한 수퍼바이지는 내담자의 역할을 하고 수퍼바이저는 상담가의 역할을 하는 역할극을 통하여 새로운 시각을 얻을 수도 있다(Carroll, 1996).

2) 수퍼비전 관계를 촉진하거나 방해하는 요인들

수퍼비전은 수퍼바이저와 수퍼바이지 간의 공식적이고 전문적인 관계로 여러 가지 요인들이 이 수퍼비전 관계에 영향을 미친다. 여기에서는 수퍼바이저와 수퍼바이지의 특성들에 초점을 두어 설명한다.

(1) 수퍼바이저의 특성들

효과적인 수퍼바이저의 전문적인 자질들은 지식이 있고 역량이 있으며, 광범위한 경험과 전문적인 견해들을 가지며, 수퍼바이지의 욕구를 인식하고 알고 있으며, 그에 맞추어 다양한 개입들을 선택할 수 있으며, 수퍼바이저 그리고 상담가로서의 전문적인 발달을 지속적으로 추구하는 것이라고 Borders(1994)는 언급하였다. 또한 Borders는 능숙한 수퍼바이저의 개인적인 특성들은 권위자와 평가자의 역할에 편안함을 가지며, 수퍼바이지들의 상담 활동에 관한 명확한 피드백을 자주 제공하며, 수퍼비전 과정을 즐거워하고 그에 전념하며, 자신의 장점과 한계점들을 포함한 자아에 대한 이해를 갖고 있으며, 자아탐색에 대한 수용성을 지니며, 유머 감각을 지니는 것이라고 덧붙였다.

Lowry(2001, Haynes et al., 재인용, 2003)는 성공적인 수퍼비전을 촉진하거나 방해하는 수퍼바이저와 수퍼바이지의 특성에 대하여 연구하였다. 그 결과 긍정적인 수퍼비전 경험을 양성하는 중요한 수퍼바이저의 특성들은 효과적인 임상 기술이나 지식, 수용적인 수퍼비전 환경, 수퍼비전에서 훈련시키는 욕구, 수퍼바이지의 발달수준과 조화 이루기, 건설적인 피드백 주기, 공감적이기, 융통성이 있고 수퍼바이지들에게 시간을 할애하기, 긍정적인 인간관계 기술들을 획득하기, 경험 있는 상담가로서의 경험 순으로 나열하였다. 반면, 효과적인 수퍼비전 관계를 저해하는 수퍼바이저의 특성들은 판단적이고 지나치게 비판적이기, 개인적으로나 이론적으로 완고함, 수퍼비전 과정에 전념하지 않음, 수퍼바이지들에게 시간을 할애하지 않음, 제한적인 임상 지식과 기술들, 비윤리적이거나 경계를 지키지 않음, 지나치게 자아중심적인 성향 순으로 나열하였다.

효과적인 수퍼바이저와 비효과적인 수퍼바이저에 대한 설명을 한 Haynes 등(2003)의 설명에 의하면, 역량 있고 효율적인 수퍼바이저는 자아인식을 하고 있으며, 다른 동료나 수퍼바이지로부터의 피드백에 귀 기울이며, 어떠한 상황이라도 늘 배울 것이 있다고 생각하는 겸손함을 지닌다. 또한 역량 있는 수퍼바이저의 수퍼바이지는 문제해결 팀의 적극적인 일원이며, 주로 수퍼비전을 통하여 발달시킨 자신감과 침착함을 갖추고 있다. 반면, 비효과적인 수퍼바이저는 완고하고 피드백을 들으려 하지 않으며, 마치 자신이 모든 해결책을 가진 사람처럼 행동하며, 수퍼비전 시간을 자신의 지식을 알리는 기회로 사용한다. 이러한 수퍼바이저는 수퍼바이지가 상담하는 다양한 내담자들에 따른 광범위한 문제들을 어떻게 효율적으로 다루어야 하는지를 배우도록 수퍼바이지를 돕기보다는 자신이 제공할 것에 중점을 두는 경향이 있다. 이러한 경우는 주로 이후에 수퍼바이저와 수퍼바이지 간에 갈등을 일으키는 계기를 제공하게 된다.

(2) 수퍼바이지의 특성들

성공적인 수퍼비전 경험을 양성하는 수퍼바이지의 특성들은 배우고 향상하려는 욕구, 방어적이지 않고 피드백을 받아들이는 자세, 일반적으로 개방적이고 융통적임, 효과적인 임상 기술들과 지식들을 소유, 현명함, 수퍼비전에 책임감을 지니고 준비하는 자세, 용감하게 위험을 감수하려는 의지다. 그 밖의 다른 특성들로는 좋은 대인관계와 의사소통 기술, 공감 능력, 자아수용감, 통찰, 참됨, 질문할 수 있는 능력, 내담자에 대한 관심, 성숙함 등이 있다(Lowry, 2001). 반면, 긍정적인 수퍼비전 관계를 저해하는 수퍼바이지의 특성은 개방적이지 못하고 평가에 대한 두려움을 지님, 개인적으로 완고함, 방어, 자만함과 자신이 모든 것을 안다고 하는 생각을 지님, 수퍼비전이나 임상 경험에 대한 동기유발이 적거나 관심이 없음, 현명하지 못함, 심리적으로 문제가 있는 경우, 미성숙함 등이다. 그 밖의 특성들로는 빈약한 지식이나 기법, 대인관계 기술과 경계가 없음, 준비성이 없고 조직적이지 못함, 개인적인 통찰이 부족함, 수동적이거나 의존성이 있음 등이 있다.

3) 수퍼바이저와 수퍼바이지의 갈등들

모든 인간관계에서 갈등이 일어나는 것은 자연스러운 일이며, 수퍼비전 관계에서도 수퍼바이저와 수퍼바이지 간에 갈등이 생길 수 있다. 대부분의 경우에 갈등들은 귀 기울여서 듣거나 이해해 주고 관계의 기본적인 규칙들을 명확하게 이해함으로써 해결될 수 있다(Haynes et al., 2003). 하지만 어떤 경우에는 수퍼바이저와 수퍼바이지 간의 갈등들로 인하여 수퍼비전 관계를 종결하는 경우가 생기는 것 또한 사실이다. 수퍼비전 관계에서 수퍼바이저의 파워와 권위로 인한 불평등한 수퍼비전 관계는 수퍼바이저와 수퍼바이지 간의 갈등들을 쉽게 초래할 수 있다. 사실상 갈등 자체가 반드시 문제를 야기시키는 것만은 아니다. 수퍼바이저와 수퍼바이지가 갈등을 인식하여 서로에 대한 존중감을 가지고 그에 대해 이야기 나눔으로써 서로에 대한 이해를 증폭시킬 수 있을 뿐만 아니라 자신에 대한 통찰도 얻을 수 있는 값진 기회가 될 수 있다.

Bradley와 Goodyear(2004)는 수퍼바이저와 수퍼바이지 간의 갈등을 다음의 세 가지 경우들의 연속선상에서 이해하는 것이 유용하다고 하였다. 첫 번째는 갈등이 수퍼바이저나 수퍼바이지의 실수 또는 의사소통의 문제에 의하여 생긴 경우다. 두 번째는 정상적인 갈등들로 수퍼바이지의 발달과정에 따라 생긴 경우다. 즉, 수퍼바이저와 수퍼바이지 간의 긴장과 갈등 그리고 수퍼비전에 대한 불만들은 좀 더 경험이 있는 수퍼바이지들에게 일어난다고 보는 시각이다(Rønestad & Skovholt, 1993). 대부분의 청소년과 같이 이 시기의 수퍼바이지들은 자신감과 불안전성 사이에서 갈팡질팡한다. 따라서 수퍼바이지들은 많은 경로를 통한 정보들을 적극적으로 받아들이지만, 전문성을 지니고 자신만의 방법들을 찾아가는 데 충분한 시간을 갖지 못하기 때문에 갈등이 생긴다고 본다. 이러한 갈등은 문젯거리로 보기보다는 발달적인 현상으로 보아야 할 것이다. 세 번째는 수퍼바이저나 수퍼바이지의 대인관계적인 역동으로 생기는 경우다.

수퍼바이저와 수퍼바이지 간의 견해의 차이에서 오는 갈등들은 해결하기 어려울 수 있으며, 어느 한 사람의 견해가 틀렸거나 왜곡되었다고 납득시키는 것 또한 어려울 수 있다. 그렇다 해도 차이점들을 해결하려고 시도하는 것이 수퍼바이저의 임무다(Haynes et al., 2003). 첫째, 수퍼바이저는 수퍼바이지와의 차이점들의 근원들을 밝히는 구체적인 계획과 이해를 갖고 있어야 한다. 이때 수퍼바이저는 수퍼비전 관계의 근본적인 성격과 수퍼비전의 방법들, 어떻게 수퍼비전이 이루어지는지에 대한 구체적인 절차들을 나타낸 수퍼비전 계약서를 검토할 수 있다. 둘째, 수퍼바이저는 자신과 수퍼바이지가 협력적인 관계를 맺음으로써 좀 더 만족스러운 수퍼비전이 되도록 하는 방법에 대하여 수퍼바이지와 이야기를 나눈다. 또한 수퍼바이저는 수퍼바이지와의 갈등이 해결되지 않았을 경우나 다른 많은 수퍼바이지들과의 갈등을 경험할 경우에, 다른 전문가의 자문을 구하거나 수퍼바이저 자신을 위한 수퍼비전을 얻는 것도 효과적이다.

수퍼비전 갈등에서 무엇보다도 중요한 것은 수퍼바이저가 수퍼바이지들이 직면하는 여러 가지 도전적인 문제들을 이해하는 모범을 보이는 것이다. 만약 수퍼바이저가 수퍼바이지의 경험이나 문제들을 인식하고 이해하려고 노력한다면, 수퍼바이지들은 좀 더 자신들의 갈등들을 탐색할 수 있고 더 책임 있는 수퍼비전 관계에 참여할 수 있도록 격려받을 수 있게 된다. 따라서 이러한 갈등들은 갈등 자체보다는 갈등을 해결해 나가는 방법을 통하여 수퍼바이저와 수퍼바이지 간의 관계를 강화시키는 기회가 될 수 있으며, 더욱 효과적인 수퍼바이저와 적극적인 수퍼바이지로서의 역할을 다하는 데 기여하게 될 것이다.

(1) 수퍼바이저와 수퍼바이지의 게임들

Kadushin(1968)은 수퍼바이저와 수퍼바이지는 갈등이나 긴장들을 완화하고 통제하기 위하여 게임들에 의존한다고 주장하였다. 게임이란 일련의 행동양식으로 게임에 임하는 사람에게는 보상적이기 때문에 일어난다(Bernard & Goodyear, 2004). 이러한 게임들에 임하는 수퍼바이저나 수퍼바이지는 의식적인 인식(conscious awareness)을 많이 할 수도 있고 적게 할 수도 있다. 하지만 게임은 한 개인, 즉 수퍼바이저나 수퍼바이지에 의하여 일어나는 것이 아니라 반드시 두 사람, 즉 수퍼바이지와 수퍼바이저 모두가 참여해야만 일어나는 것이다. 수퍼바이저나 수퍼바이지가 갈등을 완화하기 위하여 취하는 게임들은 참된 수퍼비전 관계를 맺지 못하도록 방해하며 수퍼비전의 과정이나 결과에도 악영향을 미친다.

특히, 훈련 중인 수퍼바이지에게는 이러한 게임들로 인하여 수퍼비전에서 다루어야 하는 사항들이 제한적으로 검토되고 자신의 훈련과 성장을 저해하게 되는 결과를 초래하게 된다. Kadushin(1963)에 의하면, 수퍼바이지들은 자신이 상담가로서의 상담 활동이나 자기 자신에 대하여 적합하지 못하다는 것을 아는 것에 대한 두려움으로 이러한 게임들에 의존하게 된다. 따라서 수퍼바이저는 훈련 중인 수퍼바이지에 대한 긍정적인 피드백을 제공하고 수퍼바이지의 건전한 자아효율성의 발달을 촉진시켜야 한다고 Kadushin은 권고하였다. 특히, 상담가가 되는 길은 수퍼바이지의 기존의 사고방식이나 믿음들의 변화를 요구하므로 수퍼바이지는 그에 대한 위협을 느낄 수 있다. 따라서 훈련 시 생기는 수퍼바이지의 불명확함이나 혼동감을 공감해 줌으로써 수퍼바이지가 게임에 의존하는 가능성을 줄일 수 있다고 하였다.

수퍼바이저 또한 자신의 위치에 대해 위협감을 느끼거나 권위자로서의 불확신과 불편함들을 느낄 때, 자신의 권위를 사용하는 데 주저함을 느낄 때 또는 특정 수퍼바이지에 대한 적개심을 느낄 때 게임을 시작하여 그에 의존할 수 있다

(Kadushin, 1968). 이러한 수퍼바이저의 게임은 수퍼바이지의 게임과 마찬가지로 수퍼비전 관계를 저해하게 된다. 수퍼바이저는 자아를 인식하고 분노, 적개심, 거부감을 기꺼이 감수하는 위험성을 취하고, 심지어 실패자로 여기는 위험성도 기꺼이 감당할 필요가 있다. 무엇보다 중요한 것은 수퍼바이저는 직접적인 대화법으로 수퍼바이지와 개방적인 관계를 형성하고, 수퍼바이지의 긴장이나 갈등들을 게임에 의존하지 않고 수퍼바이지의 성장을 위한 하나의 학습 도구로서 활용해야 한다는 것이다.

Kadushin(1968)이 언급한 수퍼바이지가 취하는 네 가지 시리즈의 게임들과 수퍼바이저가 취하는 두 가지 형태의 게임들을 〈표 4-5〉에서 기술하였다.

표 4-5 Kadushin의 수퍼바이지와 수퍼바이저가 취하는 게임들

수퍼바이지가 취하는 게임들
시리즈 1: 요구수준들을 조정하기
상담기관에 반대하거나 위험인물을 유인하기: 수퍼바이지는 기관의 규칙이나 법규들에 대한 수퍼바이저의 주장에 대하여 내담자들의 욕구들에 초점을 맞춤으로써 수퍼바이저의 주장들을 줄이려 한다. **제가 당신에게 친절했으니까 저에게 친절하세요**: 수퍼바이저의 비위를 맞추려는 이러한 게임은 수퍼바이지의 내담자와의 상담 활동에 대한 수퍼바이저의 평가적인 역할을 완화시키려는 목적이 있다.
시리즈 2: 관계를 재정립하기
아프고 나약한 저를 보호하세요. 저를 때리지 말고 잘 대해 주세요: 수퍼바이지는 상담 활동보다는 자신의 개인적인 걱정들에 대하여 구체적으로 노출함으로써 수퍼바이저에게 호소력을 지니려 한다. **친구 사이에는 평가하지 않는 거예요**: 친구 사이에는 책임감을 적게 진다는 기대를 가지고 좀 더 사회적이고 비공식적인 상호작용으로 수퍼비전 관계를 재정립하려 한다. **그럴 듯한 참여를 극대화하기**: 수퍼바이지가 의사결정권을 최대한으로 행사함으로써 동료 간의 관계를 강조한다.
시리즈 3: 파워의 차이를 줄이기
당신이 내가 아는 도스토예프스키를 아신다면: 수퍼바이지는 자신의 지적인 능력이나 파워로 수퍼바이저를 교육시키는 데 중점을 둔다. **그래서 당신이 아는 것이 무엇인가요?**: 수퍼바이저의 전문성이 적은 영역이나 삶의 경험이 적은 영역에 대하여 수퍼바이지는 자신의 광범위한 정보들을 알린다. **전부 또는 전혀**: 수퍼바이지는 삶의 큰 의미에 대한 광범위한 견해와 질문들을 추구하여 수퍼바이저가 이상적인 사람이 아니라는 느낌을 갖도록 하는 데 목적이 있다.

〈계속〉

시리즈 4: 상황을 통제하기
저는 작은 리스트를 갖고 있어요: 수퍼바이지는 일련의 상담 활동과 관련된 걱정거리를 가지고 수퍼바이저의 수퍼바이지 자신에 대한 관심을 통제하고 조정하려 한다. **통과하기 위하여 머리를 땅에 댄다**: 수퍼바이지는 수퍼바이저로부터 확인을 얻어내기 위한 목적으로 자신을 혹평한다. **저는 잘 몰라요**: 수퍼바이지는 자신의 약점을 드러내고 수퍼바이저에게 "어떻게 할까요?" 라고 묻고 해답을 찾음으로써 힘을 얻으려 한다. **당신이 말한 대로 저는 했을 뿐이에요**: 적개심이나 분노 어린 게임으로 수퍼바이지는 수퍼바이저의 조언을 적개심을 품은 채 따라하여 수퍼바이저의 책임으로 돌리는 방어적인 게임이다. **모든 게 너무 혼동스러워요**: 수퍼바이저의 권위를 훼손시키려는 의도로 다른 많은 권위자들로부터 제안이나 지도를 추구한다. **당신이 모르는 것이 저에게 상처가 되지 않을 거예요**: 수퍼바이지는 수퍼바이저에게 자신에 대한 호의적인 이미지를 제공하고, 수퍼바이저와의 거리를 유지하기 위하여 자신에 대한 이야기를 선택적으로 나눈다.
수퍼바이저가 취하는 게임들
포기의 게임들
그들은 내가 하도록 허락하지 않는다: 상담기관이나 그 기관의 규칙이나 권위자들에게 책임을 떠넘김으로써 수퍼바이저는 의사결정권에서 회피하게 된다. **불쌍한 나**: 수퍼바이저는 과중한 다른 과업들을 핑계로 수퍼비전에 전념하지 않으며, 수퍼바이지가 또 다른 요구를 하지 말아야 한다고 생각한다. **나는 정말로 당신과 같은 한 사람일 뿐이에요**: 이 게임을 취한 수퍼바이저는 수퍼바이지의 견해에 동의하면서 승인을 얻고자 한다. **나는 정말로 착한 사람이에요**: 수퍼바이저는 자신의 개인적인 특성들에 의존하여 승인을 얻고자 한다. **좋은 질문이 또 다른 것을 낳게 한다**: 하나의 질문에 대하여 질문으로 답하는 이러한 게임은 지연하려는 계획으로, 또는 수퍼바이지에게 대답하거나 결정을 내리거나 정보를 노출하는 것을 피하기 위해서 취하는 게임이다.
파워의 게임들
누가 보스인지 기억하세요: 수퍼바이저는 수퍼바이지가 반박하는 것을 막고 자신이 전능한 위치에 있음을 기억시킴으로써 자신의 파워와 권위를 지키려 한다. **내가 당신에게 말할 게 있어요**: 수퍼바이저가 파워를 가지고 수퍼바이지에게 규율적인 행동들을 언급하는 것으로 위협적인 게임이다. **부모님(아버지나 어머니)이 더 잘 알아요**: 수퍼바이저가 나약하고 의존적인 수퍼바이지를 보호하고 지도하기 위하여 자신의 경험이나 지혜를 확인하는 게임이다. **나는 단지 도우려고 할 뿐이에요. 나는 당신이 나 없이는 절대로 할 수 없을 거란 걸 알아요**: 수퍼바이저가 도움과 보살핌이라는 핑계로 수퍼바이지를 역량이 없는 실패자로 여기고 그에 대한 기대를 낮게 갖는 게임이다.

〈계속〉

나는 당신이 왜 그 질문을 하는지 정말로 궁금해요: 통제력을 확보하기 위하여 수퍼바이저가 취하는 게임으로 수퍼바이지의 질문이 심리적인 저항이라는 것을 암시하고 있다. 따라서 수퍼바이저는 수퍼바이지의 견해나 가설을 인정하기보다는 자신의 파워를 유지하는 데 중점을 둔다.

(2) 자아노출의 여부

수퍼비전 관계에서 자아노출이란 수퍼바이저나 수퍼바이지가 수퍼비전 관계에서 일어나는 모든 문제들을 개방적으로 토론하는 의지를 말한다(Haynes et al., 2003). 이러한 자아노출은 서로에 대한 신뢰를 바탕으로 이루어지며, 수퍼비전 관계에 여러 가지로 영향을 미칠 수 있다. 수퍼바이저가 개인적인 문제들이나 경험들을 노출하는 것은 어디까지나 수퍼바이지에게 도움이 될 때 이루어져야 한다. 수퍼바이저들은 자아노출로서 성공적인 상담과 상담 갈등들, 이전의 훈련 경험들, 또는 훈련자들과 그들의 내담자들에 대한 반응들을 포함한 개인적인 정보들을 수퍼바이지와 나눌 수 있다.

또한 수퍼바이저들이 주로 많이 나누는 자아노출 사항들은 개인적인 문제들, 중립적인 상담 경험들 그리고 상담 갈등들이다(Ladany & Lehrman-Waterman, 1999). 적절한 시기에 적당한 정도의 수퍼바이저의 개인적인 자아노출은 수퍼바이지에 대한 신뢰를 나타내며 수퍼비전 관계를 강화할 수 있다. 하지만 수퍼바이저는 수퍼비전에서 중심이 되는 사람은 수퍼바이저가 아닌 수퍼바이지며, 수퍼바이지가 수퍼바이저를 지지함으로써 역할의 반전이 이루어지지 않도록 주의하여야 한다. 반면, 중립적인 상담 경험들과 상담에서의 갈등들에 대한 수퍼바이저의 자아노출은 그 자신의 연약함을 수퍼바이지에게 보임으로써, 수퍼바이지를 지지하고 수퍼바이지와의 감정적인 유대감을 형성하며 효과적인 상호협력 관계를 유지하는 데 도움이 될 수 있다.

수퍼비전 관계에서 수퍼바이지는 자신의 학습과 성장을 최대화하기 위하여 내담자나 내담자와의 상담 활동이나 과정들을 노출해야 한다. 특히, 내담자와의 상담 활동을 방해하는 수퍼바이지들의 문제들이나 갈등들은 수퍼비전 관계에서 언급되어야 한다. 그리고 수퍼바이지의 문제의 심각성에 따라 수퍼바이저 이외의 다른 전문 상담가로부터의 상담을 추구하는 것도 수퍼바이지의 개인적인 성장과 전문적인 상담가로서의 발달을 촉진할 수 있다. 수퍼바이지가 자아노출을 꺼림으로써 더 나은 배움을 쌓지 못하는 것은 수퍼바이저와의 신뢰로운 관계가 성립되지 않았고, 수퍼바이지의 나약함이나 결점들이 자신의 상담 활동들을 평가할 때 부정적인 영향을 미칠 수 있다는 잘못된 인식으로 인한 것일 수 있다. 일반적으로 수퍼바이지가 자신의 상담 활동에 대한 생각, 두려움, 기대, 바람들에 대하여 자아노출을 하면 할수록 좀 더 적극적인 수퍼비전 관계를 형성하게 된다. 이

표 4-6 수퍼바이지들이 노출하지 않는 사항들과 그 원인들

%	수퍼바이지들이 노출하지 않는 사항들
90	수퍼바이저에 대한 부정적인 감정
60	수퍼비전과 직접적으로 관련되지 않는 자신에 대한 사고나 경험이나 문제와 같은 개인적인 문제들
44	임상적인 실수들
44	자신에 대한 수퍼바이저의 평가에 대한 불편함과 걱정들
43	내담자에 대한 진단, 외모, 치료나 상담 과정과 같은 일반적인 사항들
36	내담자에 대한 비판적이거나 불쾌한 부정적인 감정들
25	내담자에게 매력을 느끼는 감정이나 사고들
23	수퍼바이저에 대한 긍정적인 감정들
22	내담자에 대한 역전이 반응들
%	**수퍼바이지들이 노출하지 않는 원인들**
73	지나치게 개인적이라는 인식
62	중요하지 않다는 인식
55	복종감으로 수퍼바이지는 그러한 사항들을 가져올 만한 위치에 있지 않으며 수퍼바이저가 불편해할 거라는 생각
51	수치심, 당혹함, 불편함과 같은 부정적인 감정들
50	수퍼바이저와의 미약한(poor) 관계
46	자신에 대한 부정적인 인식을 피하기 위한 이미지 관리

러한 개방적인 태도는 서로에 대한 신뢰를 바탕으로 이루어진 것이므로 수퍼바이저와 수퍼바이지 간의 신뢰는 매우 중요하다(Haynes et al., 2003).

수퍼바이지의 학습과 성장을 위한 자아노출이 격려됨에도 불구하고 수퍼바이지들은 노출을 꺼릴 수 있으며, 더욱이 그들이 비윤리적이거나 불법적인 활동에 참여할 때 수퍼바이저는 법적인 위험 부담까지 짊어지게 되는 것이다. 수퍼비전 과정에서 수퍼바이지들이 노출하지 않는 사항들과 그 이유를 조사한 연구결과(Ladany, Hill, Corbett, & Nutt, 1996)를 앞의 〈표 4-6〉에서 나타내었다. 표에서 알 수 있는 바와 같이 수퍼바이저와의 관계가 미약한 경우 50%의 수퍼바이지들이 노출을 꺼리고 있었다. 이러한 결과는 결과적으로 자아노출이 수퍼바이지 자신의 성장은 물론 그의 내담자들의 복리에도 위협을 주는 주된 요인이라는 것을 보여 준다. 따라서 수퍼바이저는 수퍼바이지가 수퍼비전 과정상에서 적절한 노출을 촉진할 수 있도록 개방적이고 상호협력적이며 지지적인 수퍼비전 관계를 형성하는 데 노력해야 한다.

(3) 역할 갈등과 역할 혼미

Bordin(1983)은 수퍼비전의 작업동맹이 수퍼비전에서 생기는 위계적인 관계와 관련된 불안감과 긴장감으로 인하여 저해될 수 있다고 주장하였다. Bordin은 두 가지 실질적인 요인들, 즉 역할 갈등(role conflict)과 역할 혼미(role ambiguity)는 효과적인 수퍼비전 관계에 악영향을 끼치며, 수퍼바이지의 부정적인 이전 수퍼비전 경험과 그에 대한 영향들이 현재의 협력적인 수퍼비전 관계를 방해하는 요인으로 작용할 수 있다고 언급하였다.

역할 갈등과 역할 혼미는 수퍼바이지들이 직면하는 역할에 대한 갈등과 혼동감들이다. 수퍼바이지들이 경험하는 이러한 역할 갈등과 역할 혼미는 수퍼비전 관계는 물론 수퍼비전의 과정이나 결과에도 영향을 미칠 수 있다(Muse-Burke et al., 2001). 역할 갈등이란 수퍼바이지가 자신의 개인적인 신념들과는 상반된 행동들을 수행해야 하는 경우, 또는 갈등적인 행동들을 야기하는 두 가지 또는 그 이상의 다른 역할들에 참여해야 하는 경우에 생긴다(Olk & Friedlander, 1992).

예를 들어, 수퍼바이저가 수퍼바이지의 윤리적인 신념이나 수퍼바이지가 지향하는 상담이론과 상반되는 행동을 하도록 지시할 수 있다. 이때 수퍼바이지는 학생으로서의 수퍼바이지와 상담가로서의 수퍼바이지의 역할 간에 갈등을 경험하게 된다(Ladany & Friedlander, 1995). 역할 혼미는 수퍼바이저나 상담기관이 수퍼바이지에게 갖는 역할 기대들과 그러한 기대들을 충족시키기 위한 방법들 그리고 긍정적 또는 부정적 수행의 결과에 대하여 불확실성을 가질 때 나타난다(Olk & Friedlander, 1992). 예를 들어, 수퍼바이지는 수퍼비전에서 자신의 약점들과 무력함들을 표현하도록 격려받는다. 하지만 수퍼바이지들은 실습 과목을 무사히 마치기 위해서는 역량 있는 상담가의 모습 또한 나타낼 필요가 있다. 이때 수퍼바이지는 내담자로서의 수퍼바이지와 상담가로서의 수퍼바이지의 역할 간에 혼동을 경험하게 된다(Ladany & Friedlander, 1995).

이러한 수퍼바이지의 역할 갈등과 역할 혼미 경험을 줄이기 위해서는 수퍼바이저와 수퍼바이지 간에 상호협력적인 수퍼비전 관계가 형성되어야 한다. 실제로 수퍼바이지가 수퍼바이저와의 관계가 강하다고 인식한 경우에는 수퍼비전에서 나타나는 역할 갈등과 역할 혼미를 덜 경험하였고, 반대로 수퍼바이저와의 관계가 미약하다고 인식한 경우에는 그러한 것들을 더 많이 경험한 것으로 밝혀졌다(Ladany & Friedlander, 1995). 이와 같이 강한 심리적인 유대감과 신뢰를 바탕으로 한 수퍼비전 관계에서는 수퍼바이지가 비록 역할 갈등과 역할 혼미를 경험한다 할지라도, 그러한 갈등들을 수퍼바이저와 수퍼바이지가 효율적으로 해결해 나가며 수퍼바이저는 수퍼바이지의 역할과 기대에 대한 분명한 설명을 제공한다.

(4) 성적인 문제들

수퍼비전 관계는 수퍼바이저와 수퍼바이지 간에 집중적이며 서로에 대한 개방적인 대화를 통하여 친밀한 관계를 형성할 수 있다. 이러한 친밀감은 모든 인간관계에서와 마찬가지로 서로간에 또는 일방적인 성적인 매력으로 발전할 수 있다. 이러한 성적인 매력은 수퍼비전 관계에 영향을 미치게 된다. 사실상 수퍼바이저와 수퍼바이지 간에 성적인 매력은 일어날 수 있는 정상적인 감정이고, 그 매력 자체가 문제를 야기하는 것은 아니다. 이러한 성적인 매력에 대해서는 수퍼바이저와 수퍼바이지 간에 어떻게 윤리적으로 해결하느냐가 중요한 문제다. 간혹 훈련 중인 수퍼바이지들이 수퍼바이저에게 성적인 접근을 암암리에 제공하는 경우도 있다. 따라서 수퍼바이저는 수퍼바이지가 신뢰와 존중 그리고 민감성을 바탕으로 한 안전한 수퍼비전 환경에서, 수퍼바이저에 대한 성적인 매력을 인정하고 개방적으로 탐색하여 효과적인 수퍼비전 경계를 다시금 설정하는 등의 윤리적이고 전문적인 방법으로 대처할 수 있도록 격려하는 것이 바람직하다(Haynes et al., 2003; Muse-Burke et al., 2001).

수퍼바이저 또한 수퍼비전에서 생길 수 있는 수퍼바이지에 대한 성적인 매력들에 대하여 민감성을 유지해야 한다. 특히, 수퍼바이저는 자신의 감정들을 점검해 볼 필요가 있다(Haynes et al., 2003). 만약 수퍼바이저가 수퍼바이지에 대해서 성적인 감정들이 자주 일어나거나 다른 많은 수퍼바이지들에게서 느껴진다면, 수퍼바이저는 이러한 문제들을 대처하기 위하여 자신을 위한 상담이나 수퍼비전을 구해야 한다. 또한 수퍼바이저는 자신의 삶에서 이러한 성적인 매력들을 야기할 수 있는 경험들이 있었는지, 자신의 삶에서 상실된 것은 무엇인지, 또는 자신의 개인적인 욕구들을 만족시키기 위하여 어떻게 자신의 전문적인 활동들을 이용하는지에 대한 숙고가 반드시 이루어져야 한다. 특히, 수퍼바이저는 수퍼바이지와는 다른 파워와 권위가 있기 때문에 자신의 파워와 권위가 해결되지 않은 성적인 문제들을 해결하기 위해 남용되는 것을 막아야 하며, 수퍼바이지의 성장과 발달을 위하여 건설적으로 활용될 수 있도록 노력해야 한다.

수퍼비전에서 다루어야 하는 성적인 매력들은 단지 수퍼바이저와 수퍼바이지 간의 성적 매력에만 국한되지 않는다. 다시 말해서 수퍼비전에서는 훈련 중인 수퍼바이지의 내담자에 대한 성적인 매력들에 대해서도 언급이 이루어져야 한다. 대부분의 놀이치료 내담자들이 아동들이고 성적인 문제들은 성인 내담자와의 관계에서만 일어나는 문제들이라고 국한시킨다면 제한적인 편견을 가지고 상담에 임하는 것이다. 인간관계에서 상대방에 대한 성적인 호감이나 매력들은 상대방의 나이에 따라 달라지는 것이 아니다. 놀이치료에서 상담가의 내담자에 대한 매력들은 심지어 아동 내담자에 대한 지나친 호의나 과다하게 아동을 좋아하는 감정 및 언급들 또는 불필요하게 아동을 신체적으로 껴안는 등의 신체적인 접촉으로도 나타날 수 있다.

이러한 관계는 치료적인 경계를 방해하는 원인이며 수퍼비전에서 반드시 다루어져야 하는 문제들이다. 특히, 수퍼비전에서 이러한 문제들을 간과할 경우에는 훈련 중인 수퍼바이지들에게 상담에서의 성적인 매력이나 문제들은 금기사항이고, 내담자에 대한 상담가의 성적인 매력은 성인상담에만 일어나는 문제들이라는 메시지를 주게 된다. 이는 결국 수퍼바이지들이 내담자에 대한 성적인 매력들을 경험할 때 그러한 감정을 인정하고 탐색하거나 다른 전문가에게 자문을 구하는 것을 회피하게 만드는 요인으로 작용할 수 있다(Corey, Corey, & Callanan, 1998). 수퍼바이저는 또한 수퍼바이지의 성적인 매력으로 인해 내담자들에게 있을 수 있는 심리적인 상처나 혼동감이 더 이상 생기지 않도록 내담자들을 보호할 의무가 있다. 따라서 필요한 경우에는 내담자를 다른 상담가에게 의뢰할 수도 한다.

상담과정에서 나타나는 성적인 감정들에 대한 상담가들의 가장 보편적인 반응들을 조사한 연구(Pope, Sonne, & Holroyd, 1993)에서는 놀람과 충격, 죄책감, 미해결된 개인적인 문제에 대한 불안감, 통제력을 잃을 것 같은 두려움, 비판받을 것 같은 걱정, 개방적으로 이야기 나누지 못하는 것이나 성적인 접촉을 하지 못하는 것에 대한 좌절감, 과제에 대한 혼동감, 경계와 역할에 대한 혼동감, 행동에 대한 혼동감, 내담자의 성욕(sexuality)에 대한 분노, 내담자의 요구들을 좌절시키는 것에 대한 두려움과 불편함 순으로 나타났다.

수퍼바이지의 내담자에 대한 성적인 감정이나 매력은 있을 수 있는 일이다. 중요한 것은 수퍼바이저가 수퍼바이지의 이러한 경험을 수퍼바이지의 성장과 배움의 기회로서 활용하는 것이다. 즉, 수퍼바이저의 역할은 수퍼바이지들이 내담자에 대한 성적인 감정들을 인정하고 내담자에게 매력을 느끼는 이유들을 탐색하도록 한다(Bennett, Bryant, VandenBos, & Greenwood, 1990; Gill-Wigal & Heaton, 1996). 특히, 내담자의 어떤 점이 수퍼바이지의 욕구를 만족시키는지를 탐색하도록 한다. 중요한 것은 수퍼바이지가 자신의 성적인 매력이나 감정을 절대로 행동으로 나타내어서는 안 된다는 것이다.

따라서 수퍼바이저는 수퍼바이지가 그러한 감정을 나타낼 수 있는 행동들, 예를 들어 내담자와 가까이 앉거나 껴안거나 상담시간을 연장하는 식의 행동들에 신중하도록 격려한다. 수퍼바이저나 다른 경험 있는 상담가들과의 자문을 통하여 수퍼바이지는 자신이 취할 일련의 행동과정을 결정하는 데 도움을 얻도록 한다. 필요한 경우에는 수퍼바이지의 감정과 미해결된 자신의 문제들을 해결하기 위하여 따로 상담을 받을 것을 권고한다. 신체적인 접촉, 자아노출, 내담자가 상담가 개인에 관한 정보를 묻는 식의 관계에서 명확한 제한과 함께 경계를 설정하도록 한다. 마지막으로 상담가가 자신의 감정을 적절하게 해결하지 못하는 경우에는 내담자와의 전문적인 치료관계를 종결하고 다른 상담가에게 내담자를 의뢰하도록 한다.

4) 수퍼바이지들이 대처해야 하는 도전적인 문제들

효과적인 상담가로 성장하기 위한 과정은 단순히 특정 시험이나 과정을 이수하였거나 일정한 임상 경험 시간을 채웠다고 해서 이루어지는 것이 아니다. 오히려 끊임없는 갈등과 도전을 통하여 이루어지는데, 이러한 갈등과 도전은 효과적인 상담가로서의 성장을 촉진시키는 값진 거름의 역할을 한다. 특히, 여기에서 다루는 수퍼바이지들에게 도전이 되는 문제들은 수퍼비전 과정에서 직면하는 문제들로, 수퍼비전 중에 탐색되어 수퍼비전 경험은 물론 수퍼바이지의 성장을 최대화할 수 있는 기회로 활용되어야 할 것이다.

(1) 수퍼바이지들의 불안감

불안을 정상적인 불안과 신경증적인 불안으로 나누고 있는 실존주의 입장에서는 정상적인 불안이 성장을 위한 잠재적인 근원이며 변화를 위한 촉진제의 역할을 한다고 본다. 상담 분야에서도 어느 정도의 불안과 긴장은 동기를 유발시키는 긍정적인 개념이라고 본다. 상담가가 되기 위하여 훈련 중인 수퍼바이지들은 그들의 학문적인 교육과 임상적인 경험들이 많고 적음에 관계없이 내담자들을 만날 때 긴장감과 불안감을 경험할 수 있다. 이러한 사실은 수퍼비전 관계에서도 마찬가지다.

수퍼비전에서 나타나는 수퍼바이지들의 불안감은 수퍼바이지의 성숙도, 경험 수준, 성격, 내담자와의 관계, 수퍼바이저와의 관계 등과 같은 여러 가지 원인에서 비롯될 수 있다. 그러나 가장 큰 원인은 수퍼비전에 대한 기대와 역할들 그리고 자신의 상담 수행에 대한 평가 기준과 절차들에 관한 애매모호함에서 기인한다(Bernard & Goodyear, 2004; Muse-Burke et al., 2001). 따라서 수퍼바이지와 수퍼바이저의 기대와 역할 및 책임들, 수퍼바이지에 대한 평가 기준과 방법, 평가에 대한 윤리적인 책임들을 기술한 문서화된 자료를 통해 수퍼바이지와 함께 이야기 나눔으로써 수퍼비전에 대한 명확한 기대와 역할 수행들이 이루어지도록 해야 한다.

수퍼바이지들의 불안은 수퍼바이지의 학습 능력과 상담수행 능력 그리고 수퍼바이저와의 상호작용에 영향을 미친다(Bernard & Goodyear, 2004). 모든 학습은 관찰에서 시작되는데 지나친 불안은 관찰할 수 있는 수퍼바이지의 능력을 방해할 수 있다. 이는 수퍼바이지가 수퍼비전을 통한 배움을 활용하지 못하는 경우다. 하지만 수퍼바이지의 배움을 위하여 그의 불안을 막아야 하는 것은 아니다. 수퍼바이지의 불안을 줄이려는 노력은 그에게 도움이 되지 않으며, 오히려 수퍼바이지가 그 자신의 불안을 충분히 경험하고 탐색함으로써 문제의 근원을 파악하도록 하는 것이 바람직하다. 또한 불안이 거의 없거나 지나치게 많은 사람은 성장을 위한 동기가 부족하거나 스스로를 정신적으로 쇠약하게 만들고 자신감을 상실하게 할 수 있다. 따라서 수퍼바이지들의 적당한 불안이 상담수행 능력을 촉진시키는 원동력임을 인정해야 한다.

마지막으로 불안감을 가진 수퍼바이지는 수퍼비전에서 긍정적인 진전을 보인 내담자들이나 자신이 효과적으로 상담한 자료들만을 논의하는 경향이 있다(Rønestad & Skovholt, 1993). 따라서 수퍼바이저는 초기의 수퍼비전 과정에서 수퍼바이지의 불안이 어느 정도 줄어들 때까지 수퍼바이지가 선택한 자료들을 수퍼비전에서 활용할 수 있다. 수퍼바이저와의 관계에 영향을 미치는 수퍼바이지의 불안은 수퍼바이저의 수퍼바이지 자신에 대한 이미지를 관리하려는 것으로도 나타나는데, 이러한 노력은 앞에서 이미 언급한 Kadushin(1968)의 심리적인 게임으로 나타날 수 있다.

수퍼바이지의 불안감은 자신에 대한 의구심과 두려움이라는 감정들로도 나타난다(Haynes et al., 2003). 자신에 대한 의구심과 두려움들로 인하여 수퍼바이지들은 자신감이 극도로 저하되거나 실수에 대하여 지나치게 사죄하는 태도를 취하며, 자신이 이미 알고 있는 지식과 할 수 있는 능력에 대한 실력이나 공적을 인정하지 않으려는 경향이 있다. 수퍼바이지에게 무엇보다 중요한 것은 자신의 의구심과 두려움이라는 감정을 인정하고 완벽하지 않은 자신의 모습과 완벽하지 않은 치료 개입을 인정하는 용기다. 또한 수퍼바이지는 자신의 실수를 인정하되 그에 대한 질책을 삼가고 수퍼바이저와 솔직한 대화를 나누는 것이 중요하다.

훈련 중인 수퍼바이지들은 주로 어떤 것이 옳고 그른지를 지나치게 의식하며, 융통성이 없이 완고한 태도로 오직 하나의 명확한 해답을 추구하는 경향이 있다(Haynes et al., 2003). 하지만 실수를 방지하기 위하여 상담가가 모든 것을 알아야 할 필요는 없으며, 완벽한 상담가가 되는 것이 수퍼바이지들의 목적이 아니다. 더욱이 훈련 중인 수퍼바이지들에게는 실수와 착오를 통한 성장이 기대되므로, 자신을 완벽주의적인 성향으로 몰고가는 데 에너지를 소비한다면 더 나은 배움을 위한 에너지는 감소하게 된다(Corey, 1996). 따라서 수퍼바이지들은 훈련받는 과정 중에 있는 학생들 또는 상담가들이라는 이점을 충분히 살려, 기존에 자신이 갖고 있는 비합리적인 신념들을 인정하고 재점검하는 도전적인 태도를 취해야 할 것이다. 더욱이 수퍼바이지는 상담과 마찬가지로 수퍼비전에서도 있을 수 있는 애매모호함에 대하여 너그럽게 수용하는 인내심을 가지며, 상담이나 수퍼비전에서 일어날 수 있는 불확실성을 수용하며, 답변이 없는 질문들과 불완전함에 편안해지는 법을 배우고 발달시킬 필요가 있다(Muse-Burke et al., 2001).

(2) 수퍼바이지들의 저항

상담에서 내담자의 저항이 나타나는 것과 마찬가지로 수퍼비전에서도 수퍼바이지의 저항이 나타난다. 일반적으로 저항은 인지된 위협에 대하여 자아를 보호하는 정상적인 행동이다. 수퍼비전에서 수퍼바이지들의 저항은 수퍼바이저와 수퍼바이지의 갈등, 수퍼비전 목표와 과업들에 대한 불일치 등과 같은 여러 가지 원인에 의하여 생겨날 수 있다. 이는 위협을 인식하였을 때 나타나는 건강한 반응이다. 따라서 수퍼바이지의 저항이 나타났을 때, 수퍼바이저가 자신의 대인관계 행동에 의한 결과를 고려하지 않고 비난의 대상을 수퍼바이지에게로 돌리거나 스스로 흥분하거나 심지어 화를 내는 경우는 바람직하지 못하다. 오히려 수퍼바이지들의 저항의 원인과 저항이 일어나는 환경들을 교육적인 수단으로 활용하여 수퍼바이지들의 학습과 성장을 극대화하여야 한다.

Bernard와 Goodyear(2004)는 네 가지 형태의 수퍼바이지 저항에 대하여 설명하였다. 첫째는 수퍼바이저의 영향에 대한 저항이다. 이는 수퍼바이지들이 자신의 행동이나 경험들에 대하여 이야기 나누지 않거나, 특정 주제에서 빗나가는 논의를 하거나, 자신의 행동에 대해 초점을 두지 않으려 하거나, 수퍼바이저와의 파워 갈등을 통하여 저항이 나타난다는 것이다. 둘째로 수퍼바이지는 수퍼비전 경험 자체에 저항한다. 이는 수퍼바이지가 수퍼비전 시간에 늦거나 빠지거나 하는 불성실한 행동으로 나타날 수 있다. 셋째로 수퍼바이지는 수퍼비전 과정과 관련된 과제들에 순응하지 않는 형태로 저항한다. 예를 들어, 상담 장면을 비디오 녹화하는 것은 수퍼바이지들의 긴장을 증가시킨다. 이때 수퍼바이지들은 비디오 녹화하는 것에 저항하거나, 비디오 녹화가 내담자들과의 치료적인 상담을 방해한다거나 내담자들을 불편하게 만든다며 자신의 두려움과 긴장을 내담자에게 투사함으로써 저항할 수 있다. 마지막으로 수퍼바이지는 상호 동의한 치료계획을 따르지 않을 수 있다. 이러한 수퍼바이지들의 네 가지 형태의 저항들은 서로 중복되어 나타나기도 하지만 수퍼바이지들의 저항에 대한 이해를 어느 정도 도울 수 있을 것이다.

수퍼바이저의 네 가지 형태의 저항과 더불어 Bernard와 Goodyear(2004)는 저항을 야기하는 환경에 대해서도 언급하였다. 그들은 수퍼바이지들의 수퍼바이저에 대한 신뢰수준, 내담자 문제들의 평행과정에 의한 재연, 수퍼바이저의 목표와 과제에 대한 불일치, 수퍼바이저의 지도 스타일, 수퍼바이지가 지닌 반응 정도 그리고 수퍼바이지의 발달수준에 따라 저항이 나타난다고 하였다. 즉, 수퍼바이지들의 수퍼바이저에 대한 신뢰수준이 적을수록, 내담자의 저항을 재연하는 평행과정이 나타날수록, 수퍼바이저의 목표와 과제에 대한 불일치가 클수록, 수퍼바이저의 지도 성향이 수퍼바이지의 선택을 소홀히 하는 강압적인 스타일일수록, 상실된 자유에 대하여 지나치게 민감한, 즉 수퍼바이지의 반응 정도가 높을수록, 그리고 수퍼바이지의 발달수준에 따라 저항들이 생겨날 수 있다.

(3) 수퍼바이지들의 애착

수퍼비전 과정은 수퍼바이지들의 개인적이고 전문적인 성장을 통한 상담가로서의 역량을 준비시키는 과정이다. 따라서 수퍼바이저와 수퍼바이지의 관계는 기존의 부모와 자녀, 장인과 숙련공, 큰아이와 작은아이 등과 같은 은유적인 표현으로 특징지어질 수 있다. 이러한 맥락에서 볼 때 수퍼비전 관계는 자녀(또는 숙련공, 작은아이)가 부모(또는 장인, 큰아이)와의 관계 속에서 애착을 발달시키고 결국에는 줄여 나간다는 Bowlby(1977)의 애착이론에 의하여 이해될 수 있다. 즉, 열망적인 애착을 가진 수퍼바이지는 매우 의존적이고 심지어 도움을 구하기 위하여 지속적으로 수퍼바이저에게 매달리고, 수퍼바이저가 좋아하는 수퍼바이지가 되려고 하며, 자신의 노력에 똑같이 부응하지 않는 수퍼바이저에 대하여 분노를 느낀다(Bernard & Goodyear, 2004). 지나치게 자아의존적인 수퍼바이지는 도와주려는 수퍼바이저의 시도를 거부하거나 저항하고 심지어 화를 내는 경향이 있다.

마지막으로 지나치게 자아의존적인 형태의 변형인 지나치게 보호하려는 수퍼바이지는, 내담자들에게 스스로 근심이나 문제들을 확인하고 탐색할 기회를 주기보다는 그들의 심리적인 고통들을 줄이기 위하여 구제하려는 경향이 있다. 이러한 수퍼바이지는 자신이 수퍼바이저의 도움이나 지지를 받는 입장인 수퍼비전 환경에 대하여 불편하게 여기는 경향이 있다. 따라서 수퍼바이저는 수퍼비전에서 나타날 수 있는 수퍼바이지들의 문제성 있는 애착들과 행동 스타일들을 파악하여 효과적인 방법에 의해 수퍼비전이 일어나도록 민감하게 대처해야 할 것이다.

특히, 내담자들의 고통을 덜어 주는 구원자의 역할이나 문제를 해결하는 문제해결사의 역할은 수퍼바이지들이 쉽게 빠지기 쉬운 함정이며 피해야 하는 역할이다. 물론 상담을 전문 직업으로 택하는 수퍼바이지들은 기본적으로 타인을 돕고자 하는 성향이 있다. 이러한 성향은 내담자의 성장을 위한 치료적인 방법으로서 활용되어야 한다. 내담자들을 심리적인 고통에서 구제하려는 구원자나 문제해결사의 역할은 즉각적인 해답을 구하는 내담자들의 의존성을 증가시킬 뿐 아니라, 수퍼바이지로 하여금 자신이 내담자들을 위한 해결책을 가지고 있으며 그들보다 월등한 존재로 모든 것을 아는 위치에 있다고 여기게 할 수 있다(Haynes et al., 2003).

또한 수퍼바이지가 자신의 삶에서 특정 문제를 어떻게 해결하였는지를 이야기하는 등과 같이 지나치게 자아노출을 함으로써, 치료의 중심을 내담자의 갈등이나 혼동에서 수퍼바이지 자신의 삶으로 전환시키는 치료적이지 않은 상담으로 이끌 수 있다. 이 경우 수퍼바이저는 수퍼바이지에게 내담자가 자신의 문제의 핵심을 파악하고 스스로 해결책을 얻도록 혼동하고 노력하는 데 그들이 얼마나 인내심을 가지고 기다릴 수 있는지를 스스로 반문하게 한다. 그리고 그에 따른 수퍼바이지들의 감정들과 경험들을 확인하고 탐색함으로써 효과적인 수퍼비전으로 전환시켜야 한다.

(4) 수퍼바이지의 수치심과 죄책감

수퍼비전에서 수퍼바이지는 자신의 상담수행 능력은 물론 상담가로서의 자신의 모습을 수퍼바이저에게 보이게 되고 그에게서 평가를 받는다. 훈련 중인 수퍼바이지들에게 실수를 통한 성장이 기대됨에도 불구하고 수퍼바이지들은 자신의 실수나 상대적으로 열등한 상담수행 능력을 수퍼바이저에게, 집단 수퍼비전에서는 다른 수퍼바이지들에게 보이게 되면서 자아에 대한 수치심 또는 자신의 행동이나 사고에 대한 죄책감마저 경험하게 된다(Bernard & Goodyear, 2004). 수퍼바이지들이 경험하는 수치심에 대한 반응들로는 철수, 회피, 그에 대한 공격, 수퍼바이지 자신에 대한 공격 등으로 나타난다(Hahn, 2002). 철수는 잊어버리기, 수퍼비전 시간에 뒤로 물러서기, 수퍼비전 시간에 늦게 오기 등과 같이 자신에 대한 수치심을 최소화하기 위한 좀 더 수동적인 방법이다. 반면, 회피는 수퍼바이저의 관심을 수퍼바이지 자신의 실수나 잘못에서 다른 화제로 돌리고, 자신의 지식이나 감정기법들보다는 수퍼바이저의 특정 사례에 대한 관찰이나 지혜를 위해 수퍼바이저를 격려하여 자신에 대한 비난이나 노출을 막는 상대적으로 적극적인 형태다. 이에 따른 공격은 수퍼바이저에게 건방지거나 그에 대한 존중감을 떨어뜨리거나 심지어 적대적으로 비판하는 식으로 외향적인 행동이다. 수퍼바이지 자신에 대한 공격은 수퍼바이저와의 정서적인 유대를 유지하기 위한 것으로, 자신에게 공격을 함으로써 수퍼바이저가 수퍼바이지 자신에 대한 공격을 하지 않도록 하기 위한 내향적인 행동이다. 이러한 수퍼바이지의 수치심과 죄책감에 대하여 수퍼바이저는 신뢰와 존중이 바탕이 된 수퍼비전 환경을 만들어야 한다. 긍정적인 피드백을 많이 제공하고 부정적인 피드백을 상대적으로 적게 제공하여 수퍼바이지가 성장을 위한 지지를 충분히 느끼도록 해야 한다. 또한 수퍼바이지들의 수치심의 다양한 양상에 대하여 인지적으로 파악하여 적절한 수퍼비전 개입이 이루어져야 한다.

(5) 역량 있는 수퍼바이지로 느끼고 보여지고 싶은 욕구

훈련 중에 있는 수퍼바이지들은 자신이 내담자들과의 상담과정에서 역량 있는 상담가로서 충분한 지식과 기법들을 가지고 있다고 믿고 싶은 욕구를 경험하게 된다. 물론 역량 있는 상담가로 느끼고 보여지고 싶은 욕구는 누구에게나 있을 수 있는 욕구지만, 이러한 욕구는 훈련 중인 수퍼바이지들에게는 하나의 중요한 문제로 대두된다(Bernard & Goodyear, 2004). 특히, 경험이 많은 수퍼바이지들보다 초보적인 수퍼바이지들에게는 상담가로서의 역량을 가졌다는 믿음과 그에 대한 욕구들이 더욱 중요하게 여겨진다. 이러한 욕구는 훈련에 따른 새로운 지식이 증가됨에 따라 생겨나게 되는데, 곧 그에 따른 증가된 책임감들을 인식함에 따라 압도감을 느끼고 자신감이 없는 상태로 전환하게 된다. 이는 마치 청소년의 자율성과 의존성 또는 아동기와 성인기 간의 갈등과 같으며, Stoltenberg 등(1998)이 제안한 통합된 발달 모델에서 2단계에 있는 수퍼바이지들이 경험하는 것과 같다.

(6) 수퍼바이지의 해결되지 않은 개인적인 문제들을 확인하기

놀이치료에 대한 교육과 훈련 및 수퍼비전을 통하여 상담가로서의 준비가 아무리 잘 되어 있다 하더라도, 수퍼바이지들은 내담자들이 경험하는 갈등 속에서 자신의 갈등들을 발견하게 될 수도 있고, 내담자들의 모습 속에서 자신의 모습을 발견하거나 그에 따른 고통스러운 기억들이 종종 나타나는 경험을 하게 될 수도 있다. 만약 수퍼바이지가 이러한 자신의 갈등들을 의식하지 못한다면, 그의 해결되지 않은 갈등들이 내담자와의 상담을 방해할 수도 있다(Haynes et al., 2003). 그렇다고 해서 모든 수퍼바이지들이나 상담가들이 내담자들을 상담하기 전에 자신의 개인적인 갈등이나 고통들을 모두 해결해야 하는 것은 아니다.

중요한 것은 수퍼바이지들이 자신의 갈등이나 고통, 선입관, 부인하고 싶은 부분들에 대하여 의식하고 있어야 한다는 것이다. 경우에 따라서는 자신의 갈등들에 대한 개인상담을 받는 것도 필요하다. 이때 수퍼비전에서의 목적은 이러한 문제들에 대한 치료가 아니라, 수퍼바이지들의 갈등들이 내담자와의 상담 진전을 어떻게 방해하는지에 대한 명확한 이해를 돕는 것이다.

(7) 수퍼바이지의 전이를 확인하기

상담에서 상담가는 비교적 중립적인 태도로 상담에 임하기 때문에 내담자가 과거의 특정 사람에게 가졌던 감정이나 생각들을 상담가에게 가지게 된다. 이렇게 내담자가 경험하게 되는 상담가에 대한 감정이나 사고들은 전이로 정의되는데 수퍼비전에서도 마찬가지로 이러한 전이가 나타난다(Bernard & Goodyear, 2004). 수퍼비전에서의 전이는 수퍼바이지들이 과거의 중요 인물에게 가졌던 감정이나 생각들을 수퍼바이저에 대한 감정이나 생각들로 나타내는 것이다. 이러한 수퍼바이지들의 과거 중요 인물들은 부모나 가족들이 될 수 있고, 이전에 수퍼비전 경험을 가졌던 수퍼바이저들과의 관계나 경험 또한 현재의 수퍼비전 경험에서 나타나는 수퍼바이지들의 감정, 사고, 행동 등에 영향을 미칠 수 있다(Shohet & Wilmot, 1991).

수퍼비전에서의 전이는 여러 가지 형태로 나타날 수 있으나 크게 긍정적인 또는 부정적인 형태로 나눌 수 있다(Bernard & Goodyear, 2004). 긍정적인 전이는 수퍼바이지가 수퍼바이저를 이상화하는 것이다(Allphin, 1987). 이렇게 이상화하는 전이는 초보적인 수퍼바이지들이 좀 더 역량 있고 자신들을 지도하고 훈련시킬 수 있는 수퍼바이저와 관계를 형성하는 데 중요한 역할을 한다. 이때 수퍼바이지는 수퍼바이저를 하나의 역할모델로 받아들이게 된다. 긍정적인 전이는 수퍼바이저에 대한 성적인 매력으로도 나타날 수 있다. 물론 이러한 매력의 근원은 서로의 감정이나 관심들을 나누는 것을 포함한 여러 가지 원인으로 나타날 수 있다(Frawley-O' Dea & Sarnat, 2001). 부정적인 전이는 수퍼바이지가 수퍼바이저를 좀 더 비판적이거나 처벌적인 인물로 인식할 때 나타난다(Bernard & Goodyear, 2004). 또한 부정적인 전이는 수퍼바이지가 자신에 대한 처벌적인 자아비판적 평가를 수퍼바이저에게 투사함으로써 나타날 수도 있다(Lewis, 2001).

(8) 수퍼바이지의 역전이를 확인하기

수퍼비전에서 역전이는 수퍼바이지가 자신의 내담자와 지나치게 동일시하여 수퍼바이지 자신의 자아를 잃어버리게 되는 것이다. 이에 수퍼바이지는 내담자의 갈등 속에서 객관성을 잃고 혼동감을 느끼며 효과적인 상담가로서의 역할을 하지 못하게 된다. 따라서 수퍼바이지는 치료에 방해가 되는 자신의 반응들을 인정하고 수퍼바이저와 그에 대해 이야기 나누는 기회를 가져야 한다. Corey(2001)는 역전이의 보편적인 형태를 다음과 같이 열거하였다. 수퍼바이지의 내담자가 수퍼바이지를 좋아하고 고맙게 여기고 인정하기를 바라는 수퍼바이지의 욕구, 내담자가 떠나거나 수퍼바이지를 나쁘게 생각하지 않도록 하기 위하여 내담자를 도전시키는 것을 두려워하는 수퍼바이지의 두려움, 내담자에 대한 수퍼바이지의 성적인 감정이나 성적으로 유혹하는 행동들이나 환상들, 수퍼바이지에게 잠재된 오랜 감정들을 불러일으키는 특정 내담자들에 대한 극단적인 반응들, 내담자의 경험들이 수퍼바이지에게 잠재된 오랜 상처나 갈등들을 깨닫도록 하기 때문에 내담자의 고통이나 갈등들을 없애거나 해결하려는 수퍼바이지의 욕구, 수퍼바이지가 우월한 입장에서 자신의 내담자가 어떻게 살아야 하고 어떻게 선택해야 하는지를 지시하길 바라는 마음으로 지나치게 조언을 하는 경우 등이 역전이의 형태들이다.

특히, 이러한 역전이는 집단상담을 하는 수퍼바이지들에게 더욱 중요한 개념일 수 있다(Haynes et al., 2003). 그것은 집단상담을 하는 수퍼바이지들이 개인상담을 하는 수퍼바이지들보다 더 광범위한 내담자들에게 노출될 수 있기 때문이다. 따라서 집단상담에 임하는 수퍼바이지들은 역전이의 역동을 이해하는 것이 중요하다. 그리고 수퍼바이저는 수퍼바이지가 자신의 의식과 집중적인 관심들을 주의 깊게 살피고 자신의 개인적인 반응들을 좀 더 깊게 탐색할 수 있도록 도와, 역전이를 자아이해를 위한 하나의 가치 있는 학습 도구로서 활용할 수 있도록 해야 할 것이다.

(9) 다양한 가치체계를 존중하기

상담가로 성장 · 발달하는 수퍼바이지들은 종종 그들의 가치들을 내담자에게 부여하여 내담자가 취할 선택이나 행동들에 영향을 주지 않도록 하는 교육을 받는다. 하지만 상담에 임하는 상담가들은 고유한 가치체계를 가지며, 그들의 치료개입 또한 그러한 핵심적인 가치에 바탕을 둔다. 더욱이 가치를 전혀 부여하지 않는 상담은 불가능하다. 설령 상담가가 내담자에게 자신의 가치체계를 부여하지 않는다 하더라도, 상담가의 비언어적인 행동이나 보디랭귀지들은 여전히 내담자에게 영향을 주게 된다.

따라서 상담가는 자신의 가치가 내담자에게 영향을 줄 수 있다는 가능성을 인식하고, 내담자의 행동에 결정적인 영향을 줄 수 있는 미묘한 메시지들에 대한 민감성을 가지고 치료의 객관성을 유지해야 한다. 상담에서 중요한 수퍼바이지의 역할은 내담자가 자신의 생각, 감정, 행동들을 점검하여 결국에는 자신의 가치체계에 가장 일치하는 적합한 해결책을 찾도록 상담환경을 마련하는 것이다(Corey, 2001).

또한 상담가는 자신의 가치체계와 다른 다양한 가치들에 대해 인정과 존중을 가져야 한다. 상담과정 중에 서로 다른 가치체계로 인해 일어날 수 있는 것은 상담가인 수퍼바이지들과 내담자들 간의 가치체계의 갈등이다(Haynes et al., 2003). 여기서 문제가 될 수 있는 것은 상담가인 수퍼바이지의 가치가 내담자의 가치와 충돌하여 수퍼바이지가 효과적인 상담가로서 기능하지 못하는 경우다. 이때 수퍼바이지는 수퍼비전 과정을 통하여 자신의 가치가 치료의 객관성을 방해하는지를 점검할 필요가 있으며, 이러한 평가를 통하여 자신의 가치체계에 대한 이해와 타인의 가치체계에 대한 존중을 증폭시킬 수 있게 된다.

(10) 자신의 한계를 시험하는 도전적인 태도 취하기

훈련 중인 수퍼바이지들에게 중요한 것은 자신이 상담가로서 성장하고 발달할 수 있기 위한 시간적인 준비기간을 허용할 뿐만 아니라 심리적인 역량을 발달시키기 위해 도전적인 태도를 가져야 한다는 것이다. 수퍼바이지에게 자아탐색은 상담의 중요한 밑거름으로 작용한다. 따라서 수퍼바이지가 자신의 개인적인 성격이나 특성들이 효과적인 상담가나 수퍼바이지로서의 역할에 방해가 된다는 것을 기꺼이 인정한다면 전문적인 상담가로서의 준비는 잘 되어 있는 것이다. 이것은 수퍼바이지가 자신을 이해하면 할수록 내담자들을 성공적으로 상담할 수 있는 자원들과 능력들을 개발할 수 있기 때문이다. 만약 수퍼바이지가 자신에 대한 이해를 기꺼이 하는 도전적인 태도를 취하지 않는다면, 수퍼바이지의 두려움, 저항 또는 개인적인 갈등들이 내담자를 위하여 상담할 수 있는 자신의 능력들을 방해하게 된다(Haynes et al., 2003). 따라서 수퍼바이지는 자신이 성장과정 중에 있는 훈련자임을 인식하고, 용기와 자신에 대한 신뢰를 가지고 자아에 대한 이해와 더불어 정직한 평가과정을 이루어야 한다.

5) 수퍼바이저들이 대처해야 하는 도전적인 문제들

(1) 수퍼바이지의 불안감

수퍼비전 관계에서 가장 큰 수퍼바이지의 불안감의 근본은 수퍼비전에 대한 기대와 역할들, 자신의 상담 수행에 대한 평가 기준과 절차들에 관한 애매모호함이다(Bernard & Goodyear, 2004; Muse-Burke et al., 2001). 따라서 수퍼바이지와 수퍼바이저의 기대와 역할 및 책임들, 수퍼바이지에 대한 평가 기준과 방법, 평가에 대한 윤리적인 책임들을 기술한 문서화된 자료를 통해 수퍼바이지와 함께 이야기 나눔으로써, 수퍼비전에 대한 명확한 기대와 역할 수행 그리고 구체적인 수퍼비전들이 이루어지도록 해야 한다.

또한 수퍼바이저는 자신이 수퍼바이지였을 때의 경험과 갈등들을 나눔으로써 수퍼바이지들을 공감하고 지지할 수 있으며, 상담이라는 분야가 과학과 같이 정확하게 이루어지는 학문이 아니고 실수와 갈등을 통하여 성장하는 분야라는 것을 인식시킨다(Haynes et al., 2003). 더욱이 수퍼바이저는 훈련 중인 수퍼바이지가 독립적인 상담가로서 효과적으로 배우고 활동할 수 있는 능력을 지닌 존재라는 신념을 가져야 한다.

수퍼바이지들의 불안은 집단 수퍼비전에서도 종종 나타날 수 있다(Corey, 2001; Haynes et al., 2003). 수퍼바이지들은 동료들과의 상담 지식이나 능력에 관한 비교로 자신에 대한 의심과 두려움을 갖고 상대적으로 열등하고 역량이 부족한 상담가로 간주하기 쉽다. 따라서 수퍼바이저는 수퍼바이지들이 자신의 불안감들을 수퍼비전 시간에 다른 동료 수퍼바이지들과 함께 탐색하고 이야기 나눔으로써 서로를 격려하고 공감을 나누는 장을 마련할 수 있다.

수퍼바이지들이 갖는 어느 정도의 불안은 학습을 위한 원동력이 된다. 따라서 수퍼바이저는 수퍼바이지의 불안이 효율적으로 활용되도록 해야 한다. 수퍼바이지의 불안에 대하여 수퍼바이저는 수퍼바이지가 자신의 불안감이나 긴장감을 회피하기보다는 학습과 성장의 기회로 삼을 수 있도록 지지적인 수퍼비전 환경을 마련해야 한다. 동시에 때에 따라서는 수퍼바이지를 위한 도전적인 환경을 만들어 주어야 한다. 다시 말해서 수퍼바이저는 수퍼비전에서 지지적인 태도와 도전적인 동기유발을 균형 있게 제공해야 한다(Bernard & Goodyear, 2004). 사실상 수퍼바이저의 지나친 지지는 수퍼바이지로 하여금 주도성을 갖고 새로운 행동들을 취하도록 하는 기회를 훼손시키며, 지나친 도전적인 태도는 수퍼바이지로 하여금 압도감과 무능력감을 느끼게 만든다. 반대로 지나치게 적은 도전은 수퍼바이지로 하여금 새로운 행동들을 위한 외적인 동기유발을 갖지 않게 만들 수 있다. 따라서 수퍼바이저의 지지와 도전의 조화로운 접근은 수퍼바이지의 불안감을 새로운 학습과 발달의 기회로 활용하게 만든다.

(2) 수퍼바이지의 전이

내담자의 전이는 수퍼바이지의 전이보다 상대적으로 훨씬 많이 일어난다(Bernard & Goodyear, 2004). 이는 내담자의 상담가가 수퍼바이지의 수퍼바이저보다 중립적이고 익명적이기 때문이다. 즉, 수퍼비전에서 수퍼바이저는 자신의 경험이나 생각들 또는 실수들을 나누고 수퍼바이지의 교육에 중점을 두기 때문에 수퍼바이지의 전이가 적게 나타난다. 하지만 수퍼바이저가 수퍼바이지를 교육하기보다 그들의 갈등들을 상담하려 한다면, 수퍼바이지의 전이를 불러일으키게 되고 '교육이냐 상담이냐' 라는 수퍼비전의 근본 목적을 흐리게 하여 윤리적으로 문제가 된다. 따라서 수퍼바이저는 수퍼바이지를 상담하는 것을 피해야 한다.

하지만 수퍼바이지의 전이는 적절하고 효율적인 수퍼비전 관계에서도 나타날 수 있다. 수퍼바이지의 전이들은 두 가지 형태의 문제를 야기시킬 수 있다(Bernard & Goodyear, 2004). 첫 번째 문제는 수퍼바이저가 수퍼바이지의 존경을 단순히 즐길 수 있다는 것이다. 이런 경우에 수퍼바이저는 자신의 실수들을 소홀히 하고 수퍼바이지들이 자신의 역량감을 발달시키는 것을 막을 수 있다. 두 번째 문제는 수퍼바이저가 수퍼바이지로 하여금 자신을 역할모델로 활용하는 것을 허용하지 않을 수 있다는 것이다. 수퍼바이저가 지나치게 자신을 노출하거나 노출하지 않아서 수퍼바이지가 수퍼바이저에 대해 갖는 자신감들이 없어질 수 있다. 수퍼바이지의 전이에서 무엇보다 중요한 것은 수퍼바이저의 개입으로 수퍼바이저를 이상화하는 전이에 대해서는 수퍼바이지의 욕구를 존중해야 하며, 부정적인 전이에 대해서는 수퍼바이지의 감정이나 생각들을 개방적으로 이야기 나눌 수 있는 환경을 마련하여 수퍼바이지의 발달을 최대화하도록 해야 한다는 것이다.

(3) 수퍼바이지의 상담 실패

상담에서 모든 상담가들은 현실적으로 모든 내담자들을 성공적으로 상담할 수 없다. 심지어 경험이 많은 상담가들도 때에 따라서는 자신의 상담에 대하여 실망스러울 때도 있고 상담가로서의 역할에 대한 의구심을 품을 때도 있다. 이때 상담가에게 중요한 것은 자신이 모든 내담자들과의 상담을 성공적으로 할 수는 없다는 것을 인정하는 자아에 대한 정직한 태도를 보이는 것이다(Corey, 2001).

수퍼비전에서 수퍼바이저로서 가장 어려운 상황은 수퍼바이지들이 내담자와의 상담 활동을 실패하였을 때다. 이러한 실패는 훈련 중인 수퍼바이지들에게나 역량 있는 전문 상담가들에게나 모두 어려운 상황이다. 따라서 수퍼바이저의 역할은 이러한 부정적이거나 실패한 결과에서 긍정적인 배움을 가져올 수 있기 위하여 수퍼바이지들을 돕는 것이다(Haynes et al., 2003). 특히, 수퍼바이지들의 실패에 대한 자아언급(self-talk)이나 믿음들은 자신이 상담가로서 부적절하다는 느낌이나 실패에 대한 두려움뿐만 아니라 자아에 대한 의구심을 증가시킨다. 또한 경험이 많은 상담가들은 치료의 실패에 대한 원인을 객관적으로 평가할 수 있는 능력이 있는 반면, 경험이 적은 상담가들은 그 원인을 객관적인 판단 없이 무조건 자신의 경험이나 역량의 부족으로 간주하기 때문에 자신에 대한 상담가로서의 의구심은 증폭되게 된다.

수퍼바이저의 역할은 수퍼바이지들을 상담의 성공과 실패에서 벗어나도록 돕는 것이다. 이러한 분리는 성공적인 상담을 원하는 수퍼바이지들에게 어려운 과정일 수 있겠으나, 중요한 것은 수퍼바이지들이 성패의 결과보다는 상담과정에 대해 더 큰 이해를 갖도록 돕는 것이다. 때로 수퍼바이저는 수퍼바이지들이 자신의 실패에 대한 자아언급들을 탐색하도록 돕기도 하고 그에 대한 비이성적인 믿음들을 점검하게 할 수도 있다. 또한 실패에 대한 객관적인 분리를 이루어 상담자의 역할과 책임 그리고 내담자의 역할과 책임에 대해 좀 더 현실적인 기대와 이해를 갖도록 도모할 수 있다(Haynes et al., 2003).

(4) 수퍼바이저의 애착

수퍼비전 관계의 애착에 대해서는 주로 수퍼바이지의 애착에 중점을 두어 왔다. 하지만 수퍼비전 관계에서 수퍼바이저 또한 애착과 같은 특정한 인간관계 스타일을 발달시킨다(Bernard & Goodyear, 2004). 흥미롭게도 수퍼비전 관계에서 작업동맹에 영향을 미치는 것은 수퍼바이지의 애착보다 수퍼바이저의 애착 스타일이다. 물론 이에 대한 연구가 계속해서 이루어져야 되겠지만, 중요한 점은 수퍼바이저로서 자신의 인간관계 스타일이 수퍼바이지들에게 영향을 미친다는 사실을 유념하여 충분한 자아이해를 발달시켜야 한다는 것이다.

(5) 수퍼바이저의 불안감

수퍼바이저는 수퍼바이지와 같이 불안감을 경험한다. 상담 수행과 역량에 대한 문제, 평가에 대한 불편함, 충족되지 못한 개인적인 욕구들, 이전 수퍼비전에서 해결되지 않은 스트레스들, 상담기관과의 갈등 등을 포함한 여러 가지 요인들이 수퍼바이저의 불안감을 야기한다(Muse-Burke et al., 2001). 특히, 경험이 적은 수퍼바이저들은 수퍼바이지의 저항, 수퍼비전 개입, 내담자 사례의 이해 등에 대한 어려움들을 가질 수 있다. 또한 그들은 무조건적으로 수용하는 상담가의 역할에서 평가를 하는 수퍼바이저의 역할로의 전환에 어려움을 갖게 된다. 수퍼비전에 대한 체계적인 훈련과 경험의 부족은 수퍼비전 과정이나 권위 있는 전문가의 역할과 평가방법들에 대한 혼동과 더불어 수퍼바이저의 불안감을 증폭시키는 역할을 한다. 그 밖에도 수퍼바이저들은 수퍼바이지들의 전문성 정도, 더 많은 지식, 다양한 생활 경험들, 개인적인 통합수준의 높음 등으로 인하여 위협감을 느끼기도 하고 불안감을 경험하기도 한다.

경험이 적은 수퍼바이저들은 수퍼바이지들에게 쉽게 동일시함으로써 지나치게 지지적이게 되어 수퍼바이지들을 위하여 필요한 직면을 회피하는 결과를 초래하기도 한다(Styczynski, 1980). 반면, 수퍼바이지와 분리하려고 지나치게 노력하거나 완고한 태도를 취하기도 한다. 이와 같이 경험이 부족한 수퍼바이저들은 수퍼바이저로서의 자신의 역할에 현실적인 기대를 갖기 어렵고, 수퍼바이지의 상담가로서의 발달이나 수퍼비전 관계에 대한 대인관계적인 문제들을 탐색하기보다는 구체적인 기법들이나 내담자와 상담가의 역동에만 지나치게 중점을 두는 경향이 있다(Rønestad & Skovholt, 1993).

Hess(1986)는 수퍼바이저의 발달에 대한 3단계 모델을 제안하였다. 우선 경험이 적은 수퍼바이저들은 주로 수퍼비전 과정에 대한 불안감을 경험한다. 이러한 수퍼바이저들은 좀 더 경험을 하고 성숙함에 따라 수퍼비전의 평가, 개인적인 인정(validation) 등과 같은 파워에 관련된 문제들에 신경을 덜 쓰고 수퍼바이지의 성숙에 더 집중을 한다. 마지막 단계에 있는 전문적인 수퍼바이저는 통합된 수퍼바이저로서의 정체감을 형성하며, 수퍼비전 관계에 대한 집중보다는 관계 자체에 대한 즐거움을 누릴 수 있고 평가는 비위협적이고 직접적인 방법으로 제시한다. 이때 수퍼비전은 수퍼바이지의 독립적이고 전문적인 발달을 증가시킬 수 있도록 돕는 것이 된다. 수퍼바이저의 전문적인 자부심과 개인적인 통합은 균형을 이루며 수퍼바이지의 뛰어난 역량을 격려한다.

(6) 수퍼바이저의 역전이

수퍼바이저의 역전이는 수퍼바이저가 수퍼바이지와의 활동과 관련하여 갖는 과장되고 비현실적이고 비이성적이고 왜곡된 반응이다(Ladany, Constantine, Miller, Erickson, & Muse-Burke, 2000). 또한 수퍼바이저의 역전이는 그 자신의 해결하지 못한 개인적인 문제나 내적인 갈등들이 수퍼비전의 상호작용에서 나타나는 무의식적이고 과장된 반응들과 연관된 복잡하고 불가피한 과정이다. 이러한 역전이로 인하여 수퍼바이저는 두려움, 불편함, 고통들을 경험하고 때때로 회피하거나 거리감을 두는 행동을 취하기도 한다. 수퍼바이저의 역전이는 수퍼바이지와 내담자의 발달에 부정적인 영향을 미칠 뿐만 아니라 수퍼비전 관계에서 감정적인 거리를 야기할 수 있다.

수퍼바이저 역전이의 근원들을 좀 더 구체적으로 살펴본 연구들(Ladany et al., 2000; Lower, 1972)을 보면, 첫째로 역전이는 수퍼바이지의 대인관계 스타일에 의하여 야기된다. 이런 역전이는 수퍼바이저가 자신을 표현하는 방법과 관련되어 방어적이거나 자기주장적이거나 수동적이기도 하다. 둘째로 역전이는 수퍼바이저 자신의 해결되지 않은 개인적인 문제들이나 내적 갈등들로부터 야기된다. 이런 경우는 개인과 가족의 문제들, 자신의 역량이나 대인관계 스타일의 문제들, 또는 이전의 다른 수퍼바이지와의 수퍼비전 경험에 대한 문제들과 연관된다. 이러한 갈등들로 수퍼바이저는 수퍼바이지들이 자신을 좋아하게 하고 싶은 강한 욕구들을 지녔거나, 적절한 수퍼비전 과업에서 벗어나 자신을 존경하게 하고픈 자아도취적인 욕구를 지니게 된다. 또는 암암리에 수퍼바이지가 자신의 갈등들을 표출하거나 상담기관에 반항하도록 격려한다. 수퍼바이지들의 호의를 얻고자 다른 수퍼바이저들과 경쟁하며, 수퍼바이지에 대해 지나친 기대를 갖고 그가 충족시키지 못하였거나 그 기대를 거부하였을 때 좌절감을 나타내고 심지어 분노를 나타낸다. 셋째로 역전이는 개인 수퍼바이지에 대한 반응으로 나타난다. 이는 수퍼바이지가 수퍼바이저 안에 잠재된 갈등들을 자극하는 경우로, 예를 들어 수퍼바이지가 수퍼바이저보다 사회적으로 성공하였거나 경제적으로 부유한 경우 등으로 수퍼바이저의 내적 갈등들을 야기할 수 있다.

수퍼바이저는 자신의 역전이에 대처하기 위하여 적극적인 태도를 취해야 한다. 예를 들어, 다른 동료들에게서 자문을 구하거나, 적절한 시기에 수퍼바이지와 자신의 역전이에 대하여 토론하거나, 수퍼바이저의 지식이나 기법을 증가시키거나, 또는 자아반영을 통한 자아인식을 증가시키고 때에 따라서 개인상담을 추구할 수도 있다(Ladany et al., 2000; Muse-Burke et al., 2001). 또한 수퍼바이저들은 자신의 역전이를 의식하기 위한 단서들을 점검할 필요가 있다(Ladany et al., 2000). 다음의 단서들은 수퍼바이저가 자신의 역전이를 깨닫도록 하는 데 도움이 되는 단서들이다. 즉, 수퍼바이저가 수퍼바이지들과 상호작용할 때 매우 강한 긍정적 또는 부정적 감정을 가질 때, 기존의 수퍼바이지들과는 독특하게 다른 수퍼바이지에 대한 감정들을 경험할 때, 수퍼바이지나 수퍼바이지와의 수퍼비전에 대한 감정들이 점차적으로 변화됨을 경험할 때 등이 수퍼바이저 자신의 역전이를 파악해야 하는 때다.

(7) 윤리적인 규율 따르기

수퍼바이저는 수퍼바이지들과 마찬가지로 상담 윤리에 대한 이해와 실천이 있어야 한다. 특히, 수퍼비전은 상담과 달리 여러 가지 수퍼바이저의 역할들과 책임들이 관련되기 때문에 자신의 수퍼바이저로서의 역할과 제공하는 수퍼비전에 대한 윤리적인 기준들과 실행들에 대하여 논의할 필요가 있다. 실제로 수퍼바이저가 윤리적인 기준이나 규율들에 입각하여 수퍼비전을 제공하는 경우는 그렇지 않은 경우보다 수퍼바이지와의 협력적인 관계를 더욱 강화할 수 있다(Muse-Burke et al., 2001). 따라서 수퍼바이저는 윤리적인 수퍼비전을 제공함으로써 수퍼바이지들에 대한 역할모델로서 수퍼비전의 효과뿐 아니라 효율성도 증가시킬 수 있다. 수퍼비전에서의 윤리 문제들은 이후에 자세히 논의하겠다.

5장

놀이치료 수퍼비전의 방법들

1. 놀이치료 수퍼비전의 방법들

놀이치료 수퍼비전의 궁극적인 목표는 수퍼바이지들이 독립적인 상담가로서의 자율성과 전문성을 지니게 하는 데 있다. 그러기 위해서 수퍼바이저는 수퍼바이지들의 학습 능력과 기존의 발달수준들을 평가하고, 그에 가장 적합한 수퍼비전 방법들을 적용하는 중요한 역할을 취하게 된다. 하지만 각각의 독특한 수퍼바이지들에게 효과적인 수퍼비전 방법들을 선택하는 것은 쉬운 일이 아니다 (Campbell, 2000). 따라서 수퍼바이저의 융통성 있는 역할 전환들이 필요하다. 대부분의 경우에 놀이치료 교육과 경험이 적은 수퍼바이지들에게는 좀 더 지지적이고 촉진적이며 구조적인 수퍼비전 접근이 효과적이다. 따라서 수퍼바이저에게는 수퍼바이지들을 신중하게 모니터 하고 관찰하며 모범을 보이고 교육시키는 역할들이 요구된다. 이러한 수퍼바이지들은 자신의 놀이치료 경험과 교육이 증가함에 따라 수퍼비전 과정에 좀 더 적극적인 태도를 취하고, 수퍼비전에서 다룰 문제들을 준비하고 제기하는 데 자신감을 가지며, 내담자나 수퍼비전에 대한 자신들의 사고나 느낌, 반응들을 탐색하는 데 더욱 관심을 갖게 된다(Haynes et al., 2003). 결국 수퍼바이저와 수퍼바이지 간의 관계는 교육자와 학생이라는 관계에서 동료의 관계로 발전하게 된다.

다양한 수퍼바이지들의 수퍼비전과 교육을 위한 여러 가지 접근방법들이 이 장에서 제시되는데, 그러한 접근방법들은 수퍼비전을 제공하는 일반적인 접근일 수도 있으며 구체적인 기법들일 수도 있다. 여기서 중요한 점은 다양한 접근들 또는 기법들은 각기 장단점을 지니고 있으며, 상황에 따라서는 그러한 장점이 단점으로, 단점이 장점으로 전환될 수 있다는 것이다. 또한 어느 하나의 접근방법이 다른 방법보다 월등한 위치에 있는 것이 아니라는 점이다. 따라서 수퍼바이저는 수퍼바이지의 발달수준, 수퍼바이저와 수퍼바이지가 지향하는 핵심 이론, 수퍼비전이 이루어지는 환경, 수퍼비전의 목적 등과 더불어, 수퍼바이저가 활용하기에 가장 편안한 방법과 수퍼바이지들의 교육을 최대화할 수 있는 방법들을 추구해야 한다.

1) 셀프 수퍼비전

놀이치료 수퍼바이지들은 전문적인 수퍼비전을 통하여 독립적이고 자율성을 갖춘 상담가로 발달하게 된다. 이때 수퍼바이지들은 수퍼바이저에게 의존하기보다는 자신의 상담 사례에 대한 검토는 물론 그에 대한 평가를 할 수 있으며, 필요한 경우에는 다른 동료 상담가나 수퍼바이저들에게 자문을 구할 수 있는 능력을 갖추어야 한다. 이러한 의미에서 수퍼바이지들에게, 아니 상담을 하는 모든 상담가들에게는 자신들의 상담 사례와 상담 활동을 점검하고 효과적으로 평가하며 때에 따라서는 다른 치료 개입으로 전환하는 등과 같이 끊임없는 수퍼비전이 이루어져야 한다. 따라서 셀프 수퍼비전(self-supervision)은 상담에 입문하는 순간부터 이루어지는 일생에 거친 과업이라 할 수 있다.

하지만 셀프 수퍼비전이 상담 분야에 종사하는 사람들에게 가치 있고 필수적인 과업이라 할지라도 그것만으로는 충분한 수퍼비전이 되기 어렵다. 오히려 셀프 수퍼비전은 다른 수퍼비전 형태를 위한 준비과정으로 활용될 수 있으며, 개인 또는 집단 수퍼비전과 같이 다른 접근방법들과 함께 이루어질 때 더욱 효과적으로 사용될 수 있다(Carroll, 1996).

또 다른 한계점으로 셀프 수퍼비전은 수퍼바이지로 하여금 과거의 경험, 차단되거나 억제하고 있는 갈등들, 수퍼비전 관계 및 그 밖의 실질적인 문제나 근심들을 깨닫지 못하게 할 수 있다는 것이다. 따라서 어떤 상담가들은 자신의 갈등들을 부인하고 그러한 갈등들이 다른 수퍼바이저나 동료에 의하여 직면당하는 것을 회피하기 위하여 셀프 수퍼비전을 선택하는 경우도 있다. 셀프 수퍼비전은 모든 상담가들이 취해야 하는 개입방법이지만 초보적인 경험을 지닌 수퍼바이지들에게 권고되어서는 안 된다. 오히려 훈련 중인 초보 상담가들은 수퍼바이저로부터 자신들의 상담 활동을 모니터 하는 방법들을 배워야 한다. 〈표 5-1〉에서 셀프 수퍼비전의 장점과 단점들을 제시하였다(Carroll, 1996).

표 5-1 셀프 수퍼비전의 장점과 단점들

장 점	단 점
혼자서 이루어진다.	상담가는 자신의 내부에서 실제로 일어나는 것을 깨닫지 못할 수 있다.
경제적이다.	상담가는 내담자와의 관계에서 나타나는 중요한 요인들을 놓칠 수 있다.
시간이 날 때 활용할 수 있다.	상담가는 자신들의 문제들을 부인할 수 있다.
상담가 자신의 반응들에 자신감을 향상시킬 수 있다.	상담가는 내담자와의 상담 개입에 대하여 충동적일 수 있다.
독립성을 증가시킨다.	
수퍼비전에 대한 수동적인 반응이기보다는 적극적인 접근이다.	
상담이 이루어질 때 사용될 수 있다.	
반영과정을 증가시킨다.	

Lahad는 "우리 모두는 '내담자' '치료사' 그리고 '수퍼바이저' 로서의 내적 표상을 지니고 있다."(Lahad, 2000: 115)라고 주장하였다. 그는 이러한 내적 표상들은 내담자들을 만나는 모든 순간에 존재한다고 하였다. 그에 따르면 우리는 때에 따라서는 내적 내담자로 반응을 하며, 다른 경우에는 내적 치료사로 주도를 하며, 다시 내적 수퍼바이저로 영향을 받는다. Lahad는 이러한 내적인 표상 개념들을 셀프 수퍼비전에 활용하여 다음과 같이 6단계의 셀프 수퍼비전 과정을 소개하였다. Lahad의 셀프 수퍼비전 6단계는 처음에는 힘들 것같이 여겨지지만 연습을 하고 좀 더 능숙해지면 효과적으로 활용될 수 있다. 따라서 수퍼바이저가 없는 상황에서 수퍼바이지 자신을 위한 수퍼비전 방법으로서 개입될 수 있다.

첫 번째 단계는 세 장의 종이를 준비하여 첫 번째 종이 위에 '내담자', 두 번째는 '치료사', 세 번째는 '수퍼바이저' 라고 적는다. 그런 다음 각 표상들을 나타내는 한 가지 색상의 크레용이나 컬러펜들을 선택한다. 만약 한 표상을 나타내는데 한 가지 이상의 색상이 꼭 필요하다면 두 가지 이상은 넘지 않도록 한다. 각각의 종이 위에 선택한 크레용이나 컬러펜들로 모양이나 이미지들을 그린다. 세 장의 종이를 다 그린 후에는 두 번째 단계로 넘어간다.

두 번째 단계는 각각의 이미지를 나타낸 종이들을 개별적으로 보면서 선택한 컬러나 이미지에 대하여 연상되는 모든 것을 적어 내려간다. 그런 다음에 선택한 컬러를 보면서 그 컬러에서 떠오르는 특성들을 상상하려고 노력한다. 그리고는 선택한 컬러가 다른 사람의 이름이나 어떤 사물의 이름을 생각나게 하는지, 그 컬러의 성별은 무엇인지를 스스로 묻는다. 적어 내려간 목록들을 보면서 어떤 질문들이 떠오르는지 살핀다. 질문들이 있다면 오른손잡이인 상담가는 오른손으로, 왼손잡이인 상담가는 왼손으로 적어 내려가고 해답은 반대 손으로 쓴다. 다시 말해서 오른손잡이 상담가는 왼손으로 해답을 쓰는 것이다.

예를 들어, 선택한 컬러의 이름이 민희고 성별이 남자라면, 질문은 어떻게 민희가 남자일 수 있는가가 될 수 있겠고 그 해답은 반대 손으로 쓰는 것이다. 때때로 해답은 혼동스러울 수 있다. 또 다른 질문을 쓰는 것을 주저하지 말고 계속해서 써 내려간다. 해답을 반대 손으로 써 내려가는 이유는 무의식적인 세계로의 직접적인 해답이나 연결고리들을 얻을 수 있다는 믿음에서다. 지금부터 상담가는 '내담자' '상담가' '수퍼바이저'가 아닌, '투덜이' '총명이'와 같은 특성을 나타내는 말들이나 '민희' '준혁'과 같은 이름으로 각각의 종이들을 부른다.

세 번째 단계에서 상담가는 (종이 위에 적힌) 각각의 특성이나 이름들에게 다른 두 (종이들에 적혀진) 특성(이름)들에 대하여 어떻게 느끼고 생각하는지를 묻는다. 오른손잡이 상담가는 왼손으로, 왼손잡이 상담가는 오른손으로 그 해답을 작성한다. 이전의 과정에서 언급한 질문들이 반복된다면 만족스러운 답이 얻어질 때까지 질문한다. 한 (종이 위에 적힌) 특성(이름)의 언급이 다른 특성(이름)의 언급들을 사용한다면, 그 특성에게 다른 특성의 언급들을 사용하는 것에 대하여 묻는다.

네 번째 단계에서 상담가는 각각의 (종이들 위에 적힌) 특성들에게 자신들이 걱정하는 중요하고 긴급한 문제들을 다른 특성들과 논의하는 것을 동의하는지 묻는다. 상담가는 각각의 특성들을 초대한다고 이야기한다. 이때 그들의 대답들을 주의 깊게 듣는다. 만약 각각의 특성들이 반대한다면 그 이유에 대하여 묻는다.

다섯 번째 단계는 상담가가 논의하고 싶은 문제들을 질문형으로 적어 내려간다. 예를 들어, "내가 내담자와 너무 친밀한가?"라고 물은 후에 각각의 종이 위에 적힌 특성들이 어떻게 이야기하는지 귀 기울인다. 혹시 어느 한 특성이 다른 특성의 말이나 문장들을 사용하여 자신의 본래 의견을 가장하는지를 살핀다. 각각의 종이들이 제기하는 질문들 간에 이러한 대화를 계속하고 오른손잡이 상담가는 왼손으로, 왼손잡이 상담가는 오른손으로 다른 종이들을 위하여 해답을 기술해 나간다.

여섯 번째 단계는 이러한 대화를 통하여 상담가가 얻은 것을 평가한다. 그 과정들을 다시 한 번 반영하고 그러한 반영들이 어디로 이끄는지를 살핀다. 상담가 자신은 어느 부분과 친밀한가? 반대하는 입장인가? 자아기만적인가? 상담가는 이러한 단계들을 반복적으로 활용함으로써 여러 가지 혼동감들이 해결될 수 있고 상담과 자신에 대한 새로운 방향이 생기게 될 것이다.

2) 개인 수퍼비전

개인 수퍼비전은 일대일 수퍼비전이라고도 불리는데 한 명의 수퍼바이저와 한 명의 수퍼바이지가 개입하는 수퍼비전으로 가장 보편적인 형태의 수퍼비전이다. 수퍼바이저와 수퍼바이지는 상담 사례와 수퍼바이지의 상담가로서의 발달에 대한 다양한 주제들을 논의한다(Haynes et al., 2003). 특히, 개인 수퍼비전은 상담 활동을 시작하는 상담가나 다양한 내담자들을 상담하는 상담가나 내담자의 상담에 많은 시간을 할애하는 전임의 경험 있는 상담가들에게 도움이 될 수 있다(Carroll, 1996). 이는 수퍼바이지에게 구체적이고 집중적인 개인적인 관심을 부여하여 체계적이고 지속적인 포럼의 형태를 제공하므로 상당히 교육적이다.

많은 경우에 개인 수퍼비전은 자아보고식 형태로 이루어진다(Bernard & Goodyear, 2004; Carroll, 1996; Haynes et al., 2003). 수퍼바이지는 자신의 상담 활동이나 사례 개념화를 언급한다(Haynes et al., 2003). 자아보고식 형태는 수퍼바이지들의 상담 사례의 정보에 대한 기억력에 의존하기 때문에 상담에서 수퍼바이지의 지각에 대한 정보를 얻는 데 유용할 수 있다(Gould & Bradley, 2001). 하지만 훈련 중인 수퍼바이지는 경험 부족으로 인하여 내담자들의 문제를 파악하는 데 어려움을 겪을 수 있으며, 수퍼바이저 또한 수퍼바이지가 수행한 상담 장면을 관찰하는 것이 아니기 때문에 수퍼바이지의 잘못이나 실수를 교정하는 데 어려움을 경험한다. 결국 수퍼바이지는 자신이 이해하지 못하는 것에 갈등을 하며, 수퍼바이저는 자신이 수퍼바이지의 상담을 보지 못한 것으로 인해 어려움을 겪게 된다(Campbell, 1994). 이와 같은 자아보고식의 한계점으로 인하여 수퍼비전에서 상담과정 노트, 직접적인 관찰, 비디오 녹화를 자아보고식 형태와 더불어 사용하는 것이 강력하게 제안되고 있다(Haynes et al., 2003). 개인 수퍼비전의 장점과 단점들이 〈표 5-2〉에 제시되어 있다(Carroll, 1996).

표 5-2 개인 수퍼비전의 장점과 단점들

장 점	단 점
수퍼바이지를 위한 시간을 많이 할애한다.	수퍼비전의 초점이 모두 개인 수퍼바이지다.
특정 상담기법에 대하여 많이 듣고 경험할 기회가 많다.	환경적인 요소가 결여된다.
수퍼바이지에게 가장 적합하고 중점을 둔 학습목표들을 제공한다.	오직 한 사람(수퍼바이저)에게서 정보가 주어진다.
개인상담과 좀 더 일치할 수 있다.	수퍼비전 관계가 깨지는 경우에는 수퍼비전이 어렵게 된다.
강력한 지도가 가능하다.	한 가지 관점에서 평가와 피드백이 주어진다.
수퍼바이지가 많은 내담자들에게 집중할 수 있게끔 한다.	도전적이지 않고 협조적일 수 있다.
수퍼바이지가 자신의 속도에 맞추어 수퍼비전에 임할 수 있다.	수퍼바이지의 의존성을 일으킬 수 있다.
경쟁적인 분위기가 아니다.	한 가지 상담기법에만 집중하게 된다.
수퍼바이지의 발달이 좀 더 쉽게 촉진된다.	다른 형태의 상담에 대한 수퍼바이지의 비교가 불가능하다.
수퍼바이저의 접근은 수퍼바이지의 학습에 좀 더 구체적으로 향할 수 있다.	

3) 일대일 상호 수퍼비전

일대일 상호 수퍼비전은 두 명의 개인들이 수퍼바이저로서 그리고 수퍼바이지로서의 역할을 교대로 취하는 것이다(Carroll, 1996). 이는 한 수퍼비전에서 각각의 역할을 교대로 할 수도 있으며, 한 수퍼비전에서는 수퍼바이저로서 그 다음 수퍼비전에서는 수퍼바이지로서의 역할을 할 수도 있다. 일대일 상호 수퍼비전은 서로 다른 경험과 훈련 수준에 있는 파트너에게도 활용될 수 있다. 이는 참여자들이 서로 다른 수준에 있는 상대로부터 배울 수 있기 때문이다. 중요한 것은

표 5-3 일대일 상호 수퍼비전의 장점과 단점들

장　　점	단　　점
쉽게 설정할 수 있다.	경계를 잃을 수 있다(예: 사회적 역할들의 개입)
두 참여자가 비슷한 발달수준에 있을 때 효과적으로 활용될 수 있다.	도전적이지 않고 협조적일 수 있다.
경험 있는 상담가들에게 이러한 접근은 권한을 부여하는 접근일 수 있다.	경쟁적일 수 있다.
수퍼비전에서 '전문가'의 입장을 배제한다.	하나의 관계 내에서 역할 전환의 어려움에 대처해야 한다.
비싸지 않고 경제적이다.	

두 참여자가 학습을 위한 관계를 형성할 수 있는 능력이며, 각각의 역할과 책임들을 성공적으로 협상하고, 상담이론들을 명확하게 인지하여 다른 이론적인 배경을 지닌 참여자와 효과적으로 상호작용하는 법을 배우는 것이다. 일대일 상호 수퍼비전의 장점과 단점들이 〈표 5-3〉에 나타나 있다. 이러한 일대일 상호 수퍼비전은 다른 형태의 수퍼비전과 함께 활용될 수 있다.

4) 집단 수퍼비전

집단 수퍼비전은 아마도 가장 많이 활용되고 있는 수퍼비전의 형태일 것이다. 이는 집단 수퍼비전의 장점들에 해당하는 비용의 경제성과 수퍼바이지들의 학습을 최대화할 수 있다는 집단의 구성으로 인한 것일 것이다. 특히, 개인 수퍼비전에서 수퍼바이지가 수퍼바이저에게 의존하여 독립적이고 자율적인 상담가로서의 성장을 저해한다는 두려움으로 인하여 집단 수퍼비전으로의 전환이 증가되었다(Carroll, 1996). 집단 수퍼비전의 초기 형태는 주로 사례 발표, 수퍼비전 집단 내에서의 집단 역동 그리고 교육적인 자료들의 복합으로 이루어졌다. 최근에는 집단의 치료적인 힘과 수퍼바이지들의 발달단계를 강조하는 형태로 이루어졌다. 최근의 연구들에 의하면, 집단 수퍼비전은 보충적일 뿐 아니라 개인 수퍼비전과 대체하여 사용할 수 있으며(Ray & Altekruse, 2000), 오디오테이프에 녹음한 상담을 활용한 집단 수퍼비전이 개인 수퍼비전보다 수퍼바이지들의 학습을 높이는 데 훨씬 효율적이었다(Calhoun, Moras, Pilkonis, & Rehm, 1998). 이러한 결과로 미루어 보아 집단 수퍼비전이 개인 수퍼비전의 효과를 똑같이 이루어 낼 수 있다는 것을 알 수 있다.

Bernard와 Goodyear(2004)가 정의한 집단 수퍼비전의 개념을 살펴보면, 집단 수퍼비전은 한 집단의 수퍼바이지들과 한 명 또는 그 이상의 수퍼바이저들 간의 정기적인 모임이다. 수퍼바이저는 수퍼바이지들의 상담 활동 능력과 그들이 상담하는 내담자들 그리고 상담을 제공하는 서비스를 모니터 한다. 수퍼바이지들은 수퍼바이저(들)로부터, 수퍼바이저(들)의 피드백을 통해, 그리고, 수퍼바이지들 간의 상호작용을 통하여 도움을 받을 수 있다. 이러한 집단 수퍼비전의 장점과 단점들은 〈표 5-4〉에 자세히 제시하였다(Bernard & Goodyear, 2004; Carroll, 1996; Haynes et al., 2003).

표 5-4 집단 수퍼비전의 장점과 단점들

장 점	단 점
많은 사람들로부터 의견을 들을 수 있다(수퍼바이저만이 지식과 경험을 가진 사람이 아니다).	개인이 집단에 의하여 희생될 수 있다.
다양한 상담 접근들과 내담자들을 접할 수 있다.	개인이 집단 내에서 간과되거나 숨겨질 수 있다.
동료들로부터의 지지적인 분위기(특히, 초보 상담가들을 위한)를 형성한다.	집단원들 간의 경쟁의식과 희생양이 생겨날 수 있다.
다른 사람들이 어떻게 상담하고 어떻게 문제를 해결하는지에 대하여 들을 수 있는 좋은 기회다.	많은 상담 사례를 가진 수퍼바이지들이 충분한 시간을 갖지 못할 수 있다.
수퍼바이저는 자신의 전문성을 많은 수퍼바이지들에게 짧은 시간 내에 전달하며, 수퍼바이지들은 비용이 경제적인 점에서 효과적이다.	경험이 많은 수퍼바이지들은 집단 수퍼비전에서 원하는 것을 얻지 못할 수 있다.

〈계속〉

다른 수퍼비전 개입을 실험적으로 적용할 수 있다(드라마테라피 등).	다른 수퍼비전 기법들을 활용하는 데 적은 시간을 소모할 수 있다.
수퍼바이저에 대한 수퍼바이지들의 의존성을 최소화할 수 있다.	모든 사람들이 집단환경에 적합한 것은 아니다.
많은 사람들로부터 양적으로나 질적으로 다양한 평가와 피드백이 주어진다.	내담자에 대한 사례 연구보다는 개인적인 성장에 중점을 둘 수 있다.
위험을 감수하는 태도가 집단 상황에서 증가될 수 있다.	집단 역동이 개인적인 학습을 방해할 수 있다.
수퍼바이지들의 간접 경험과 간접 학습을 증가시킨다(자신들의 실패들을 이야기 나눔으로써 다른 사람들을 도울 수 있다).	집단에서 일어나는 지나치게 다양한 아이디어들로 인하여 구체적인 결과를 얻어내기 어렵다.
비슷한 학습환경에 있는 동료들로부터 감정적인 지지를 얻는다.	집단의 규범들을 따라야 한다.
상담에 영향을 미칠 수 있는 집단 내에서 일어나는 문제들을 이야기 나눌 수 있다(예: 경쟁의식, 스트레스에 대처하는 법, 자아노출, 대인관계 스타일 등).	이미 형성된 집단에 새로운 집단원이 들어가는 것이 어렵다.
수퍼바이저와 수퍼바이지들 간의 상하 위계적인 관계로 인한 파워를 약하게 한다.	다른 집단원들에게는 관심이 없거나 관련이 없는 영역에 지나친 시간을 소모할 수 있다.
수퍼바이지들 간의 상호작용이나 토론하는 사례에 대한 반응들로부터 수퍼바이지에 대한 폭넓은 이해를 도모할 수 있다.	집단원 개인이 이해하기에는 너무 많은 일들이 집단 내에서 일어날 수 있다.
수퍼바이지들은 수퍼비전 집단에서 배운 집단과정들에 대한 학습들을 자신의 상담집단에 적용함으로써 평행과정이 일어나기 쉽다.	집단 수퍼비전에서 다룬 내담자들과 수퍼바이지들에 대한 정보의 비밀보장이 이루어지지 않을 수 있다.
행동이 요구되는 기법들을 활용하기에 좋은 기회가 된다(역할극).	개인상담을 반영하기 어렵다.
같은 연령, 성별, 인종의 사람들이다.	

집단 수퍼비전에서 수퍼비전 집단들은 대부분의 다른 형태의 집단들과 마찬가지로 비교적 예견할 수 있는 단계들을 거친다. 물론 집단의 형태는 응집수준에 따라 다르게 발전할 수 있겠으나, 기본적으로 수퍼바이저가 집단 수퍼비전의 발달단계에 따른 특성들을 이해함으로써 좀 더 적극적인 개입을 할 수 있다. 수

퍼비전은 수퍼바이지들을 위한 상담이 아니라 수퍼바이지들의 성장을 위한 수퍼바이저의 임무들로 이루어지므로 집단 수퍼비전의 발달단계에 대한 인식은 중요하다.

Bernard와 Goodyear(2004)는 집단 수퍼비전을 예비 집단기(pregroup), 형성기(forming), 혼란기(storming), 규준기(norming), 활동기(performing), 종결기(adjourning) 등의 단계로 구분하였다. 우선 예비 집단기 단계에서는 수퍼비전 집단을 구성할 집단원들을 사정하고 수퍼비전이 이루어질 장소를 정한다. 초보적인 수퍼바이지들은 그들의 능력과 경험 수준, 지향하는 핵심 이론, 상담하는 기관의 특성 등과 같은 영역에 있어 동일한 수퍼비전 집단에서 서로에 대한 공감이 증가하며 상호 신뢰가 쉽게 이루어진다. 더욱이 서로간의 경험 차이가 비슷하므로 한 개인의 상대적인 장점이 좀 더 쉽게 받아들여진다. 하지만 수퍼바이지들 간에 차이가 있는 이질적인 수퍼비전 집단에서 경험 있는 수퍼바이지들은 수퍼비전의 효과를 누리지 못하는 경향이 있다. 따라서 집단 수퍼바이저는 동일한 그리고 이질적인 수퍼비전 집단에 관련된 문제들에 대한 인식을 가지고 집단원의 구성에 신중하여야 하며, 각각의 집단에 따른 단점들을 집단의 구성과 규칙들을 통하여 보완해야 할 것이다(Bernard & Goodyear, 2004).

형성기 단계는 집단 수퍼비전의 구성원들이 서로를 알아가고 어떻게 서로 연관되는지에 대하여 알아가는 시기로 개인의 안전감과 보호감이 중요한 욕구로 제기된다(Hayes, Blackman, & Brennan, 2001). 또한 형성기는 집단의 기본적인 규칙들과 구조들을 형성하는 시기다(Bernard & Goodyear, 2004; Hayes et al., 2001). 특히, 수퍼바이저는 이러한 규칙들과 구조들을 형성할 때 리더십을 발휘해야 한다. 수퍼바이저의 리더십이 없다면 집단원들이 리더십을 발휘하게 된다. 수퍼바이저는 집단원들이 수퍼비전에 대한 명확한 이해와 기대를 가지고 참여하여 수퍼비전에 대한 개인적인 목적들을 달성할 수 있도록 하는 규칙들을 마련해야 할 것이다. 주로 이 시기에는 얼마나 자주 수퍼비전을 가질 것인지에 대한 수퍼비전의 횟수와 정기적인 출석, 사례 발표의 방법 등에 대한 규정이 마련되어야 한다. 특히, 집단 수퍼비전은 개인 수퍼비전과 달리 개인의 출석이 집단의 응집력과 수퍼비전에서 수퍼바이지들이 경험하는 에너지와 생동감 등에 영향을 미친다. 더욱이 집단 수퍼비전에서 수퍼바이지들은 집단원으로서 수퍼비전에 참여하겠다는 서로에 대한 기본적인 책임이 있으므로 수퍼비전에의 정기적인 출석은 매우 중요한 규칙이다. 마지막으로 상담 사례 발표방법들과 그에 따른 정보나 수퍼바이지들의 정보에 대한 비밀보장, 집단원들의 책임 그리고 수퍼비전에의 참여 정도에 대한 언급도 이루어져야 한다. 또한 수퍼바이저는 동료 집단원들의 부당한 압력과 위협감으로부터 집단원들을 보호해야 한다(Bernard & Goodyear, 2004).

혼란기 단계는 수퍼바이지들이 역량 있는 상담가로 느끼고 보여지고 싶은 욕구가 나타나는 시기다(Bernard & Goodyear, 2004). 특히, 수퍼바이지들은 서로에 대한 경쟁이 두드러지게 나타나며, 가장 역량 있는 수퍼바이지나 수퍼바이저가 좋아하는 수퍼바이지는 누구인지에 대한 관심을 가진다. 이러한 수퍼바이지들 간의 어느 정도의 경쟁은 불가피한 것이다. 이 경쟁의식은 적절하게 활용된다면 수퍼바이지들 간의 능력을 증가시키는 윤활유로 작용한다. 이러한 수퍼바이지들의 경쟁을 긍정적인 결과로 이끌기 위해서는 수퍼바이저의 신중한 개입과 경쟁의 방향을 수퍼바이지들의 전문성을 확장시키는 방향으로 전환시키는 능력이 요구된다. 특히, 수퍼바이지들의 경쟁에 대한 문제들을 수퍼비전에서 이야기 나누는 개방적인 대화가 효과적이다. 더욱이 수퍼바이저는 수퍼바이지들이 집단 수퍼비전에 참여하는 목적들을 점검하고, 그에 따른 자신들의 행동에 책임감을 다하도록 하기 위하여 수퍼바이지들을 도전시킬 필요가 있다(Hayes et al., 2001).

규준기 단계는 사회적인 합의들을 통하여 집단의 응집력이 발달하는 시기다(Hayes et al., 2001). 규준은 집단에서 구성원들에게 예견되는 행동들을 의미한다. 규준기에는 집단원들이 서로간의 적절한 행동을 위한 규준들을 확인하고 평가하며, 개인과 집단의 목적들을 달성하기 위하여 집단 내에서 수용하는 역할들을 설정한다(Bernard & Goodyear, 2004). 집단 수퍼비전에서 수퍼바이지들이 비록 자신의 양심적인 인식에 의하여 행동할지라도, 적절하고 효율적인 행동을 이끌기 위한 규준을 설정함으로써 집단 수퍼비전에서 요구되는 위험성을 감수하는 태도를 위한 안전감을 제공할 수 있게 된다. 규준기에서 가장 중요한 것은 적절한 규준의 설정과 함께 설정한 규준의 효율성에 대한 지속적인 검토다.

활동기 단계에서는 집단의 각 구성원들이 자신들의 상담 활동을 탐색하고 점검하며, 더 나은 상담 활동을 수행하기 위하여 자신들의 사례를 발표한다. 이 시기는 집단이 가장 효율적으로 운영되는 시기로 수퍼바이지들이 적극적으로 참여하는 단계다(Bernard & Goodyear, 2004). 수퍼바이저는 토론하는 사례에 대한 집단원들의 피드백을 요구하며, 중요한 안건을 수퍼바이지들이 충분히 이해하도록 하기 위하여 재반복하거나 새로운 단계에서 다시 물어볼 수 있다. 이 시기에는 집단의 응집력이 강하기 때문에 집단에 대한 순응을 강조하기보다는 오히려 개인의 독특함이 강조될 수 있다. 효과적인 수퍼비전 집단은 각각의 수퍼바이지들을 독특한 개성과 장점들을 지닌 구성원으로 인정하기 때문에, 각 개인은 수퍼비전 집단에 기여할 뿐만 아니라 집단으로부터 배움도 얻을 수 있다. 이러한 효율적인 집단의 근본이 되는 것은 집단원들 간의 상호 신뢰와 지지다. 신뢰가 강하면 강할수록 집단원들은 새로운 성장을 위해 좀 더 도전적인 태도를 취하며, 자신의 실수나 약점들을 개방적으로 나눔으로써 집단 수퍼비전의 가치를 증대시킬 수 있다(Bernard & Goodyear, 2004).

마지막 단계는 종결기로 슬픔기(Hayes et al., 2001)로도 명명된다. 이 단계에서는 집단원들 간의 이별, 사정 그리고 평가가 이루어진다. 이 시기는 집단원들이 한 집단원으로서 집단 경험의 종결에 대처하며, 개인적인 성장을 확고히 하고 집단 이후의 삶에 대한 전환을 준비한다. 사실상 수퍼비전 집단이 효율적으로 이루어지다 보면, 어떤 수퍼바이지들은 수퍼비전 경험을 종결하는 것을 꺼리거나 자신들의 성공적인 배움을 집단의 또는 집단구성원들의 특수성으로 돌리는 경우가 있다. 이러한 집단원들의 부인에 대하여 수퍼바이저는 그들의 부인과정들을 직면시킬 필요가 있으며, 집단의 종결에 대하여 그대로 받아들이는 자세를 촉진하도록 도울 수 있다. 또한 종결에 따른 상실감이나 종결을 함으로써 갖게 되는 새로운 기회들에 대해서도 논의할 수 있다(Hayes et al., 2001).

대부분의 수퍼비전 집단들이 일정한 수퍼비전 기간을 정하고 수퍼비전을 시작하는 반면, 경우에 따라서는 일정한 기간의 제한이 없는 지속적인 수퍼비전 집단이 있을 수 있다. Bernard와 Goodyear(2004)는 수퍼비전 집단의 종결에 대하여 시간적으로 기간을 둔 수퍼비전 집단과 지속적인 수퍼비전 집단으로 나누어 설명하였다. 수퍼바이저는 시간적으로 제한을 둔 수퍼비전 집단의 종결에서 집단원들이 성취감을 느낄 수 있도록 함과 동시에, 종결에 대한 불안과 자신들이 그동안 생각하거나 기대해 왔던 완전히 역량 있는 상담가가 여전히 아니라는 집단원들의 생각들을 줄이기 위하여 그들의 학습과 성장을 전체적인 맥락에서 이해하도록 도와야 한다. 또한 수퍼바이저는 개개의 수퍼바이지들이 각자의 목표에 맞는 성장을 이루기 위하여 앞으로 당분간 어떻게 해야 하는지에 대한 어느 정도의 지침이나 안내를 하는 것이 필요하다. 이때 수퍼바이지들 또한 자아성장을 위한 일정한 계획을 가지고 이후의 삶으로 전진하는 자세가 요구된다.

수퍼비전 집단이 지속적인 경우에 있을 수 있는 가장 큰 단점은 명확한 끝맺음이 없이 희미하게 끝날 수 있다는 것이다(Bernard & Goodyear, 2004). 인간관계가 끝맺음 없이 집단이 종결되는 것과 마찬가지로, 지속적인 수퍼비전은 또 다른 해결되지 않은 갈등으로 남아 있거나 종결을 야기한 원인에 대한 정확한 이해 없이 끝날 수 있다. 지속적인 수퍼비전 집단은 집단원의 변화 없이 다시금 재구성할 수 있기 때문에 이러한 단점을 보완하기 위하여 집단을 시작할 때부터 종결을 정할 수 있다. 경우에 따라서는 1년이라고 정해진 기간 동안 집단원들을 고정시키고, 이후에 어떤 집단원은 떠나고 어떤 사람은 들어옴에 따라 새로운 수퍼비전 집단을 시작하는 기회를 주기도 한다. 또한 집단원들의 변화 없이 어느 정도의 기간은 수퍼바이저의 주도로 이루어지는 집단이 이후에는 수퍼바이지들이 주도하는 집단으로 바뀜으로써 집단의 변화가 있을 수 있다. 또한 매 6개월마다 4~6주간의 휴식을 취함으로써 종결과 새로운 시작이 이루어질 수 있다. 무엇보다도 중요한 것은 지속적인 수퍼비전에서 다양한 끝맺음과 새로운 시작이 계획되어야 한다는 것이다.

5) 동료집단 수퍼비전

동료집단 수퍼비전(peer group supervision)은 3명 이상의 상담가들이 집단 내에서 서로에게 수퍼비전을 제공하는 책임감들을 나누는 것으로 본다면 집단 수퍼비전의 한 변형이며, 한편으로 동료 집단원들이 서로에게 수퍼비전을 제공한다는 성격으로 본다면 일대일 상호 수퍼비전의 한 변형이라고 볼 수 있다. 이렇게 집단원들이 자신들의 전문성과 상담 경험들을 구체적인 사례를 통하여 나누는 동료집단 수퍼비전은, 기존의 수퍼비전이 갖는 수퍼바이저와 수퍼바이지의 상하 관계와 수퍼바이저의 수퍼바이지에 대한 평가적인 특성이 배제된 수퍼비전이라는 의미에서 자문으로도 볼 수 있다(Bernard & Goodyear, 2004). 하지만 동료집단 수퍼비전은 지속적으로 이루어지며 집단원들이 서로에게 갖는 책임감이 강하기 때문에 자문과는 다른 점이 있다.

상담가들이 자신의 상담 활동과 그에 따른 문제들을 다른 경험 있는 상담가들과 나누는 동료집단 수퍼비전은, 서로간의 아이디어를 나누고 내담자들을 서로 의뢰하는 네트워크의 역할과 상담 분야에 대한 새로운 뉴스와 상호지지적인 역할을 제공한다(Carroll, 1996). 각자의 상담 영역에서 경험을 지닌 집단원들은 전반적으로 비슷한 훈련이나 경험들 그리고 서로에 대한 존중감을 기본적으로 갖추었기 때문에 아마도 가장 조화로운 집단일 것이다(Bernard & Goodyear, 2004).

하지만 동료집단 수퍼비전은 까다로운 집단원들로 인하여 수퍼비전의 효율성이 최대한으로 발휘되기 어려울 수 있다. 이러한 집단원들은 자신의 문제들을 집단에 가지고 와서 다른 집단원들이 해결해 주기를 고집하거나 자신들을 위하여 지나치게 많은 시간을 할애하기를 요구할 수 있다. 심지어 이들은 다른 동료들과의 잠재적인 갈등들을 경험하고 외면당하면서 해로운 관계를 형성하여 집단을 탈퇴하기도 한다(Goldberg, 1981). 또한 집단원들 중에는 수퍼바이저라는 전문가로서의 역할을 행사하려는 욕구가 강한 집단원이 있을 수 있다(Bernard & Goodyear, 2004). 그러므로 동료집단 수퍼비전에 참여하는 집단원들에게 요구되는 또 하나의 요소는 확실한 수준에서의 심리적인 성숙도며, 때에 따라서는 자신이 동료집단 수퍼비전에 가입함과 동시에 개인상담이 필요한지에 대한 결정을 할 수 있어야 한다. 구체적인 동료집단 수퍼비전의 장점과 단점들은 〈표 5-5〉에 나타나 있다(Bernard & Goodyear, 2004; Carroll, 1996).

표 5-5 동료집단 수퍼비전의 장점과 단점들

장 점	단 점
경험 있는 상담가들 간에 파워가 동등하다.	내담자의 복리를 위한 결정적인 책임감이 없다.
집단원들에게 좀 더 권한을 부여하며 한 명의 리더에게 덜 의존한다.	각 개인들이 경험이나 훈련에 따라서 동등하지 않을 수도 있다.
성인 학습의 원리와 좀 더 일치하며, 성인 학습자들이 선호하는 학습환경을 제공한다.	지나친 경쟁의식과 비판이 있을 수 있고 개인에 대한 관심이 결여될 수 있다.
집단 내에 계층적인 관계가 없으며 동료들 간의 피드백으로 권위적인 인물과의 갈등이 일어나지 않을 수 있다.	수퍼비전 집단이라기보다는 우정어린 친목집단이 될 수 있다.
시간적으로나 경제적으로 비용이 효과적이다.	개인을 넘어서 집단과정을 모니터할 사람이 없다.
집단원들이 선택되면 집단 내의 응집력이 생긴다.	집단원이 자신의 개인적인 문제에 도움을 얻고자 참여할 수 있다.
서로간에 가치를 나눈다.	집단의 역동이 지배적일 수 있다.
상호 지지와 격려를 주고받으며 지치는 것을 막는다.	직면이 없으며 도전에 대한 저항이 있을 수 있다.
의뢰 네크워크를 형성한다.	공식적인 평가가 없다.
개인 상담소에서 혼자서 일하면서 결핍된 것과 우정들을 나누는 장이 될 수 있다.	지나치게 비공식적이 될 수 있다.
학습을 위하여 집단이 함께 논의하는 집단과정을 활용할 수 있다.	집단원들이 수퍼비전 집단 밖에서 함께 일해야 하는 상황이라면, 수퍼비전 집단에서 자아노출을 삼가게 되고 집단을 신뢰하지 않을 수 있다.
익숙한 경험들에 대한 재점검을 이루는 장을 마련한다(예: 조기 종결 등).	불평과 문제들을 호소하는 집단이 될 수 있다.
새로운 정보를 전달함으로써 지속적인 교육이 이루어질 수 있다.	집단 내에서 이루어지는 개인 수퍼비전의 양이 줄어들 수 있다.
심각한 사례에 대한 지속적인 자문이 이루어질 수 있다.	
집단원들이 역전이와 평행과정 문제들을 좀 더 의식하도록 돕는다.	

6) 스태프 수퍼비전

일반적으로 스태프(staff) 수퍼비전은 팀(team) 수퍼비전이라고도 언급하지만, 나중에 언급할 라이브 수퍼비전의 한 형태인 팀 수퍼비전과의 혼동을 막기 위하여 여기에서는 팀 수퍼비전보다 스태프 수퍼비전이라는 용어를 사용한다. 스태프 수퍼비전은 주로 함께 일하는 집단이 자신들의 상담 활동을 위하여 외부의 수퍼바이저를 활용하는 수퍼비전을 의미한다(Carroll, 1996). 집단원들은 한 기관에서 일하는 같은 스태프팀이며 수퍼바이저는 스태프들 간에 일어나는 문제들과 대인 간의 갈등들을 혼습하도록 하는 데 도움을 줄 수 있다. 스태프 수퍼비전은 팀원들 간의 명확한 경계와 수퍼비전 계약서가 요구된다. 스태프 수퍼비전에 대한 장점과 단점들이 〈표 5-6〉에 제시되어 있다(Carroll, 1996).

표 5-6 스태프 수퍼비전의 장점과 단점들

장 점	단 점
개인들이 서로 잘 안다.	직업상의 승진을 생각하여 자신의 약점들을 나누기를 두려워한다.
모든 개인들이 같은 기관의 목적들을 이루려고 노력한다.	팀원들 내에 경쟁의식과 정책들로 학습이 저해될 수 있다.
기관의 정책을 결정함과 동시에 내담자에 대해서도 관심을 가질 수 있다.	직장 내에 무엇이 일어나는지를 모니터하기 위하여 수퍼비전을 활용할 수 있다.
내담자들을 위한 기관의 책임의식을 창출할 수 있다.	다른 동료들 앞에서 한 개인을 직면시키기 어렵다.
하나의 팀으로서의 응집력을 발달시킨다.	계획적인 결근과 같이 고의적인 행동을 할 수 있다.
내담자들의 문제부터 체계의 문제까지 해결할 수 있다.	
다른 집단원들에 대한 인식, 왜곡, 생각들을 확인할 수 있다.	

7) 대인과정 회고법

Kagan과 그의 동료들(Kagan & Krathwohl, 1967; Kagan, Krathwohl, & Miller, 1963)이 개발한 대인과정 회고법(Interpersonal Process Recall: IPR)은 처음에는 하나의 치료 모델로 시작되었고 지금도 종종 치료적인 목적으로 사용되고 있으나 비디오 녹화를 활용한 수퍼비전 방법으로 가장 많이 알려진 기법이다. 대인과정 회고법은 수퍼바이지가 내담자와의 관계 역동을 파악하는 데 도움을 줄 뿐만 아니라 수퍼바이지의 자아인식을 향상시키는 데도 도움을 준다. 특히, Kagan(1980)은 모든 인간은 자신의 역동에 대한 대가(best authority)며 자신의 경험에 대한 가장 훌륭한 해석자라고 주장하면서, 수퍼바이저의 역할이 교육자의 역할보다는 수퍼바이지의 인식을 촉진시키는 촉진자로서의 역할이어야 한다고 주장하였다.

대인과정 회고법은 다음의 과정을 거친다(Kagan & Krathwohl, 1967). 수퍼바이지들이 자신의 내담자와의 상담 장면들을 녹화하고, 상담이 끝난 직후에 수퍼바이저와 수퍼바이지가 그 테이프를 본다. 이렇게 상담이 끝난 직후에 녹화 테이프를 검토하는 것은 수퍼바이지들이 자신의 상담 장면에서 경험한 생각이나 느낌들을 자세히 기억할 수 있게끔 하기 위함이다. 수퍼바이저와 수퍼바이지는 테이프를 보면서 더 탐색하고 싶은 부분이나 논의하고 싶은 부분 그리고 중요한 부분이나 피드백을 얻거나 주고 싶은 부분에서 누구든 테이프를 정지시킨다.

만약 수퍼바이지가 정지시켰다면 자신의 생각이나 느낌들로 대화를 이끌어 나간다. 이때 수퍼바이저는 수퍼바이지가 스스로의 해결책을 위하여 자신의 생각, 동기, 감정들을 포함한 내적 과정들을 조사하도록 하기 위한 심리적인 여유를 제공할 필요가 있다. 동시에 수퍼바이저는 Kagan이 명명한 조사자 또는 효과적인 촉진자로서 직접적인 질문들을 하여 수퍼바이지들을 도전시킬 수 있다. 예를 들면, 특정 녹화 장면을 보면서 내담자에게 어떻게 말했기를 바라는지, 그렇게 말했다면 내담자가 어떻게 반응했겠는지, 그렇게 말하지 못한 이유는 무엇인지, 지금 다시 기회가 온다면 어떻게 자신이 느끼고 생각한 것을 내담자에게 말할 것인지 등에 대하여 이야기 나눌 수 있다(Bernard & Goodyear, 2004).

대인과정 회고법에서 활용될 수 있는 Bernard와 Goodyear가 언급한 수퍼바이저 주도의 질문들은 다양한 수퍼비전 목적들을 반영하는 질문들로 〈표 5-7〉에 자세히 나열하였다.

표 5-7 대인과정 회고법에서 활용되는 수퍼바이저 주도의 질문들

	감정적인 탐색을 불러일으키는 질문들
1	그것이 어떤 감정을 불러일으켰나요?
2	그것이 내담자에 대해 어떤 감정을 불러일으켰나요?
3	이때 무슨 감정을 느꼈는지 기억나나요?
4	다른 감정들을 인식하고 있었나요?
5	그런 감정들이 당신(수퍼바이지)에게 무슨 의미가 있었나요?
6	그 감정이 당신에게 어떤 특별한 의미가 있나요?
7	그것이 당신에게 익숙한 감정인가요?
8	당신이 느꼈던 그 감정에 대해 무엇을 했나요(하려고 결정했나요)?
9	그 감정을 아무 때나 표현하길 원했나요?
10	어떤 위험을 감수하는 도전적인 태도에 대한 환상을 가지고 있었나요?
	언급되지 않은 사항들을 체크하는 질문들
11	이 시점에서 내담자에게 뭐라고 이야기하길 원하나요?
12	지금 여기서 무엇이 일어나고 있나요?
13	그렇게 하면서 어떤 감정을 느꼈나요?
14	이 시점에서 상담가로서의 역할에 대해 어떻게 느꼈나요?
15	그게 당신에게 무슨 의미를 주었나요?
16	만약 시간이 좀 더 허락한다면 어떻게 상담을 진행하고 싶은가요?
	인지적인 조사를 격려하는 질문들
17	이때 무슨 생각을 하고 있었나요?
18	이때 다른 사람에 대해 무슨 생각을 하고 있었나요?
19	여기에 무슨 일이 일어나고 있나요(일어나지 않나요)?
20	이것을 해결하기 위해 하고자 했던 일에 대한 아이디어가 있었나요?
21	위험을 감수하려는 환상에 빠졌나요?

〈계속〉

22	당신이 원했던 말들을 말할 수 있었나요?
23	그렇다면 그 밖에 다른 말들을 하길 원했나요?
24	상담 다음에는 어떻게 진행되기를 바라며 어떤 특정한 계획을 가지고 있었나요?
25	내담자가 당신이 원했던 것을 알았다고 생각했나요?
26	어떤 종류의 이미지를 투사한다고 인식하였나요?
27	그 이미지가 당신이 투사하고자 한 이미지인가요?
28	상담 세팅이 당신에게 또는 내담자와의 상호작용에 어떤 영향을 미쳤는지 기억할 수 있나요?
29	상담환경이 내담자에게 영향을 미쳤다고 한 당신의 생각에 영향을 미친 것을 기억할 수 있나요?
30	그러한 장비가 어떤 방법으로 당신에게 영향을 미쳤나요?
31	(녹화 리코더에 대한 반응이 있다면) 저 리코더가 당신에 대해 무어라고 들려 주었으면 좋은가요(들려 주기를 원치 않나요)?
이미지를 나타내는 질문들	
32	바로 그 순간에 어떠한 환상도 가지고 있지 않았나요?
33	이때 당신의 머릿속에 스쳐가는 그림, 이미지, 기억들이 있었나요?
34	그 순간에 무슨 생각을 하고 있었나요?
35	그것이 다른 것을 생각나게 하나요?
36	당신은 '나도 저런 때가 있었지.' 라고 생각했나요? 그런 경험이 있나요?
37	과거의 어떤 때를 생각했나요?
내담자와 상담가 간의 상호 지각들을 탐색하는 질문들	
38	내담자가 당신에 대해 감정이 있다고 생각했나요?
39	내담자가 바로 그 순간에 당신을 바라본 것을 어떻게 생각하나요?
40	내담자가 당신에게 전달하고자 하는 메시지가 뭐라고 생각하나요?
41	바로 그 순간에 내담자가 당신에 대해 어떠한 기대들을 가지고 있다고 느꼈나요?
42	내담자가 당신으로 하여금 생각하고 느끼고 행동하기를 원했다는 것을 어떻게 생각했나요?
43	당신은 당신의 내담자와의 상호작용에 대한 설명이 내담자의 설명과 같다고 생각하나요?

〈계속〉

44	내담자가 자신이 느끼는 것에 대한 어떠한 단서들을 제공했나요?
45	내담자가 이 문제에 대해 이야기하는 것을 어떻게 느낀다고 생각하나요?
46	바로 그 순간에 내담자가 계속해서 당신에게 이야기하는 것에 대해 어떻게 느낀다고 생각하나요?
기대감을 조사하는 질문들	
47	내담자가 당신에게 뭐라고 말하길 원했나요?
48	당신은 어떻게 듣고 싶나요?
49	내담자로부터 원했던 것은 무엇인가요?
50	바로 그 순간에 내담자에 대해 어떤 기대를 가졌나요?
51	내담자가 당신을 어떤 특정한 방법으로 바라보길 원하나요? 어떻게 원하나요?
52	내담자의 당신에 대한 지각이 어떻다고 생각하나요?
53	어떤 메시지를 내담자에게 주고 싶었나요?
54	당신이 원하는 대로 내담자가 말하고 행동하고 생각하도록 하기 위한 특정한 메시지가 있었나요?
55	내담자가 상담가에게 집중하고 있었나요? 내담자의 반응들이 어떻게 떠올랐나요?
56	그 순간에 내담자에게 정말로 말하고 싶었던 것이 무엇이었나요? 그렇게 이야기하지 못했던 이유가 무엇인가요?
57	내담자가 어떻게 하길 원했나요?
58	당신에게 편리한 방법이 되는 무언가를 행하도록 원했나요?
59	그렇게 해서 어떻게 됐나요?

Bernard와 Goodyear(2004)는 이러한 질문들을 사용할 때의 주의점들을 지적하였다. 다시 말해서 수퍼비전 관계에서 수퍼바이지들은 수퍼바이저보다 주로 말수가 적기 때문에, 수퍼바이저는 수퍼바이지가 탐색하고 논의하고 싶은 부분을 결정하도록 격려해야 한다. 또한 수퍼바이저는 질문형을 삼가고 서술형으로 대화를 나누는 것이 중요하다. 이는 수퍼바이지들이 함축성 있는 질문들을 쉽게 알아차리고 자신의 내적 과정을 촉진시키기보다 오히려 차단하게끔 할 수 있기 때문이다.

더욱이 수퍼바이저는 자신이 선택하고자 하는 부분을 결정할 때, 수퍼바이지의 내담자와의 상호작용이 상담의 흐름을 방해하는지, 수퍼바이지의 상호작용에 중점을 두는 것이 그의 상담가로서의 발달에 도움이 되는지에 관하여 생각해 보는 것이 바람직하다.

8) 마이크로 훈련

수퍼바이저는 수퍼바이지들에게 수퍼바이지의 상담 기술수준과 비슷한 상담가의 훈련 테이프를 제공하거나 다양한 기술수준의 훈련 테이프를 제공함으로써 또 다른 형태의 수퍼비전을 제공할 수 있다(Haynes et al., 2003). 이때 수퍼바이지는 훈련 테이프를 보면서 테이프에 나타난 상담가의 수퍼바이저로서의 역할을 취하고, 무엇이 효과적이었으며 어떻게 다르게 접근할 것인지에 대하여 실제 수퍼바이저와 이야기 나눔으로써 도움을 받을 수 있다.

이와 같이 훈련 테이프를 통하여 수퍼바이지들에게 구체적인 치료기법들을 가르치는 방법들로 가장 많이 활용되는 체계적인 수퍼비전 방법은 Ivey의 마이크로카운슬링(microcounseling) 또는 마이크로 훈련(microtraining)이다(Forsyth, & Ivey, 1980; Ivey, 1971, 1974; Ivey & Authier, 1978). 마이크로카운슬링에 대해서는 이미 앞에서 개략적으로 설명하였지만 여기서는 좀 더 구체적인 마이크로카운슬링의 과정을 알아보겠다.

마이크로 훈련은 4단계로 이루어진다(Forsyth & Ivey, 1980). 첫 번째 단계는 한 번에 한 가지 상담기법을 가르치는 것으로, 수퍼바이지는 자신이 배우고 실행할 구체적인 기술을 이해하고 있어야 한다. 수퍼바이지가 배우는 기술이 전체적인 상담 개입의 매우 작은 부분이 될 수도 있으나, 중요한 것은 작은 기술을 정교하게 익히고 실행해야 한다는 것이다. 더욱이 구체적인 기술이 어렵고 복잡한 기술이라면, 그 기술을 작은 부분들로 나누어서 별개로 가르친 후에 나중에 하나의 정교한 기술로 훈련할 수 있다.

두 번째 단계는 중점적으로 배우는 한 가지 기술을 그 기술이 담긴 비디오테이프를 보거나 수퍼바이저가 보이는 라이브 시범을 통한 모델링 효과로 학습의 효과를 높이는 것이다. 하지만 특정 기술에 대해 구두로만 설명하는 것은 적합하지 못하다.

세 번째 단계는 특정 기술에 대하여 연습하는 것이다. 수퍼바이지가 수행할 특정 기술을 단순히 보는 것만으로 그러한 기법을 능숙하게 완수할 수 있다고 생각하는 것은 잘못된 것이다. 따라서 수퍼바이저는 수퍼비전에서 수퍼바이지가 특정 기술에 대해 충분히 연습할 수 있는 기회를 제공해야 한다. 때에 따라서는 수퍼바이지의 연습들을 비디오테이프에 녹화하여 스스로 배울 수 있는 기회를 제공할 수 있다. 그리고 일련의 역할극, 역할을 바꾸어서 하는 역할극 등을 통해서도 특정 기술을 연습할 수 있다.

마지막 단계는 수퍼바이지가 특정 기술에 숙달할 수 있도록 하는 것이다. 이때 수퍼바이지가 그 기술을 숙달하기 전에 다른 기술로 전이하는 것은 바람직하지 않다. 특정 기술의 숙달은 상대적인 개념으로 수퍼바이지가 특정 기술을 치료 장면에서 성공적으로 완수하며, 수퍼바이저 또한 수퍼바이지의 성공적인 실행수준을 편안하게 받아들이는 때를 의미한다.

만약 수퍼바이지의 숙달이 이루어지지 않았다면, 특정 기술에 대한 훈련시간이 충분하지 않았거나 모델링이 충분하지 않았거나 특정 기술이 수퍼바이지의 현재 수준을 넘는 기술이라는 것을 의미할 수 있다. 이러한 마이크로 훈련은 수퍼비전에서 대인과정 회고법(IPR)과 조화롭게 활용될 수 있다. 그 이유는 수퍼바이저가 마이크로 훈련 기법에서 교육자로서의 역할을 함과 동시에 대인과정 회고법에서 내적 과정을 강조할 수 있기 때문이다(Bernard & Goodyear, 1998). 이때 수퍼바이저는 새로운 또는 보다 진보된 상담 기법이나 전략에 대한 시범을 보임과 동시에, 수퍼바이지들의 감정, 생각, 동기 등에 대한 반영을 촉진시키는 상담가 또는 촉진자의 역할을 할 필요가 있다.

9) 반영적인 과정

반영적인 과정(reflective process)은 상담가의 행동, 감정, 사고뿐 아니라 내담자와의 상호작용에 중점을 두면서 상담과정의 현상을 이해하고 탐색하며 숙고하는 과정이다(Neufeldt, Karno, & Nelson, 1996). 따라서 수퍼비전에서는 상담 장면에서 일어난 것들을 이해함과 동시에 그에 대하여 적극적으로 탐색하며, 수퍼바이지의 연약함과 위험을 감수하는 태도를 개방적으로 받아들이는 환경을 제공해야 한다. 특히, 이러한 반영적인 과정은 수퍼바이지가 알지 못하는 애매모호함에 대하여 참을 수 있는 능력을 가지고, 미지의 생각들에 대하여 끊임없이 노력할 수 있는 여유를 가지며, 애매모호함을 그대로 수용하는 경험을 하는 안전하고 교육적인 환경 내에서 일어난다(Nelson & Neufeldt, 1998). 따라서 수퍼바이지가 자신의 약점이나 연약함들에 대하여 방어하는 태도나 불확실성에 대하여 조급해 하는 태도, 그리고 수퍼바이지 자신의 상담과정 현상들을 깊이 있게 반영하기보다는 피상적으로 반영하는 태도는 자신의 발전을 저해하는 요소가 된다(Neufeldt, Karno, & Nelson, 1996).

수퍼바이저는 수퍼바이지의 반영적인 사고를 촉진시키기 위해서 여러 가지 전략들을 활용할 수 있다(Griffith & Frieden, 2000; Neufeldt, 1994). 첫 번째는 소크라테스식 질문형, 특히 '어떻게' '무엇을'로 시작하는 질문형들을 활용하는 것이다. 수퍼바이저는 모든 해답을 가지고 있는 인물이기보다는 중요한 질문을 던질 수 있는 근원으로서의 역할을 하여 수퍼바이지들의 사고가 확장되도록 도울 수 있다.

두 번째는 수퍼바이지가 상담 일기를 쓰도록 하는 것이다. 상담 일기는 수퍼바이지가 자신의 상담을 비판적으로 평가하는 것과 함께, 외적으로 일어나는 사건들과 수퍼비전이나 상담으로 인해 자극되는 고통스러운 감정적인 경험들을 포함하는 내적인 과정들에 중점을 두어 기술하는 것이다. 특히, 수퍼바이지들이 사건의 기술에 치중하지 않고 상담 주제나 패턴 등에 중점을 두어 기술함으로써 추상적인 상담관계를 좀 더 구체적인 사고로 발달시킬 수 있도록 도울 수 있다(Griffith

& Frieden, 2000).

세 번째는 대인과정 회고법의 활용과 같이 비디오테이프를 활용하는 것이다. 수퍼바이지는 비디오테이프를 관찰함으로써 상담 장면에서의 역동에 대한 감정들과 자신의 반응들로 인해 내담자의 행동에 나타난 감정들을 점검할 수 있다. 그리고 자신의 상담기법들이 인간을 어떻게 변화시키고 발달시키는지에 대한 자신의 생각들을 파악할 수 있다(Griffith & Frieden, 2000; Neufeldt, 1994). 〈표 5-8〉에서는 수퍼바이지의 반영적인 사고 능력을 촉진시키기 위한 수퍼바이저의 전략들을 구체적으로 나타내었다(Neufeldt, 1994).

표 5-8 수퍼바이지의 반영적인 사고 능력을 촉진시키기 위한 수퍼바이저의 전략들

기본적인 전략들: 교육 기능	
1	관찰된 상담 장면에서의 상호작용들을 평가하기
2	상담가에게 내담자에 대한 하나의 가설을 요구하기
3	적절한 개입들을 확인하기
4	개입 전략들을 교육하고 시범 보이며 모델링으로 전달하기
5	특정한 전략이나 개입들에 대한 이론적인 근거를 설명하기
6	상담에서의 중요한 사건들을 해석하기
기본적인 전략들: 상담 기능	
7	상담 중의 수퍼바이지의 감정들을 탐색하기
8	수퍼비전에서의 수퍼바이지의 감정들을 탐색하기
9	구체적인 기법이나 개입에 대한 수퍼바이지의 감정들을 탐색하기
10	상담에서 수퍼바이지의 걱정거리나 확신감들에 대해 스스로 탐색하도록 격려하기
11	수퍼바이지가 자신의 개인적인 역량과 앞으로 성장해야 할 영역을 파악하도록 돕기
12	수퍼바이지가 상담과정에서의 자신의 영향과 근심에 대해 숙고할 수 있는 기회를 제공하기

〈계속〉

기본적인 전략들: 자문 기능	
13	수퍼바이지가 활용하기 위한 대안적인 기법이나 개념화를 제공하기
14	수퍼바이지가 전략이나 기법에 대해 브레인스토밍하도록 격려하기
15	수퍼바이지가 내담자의 문제나 동기 등에 대해 논의하도록 격려하기
16	수퍼비전에서 수퍼바이지의 욕구들이 충족되도록 노력하기
17	수퍼바이지가 수퍼비전 시간을 구조화하도록 허락하기
진보적인 전략들: 복합적인 기능	
18	수퍼바이지가 상담 사례를 개념화하도록 돕기
19	내담자에 대한 이해를 촉진시키기 위해 수퍼바이지의 감정들을 탐색하기
20	발달적인 도전들을 제공하기
21	내담자에 대처하는 데 적절한 전략을 시범 보이기 위해 평행과정을 활용하기
22	상담에서 보여지는 수퍼바이지의 의도들을 탐색하기
23	수퍼바이지와 내담자 간의 경계 문제들을 탐색하기
24	수퍼바이지가 내담자에 의해서 야기되는 스트레스적인 감정들을 탐색하고 반영할 수 있도록 돕기
25	수퍼바이지가 내담자와 자신의 행동에 나타난 단서들을 확인하고 활용할 수 있도록 돕기
26	수퍼바이지의 생각과 행동들이 긍정적으로 이루어질 수 있도록 재구조화하기

10) 라이브 수퍼비전

가족치료에서 주로 활용되어 온 라이브 수퍼비전(live supervision)은 1960년대 후반에 Jay Haley와 Salvadore Minuchin에 의하여 시작되었다(Simon, 1982). Haley와 Minuchin은 당시에 빈곤한 가정을 치료하는 데 전념하고 있었고, 중류층의 상담가들에게 가난한 것이 어떤 것인지에 대하여 가르치는 아이디어를 그리 흡족해하지 않았다. 따라서 그들은 빈곤한 지역에서 고등학교 이하의 교육수준을 가진 사람들을 모집하여 빈곤 가정을 치료하도록 훈련시켰으며, 경험이 없고 훈련도 받지 않은 사람들을 지도하고 치료받는 가족들을 보호하기 위하여 라이브 수퍼비전을 고안하였다. Haley와 Minuchin은 훈련 경험이 없는 사람들에게 2년 동안 일주일에 40시간의 집중적인 라이브 수퍼비전을 제공하였다. 그들의 이러한 개입은 효과적이었다.

1960년대 후반에 Haley와 Minuchin이 라이브 수퍼비전을 의미하는 라이브 관찰(live observation)을 처음으로 사용하였는데도, 라이브 수퍼비전과 라이브 관찰의 의미는 다르다고 Bernard와 Goodyear(2004)는 주장하였다. 그들에 의하면 라이브 관찰은 응급 상황을 제외하고는 상담과정 동안에 수퍼바이저가 수퍼바이지와 상호작용하지 않으며, 수퍼바이지와 같은 상담실에 앉아 있거나 일방경이나 비디오 모니터 화면을 통하여 상담하고 있는 수퍼바이지를 관찰하는 방법이다. 라이브 수퍼비전은 라이브 관찰과 함께 상담과정 동안 적극적인 수퍼비전이 이루어지는 것을 의미한다고 언급하였다.

다시 말해서 라이브 수퍼비전은 수퍼바이저가 수퍼바이지의 상담 활동에 영향을 주기 위하여 수퍼바이지와 의사소통을 할 수 있는 몇 가지 방법들을 활용한다. 이것은 수퍼바이지의 상담과정을 직접적으로 관찰할 수 있는 라이브 관찰을 포함한다. 수퍼바이저의 직접적인 관찰과 수퍼바이지와의 상호작용을 촉진하는 라이브 수퍼비전은 상담가인 수퍼바이지와 내담자 간의 상담과정을 직접적으로 관찰하는 것은 물론, 상담과정 중에 수퍼바이지가 인식하지 못하는 상담 내용이나 패턴 그리고 행동들을 확인하는 것을 촉진시킬 수 있다(Kaufman, Morgen, & Ladany, 2001).

하지만 수퍼바이저의 개입은 수퍼바이지의 전문적, 개인적 역량을 발달시키는 과정을 방해하며 수퍼바이지의 의존성을 야기할 수 있다. 이러한 단점들에도 불구하고 라이브 수퍼비전의 가치는 긍정적이다. 중요한 것은 수퍼바이저가 자신의 개입이 내담자와 수퍼바이지에게 미칠 수 있는 잠재적인 영향에 대하여 인식하고 있어야 하며, 내담자의 복리를 보호하는 것과 동시에 상담가인 수퍼바이지의 존엄성을 유지하는 것을 최우선으로 삼아야 한다는 것이다(Haynes et al., 2003). 라이브 수퍼비전의 구체적인 장점과 단점들은 〈표 5-9〉에 나타나 있다(Bernard & Goodyear, 2004; Carroll, 1996).

표 5-9 라이브 수퍼비전의 장점과 단점들

장 점	단 점
상담을 하는 과정에 개입할 수 있고 치료 개입을 조정할 수 있다.	일방경이나 버그인더이어와 같은 기제들을 설치하는 데 비용이 든다.
수퍼바이지의 즉각적인 학습이 이루어진다.	수퍼바이저와 수퍼바이지가 라이브 수퍼비전을 위해 같은 시간을 할애하기 어려울 수 있다.
수퍼바이저(들)의 다양한 견해를 접할 수 있다.	수퍼바이저의 지시에 따른 수퍼바이지의 반응이 부자연스러울 수 있다.
객관적인 견해를 제공한다.	내담자의 반응이 부정적일 수 있다.
수퍼바이저는 즉각적인 개입을 제공할 시간을 가진다.	수퍼바이지의 자신감 발달을 방해하고 의존성을 야기한다.
내담자의 복리를 보장한다.	상담의 역동을 방해할 수 있다.
수퍼바이저와 수퍼바이지가 개입에 대한 책임을 나눈다.	내담자나 수퍼바이지에게 매우 위협적일 수 있다.
여러 가지 창의적인 방법들이 활용될 수 있다.	비밀보장이 깨질 확률이 실질적으로 많아진다(컴퓨터와 팀 수퍼비전으로).

이와 같이 수퍼바이저의 직접적인 관찰과 수퍼바이지와의 상호작용이라는 두 가지 역할로 인해 라이브 수퍼비전에서는 버그인더이어(bug-in-the-ear: BITE), 모니터하기, 인 비보(in vivo) 등의 여러 가지 방법들이 활용된다(Bernard & Goodyear, 2004; Carroll, 1996; Haynes et al., 2003; Kaufman, Morgen, & Ladany, 2001; Montalvo, 1973). 첫 번째 방법은 수퍼바이지가 무선 이어폰을 끼고 하는 버그인더이어(bug-in-the-ear: BITE)로, 일방경을 통하여 관찰하고 있는 수퍼바이저가 상담과정 중에 있는 수퍼바이지에게 코치 하는 개입이다. 이 방법은 대체로 초보적인 수퍼바이지들에게 효과적이나 특정한 개입을 위한 경우에는 경험 있는 수퍼바이지들에게도 적절하게 활용될 수 있다. 버그인더이어 기제는 순간순간에 수퍼바이지에게 개입할 수 있는 방법들을 전달하며, 수퍼바이지의 치료적인 개

입을 즉각적으로 격려함으로써 행동 변화를 강화시켜 주며, 라이브 수퍼비전에서 활용되는 다른 방법들보다 상담가와 내담자 간의 치료관계를 보호해 주는 장점이 있다. 하지만 버그인더이어를 수퍼바이저가 지나치게 자주 활용하다 보면 내담자에게 집중하려는 수퍼바이지를 방해할 수 있고, 수퍼바이지는 단순히 수퍼바이저의 지시를 따라하게 되므로 의존성을 야기할 수 있다. 또한 수퍼바이저의 지시를 들으려는 노력이 상담과정을 방해하고, 내담자가 모르는 버그인더이어에 대한 비밀로 인하여 불필요한 감정들을 불러일으킬 수 있다.

두 번째 방법은 가장 드물게 활용되는 것으로, 수퍼바이저가 상담과정을 관찰하다가 상담가가 어려움을 느낄 때나 내담자의 복리를 위하여 긴급하게 개입할 필요성을 느꼈을 때 직접적으로 상담에 개입하여 모니터하는 것이다. 이러한 모니터하기는 수퍼바이저가 내담자의 역동을 직접적으로 경험할 수 있다는 장점과 수퍼바이지가 수퍼바이저의 모델링을 직접적으로 관찰할 수 있다는 장점이 있다. 하지만 경우에 따라서는 수퍼바이지가 자신의 역량이 수퍼바이저보다 상대적으로 부족하다는 지각을 강조하여 긍정적인 학습과 발달을 저해할 수 있다(Bernard & Goodyear, 2004).

세 번째 방법은 인 비보(in vivo) 수퍼비전으로, 모니터하기와 비슷하게 수퍼바이저가 내담자가 현존하는 상담과정에 개입하지만 상담가를 대신하여 내담자에게 개입하기보다는 수퍼바이저가 내담자 앞에서 상담가인 수퍼바이지에게 자문을 한다. 인 비보의 기본 개념은 모든 내담자들은 심지어 상담 개입에 대한 논의를 포함한 모든 정보들에 노출될 권리가 있다는 것이다. 내담자들이 수퍼바이저와 수퍼바이지 간의 또 다른 견해나 시각을 듣는 것만으로도 자신들의 특정 역동에 대한 인식을 도울 수 있게 된다는 것이다(Bernard & Goodyear, 2004; Carroll, 1996).

네 번째 방법은 수퍼바이저가 상담 장면에 잠시 들어가서 상담가와 내담자들과 상호작용을 하고 다시 나오는 워크인(walk-in) 수퍼비전이다. 수퍼바이저의 이러한 개입은 위기 상황이나 자문을 하기 위한 개입이 아니라 치료의 방향을 재조정하고 수퍼바이저와 내담자 간의, 상담가와 내담자 간의 특정한 역동을 형성하기 위한 개입이다(Bernard & Goodyear, 2004).

다섯 번째 방법은 전화 수퍼비전으로, 필라델피아 아동상담 클리닉(Philadelphia Child Guidance Clinic)에서 상담가의 발달을 모니터하고 상담과정에 대한 수퍼바이저의 지도를 촉진하기 위한 방법으로 발달되었다(Montalvo, 1973). 전화 수퍼비전은 수퍼바이저와 수퍼바이지가 서로 의사소통을 함과 동시에 수퍼바이저의 지도나 언급을 명확하게 전달할 수 있는 기회를 제공한다. 하지만 전화 수퍼비전은 상담과정을 방해할 수 있다.

여섯 번째 방법은 자문을 위해 잠시 휴식하기(Bernard & Goodyear, 2004; Haynes et al., 2003)다. 수퍼바이지가 자기 스스로 자문을 해야 할 필요가 있거나 수퍼바이저가 상담문을 노크하는 등의 방법으로 수퍼바이지에게 신호를 주어서, 수퍼바이지가 잠시 상담실을 나가서 수퍼바이저와 자문을 하는 기법이다. 이 기법은 수퍼바이지가 수퍼바이저로부터 명확한 설명을 들을 기회를 주지만 전화 수퍼비전과 마찬가지로 상담의 흐름을 방해할 수 있다.

일곱 번째 방법은 컴퓨터를 이용한 라이브 수퍼비전이다. 수퍼바이저는 관찰실에서 수퍼바이지의 상담을 관찰하다가 필요한 피드백을 관찰실에 있는 키보드로 입력하고, 상담실에 있는 수퍼바이지는 내담자 뒤에 설치된 모니터를 통하여 피드백을 받는 방법으로 버그인더아이(bug-in-the-eye)라고 언급되기도 한다(Bernard & Goodyear, 2004; Haynes et al., 2003). 이 방법은 수퍼바이지가 수퍼바이저의 메시지를 읽을 때를 통제할 수 있기 때문에 버그인더이어보다 상담과정이 덜 방해를 받는다.

여덟 번째 방법은 상호치료(co-therapy)다(Kaufman, Morgen, & Ladany, 2001; Haynes et al., 2003). 이 방법은 수퍼바이저와 수퍼바이지가 한 명 또는 집단의 상호 상담가로서의 역할을 하는 것이다. 이때 두 상담가들은 상담을 시작하기 전에 상담 사례의 성격과 각자의 역할들에 대하여 논의하는 것이 중요하다(Haynes et al., 2003). 또한 수퍼바이저가 상담에서 시범보이기와 모델링 등을 통한 훈련을 제공하지만, 공식적인 수퍼비전은 상담이 끝난 후에 제공해야 한다. 이 수퍼비전에서는 수퍼바이저와 수퍼바이지가 서로의 개입에 대한 의견을 나누어야 한다.

때때로 수퍼바이저는 수퍼바이지에게 상담과정을 통해서 배우거나 노력할 기회를 주기보다는 자신이 생각하는 대로 상담을 진행하려는 경우가 있다(Haynes et al., 2003). 또한 내담자도 두 상담가들 중에 수퍼바이저 상담가를 더 선호하는 경우가 있다. 이러한 경우에는 수퍼바이지에게 부정적인 훈련 경험을 초래하고 수퍼바이저에 대한 의존감을 형성하게 된다. 그 밖에도 수퍼바이저와 수퍼바이지의 상담 개입의 차이로 인한 갈등, 수퍼바이저의 객관성 결여, 상담에 대한 수퍼바이저와 수퍼바이지의 책임감의 불분명함 등이 단점들로 부각될 수 있다.

반면, 상호치료는 수퍼바이지가 혼자서 상담하는 데 따른 책임감이나 긴장감들을 완화하기도 한다(Kaufman, Morgen, & Ladany, 2001). 또한 상담과정의 문제점에 대해 이야기 나누는 것을 넘어서서 수퍼바이저가 상담 장면에서 시범을 보이고 모델링 하는 것은 수퍼바이지를 위한 효과적인 개입으로 실질적인 학습을 촉진시킨다. 수퍼바이저도 수퍼바이지의 상담 활동에 대한 정확한 정보와 더불어 상담 내에서의 역동들을 파악할 수 있는 기회를 얻을 수 있다.

마지막 라이브 수퍼비전의 형태는 팀 수퍼비전이다(Bernard & Goodyear, 2004; Kaufman, Morgen, & Ladany, 2001). 팀 수퍼비전은 여러 가지 형태로 나타날 수 있다. 즉, 많은 수퍼바이저들로 구성된 수퍼바이저 집단이 일방경을 통하여 수퍼바이지의 상담과정을 관찰하고 상담 이후에 수퍼비전을 제공하는 방법이다. 이를 통해서 상담 사례에 대한 브레인스토밍이 촉진되고, 수퍼바이지와 수퍼바이저들을 위한 학습환경이 향상되며, 개개인의 장점과 단점들이 조화롭게 나타날 수 있다(Kaufman, Morgen, & Ladany, 2001). 또 다른 형태는 수퍼바이저 중심의 라이브 수퍼비전으로 한 명의 수퍼바이저와 여러 명의 수퍼바이지들이 일방경을 통하여 특정 수퍼바이지의 상담과정을 관찰하는 것이다. 이때 전화를 통하여 서로 의사소통을 하거나 관찰실에서 나누는 자문을 통하여 수퍼비전을 제공할 수 있다. 이러한 형태는 원래 경험이 많고 유능한 상담가들이 자신의 상담기법들을 향상시키기 위한 방법으로 시작되었으나, 경험이 적은 초보적인 수퍼바이지들에게도 효과적으로 활용되는 기법이다. 수퍼바이저는 여러 명의 수퍼바이지들에게 피드백을 제공하고 구체적인 지도를 하며, 상담이 지속됨에 따라 수퍼바이지들의 참여와 책임감을 격려하고 강조해 나간다(Bernard & Goodyear, 2004). 이러한 팀 수퍼비전은 수퍼바이지에게 자신이 관찰된다는 것에 대한 불안감을 느끼게 할 수 있다. 따라서 수퍼바이저는 이러한 기법들에 대하여 수퍼바이지들을 준비시키고 라이브 수퍼비전의 목적들을 이야기 나눔과 동시에, 필요에 따라서는 역할극이나 그 밖의 다른 기법들을 함께 활용해야 한다.

2. 놀이치료 수퍼비전에서의 발표 형태들

놀이치료 수퍼비전에서 수퍼바이지들이 자신들의 상담 활동과 내담자들에 대하여 발표나 제시를 하는 방법에는 여러 가지 형태들이 활용될 수 있다. 상담 장면에서 일어나는 내담자와 상담가의 역동적인 성격으로 인하여 일련의 발표 형태들 중에서 어떤 방법이 가장 효과적인 방법인지를 파악하는 단순한 접근보다는, 오히려 놀이치료 수퍼비전 발표의 다양한 형태들의 선택들을 지속적이고 신중하게 숙고할 필요가 있다. 또한 서로 다른 형태의 발표방법에 따른 정당성을 파악함과 동시에, 각 형태가 지닌 상대적인 장점과 단점들을 확인하는 작업이 필요할 것이다.

1) 언어적인 사례 발표

언어적인 사례 발표는 수퍼바이지가 자신의 기억력에 의존하여 내담자들에 대한 정보, 내담자와 상담가 간에 일어난 일들이나 윤리적 또는 법적 문제들, 수퍼바이지의 개인적이고 전문적인 발달에 대하여 언어적으로 발표하는 형태다(Bernard & Goodyear, 2004; Haynes et al., 2003). 이는 가장 많이 그리고 쉽게 활용되는 제시방법으로, 수퍼바이지가 자신의 상담 사례를 상담이론에 간결하게 통합할 수 있는 능력의 발달을 촉진시킨다(Kaufman, Morgen, & Ladany, 2001). 따라서 사례 발표는 경험 있는 수퍼바이지들에게 매우 효율적으로 활용될 수 있다

(Carroll, 1996).

하지만 이러한 효율성에도 불구하고 언어적인 사례 발표는 몇 가지 문제점들을 가지고 있다. 첫째, 언어적인 발표의 신빙성 문제다(Carroll, 1996; Kaufman, Morgen, & Ladany, 2001). 수퍼바이저가 수퍼바이지의 사례 발표를 통하여 얻는 것은 수퍼바이지에 의하여 지각된 내담자며 그 내담자와의 상담 활동이다. 수퍼바이지들은 자신의 내담자나 상담 장면에서 일어나는 것을 해석하여 주관적으로 제시하며 부정확한 정보들을 제시할 수 있다. 따라서 수퍼바이저는 수퍼바이지가 보고하는 상담 장면과 실제로 일어난 상담 장면 간에 차이가 있는지, 또는 어떤 연관이 있는지를 살피는 작업이 필요하다.

사례 발표의 또 다른 문제점은 수퍼비전의 효율성이 제한될 수 있다는 점이다(Haynes et al., 2003). 상담기법이나 다른 문제에 대하여 수퍼바이지와 이야기 나누는 것은 수퍼바이지 자신의 활동에 대한 솔직하고 정확한 정도에 수퍼비전의 효율성이 달려 있다. 따라서 수퍼바이지의 기법과 능력들을 정확하게 파악하고 그에 따른 수퍼비전을 제공하기 위하여 수퍼바이저는 직접적인 관찰기법을 병행하여 활용할 필요가 있다.

개인 수퍼비전의 자아보고식 형태에서 언급한 바와 같이, 특히 실습 중인 학생들이나 초보 상담가들은 자신들의 상담 활동에 대한 파악이 어렵고 상담 사례에 관련된 정보들에 대해 압도감마저 느낄 수 있기 때문에, 상담 장면에 대한 직접적인 관찰이나 비디오 녹화 및 오디오 녹음 등과 같은 방법들을 함께 활용하는 것이 중요하다(Haynes et al., 2003). 이러한 복합적인 방법들의 활용은 수퍼바이지의 학습 효과를 증가시킬 뿐만 아니라, 수퍼바이저와 수퍼바이지가 수퍼바이지의 발달에 좀 더 집중할 수 있도록 한다. 언어적인 사례 발표 형태의 장점과 단점들이 〈표 5-10〉에 제시되어 있다(Carroll, 1996; Kaufman, Morgen, & Ladany, 2001).

표 5-10 언어적인 사례 발표의 장점과 단점들

장 점	단 점
상담가로 하여금 실제적으로 구체적인 부분들을 기억하도록 한다.	상담가가 의미하려는 말들을 기억하려고 노력하면서 내담자를 놓칠 수 있다.
상담가가 자신이 말한 것에 집중할 수 있게끔 한다.	언어적 보고인 사례 발표는 중요한 정보를 놓칠 수 있다.
상담과정을 가능한 많이 다룰 수 있다.	수퍼바이지들이 선택적으로, 주관적으로 기억한다.
사례 발표 내용들이 각 상담 후에 이루어진 기록된 보고 내용과 일치한다면 수퍼바이지는 진전 상황에 대하여 검토할 수 있다.	수퍼바이저는 수퍼바이지의 발표를 통하여 내담자가 해를 입지 않는다고 확신하기 어렵다.
수퍼바이지들로 하여금 자신들이 상담 장면에 대하여 어떻게 해석하는지를 알게끔 도와주는 중요한 자료가 된다.	언어적인 발표는 실제로 상담 장면에서 일어나는 비언어적인 요소들을 포착하지 못한다.

2) 상담과정 노트

상담과정 노트(process note)는 일반적으로 수퍼바이지가 상담의 내용, 내담자와 상담가 간에 일어나는 상호작용적인 과정들, 내담자에 대한 상담자의 감정들 그리고 치료 개입의 근거와 방법에 대한 설명을 글로써 나타낸 것이다(Goldberg, 1985). 한편, Carroll(1996)은 상담과정 노트란 수퍼바이지와 내담자 간의 실제적인 대화에서 기억나는 것을 수퍼바이지가 글로 기록한 것이라고 하였다. Haynes 등(2003)은 상담과정 노트(process note)와 상담진전 노트(progress note)의 차이를 구체적으로 나타내었다. 그들에 따르면 상담과정 노트는 진단, 치료목표들, 치료 전략 등을 포함하는 수퍼바이지의 상담에 대한 개념화를 개략적으로 나타내는 것이며, 상담진전 노트는 내담자의 언급, 행동, 태도 등을 포함하여 상담 장면에서 실제로 일어나는 것에 대한 좀 더 사실적인 기록들이다.

상담과정 노트와 같이 글로 기록한 방법들은 수퍼바이지로 하여금 상담에서

표 5-11 상담과정 노트의 장점과 단점들

장　　점	단　　점
상담에 대한 전반적인 검토가 가능하다.	시간이 소요된다.
기억나는 대화들의 기록이 가능하다.	실제로 일어난 것을 왜곡할 수 있다.
수퍼바이지의 기억력과 관찰력을 향상시킨다.	상담에 대한 기억력에 의존한다.
또 다른 치료기법을 고려하기 위하여 과정 노트를 활용할 수 있다.	수퍼바이지의 설명을 확인할 방법이 없다.
시간에 따른 패턴과 주제들을 파악할 수 있다.	
상담과 수퍼비전 간의 평행과정을 확인할 수 있다.	

일어난 것과 내담자에 대하여 기록한 것을 통해서 상담 사례를 이해하는 개념화를 촉진시킬 수 있다. 또한 수퍼바이지들의 언어적인 발표보다 좀 더 구체적인 상담 장면들을 재고할 수 있다는 장점이 있다. 상담과정 노트에 대한 장점과 단점들은 〈표 5-11〉에 나타나 있다(Carroll, 1996).

3) 카세트 녹음

상담과정을 카세트에 녹음하는 것은 녹음 기계들이 처음으로 활용되기 시작한 1950년 이후부터 사용되었다(Carroll, 1996). 녹음기의 활용은 수퍼바이지의 상담 활동에 대한 직접적이고 유용한 자료들을 제공한다. 또한 녹음 카세트의 활용은 일방경이 갖추어진 상담실과 고도의 기술적인 능력과 비디오 녹화에 필요한 장소 없이도, 그리고 수퍼바이저가 상담에 직접적으로 참석하지 않아도 수퍼바이지들의 상담에 대한 정확한 기록이 가능하다(Bernard & Goodyear, 2004). 하지만 녹화된 비디오보다는 내담자와 상담가의 보디랭귀지나 얼굴 표정들에 대한 정보, 수퍼바이지와 내담자가 앉은 자리 형태 등을 얻기 어렵다는 한계점을 지니고 있다(Haynes et al., 2003; Kaufman, Morgen, & Ladany, 2001).

수퍼바이지들의 상담을 카세트테이프에 녹음하기 위해서는 우선 문서화된 내담자의 동의서가 필요하고, 내담자가 언제든지 녹음에 대한 동의를 취소할 수 있다는 것을 알고 있어야 한다(Haynes et al., 2003). 때때로 수퍼바이지들은 자신의 상담 활동들을 카세트에 녹음하는 것에 대한 불편함을 자신의 내담자들이 불편해 한다고 말함으로써 녹음하는 것에 대한 저항을 나타낼 수 있다(Bernard & Goodyear, 2004). 비록 녹음하는 것에 대한 내담자들의 저항이 사실이고 그 저항을 민감하고 윤리적으로 다루어야 하지만, 녹음에 대한 불편함을 나타내는 쪽은 오히려 내담자들보다는 상담가들이다. 사실상 내담자들은 자신들의 상담에 대한 비밀이 지켜진다는 확신을 얻고, 상담가들의 태도가 전문적이고 윤리적인 한 상담의 녹음에 대하여 개방적인 태도를 나타내기 때문이다.

녹음기의 활용은 수퍼바이지들의 주도와 수퍼바이저의 주도로 이루어질 수 있다(Carroll, 1996). 수퍼바이지들이 주도하는 경우에는 자신들의 녹음 테이프를 모니터 하고 수퍼비전에서 다룰 순간을 정하며 테이프를 들을 소요시간을 결정한다. 이때 수퍼바이지들은 그들이 선택한 부분을 왜 선택하였는지에 대한 이유를 설명하고, 그 부분까지의 상담 내용들을 간단하게 언급하며, 선택한 부분에 대한 수퍼비전을 통하여 얻고자 하는 것이 무엇인지를 설명하고, 수퍼바이저로부터 바라는 도움이 어떤 것인지를 구체적으로 언급할 필요가 있다(Bernard & Goodyear, 2004). 수퍼바이저가 주도하는 경우에는 수퍼바이저에 따라 수퍼바이지의 테이프를 전부 다 들은 후에 피드백을 주기도 하고, 녹음 테이프의 처음 부분, 중간 부분, 마지막 부분을 부분적으로 들은 후에 피드백을 주기도 한다. 수퍼바이저들은 또한 수퍼바이지들에게 녹음한 상담과정을 듣고 수퍼바이지와 내담자 간의 대화 내용을 그대로 글로 옮겨 쓰게 함으로써 자신들의 실수들을 확연하게 알 수 있게 함과 동시에 스스로 자신의 상담 활동을 평가할 수 있게 하는 기회를 제공한다.

수퍼비전이 시작되는 초기 단계에서 수퍼바이저는 수퍼바이지들이 녹음한 상담을 모두 듣는 것이 권고된다. 이를 통해 수퍼바이저가 수퍼바이지의 현재 능력을 파악함과 동시에 수퍼비전에서 다루어야 하는 부분을 정할 수 있기 때문이다(Bernard & Goodyear, 2004). 특히, 수퍼바이저는 수퍼비전에서 다루기 위해 선택한 상담 장면에 대한 이유를 수퍼바이지가 이해할 수 있도록 도와야 한다. 수퍼바이저는 여러 가지 이유에서 특정 상담 장면을 선택한다. 구체적으로 살펴보면, 수퍼바이저는 상담 장면에서 가장 치료적인 부분을 강조하기 위하여 특정 부분을 선택한다. 또한 가장 중요한 부분을 선택하기도 하고, 수퍼바이저가 가장 힘들어 하는 어려운 상황을 선택하기도 한다. 그리고 계속되는 주제나 은유적인 표현들을 포함하는 내용들을 강조하기 위해 선택하기도 하고, 혼동스러운 부분이나 대인관계의 역동들이 나타난 부분들을 선택하기도 한다. 카세트테이프의 녹음을 수퍼비전에 활용하는 데는 장점과 단점들이 있는데 그것은 〈표 5-12〉와 같다(Carroll, 1996).

표 5-12 카세트테이프 녹음의 장점과 단점들

장점	단점
상담에 대한 직접적인 개입이 가능하다.	시간이 흐름에 따라 비용이 든다.
수퍼바이지들은 자세한 것들을 기억해야 하는 것에 걱정하지 않아도 된다.	비밀보장 문제가 제기될 수 있다(녹음 기술자의 참여가 있는지, 누가 테이프를 간직하는지 등).
테이프를 보관하고 상담과정을 계속적으로 검토할 수 있다.	상담 내용을 방해할 수 있다.
내담자들을 위한 보호를 좀 더 확신할 수 있다.	많은 양의 자료로 압도감을 느낄 수 있다.
실제로 일어난 것과 수퍼바이지가 보고하는 것을 비교할 수 있다.	상담을 전체적으로 파악하기보다 부분적으로 파악하게 된다.
수퍼바이지의 의도를 파악하기 위하여 테이프를 활용할 수 있다.	수퍼바이지들이 불편함을 느낄 수 있다.

〈계속〉

수퍼바이지들의 대인관계 역동들, 즉 매너리즘, 대화방법, 선택하는 언어들에 대하여 스스로 배울 수 있도록 한다.	내담자에게 집중하기보다는 녹음이 잘 되었는지를 확인하는 데 시간을 더 소모할 수 있다.
학습 목적을 위하여 상담 장면을 앞뒤로 돌려가며 진행할 수 있다.	기술적인 문제로 녹음을 실패할 수 있다.
수퍼바이지와 내담자의 성장을 모니터 할 수 있다.	녹음기를 활용하기 때문에 수퍼바이지들의 관찰기법들을 향상시키지 않을 수 있다.
다양한 학습방법들로 사용될 수 있다(IPR 등).	
셀프 수퍼비전을 촉진할 수 있다.	
관계 내에서의 잠재적인 메시지들을 파악할 수 있다.	
내담자들에 의하여 활용될 수 있다.	

4) 비디오 녹화

수퍼바이지들의 상담과정을 비디오에 녹화하여 이루어지는 수퍼비전은 카세트 녹음을 활용한 수퍼비전과 달리 시각적인 상담 장면을 제공해 준다. 상담에서는 내담자나 상담가의 얼굴 표정, 앉은 자세, 시선, 손 제스처 등의 보디랭귀지가 언어적인 랭귀지보다 양적으로나 질적으로 훨씬 많은 정보들을 전달해 준다. 이를 고려해 볼 때 비디오 녹화를 이용한 수퍼비전은 훈련 중인 수퍼바이지들의 발달이나 그들의 내담자에 대한 이해를 증폭시키는 방법임에 틀림없다. 수퍼바이저들은 라이브 수퍼비전과 같이 수퍼바이지들의 상담기법이나 그들의 태도에 대한 직접적인 관찰이 가능하며, 라이브 수퍼비전과 달리 녹화 테이프에서 앞이나 뒤의 장면들을 언제든지 조정하여 중요한 상호작용 장면들을 계속해서 보거나 그에 대한 수퍼비전을 제공해 줄 수 있다. 또한 수퍼바이저는 필요에 따라 수퍼바이지와의 역할극을 통하여 대안적인 기법들을 적용해 볼 수 있으며, 상담의 여러 단계들을 녹화한 장면들을 보면서 수퍼바이지의 상담가로서의 성장을 비교해 볼 수 있는 자료로도 활용할 수 있다(Haynes et al., 2003).

반면에 비디오 녹화 수퍼비전은 몇 가지 한계점들도 지닌다(Bernard & Goodyear, 2004; Carroll, 1996; Haynes et al., 2003). 상담 장면을 비디오 녹화를 하기 위해서는 일정한 공간과 기술적인 능력이 필요하다. 특히, 누군가 녹화 기제의 스위치를 잘못 누른 경우나 잘못 녹화된 비디오테이프의 경우 수퍼비전을 제공하기 어려울 수 있다. 또한 수퍼바이지들은 자신들의 상담수행 능력이 비디오에 잘 나타나야 한다는 부담감으로 지나친 '상담 수행 불안감'을 경험할 수 있다. 구체적인 비디오 녹화의 장점과 단점들은 〈표 5-13〉에 나타나 있다.

Haynes 등(2003)은 비디오 녹화를 위한 실질적인 제안점들을 다음과 같이 설명하였다. 첫째, 수퍼바이지와 내담자의 보디랭귀지들을 관찰하기 위하여 수퍼바이지와 내담자의 얼굴과 몸 전체를 카메라에 담도록 설치한다. 둘째, 캠코더를 수퍼바이지와 내담자에게 가까이 설치하여 음성이 포착되도록 하며, 필요하다면 외부 마이크를 가까이 설치하여 활용할 수 있다. 셋째, 내담자에게 비디오 녹화와 녹화된 테이프의 활용, 즉 비디오 녹화는 수퍼비전의 목적에만 쓰이고 그 이후에는 삭제될 것이며, 내담자들은 자신들의 동의를 언제든지 취소할 수 있는 선택권이 있다는 내용을 충분히 이해시킨 다음 비디오 녹화에 대한 문서화된 동의

표 5-13 비디오 녹화의 장점과 단점들

장 점	단 점
상담 장면에서 실제로 일어나는 것을 보거나 들을 수 있다.	참여자들이 카메라 앞에서 행동하므로 인위적인 행동이 나타날 수 있다.
비언어적인 메시지들, 개입들, 전략들에 대한 시각적인 기록을 제공한다.	내담자 또는 수퍼바이지들의 불안감이 생길 수 있다.
행동과 언어의 관계를 파악한다.	비디오 녹화를 위한 일정한 공간과 비용이 필요하다.
언어에는 종종 나타나지 않는 잠재된 역동들을 파악할 수 있다.	녹화를 위한 실제적인 기술이 요구된다.

서를 작성한다. 넷째, 수퍼비전의 목적들을 달성하기 위하여 어떻게 비디오테이프를 활용할 것인지에 대한 구체적인 계획들을 설정한다. 수퍼바이지들은 구체적인 상담 장면들을 제시하기 위하여 준비할 필요가 있으며, 그에 따른 질문들을 가지고 수퍼비전에 임한다. 다섯째, 상담 장면을 녹화한 비디오테이프를 보는 데만 적어도 45~50분이 소요되며, 수퍼바이저가 수퍼비전 시간에 한 상담을 담은 테이프 전체를 보는 데 시간을 소요하는 것은 실질적으로 어려울 수 있다. 따라서 수퍼바이저는 정해진 특정 상담 장면들을 선택적으로 볼 수 있으며, 수퍼바이지는 수퍼비전이 필요한 장면들을 고정시켜 수퍼비전 시간의 효율을 최대화할 수 있다. 마지막으로 수퍼바이저는 수퍼바이지에게 테이프를 보면서 배운 것이 무엇이며, 그날 배운 학습을 앞으로의 상담과정에 어떻게 활용할 것인지를 물을 수 있다.

6장

놀이치료 수퍼비전에서의 평가

수퍼비전에서의 평가는 그 과정에서 매우 중요한 역할을 한다. 평가를 통하여 수퍼바이지들은 자신들의 상담가로서의 발달수준을 파악하고, 앞으로 노력하고 성장해야 할 영역이 무엇인지에 대한 구체적인 목표를 설정하게 된다. 이러한 평가의 중요성과 긍정적인 역할에도 불구하고 평가에 대한 구체적인 과정이나 기준들에 대한 경험적인 연구가 부족한 현실이고 앞으로 연구되어야 할 영역임에 틀림없다. 특히, 평가과정이 수퍼바이저와 수퍼바이지 간의 상호 양방적인 과정인데도 기존의 연구들이 수퍼바이지에 대한 평가에만 중점을 두어 왔기에 수퍼바이저에 대한 평가 또한 연구되어야 할 영역 중의 하나다. 이러한 연구의 필요성과 평가의 중요성을 강조하기 위하여 본 저자는 평가라는 독립적인 장을 마련하였다. 이 장에서는 평가에 따른 여러 가지 문제들을 먼저 살펴보고, 수퍼바이지와 수퍼바이저에 대한 평가를 구체적으로 언급한다.

1. 수퍼바이저의 당면 문제들

놀이치료를 비롯한 모든 상담에서 수퍼바이저들은 상담에 입문하는 학생들이나 훈련과정 중에 있는 모든 상담가들인 수퍼바이지들을 교육시키고 훈련시키는 역할뿐 아니라, 그들이 독립적이고 책임감 있는 상담가로서 성장할 수 있도록 격려하여야 한다. 더욱이 수퍼바이저들은 수퍼바이지들의 상담가로서의 전문적인 역량을 모니터 하고 평가함으로써 수퍼바이지들이 상담하고 있거나 앞으로 상담할 내담자들의 복리를 보호할 뿐만 아니라, 수퍼바이지의 상담 분야에의 적합성을 검토하여 상담의 전문성을 더욱 견고히 하는 데 따른 윤리적인 책임이 있다.

하지만 수퍼비전에서의 평가는 대부분의 수퍼바이저들에게 어렵고 도전적일 수 있다. 이는 수퍼바이저들 또한 처음에는 상담가로서 상담 분야에 입문하였고, 그들에게 익숙한 상담가의 역할이란 지지적이고 수용적인 촉진자로서의 역할이기에, 건설적인 비판과 평가를 하여 수퍼바이지들에게 필요한 변화를 결정하는 평가자의 역할에 부담감과 긴장감을 느낄 수 있기 때문이다. 또한 수퍼바이저에게 기대되는 역할과 책임들을 분명하게 파악하지 못하고 모호하게 이해하며, 구체적이고 객관적인 평가 도구에 의존하기보다는 자신들의 주관적인 도구들에 의존하기 때문이다(Haynes et al., 2003). 더욱이 수퍼바이저는 특정 수퍼바이지에게 수퍼비전을 제공하는 것을 불편해 할 수 있는데 그런 경우의 평가과정은 더욱 어려울 수 있다. 그것은 수퍼바이지에 대한 수퍼바이저 자신의 개인적인 감정들을 배제하는 데 어려움을 느낌과 동시에, 특정 수퍼바이지의 상담수행 능력에 대한 객관적인 평가가 어렵기 때문이다.

수퍼비전에서의 평가란 현실적이고 달성할 수 있는 명확한 평가 기준들에 근거하여 수퍼바이지들의 상담수행 능력을 객관적으로 평가하는 것이라는 Kadushin(1992)의 정의를 살펴보면 평가는 객관적이어야 한다. 하지만 Bernard와 Goodyear(2004)의 주장에 따르면, 평가는 주관적인 판단과 객관적인 기준들이 신중하게 조화를 이루어야 한다. 그들은 상담 분야뿐 아니라 임상 수퍼비전 분야가 내재적인 직관과 관련되어 있으며, 상담 수퍼바이저들은 그들의 직관을 민감하게 인식할 수 있기 때문에 수퍼비전을 제공할 수 있는 위치에 있다고 하였다. 또한 그들은 수퍼바이저들의 전문적이고 주관적인 직관의 활용이 수퍼비전 과정에서 지속적으로 이루어져야 한다고 주장하였다. 하지만 주관적인 판단에 대해 신중성을 기해야 한다고 주장하면서 그에 대한 우려도 나타내었다. 즉, 수퍼바이저들의 개인적인 주관성(personal subjectivity)이 전문적인 주관성(professional subjectivity)을 방해하여, 수퍼비전이 덜 직관적이고 선입관이 깃든 개입으로 되어서 객관적인 수퍼비전을 약화시키는 요인이 될 수 있다는 것이다. 따라서 수퍼바이저는 자신의 전문적이고 내재적인 주관성을 객관적인 기준들에 맞추어 활용해야 한다.

이와 같이 수퍼비전에서의 주관적인 요소들은 수퍼바이지와 수퍼바이저의 성격적인 특성과 가치체계 또는 태도가 비슷한 유사성(similarity), 수퍼바이저가 수퍼바이지를 오랫동안 알아온 친숙함(familiarity), 수퍼바이저가 평가할 때 활용하는 일련의 우선순위들(priorities)로 수퍼비전 과정에 영향을 줄 수 있다(Bernard & Goodyear, 2004; Gould & Bradley, 2001). 수퍼바이저와 수퍼바이지 간의 유사성은 평가에 긍정적으로나 부정적으로 영향을 미칠 수 있으나 주로 긍정적으로 작용한다. 긍정적으로 영향을 미치는 경우, 수퍼바이저는 자신과 비슷한 수퍼바이지를 자신과 다른 수퍼바이지보다 선호하는 경향이 있고 심리적인 지지를 많이 제공하며 긍정적으로 평가하는 경향이 있다. 부정적으로 영향을 미치는 경우, 수퍼바이저가 상대적으로 젊은 반면 수퍼바이지가 나이가 많고 삶의 경험이 많다면, 같은 연령대의 수퍼바이지를 평가할 때보다 유사성이 적은 나이 많은 수퍼바이지를 평가할 때 더 나은 평가를 하여 객관성을 잃는 평가가 되기 쉽다.

친숙함은 예컨대 수퍼바이저가 수퍼바이지를 수퍼비전 이전의 다른 과목에서 이미 가르쳤다면, 수퍼바이저는 그 수퍼바이지를 좀 더 긍정적으로 평가하는 경향이 있다는 것이다. 또한 평가를 위한 일련의 우선순위 목록들에 대해서 수퍼바이저는 일반적으로 개인적인 중요 목록들을 가지고 있다. 하지만 대부분의 수퍼바이저들은 자신의 평가 목록들이 객관적이라고 여기기 때문에, 그러한 순위 목록들이 부분적으로 주관적이거나 다른 경험 있는 수퍼바이저들이 다른 형태의 목록들을 가졌다고 인지하기 어렵다는 것이다.

수퍼비전에서의 주관적인 요소들 이외에도 수퍼바이저의 수퍼비전에 대한 훈련 부족은 수퍼바이저로서의 역할을 방해한다. 특히, 수퍼바이저는 평가에 대한 교육이나 훈련을 받지 않았기에 수퍼바이지에게 피드백을 주는 것에 불편해한다(Borders & Leddick, 1987). 더욱이 수퍼바이저들은 수퍼바이지에 대한 부정적인 피드백이나 평가를 꺼리고 관대한 경향이 있다(Robiner, Fuhrman & Ristvedt, 1993). 이렇게 수퍼바이저가 부정적인 평가를 꺼리는 이유에는 여러 가지 요소들이 기여를 한다. 첫째, 수퍼바이저가 역량 있는 상담가에 대한 객관적인 기준들을 명확하게 알지 못하거나 자신의 주관적인 요소가 개입되는 평가 기준에 대한 문제들이다. 둘째, 부정적인 평가가 수퍼바이지의 불만이나 법적인 소송을 초래한다고 여기는 법적 · 행정적 문제들에 대한 걱정들이다. 셋째, 부정적인 평가가 수퍼바이지와의 라포 형성을 방해하고 수퍼바이지의 적대감을 초래하거나 그의 훈련 또는 진로에 해를 입힌다는 근심들로 인한 대인관계적 문제들이다. 마지막으로 제한된 수퍼비전 경험이나 훈련 그리고 수퍼바이지의 문제를 발견하지 못하는 등의 수퍼바이저의 문제들로 인하여 수퍼바이저는 수퍼바이지를 관대하게 평가하는 경향이 있다.

그 밖에도 수퍼바이저가 수퍼바이지에 대해 비현실적인 기대를 갖거나 자신의 개인적인 좌절감을 수퍼바이지에게 대치하여 지나치게 엄격하게 평가하는 경향이 있다. 또한 수퍼바이저는 수퍼바이지의 상담수행 능력을 일정하게 평균적인 '보통' 으로 평가하는 경우가 있다. 이는 수퍼바이지의 잘못된 행동이나 기법들을 교정시키지 못하고 구체적으로 발달시켜야 할 영역에 대한 언급이 없으므로 수퍼바이지에게 치명적인 영향을 줄 수 있다(Robiner et al., 1993).

이와 같이 평가에 따라 수퍼바이저가 직면하는 문제들은 여러 가지 훈련과 개입들로 공정한 평가가 이루어지도록 만들 수 있다. 물론 어느 누구도 수퍼비전에 따른 이러한 갈등들에서 완전히 벗어날 수는 없다. 그러나 중요한 것은 수퍼바이저들이 주관적인 선입관이나 편견에 기초한 수퍼비전이 있을 수 있다는 가능성을 인식하여 자신이 깨닫지 못하는 맹점들에 대한 검토가 있어야 한다는 것이다. 또한 수퍼비전에 대한 구체적인 훈련과 교육을 통하여 역량 있는 수퍼비전을 제공해야 하며, 다른 수퍼바이저들과의 지속적인 자문을 통하여 효율적인 수퍼비전이 되도록 노력해야 한다는 것이다.

2. 수퍼바이지의 당면 문제들

놀이치료 수퍼비전은 수퍼바이지의 상담가로서의 자질이나 상담 수행에 따른 역량을 점검하여 내담자들을 보호할 뿐만 아니라 상담 분야의 적합성과 전문성을 증폭시키는 과정이다. 따라서 수퍼바이지는 수퍼비전 과정에서의 평가에 대해 불안감과 긴장감을 경험하게 된다. 이러한 불안감들은 긍정적인 평가를 위해 상담을 잘 수행하려는 것, 기본적인 상담기법들을 획득하려는 것 또는 수퍼바이저로 하여금 수퍼바이지 자신을 좋아하게 만들려는 것과 관련된다(Haynes et al., 2003). 이러한 평가에 대한 긴장감이나 불안감들은 대부분의 수퍼바이지들이 경험하는 감정들로, 만약 수퍼바이지가 향상하고 있다고 수퍼바이저가 긍정적으로 평가한다면 수퍼바이지의 불안감 정도는 약화될 수 있을 것이다.

수퍼비전 과정에서 수퍼바이지들은 수퍼바이저로부터 긍정적인 평가를 받기 위하여 의식적으로나 무의식적으로 자신의 상담 활동에 대해 긍정적인 언급들만을 지나치게 나열하는 경향이 있다(Haynes et al., 2003). 이러한 경우는 수퍼바이지와 수퍼바이저 모두에게 큰 문제가 될 수 있다. 즉, 수퍼바이저는 수퍼바이지의 주관적이고 부정확한 정보들로 인하여 수퍼바이지의 현재 수준을 파악하지 못하고 정확한 피드백이나 평가를 제공하기 어렵게 된다(Kaufman, Morgen & Ladany, 2001). 이에 수퍼바이지는 상담가로서의 전문적인 성장을 위한 건설적이고 정확한 피드백과 평가를 얻기 어렵게 되어 더 나은 상담가로서의 발달을 방해받게 된다.

수퍼바이지들은 평가에 대한 불안감뿐 아니라 수퍼비전에 대한 전반적인 기대와 역할들에 대한 불안감도 경험한다. 특히, 수퍼비전 과정에 처음으로 참여하는 수퍼바이지들은 수퍼비전이 어떻게 실행되며 평가되는지에 대한 불확실성으로 인해 긴장감을 경험한다. 이미 수퍼비전 과정의 경험이 있는 수퍼바이지들은 과거의 수퍼비전 경험을 통하여 현재의 수퍼비전 경험이나 과정들을 예측할 수 있을 것이다. 하지만 중요한 것은 현재의 수퍼비전 과정에 대한 각 참여자들 간의 역할이나 책임들, 수퍼비전의 제시방법들, 평가방법들, 수퍼비전의 기간, 정도, 비용들, 수퍼비전 관계의 종결들을 구체적으로 명시한 문서화된 계약서를 통하여 수퍼바이저나 수퍼바이지 간의 현실적인 기대와 이해를 이끌어야 한다는 것이다(Carroll, 1996).

수퍼비전이 비록 수퍼바이지의 개인적이고 전문적인 성장과 발달을 위해 필요한 과정이기는 하지만, 지나치게 비판적인 수퍼바이저와의 수퍼비전은 수퍼바이지에게 매우 힘든 과정이다(Haynes et al., 2003). 특히, 어떤 수퍼바이저들은 이러한 비판적인 피드백이 수퍼바이지들의 성장을 위한 중요한 과업이라고 여겨 긍정적인 피드백과의 조화 없이 수퍼비전을 제공하는 경우가 있다. 이러한 경우에 수퍼바이지들은 여러 가지 딜레마를 경험하게 된다. 즉, 자신의 상담가로서의 자질과 전문성을 평가하는 수퍼바이저에게 도전적인 태도를 취할 것인가, 그러한 도전적인 태도로 인하여 불이익이 생긴다면 어떻게 할 것인가, 도전적인 태도로 인하여 수퍼바이저가 당황해하거나 기분이 상하면 어떻게 할 것인가, 그냥 참고 수퍼바이저의 비판을 받아들일 것인가 등의 갈등들을 경험하게 된다. 이러한 수퍼바이지들의 갈등은 수퍼바이저가 전문가와 평가자라는 권위와 파워의 인식으로 인하여 더욱 깊어지게 된다. 따라서 수퍼비전에서의 평가는 수퍼바이저의 수퍼바이지에 대한 일방적인 평가가 아닌 상호적인 평가로 더욱 효과적인 수퍼바이지와 수퍼바이저로 성장할 수 있도록 노력해야 할 것이다.

3. 수퍼바이지와 수퍼바이저에 대한 평가

1) 수퍼바이지에 대한 평가

Haynes 등(2003)은 수퍼바이지를 평가하는 11가지 영역들을 나열하였다. 즉, 치료 지식과 기술들, 평가 지식과 기술들, 다른 스태프와 내담자들과의 관계, 수퍼비전에 대한 반응, 자신의 한계점 인식과 수퍼비전 이외의 도움이 필요할 때를 인지할 수 있는 능력, 의사소통 기술, 윤리적이고 법적인 상담 활동, 다문화성에 대한 역량, 판단과 성숙함, 개인적인 발달을 위한 개방성 그리고 기관의 정책들과 절차들에 대한 순응성이 평가 영역들이다.

기존에 수퍼바이지를 평가하는 기준들은 주로 행동적이고 기능적인 평가에만 중점을 두어 왔다. 그러한 평가 기준들에는 치료 개입, 대인관계 기술, 평가 기술들, 사례 개념화, 치료 목표 및 계획, 전문적이고 윤리적인 행동들 그리고 수퍼비전에서의 행동들이 포함된다(Gould & Bradley, 2001). 하지만 상담가의 역량은 상담에 대한 이론적인 지식과 치료 기법 및 기술뿐 아니라 상담가의 대인관계 기술이나 특성들로부터도 일어나는 것이다. 또한 상담가로서의 수퍼바이지의 개인적인 특성들은 상담 장면에서도 나타나므로 그에 따른 평가도 이루어져야 한다.

Frame과 Stevens-Smith(1995)는 성공적인 상담가의 9가지 특성들을 조사하였다. 그들에 따르면 개방적인 태도를 지니고, 융통적이며, 긍정적이고, 협력적이며, 피드백을 수용하고 활용하는 의지력을 지니고, 타인에 대한 자신의 영향을 인식하며, 갈등에 대처하는 능력을 지니고, 개인적인 책임감을 수용하며, 감정들을 효과적이고 적절하게 표현하는 능력들이 전문적인 상담가로서의 중요한 특성들이다.

Engels와 그의 동료들(2004)은 전문적인 상담가들은 상담이라는 직업에 매우 전념하며, 내담자의 성장을 촉진하는 치료적인 관계를 형성하고 윤리적으로 유지하는 데 필요한 개인적인 특성들을 소유하고 있다고 주장하였다. 그들은 전문적인 상담가들의 개인적인 특성들과 전문적인 정체감을 평가하는 구체적인 자료를 〈표 6-1〉과 같이 나타내었다. 표에 나타난 것처럼, 수퍼바이저는 전문적인 상담가로 성장하는 수퍼바이지의 개인 내 그리고 대인 간 특성들을 평가할 뿐만 아니라, 상담가로서의 정체성을 가지고 윤리적으로나 법적으로 성장하고 발달할 수 있도록 하는 구체적인 평가 지침들을 제시하여 건설적인 피드백과 평가를 제공할 수 있다. 따라서 수퍼바이지는 자신이 잘할 수 있는 역량 있는 영역들과 앞으로 노력하고 성장하여야 할 영역들에 대한 객관적이고 실질적인 평가를 통하여 앞으로 나아가야 할 목표들을 설정할 수 있게 된다.

수퍼바이지에 대한 평가 및 평가 기준과 도구들에 대한 연구들이 상대적으로 적음에도 불구하고, 수퍼바이지의 평가에서 수퍼바이저에게 중요한 것은 객관성을 지닌 평가와 피드백을 제공하여 수퍼바이지의 성장과 발달을 도모하는 것이다. 물론 수퍼비전이 이루어지는 환경이나 상황에 따라 수퍼바이지에 대한 평가 방법이나 과정이 달라질 수 있다. 또한 이미 5장에서 언급한 수퍼바이지의 언어적인 사례 발표, 상담과정 노트, 카세트 녹음, 비디오 녹화, 라이브 수퍼비전 등을 통해서도 수퍼바이저는 수퍼바이지의 발달수준을 평가할 수 있다. 하지만 좀 더 구체적이고 객관적이며 문서화된 평가 자료들이 수퍼바이지의 성장에 실질적인 도움을 주므로, Engels와 그의 동료들(2004)이 제시한 자료들을 활용하는 것이 효과적일 것이다. 그들이 〈표 6-1〉에서 제시한 상담가들의 개인적인 특성들과 전문적인 정체감에 대한 평가 도구와 이어서 〈표 6-2〉에서 제시한 아동들(18세 이하의 아동들을 언급하므로 청소년도 포함된다)을 대상으로 놀이치료 및 활동치료(activity therapy)를 하는 상담가들의 역량을 평가하는 자료들은 일반적인 상황에서 활용될 수 있기에 이 책에서 제시하고자 한다.

표 6-1 상담가의 개인적인 특성들과 전문적인 정체감의 평가

역 량	수행 지침	평가*							
전문적인 상담가의 역량	전문적인 상담가는 다음의 능력들을 나타냄으로써 역량을 지니고 있음을 알 수 있다.	항목 번호	낮음 1	보통 2	3	4	높음 5	NO	NE
1. 내담자의 복리에 헌신한다.	1.1 상담 회기 동안 개인적인 문제들을 뒤로 하고 내담자들의 문제에 중점을 둔다.	1.1							
	1.2 언어적으로, 비언어적으로 내담자에 대한 진정한 관심과 배려를 나타낸다.	1.2							
	1.3 내담자들을 돕기 위한 헌신을 언어적으로 나타내며, 그들의 최대한의 이익을 위한 행동을 항상 추구한다.	1.3							
	1.4 내담자들이 상담에 가져오는 어떤 문제들은 해결된다는 것을 인식한다.	1.4							
2. 내담자에 대한 민감성을 유지한다.	2.1 문화, 연령, 성별, 인종, 민족성, 성적인 지향, 사회경제적인 차이들이 상담과정에서 내담자의 지각에 어떻게 영향을 미치는지를 설명한다.	2.1							
	2.2 내담자의 전반적인 범위의 감정, 사고, 가치, 태도들에 의식을 나타낸다.	2.2							
	2.3 내담자들, 동료들, 수퍼바이저들의 기대들을 확인하고 존중한다.	2.3							
3. 공감한다.	3.1 내담자의 세계관을 내담자에 의해 지각한 대로 이해하고 있음을 의사소통한다.	3.1							
	3.2 내담자들의 언어적이고 비언어적인 메시지들에 나타난 내용과 감정들을 정확하고 간결하게 언어적으로 반응한다.	3.2							
	3.3 내담자들과의 관계에서 조롱이나 비건설적인 비판이나 수동적인 적대감을 피한다.	3.3							
	3.4 내담자들을 향해 따뜻하고 배려하는 태도를 나타내고 전달한다.	3.4							
	4.1 상담가와 내담자의 주관적인 견해들의 차이를 확인하고 수용함을 나타낸다.	4.1							

〈계속〉

	4.2 상담가와는 다른 내담자의 의견들이나 활동들, 가치, 감정적인 반응들에 대한 객관성을 유지하려고 항상 노력한다.	4.2							
	4.3 내담자들에 대한 선입관적인 태도나 고정관념적인 사고를 피하며, 절대로 개인의 가치들을 내담자에게 부여하지 않는다.	4.3							
4. 개인차를 존중한다.	4.4 개인적인 가치들이 상담가의 반응들에 어떻게 영향을 미치는지를 깨닫는다.	4.4							
	4.5 각 내담자들이 판단이나 거부감에 대한 두려움 없이 자신들을 충분히 표현할 수 있는 기회를 제공하는 환경을 조성한다.	4.5							
	4.6 성별, 연령, 인종, 민족성, 성적인 지향, 또는 사회경제적인 차이를 불문하고 모든 내담자들에게 윤리적으로 책임 있는 상담 서비스를 제공한다.	4.6							
5. 인간의 긍정적인 잠재성을 믿는다.	5.1 내담자들이 가치 있고 책임감 있는 사람으로서 갖는 존중감을 언어적으로, 비언어적으로 의사소통한다.	5.1							
	5.2 희망을 전달한다. 내담자들이 문제를 해결할 수 있는 능력이 있으며 그들의 삶을 관리하고 성장할 수 있다는 믿음을 표현한다.	5.2							
	5.3 내담자의 근심들을 인정한다.	5.3							
6. 건전한 정신건강을 유지한다.	6.1 상담가로서의 효율성을 방해할 수 있는 개인의 욕구들, 가치들, 장점들, 단점들, 감정들 그리고 동기들을 명확하게 이해함을 표현한다.	6.1							
	6.2 가치 있는 사람으로서 존엄을 지니고 자아효율성을 가진 사람으로서 자아를 경험한다.	6.2							
	6.3 자아와 내담자들에 대한 비현실적인 기대감들을 인식하고 지속적으로 인식해 나간다.	6.3							
	6.4 미해결된 개인적인 문제들과 그것이 상담과정에서 내담자들에게 미칠 잠재적인 영향에 대한 인식을 발달시킨다.	6.4							
	6.5 내담자들이 항상 상담가들을 좋아하지는 않을 거라는 현실에 대처하기 위해 정신적으로 준비되어 있다.	6.5							
	6.6 내담자들이 고통스럽고 민감하며 힘든 문제들을 탐색하는 것을 돕기 위한 정신적인 성숙함과 용기를 유지한다.	6.6							

〈계속〉

7. 인간 행동과 변화과정에 대한 체계적인 개념을 지닌다.	7.1 직접적이고 간접적인 방법의 조사, 즉 일상적인 대화법에서 구조화된 진단평가를 포함하는 방법들을 활용하여 내담자들에게 상담을 제공하며, 항상 각 내담자들이 지닌 문화적인 차이점들을 인정한다.	7.1							
	7.2 구체적인 인간의 문제들의 의미를 결정하도록 하기 위한 이론적인 구조들을 치료적으로 적용한다.	7.2							
	7.3 효과적인 상담 목적들과 치료기법을 위한 인간 행동의 지식과 상담이론을 활용한다.	7.3							
	7.4 효율성과 내담자의 욕구들 그리고 내담자의 문화에 따라 구체적인 상담 개입과 기법들을 변경한다.	7.4							
8. 내담자들의 개인적인 발달을 촉진한다.	8.1 상담과정을 위한 상담가와 내담자의 적절한 책임수준들을 확인하고 그에 따라 책임감 있게 행동한다.	8.1							
	8.2 내담자의 표현과 자아탐색을 촉진한다.	8.2							
	8.3 내담자의 결정들에 대해 진실되고 비판단적인 이해를 전달한다.	8.3							
	8.4 내담자들이 과거에 가졌던 것과는 다르게 생각하고 느끼고 행동할 수 있는 능력에 대한 믿음을 의사소통한다.	8.4							
	8.5 상담 회기에서 나타나는 중요한 문제에 대해 치료적으로, 즉각성을 가지고 반응한다.	8.5							
	8.6 내담자들이 과거에 어떻게 제한되거나 또는 자신들을 제한하였는지에 대한 인식을 얻도록 도우며, 현재와 미래를 위해 가능한 대안적인 방법들을 얻도록 돕는다.	8.6							
	8.7 언어적 그리고 비언어적으로 내담자들이 건설적인 행동을 선택하도록 격려하고 파괴적인 행동을 선택하는 것을 지양하도록 돕는다.	8.7							
	8.8 내담자들이 대처하고 변화하며 진심으로 갈등들을 직면하려는 노력들을 지지한다.	8.8							
	8.9 변화의 증가와 상담과정 내의 전반적인 패턴이나 주제들에 그러한 변화들을 일관성 있게 통합하는 것을 언어적으로 확인하고 인정한다.	8.9							
	8.10 상담과정에서 상담가가 내담자가 처해 있기를 바라는 수준이 아닌 내담자가 현재 처해 있는 수준에서 정신적으로 처리한다.	8.10							

〈계속〉

	8.11 상호 합의된 상담목표들에 대한 실질적인 달성들을 평가하는 과정에 내담자가 참여하도록 한다.	8.11							
	8.12 내담자들의 개인적인 성장은 항상 확연한 것이 아니며 상담이 종결된 이후에도 일어날 수 있다는 것을 이해한다.	8.12							
	8.13 내담자들이 상담과정에서의 경험과 문제들을 성장과 변화를 위한 하나의 기회로서 이해하도록 돕는다.	8.13							
9. 스트레스와 좌절감에 대한 높은 인내심을 가진다.	9.1 상담가 자신과 내담자의 스트레스적인 시기, 불안한 때에 침착성을 유지한다.	9.1							
	9.2 어려운 상황들에 직면하였을 때 침착성과 지속적인 용기를 나타낸다.	9.2							
	9.3 상담과정에서 나타나는 내담자와의 파워 경쟁을 인식하고 회피한다.	9.3							
	9.4 내담자의 변화를 서두르거나 강요하기보다는 변화를 위한 내담자 각자의 속도에 맞추어 인내심을 제공한다.	9.4							
10. 선택의 자유를 존중한다.	10.1 내담자의 문화에 적합한 방법으로 그의 자유를 향상시키도록 하기 위하여 상담과정을 활용한다.	10.1							
	10.2 내담자가 소중히 여기는 가치들을 유지하려는 방법들에 대해 언어적 그리고 비언어적으로 의사소통하되, 자아파괴적인 사고와 행동들을 유지하는 부정적인 면들에 대해서도 언급한다.	10.2							
	10.3 내담자의 가치가 상담가의 가치와 모순되는 상담 상황들을 인정하고 극복한다.	10.3							
11. 효율적으로 의사소통한다.	11.1 일반적이고 추상적인 용어들보다는 구체적이고 명확하게 내담자들과 의사소통한다.	11.1							
	11.2 내담자의 의사소통 스타일, 발달수준, 문화적인 배경에 맞는 스타일로 의사소통한다.	11.2							
	11.3 참된 분노에서 자연스러운 다정함과 배려까지를 포함하는 광범위한 감정적인 경험들을 개방적으로 의사소통한다.	11.3							
	11.4 치료목표의 달성을 촉진하는 상담과정과 연관이 있는 문화적으로 적절한 아이디어들과 개념들을 명확하게 의사소통한다.	11.4							

〈계속〉

	11.5 언어적, 비언어적 형태의 의사소통 간에 일관성을 나타낸다.	11.5							
	11.6 내담자의 문화가 상담과정에서 내담자의 의사소통 스타일에 어떻게 영향을 미치는지에 대해 이해한다.	11.6							
	11.7 상담관계를 향상시키기 위하여 내담자의 환상들, 은유들 그리고 이미지들을 활용한다.	11.7							
	11.8 치료적으로 적절할 때 유머를 활용한다.	11.8							
	11.9 내담자들의 변화와 성장과정에 대한 신념과 희망을 불러일으키는 방법으로 내담자들과 의사소통한다.	11.9							
	11.10 자연스럽게 제공하거나 동의하에 이루어진 문화적으로 적절한 개입들이 상담가가 지향하는 이론과 내담자의 욕구들에 부합된다.	11.10							
	11.11 치료적으로 적절한 위험성들을 감수한다.	11.11							
12. 전문적인 역량을 유지한다.	12.1 개인적이고 전문적인 장점들과 단점들을 이해한다.	12.1							
	12.2 자아훈련을 실행한다.	12.2							
	12.3 지식, 기술들, 에너지, 건강, 시간 등과 같은 개인적인 자산들을 효율적으로 관리한다.	12.3							
	12.4 감정적인 의식과 통제력 그리고 상호존중을 나타내는 적절하게 주장적인 방법으로 타인들과 의사소통하고 상호작용한다.	12.4							
	12.5 전문적인 동료들과 전문가들을 도와주는 사람들과의 협력을 바탕으로 하나의 팀 구성원으로서 일한다.	12.5							
	12.6 개인적이고 전문적인 자격들을 분명하게 명시하며, 상담가가 훈련받은 영역에서만 상담 서비스를 제공한다.	12.6							
	12.7 내담자들이 상담관계의 특성을 이해하여 제공하는 상담의 제한점들을 인식하도록 돕는다.	12.7							
	12.8 상담과정이나 상담 이후에 객관성을 유지하며 지나치게 내담자의 문제들에 개입되는 것을 피한다.	12.8							
	12.9 상담가의 잘못된 인식들, 실수들, 제한점들과 함께 명확한 통찰들, 성공들, 잠재성들을 인정한다.	12.9							

〈계속〉

	12.10 필요에 따라서는 다른 전문가들의 전문 영역들, 기술들 그리고 서비스들을 인식하고 있어서 적절한 내담자의 의뢰가 가능하도록 한다.	12.10							
	12.11 개인적인 또는 기관의 한계를 벗어나는 경우에는 적절한 자원들을 찾음으로써 내담자가 도움받을 수 있다는 것을 알린다.	12.11							
13. 건전한 신체건강을 유지한다.	13.1 규칙적인 건강한 식습관을 유지하는 중요성을 깨닫는다.	13.1							
	13.2 정기적으로 운동한다.	13.2							
	13.3 매년 정기적인 신체검사를 실시한다.	13.3							
	13.4 신체적인 건강과 정신적인 건강 간의 관계를 인지한다.	13.4							
14. 전문적인 성장을 지속적으로 추구한다.	14.1 상담가의 욕구들을 더욱 충족시키기 위하여 지속적인 교육을 추구한다(전문 콘퍼런스, 워크숍에 참석하거나 전문적인 서적들을 읽고 정기적으로 지속적인 수퍼비전을 추구한다).	14.1							
	14.2 내담자들, 수퍼바이저들은 동료들로부터의 긍정적이고 부정적인 피드백을 적절하게 받아들이고 활용한다.	14.2							
	14.3 현재 사회적, 법적, 경제적 추세들을 인식하여 상담과정에 적용한다.	14.3							
	14.4 새로운 정보에 비추어 기존의 믿음들을 재평가한다.	14.4							
15. 상담가로서의 전문적인 정체성을 유지한다.	15.1 전문적인 학회에 적극적인 회원으로 활동한다.	15.1							
	15.2 상담 분야의 역사를 이해하고 소중히 여긴다.	15.2							
	15.3 상담 분야에 관련된 중요한 날짜들, 사건들, 문제들을 인식한다.	15.3							
	15.4 다른 정신건강 전문가들과의 협력과 함께 상담가로서의 전문적인 역할과 정체감을 이해한다.	15.4							
	15.5 상담 분야 내의 자격에 대한 다양한 형태들과 그 기능에 대한 지식을 가진다.	15.5							
	15.6 미국 상담학회나 다른 상담학회에 가입하여 상담 분야를 위한 옹호자가 된다.	15.6							
	15.7 내담자들의 욕구들을 더욱 만족시키기 위하여 지속적인 교육을 받는다(전문 콘퍼런스, 워크숍에 참석하거나 전문 서적들을 읽고 정기적으로 지속적인 수퍼비전을 추구한다).	15.7							

〈계속〉

16. 전문적인 윤리들에 충실하며 그 기준에 맞추어 모범을 보인다.	16.1 전문적인 기관이나 자격증을 부여하는 기관의 윤리적인 기준들에 대한 철저한 이해를 나타낸다.	16.1							
	16.2 상담가의 개인적인 윤리들과 전문적인 윤리 기준들 간의 갈등들을 해결하기 위하여 개인적인 윤리들을 점검한다.	16.2							
	16.3 전문적인 윤리 기준들에 부합되게 행동한다.	16.3							
	16.4 다른 직장 동료들과 행정 업무를 담당하는 사람들 그리고 내담자들에게 상담가들의 전문적인 윤리 기준들에 대하여 교육시킨다.	16.4							
	16.5 상담 이외의 다른 직종에 종사하는 직장 동료들의 윤리 기준들에 익숙하고 존중한다.	16.5							
	16.6 윤리적인 위반들을 언급하고 보고하는 데 따른 적절한 과정들을 알고 있다.	16.6							

평가*	구체적인 수행 능력
5(높음)	전문적인 상담가의 이 분야에서의 수행 능력이 매우 탁월하다.
4(높은 평균)	전문적인 상담가의 이 분야에서의 수행수준이 적당한 역량수준 이상이다.
3(평균)	전문적인 상담가가 이 분야에서 적당한 역량을 지닌다.
2(낮은 평균)	전문적인 상담가가 이 분야에서 역량을 지니고 있으나 수행 능력을 향상시킬 필요가 있다.
1(낮음)	전문적인 상담가의 이 분야에서의 역량이 확연하게 부족하다.
NO	전문적인 상담가가 이 분야에서의 역량을 수행하지 않았거나 수퍼바이저가 이 역량의 수행을 관찰하지 않았다(평가할 기회가 없었거나 관찰되지 않았다).
NE	전문적인 상담가는 역량, 수행 지침 또는 그 둘이 현재 상담을 수행하는 데 요구되지 않는다(평가하기에 이 역량이 요구되지 않는다).

Engels와 그의 동료들(2004)은 아동을 상담하는 놀이치료사들은 효과적인 상담가로서 요구되는 개인적인 특성들, 지식들, 기본적인 치료기법들을 지님과 동시에, 자신의 훈련이나 자격 기준에 맞는 윤리적인 기준들에 준하여 상담 활동을 이루어 나가야 한다고 주장하였다. 〈표 6-2〉에 나타난 바와 같이 그들의 평가 도구들은 아동들의 신체적, 인지적, 사회적, 정서적 욕구들에 기초한 상담기법인

놀이치료와 활동치료의 요구를 강조하면서 아동 상담가들의 역량에 초점을 맞추고 있다. 특히, 놀이치료에서 필수적인 부모와의 상호작용들, 즉 부모상담, 부모교육, 부모면담 등을 통한 상담가의 역량들도 평가하고 있다. 이와 같이 Engels와 그의 동료들이 제시한 평가 기준들은 전반적이면서도 구체적인 평가와 객관적인 피드백을 제공할 수 있으므로 매우 효과적으로 활용될 수 있다.

표 6-2 아동 상담가의 역량에 대한 평가

역 량	수행 지침	평가*							
전문적인 상담가의 역량	전문적인 상담가는 다음의 능력들을 나타냄으로써 역량을 지니고 있음을 알 수 있다.	항목번호	낮음	보통			높음	NO	NE
			1	2	3	4	5		
1. 상담과정에 관련된 아동들의 성장과 발달에 관한 개념과 적용에 대한 이해를 나타낸다.	1.1 아동들의 각 단계에 따른 인지적, 감정적, 사회적, 신체적, 도덕적, 영성적(spiritual) 발달의 기본적인 특성들을 논의한다.	1.1							
	1.2 아동들의 발달과 기능에 대한 가족체계의 영향을 설명한다.	1.2							
	1.3 아동들의 발달 욕구들을 정확하게 평가하고 그들의 욕구를 충족시키기 위한 적절한 상담 개입들을 계획한다.	1.3							
2. 아동상담에서의 놀이-활동	2.1 다음의 주된 이론적인 모델들에 기초한 놀이-활동 치료 활용의 독특한 원리들을 설명한다(아동중심, Adler식, 인지행동주의, 발달적, 생태체계적, 가족치료, 게슈탈트, Jung의 접근, 부모에게 놀이치료의 기법과 원리를 훈련시켜 치료 대행자로 개입시키는 부모-아동 관계 향상을 위한 치료).	2.1							
	2.1a 변화를 촉진하기 위해 놀이-활동을 활용하는 목적	2.1a							
	2.1b 놀이-활동의 해석/의미를 활용	2.1b							
	2.1c 놀이-활동의 해석/의미를 활용	2.1c							
	2.1d 놀이 매체, 활동 그리고 환경을 제공한다.	2.1d							

〈계속〉

3. 아동들과 청소년들의 독특한 욕구	3.1 상담가가 지향하는 이론과 아동의 발달적인 욕구들이 실질적으로 조화를 이루는 효율적인 상담 접근들과 기법들을 선택한다(다음의 접근들을 포함하나 그에 얽매이지 않는다).	3.1							
	3.1a 놀이-활동 치료	3.1a							
	3.1b 표현예술 치료	3.1b							
	3.1c 모래놀이 치료	3.1c							
	3.1d 창의적인 음악이나 드라마	3.1d							
	3.1e 독서치료, 게임놀이 치료, 상호 스토리텔링(storytelling)과 같은 구체적으로 구조화된 활동들	3.1e							
4. 다양한 연령의 아동들을 상담하는 데 따르는 기술적이고 조직적인 영역들의 개념과 적용에 대한 지식들을 나타낸다.	4.1 광범위한 표현과 상호작용들을 촉진하기 위하여 아동의 연령이나 문화적으로 적합한 놀잇감들과 놀이 활동들을 선택한다(개인 또는 집단 상담의 환경).	4.1							
	4.2 아동들의 발달적인 욕구들을 충족시키기 위하여 놀이환경을 조직하고 구조화한다(개인 또는 집단 상담의 환경).	4.2							
5. 학령 전 아동들과 초등학교 아동들을 포함하는 다양한 집단들을 위한 상담 과정에 대한 지식을 나타낸다.	5.1 가족 구성원들을 개입시키거나 다른 상담 접근들을 병행함으로써 아동 내담자들의 독특한 특성과 욕구들에 맞추어 상담 과정이나 기법들을 조정한다(예: 개인상담과 집단상담에 참여하는 내담자의 경우).	5.1							
	5.2 상담과정 동안 필요한 정보들을 아동과 부모에게 제공한다. 필요하다면 부모와 아동의 동의하에 그들을 지원하거나, 다른 인물들을 개입시켜 구체적으로 아동을 위해 교정적이거나 예방적인 프로그램들을 실시한다.	5.2							
	5.3 상담가와 아동 간에 있을 수 있는 문화적인 차이를 줄이는 데 필요한 구체적인 전략들을 포함하여, 아동 내담자들의 다양한 욕구들을 다루도록 고안된 상담 절차와 활동들을 계획한다.	5.3							
	5.4 안전하고 치료적인 만남을 형성하고 치료적인 관계를 촉진하기 위하여 놀이와 활동이라는 구체적인 아동의 세계에 들어간다.	5.4							

〈계속〉

	5.5 두려워하는 아동, 말하지 않는 아동, 저항하는 아동들과 같이 다가가기 어려운 아동 내담자들과의 치료적인 만남과 상호작용을 촉진한다.	5.5							
	5.6 아동의 놀이 행동들과 언어들의 내용, 주제들, 내포된 의미들을 이해하며 간결하게 전달한다.	5.6							
	5.7 아동의 놀이 행동들을 통하여 표현되거나 언급된 감정들을 반영한다.	5.7							
	5.8 상담가가 아동을 위해 수용과 관심을 유지하고, 아동과 상담가의 안전을 보장하기 위해 필요한 치료적인 제한들을 설정한다.	5.8							
	5.9 상담과정의 단계들을 확인하고 아동의 진전을 나타내는 놀이 행동들이나 활동들을 인식한다.	5.9							
	5.10 아동의 놀이 행동의 진전과 상담의 종결 여부가 집과 학교에서 행동상의 변화를 통해 나타나는지를 평가한다.	5.10							
	5.11 아동과 부모에게 적절한 방법으로 종결에 관한 문제들을 언급하며, 필요한 경우에는 추후 모임이나 의뢰를 하기도 한다.	5.11							
6. 아동상담에서 부모들을 개입시키는 다양한 방법들이나 전략들의 개념과 적용에 대한 지식을 나타낸다.	6.1 부모와의 면담과 논의를 효율적으로 하며, 놀이-활동 치료의 활용에 대한 발달적이고 치료적인 원리들뿐만 아니라 다른 발달적으로 적합한 기법들을 설명한다.	6.1							
	6.2 부모들에게 권한을 부여하며, 아동상담에 적극적인 참여자로 개입시키기 위한 효율적인 전략들을 나타낸다.	6.2							
	6.3 부모의 저항에 대하여 효율적으로 반응한다.	6.3							
	6.4 부모에게 정기적인 피드백을 제공하며, 아동의 비밀보장을 적절하게 유지한다.	6.4							
	6.5 상담 밖의 일상생활에서의 변화를 이끄는 과정에 부모들을 개입시키기 위하여 상담 중에 나타나는 아동의 놀이 활동들과 언어들 속에 내포된 의미들과 전반적인 주제들을 설명한다.	6.5							
	6.6 부모에게 놀이치료의 기법과 원리를 훈련시켜 치료 대행자로 개입시키는 부모-아동 관계 향상을 위한 치료, 가족치료, 다른 형태의 부모교육과 같은 방법들을 통하여 아동상담에 충분히 개입하도록 하기 위한 부모의 준비성과 의지를 평가한다. 적절한 개입을 제공하거나 다른 전문가에게 의뢰한다.	6.6							

〈계속〉

7. 아동상담에 관련된 독특한 전문적이고 개인적인 문제들을 인식함으로써 나타낸다.	7.1 아동 보호, 비밀보장의 예외성, 아동학대 신고 등과 같이 미성년자인 내담자들에게 관련된 윤리적이고 법적인 문제들을 논의한다.	7.1							
	7.2 개인적인 문제들이나 윤리적인 제한점들이 아동이나 부모의 치료과정을 방해하는 때를 인식한다.	7.2							
	7.3 효율적인 아동 상담가들로서의 전문적인 역량들과 전문성의 경계와 한계점들을 인식하며 필요하다면 다른 전문가에게 의뢰한다.	7.3							
8. 청소년들이 발달상의 특정 문제들을 해결하도록 돕는다.	8.1 청소년의 성정체감에 대한 이해를 돕는다.	8.1							
	8.2 부모와 가족들로부터 분리하여 독립성과 자아정체감을 처음으로 형성하는 것을 촉진한다.	8.2							
	8.3 정체감을 명확하게 이해하고 삶과 진로의 목표들을 결정하는 것을 돕는다.	8.3							
9. 청소년의 부모와 가족들이 특정 발달단계인 청소년기에 일어나는 변화들을 이해하고 수용하도록 돕는다.	9.1 청소년기의 발달단계로 인한 가족 역동들의 변화를 이해한다.	9.1							
	9.2 청소년기 동안의 효율적인 가족의 기능을 위하여 청소년의 부모와 가족들에게 정보와 심리적인 지지를 제공한다.	9.2							
	9.3 청소년의 발달상의 상황들에 대처하기 위하여 부모들과 논의를 하거나 그들에게 훈련 프로그램을 제공한다.	9.3							
10. 청소년에 관한 현재의 쟁점들과 문제들을 이해하고 지식을 나타낸다.	10.1 우울증이나 자살 충동이 있는 청소년들과 그들의 가족들을 상담한다.	10.1							
	10.2 마약과 술에 관련된 문제들을 가진 청소년들과 그들의 가족들을 상담한다.	10.2							
	10.3 유죄 선고를 받은 청소년들과 그들의 가족들을 상담한다.	10.3							
	10.4 임신한 청소년들과 그들의 가족들을 상담한다.	10.4							
	10.5 섭식장애를 가진 청소년들과 그들의 가족들을 상담한다.	10.5							
	10.6 퇴학 또는 중퇴를 당한 청소년들과 그들의 가족들을 상담한다.	10.6							
	10.7 학대를 당한 청소년들과 그들의 가족들을 상담한다.	10.7							
	10.8 가출한 청소년들과 그들의 가족들을 상담한다.	10.8							

〈계속〉

11. 청소년들에게 효율적인 대인 전략들에 대한 지식과 이해를 나타낸다.	11.1 상담관계에서 유머를 활용한다.	11.1							
	11.2 인내심을 가지며 융통성이 있다.	11.2							
	11.3 상담과정을 설명하고 내담자의 저항과 부인에 대처한다.	11.3							
	11.4 무비판적이다.	11.4							
	11.5 구체적이고 즉각적이다.	11.5							
12. 청소년들에게 효율적인 상담 기법들에 대한 지식과 이해를 나타낸다.	12.1 활동치료 회기들을 이룬다.	12.1							
	12.2 게임들을 치료적으로 활용한다.	12.2							
	12.3 상담에서 증가된 또래집단의 중요성을 활용한다.	12.3							
	12.4 문제해결력과 의사결정권을 가르친다.	12.4							

평가*	구체적인 수행 능력
5(높음)	전문적인 상담가의 이 분야에서의 수행 능력이 매우 탁월하다.
4(높은 평균)	전문적인 상담가의 이 분야에서의 수행수준이 적당한 역량수준 이상이다.
3(평균)	전문적인 상담가가 이 분야에서 적당한 역량을 지닌다.
2(낮은 평균)	전문적인 상담가가 이 분야에서 역량을 지니고 있으나 수행 능력을 향상시킬 필요가 있다.
1(낮음)	전문적인 상담가의 이 분야에서의 역량이 확연하게 부족하다.
NO	전문적인 상담가가 이 분야에서의 역량을 수행하지 않았거나 수퍼바이저가 이 역량의 수행을 관찰하지 않았다(평가할 기회가 없었거나 관찰되지 않았다).
NE	전문적인 상담가는 역량, 수행 지침, 또는 그 둘이 현재 상담을 수행하는 데 요구되지 않는다(평가하기에 이 역량이 요구되지 않는다).

Ray(2004)는 수퍼바이저가 놀이치료에 대한 초급 기법과 고급 기법에 대한 구분과 그에 따른 피드백을 수퍼바이지들에게 구체적으로 제공함으로써 도움을 줄 수 있다고 주장하였다. 또한 그녀는 수퍼바이저와 수퍼바이지가 지향하는 상담이론이 다르다 할지라도 기본적인 기법들은 모든 놀이치료사들에게 효율적인 상담가로서 도움이 되며, 고급 기법들에 대한 수퍼바이저와 수퍼바이지 간의 탐색과 논의는 수퍼바이지들이 놀이치료에서의 심도 있고 좀 더 어려운 문제들에 대

처하도록 도움을 준다고 주장하였다. 특히, 그녀는 노스 텍사스 대학교 놀이치료 센터에서 활용하는 놀이치료 기법 체크리스트(Play Therapy Skills Checklist: PTSC)를 소개하면서, 비록 이것이 표준화된 평가 도구는 아니더라도 수년간에 걸쳐 놀이치료 전문가들에 의하여 자세히 조사되어 온 도구로서 놀이치료 수퍼비전과 훈련에서 효율적으로 활용될 수 있다고 언급하였다. 노스 텍사스 대학교 놀이치료센터에서 활용하는 놀이치료 기법 체크리스트(PTSC)는 〈표 6-3〉과 같다.

표 6-3 놀이치료 기법 체크리스트(PTSC)

놀이치료사: ________			아동 이름/연령: ________			
날 짜: ________			수 퍼 바 이 저: ________			
치료사의 비언어적인 반응들	지나치다	적절하다	좀 더 필요하다	나타나지 않음	치료사의 반응/예	그 밖의 가능한 반응들
1. 앉은 자세가 아동에게 향해 있으며 팔과 다리가 아동에게 개방된 느낌을 전달한다.						
2. 아동에게 관심을 나타낸다.						
3. 치료사가 아동과 놀이치료 상황에 편안해 보인다.						
4. 치료사의 반응 톤이 아동의 감정수준과 일치한다.						
5. 치료사의 표정이 치료사의 반응과 일치한다.						
치료사의 언어적인 반응들	지나치다	적절하다	좀 더 필요하다	나타나지 않음	치료사의 반응/예	그 밖의 가능한 반응들
6. 아동의 행동을 언어적으로 나타낸다(tracking).						
7. 아동의 언어적인 대화 내용을 다른 말로 반영한다.						
8. 아동이 표현하는 감정을 언어적으로 반영한다.						
9. 아동을 위해 의사결정을 하거나 그에 대한 책임을 지지 않고, 아동이 스스로 의사결정을 행사하고 책임감을 행사할 수 있도록 권한을 부여한다.						
10. 아동의 창의성과 자연스러움을 촉진한다.						
11. 아동의 자아존중감을 발달시키고 격려한다.						

〈계속〉

12. 아동과 치료사 간의 치료적인 긍정적인 관계를 촉진한다.						
13. 치료사의 반응이 간결하고 상호작용적이다.						
14. 치료사의 반응 전달 비율이 아동의 수준과 일치하게 전달된다.						
15. 아동 놀이에서 나타난 놀이 패턴들을 언어적으로 나타내거나 해석함으로써 아동의 놀이에 대한 깊이 있는 의미와 이해를 전달한다.						
제한 설정하기:						
아동의 내적 및 외적 세계의 경험에 치료사가 깊이 공감하며 관계를 맺어 나간다:						
아동의 놀이 패턴과 의미를 통한 놀이 주제를 파악한다:						
치료사의 장점들:						
치료사가 노력해야 할 점들:						

PTSC에서는 기본적으로 수퍼바이저가 놀이치료사의 상담 회기를 직접 관찰하는 라이브 수퍼비전이나 수퍼바이지의 비디오 녹화 테이프를 보는 수퍼비전의 방법을 통하여 수퍼바이지를 평가한다. 하지만 PTSC는 비록 상담가와 내담자의 비언어적인 의사소통에 대한 이해 파악이 어려울지라도 오디오 녹음 테이프를 활용하여 제한적으로 사용할 수도 있다. 또한 수퍼바이지가 자신의 회기에 대한 평가를 하는 자아보고식 형태를 취함으로써 스스로 구체적인 기법들에 대한 역량들을 파악할 수 있도록 도울 수 있다. 특히, 수퍼바이지의 장점과 노력해야 할 점들에 대한 언급은 수퍼바이지의 상담가로서의 자아에 대한 이해 역시 향상시킬 수 있다.

놀이치료 수퍼바이저가 놀이치료사의 각각의 반응들에 따라 지나치다, 적절하다(효율적이다), 향상할 필요가 있다, 반응이 나타나지 않았다 등으로 평가를 하고 치료사가 적절하게 반응한 구체적인 예를 기록한다. 또한 수퍼바이저는 그 밖에도 치료적일 수 있는 반응들에 대해 기록함으로써, 놀이치료사들이 치료적인 반응들을 하기 위한 구체적인 기법들을 확인하여 도움을 받도록 한다. 특히, 놀이치료 수퍼바이저에게는 놀이치료사와 아동 간의 심도 깊은 내·외적 관계의 맺음, 놀이 주제, 치료사의 장점 및 더욱 노력해야 할 점들에 대한 좀 더 주관적인 언급들과 자세한 설명을 하기 위한 공간도 마련되어 있다.

노스 텍사스 대학교에서 활용하는 PTSC는 놀이치료에서 초급 기법과 고급 기법으로 구체적인 구분을 하여 놀이치료를 배우는 학생들이나 수퍼바이지들에게 실질적인 도움을 주고 있다. 놀이치료의 초급 기법들은 놀이치료 회기에서 일관되게 나타나는 치료사의 반응들이다. 초급 기법들을 구체적으로 살펴보면, 우선 치료사의 앉은 자세가 아동을 향해 있으며 팔과 다리가 아동에게 개방된 느낌을 전달하는 것이다. 상담 중에 아동이 이동할 때 치료사의 자세 또한 아동을 향하는 것이 중요하다.

두 번째, 아동에게 관심을 나타내는 것이다. 놀이치료사는 상담과정에서 아동에게 관심을 나타내며 다른 생각이나 일에 몰두하지 않는다. 특히, 초보적인 놀이치료사들은 아동보다는 치료사 자신의 긴장이나 불안에 몰두하여 아동에게 일관된 관심을 나타내지 못하는 경향이 있다. 따라서 치료사 자신의 불안은 수퍼비전을 통하여 탐색되어야 한다.

세 번째, 치료사가 아동과의 놀이치료 상황에 편안해 보이는 것이다. 여기서 상담 과정 동안 치료사 자신이 편안해하는 것이 중요하다. 만약 치료사가 아동이 창조하는 놀이치료 상황이나 아동에 대해서 불편한 감정이나 긴장감들을 느낀다면 놀이치료 수퍼비전을 통하여 탐색해야 한다.

네 번째, 치료사의 반응 톤이 아동의 감정수준과 일치하는 것이다. 특히, 초보적인 놀이치료사들은 지나치게 아동의 감정이나 행동을 격려하거나 아동을 기쁘게 만들려고 하여 치료사의 목소리 톤이 아동의 수준보다 높은 경향이 있다. 놀이치료사는 일반 성인을 상담하는 상담가와 마찬가지로 아동이 자신을 표현하는 수준과 일치하도록 노력해야 한다.

다섯 번째, 치료사의 표정이 치료사의 반응과 일치한다. 이것은 놀이치료사가 아동의 감정과 일치함은 물론 치료사 자신의 감정과 일치하는 진실되고 일관된 반응을 해야 함을 의미한다.

여섯 번째, 놀이치료사는 아동의 놀이를 언어적으로 나타내는 것으로 트래킹(tracking)을 한다. 이는 아동의 놀이 행동을 치료사가 보는 대로, 또는 관찰하는 대로 언어적으로 나타냄을 의미한다.

일곱 번째, 아동의 언어적인 대화 내용을 다른 말로 반영한다. 놀이치료사는 아동의 언급을 다른 용어를 활용하여 아동에게 다시 전달함으로써 아동의 자신의 경험이나 자신에 대한 이해를 도울 수 있다.

여덟 번째, 아동이 표현하는 감정을 언어적으로 반영한다. 아동의 놀이나 얼굴 표정, 감정을 치료사가 언어적으로 반영하는 것은 기초적인 기법에 속하지만 감정적인 반영은 많은 노력을 통해 이루어지는 기법이다. 특히, 아동의 비언어적인 대화에 대한 치료사의 감정적인 반영은 놀이치료사의 끊임없는 노력으로 이루어진다.

아홉 번째, 아동을 위해 의사결정을 하거나 책임을 지지 않고, 아동이 의사결정을 행사하고 책임감을 행사할 수 있도록 권한을 부여한다. 놀이치료에서 놀이치료사의 역할은 아동으로 하여금 자신의 능력을 시험하고 확인하며 책임감 있는 의사결정을 하도록 기회를 제공하는 것이다. 따라서 놀이치료사는 아동이 스스로의 능력과 책임감을 경험할 수 있도록 인내심을 가지고 놀이치료에 임해야 할 것이다.

열 번째, 아동의 창의성과 자연스러움을 촉진한다. 놀이치료사는 아동이 자신의 창의성을 발견하고 충분히 경험하는 자유스러움을 제공하여 아동에게 자신이 독특하고 특별한 존재라는 메시지를 전달하여야 한다.

열한 번째, 아동의 자아존중감을 발달시키고 격려한다. 놀이치료에서 아동이 자신에 대한 긍정적인 감정을 가지도록 하는 것은 놀이치료사의 궁극적인 목적이다. 하지만 초보적인 놀이치료사들은 아동과 그의 놀이를 칭찬하는 것과 아동의 자아존중감을 향상시키는 격려를 혼동하는 경향이 있다. 따라서 놀이치료사는 수퍼비전을 통하여 아동의 내적 기제에 의해 자신의 평가를 발달시킬 수 있도록 하는 구체적인 반응들을 연습하고 훈련할 필요가 있다.

열두 번째, 아동과 치료사 간의 긍정적 관계를 촉진한다. 성인상담과 마찬가지로 놀이치료는 아동과 친밀한 치료적 관계를 형성해 나가는 것이다. 아동은 물론 일반 내담자들이 상담을 통하여 자신의 억압된 갈등과 어려움들을 탐색해 나감에 따라 치료사와의 관계는 긴밀한 관계로 발전하고, 그러한 긴밀하고 치료적인 관계를 바탕으로 한 신뢰로운 환경 속에서 효율적인 의사소통 방법들과 해결책들을 배우게 된다.

열세 번째, 치료사의 반응이 간결하고 상호작용적이어야 한다. 아동의 놀이에 대해 지나치게 많은 말들로 반응하는 것은 치료사가 아동의 놀이를 정확하게 파악하지 못했음을 나타냄과 동시에 아동에게 혼동감을 줄 수 있다. 따라서 놀이치료사의 반응은 간결해야 한다. 또한 치료사는 아동과의 놀이에 상호작용적이어야 한다.

마지막으로 놀이치료사의 반응 전달 비율이 아동의 수준과 일치하게 전달되어야 한다. 예를 들어, 아동이 조용하고 내성적이라면 치료사도 자신의 반응을 아동의 수준에 맞게 늦출 필요가 있다. 또 아동이 지나치게 상호작용적이거나 말이 많다면, 치료사는 아동의 에너지 수준과 일치하면서 반응하여야 한다. 이와 같이 놀이치료사는 마치 아동과 함께 춤을 추는 것처럼 아동을 따라가야 한다.

놀이치료에서의 고급 기법들 중에서 가장 고급적인 기법이라면 의미를 넓히는 것(enlarging the meaning)으로, 아동 놀이에서 나타난 놀이 패턴을 알아차리고 언어적으로 나타내거나 해석함으로써 아동의 놀이에 대한 의미를 확대하고 아동에 대한 깊은 이해를 촉진하는 것이다. 물론 아동중심의 놀이치료사들은 아동의 놀이를 해석한다는 것에 주저할 수도 있겠으나, 여기서 의미의 확대는 아동의 인식을 위해 치료사가 관찰한 또는 느낀 경험을 언급함으로써 나타내는 것이다. 의미의 확대 기법은 아동중심의 이론을 중심으로 놀이치료를 하는 놀이치료사들에게는 의미의 확대로 이해될 수 있겠으며, Jung, 게슈탈트, 정신역동, Adler의 이론을 바탕으로 상담하는 놀이치료사들에게는 해석이라고 파악될 수 있다. 이러한 의미의 확대 기법은 타이밍이 중요한데, 놀이치료 수퍼바이저는 초급 놀이치료사들이 이 기법을 활용하는 것을 지양해야 한다. 왜냐하면 정교한 놀이치료 기법의 훈련 없이 단순히 사용함으로써 아동과의 치료적인 관계를 방해할 수 있기 때문이다.

두 번째 고급 기법은 제한 설정하기다. 제한 설정은 놀이치료 수퍼비전에서 가장 많이 논의되는 문제다. 어떤 제한을 설정하며 어떻게 제한을 설정하는지, 아동이 제한 설정에 따라 행동하지 않을 때 어떻게 해야 하는지 등에 대한 여러 가지 문제들이 언급될 수 있다. Landreth(2002)는 제한 설정에서 ACT 모델을 제안하고 있다. 즉, 놀이치료사가 제한을 설정하는 순서를, 첫째 아동의 감정을 인정하며(Acknowledging the feeling), 둘째 제한을 언급하며(Communicating the limit), 셋째 대안을 제시하는(Targeting an alternative) 것으로 제안하고 있다. 효과적인 제한을 적절한 순간에 치료적으로 적용하는 것은 수퍼바이저와 수퍼바이지의 역할극을 통해서나 구체적인 사례에 대한 언급과 논의를 통해 훈련될 수 있다.

세 번째 고급 기법은 아동의 내적이고 외적인 세계의 경험에 치료사가 깊이 공감하며 관계를 맺어 나가는 것이다. 종종 놀이치료를 받는 아동들은 깊은 상처로 인하여 타인과의 긍정적인 관계를 맺은 경험이 적을 수 있다. 따라서 그러한 아동들은 놀이치료에서 놀이치료사와의 관계에서도 적대적이거나 보복적이거나 치료사를 거절하는 식으로 치료사와의 관계를 발달시키려고 할 수 있다. 따라서 놀이치료사들은 이러한 아동들과의 상담이 어려울 수 있고 좌절스러울 수 있으며 자신의 상담가로서의 역량에 대한 회의마저 느낄 수 있다. 따라서 수퍼비전을 통하여 수퍼바이지인 상담가는 스스로의 감정들을 탐색하여 아동의 깊은 내·외적 세계를 경험할 수 있는 기회를 가질 수 있게 된다.

네 번째 고급 기법은 아동의 놀이 주제들을 확인하는 것이다. 아동과의 놀이치료를 통하여 놀이 패턴과 의미가 전달됨에 따라 치료사는 놀이 주제들로 놀이의 의미를 확인할 수 있다. 이러한 놀이 주제는 아동의 주관적인 경험을 나타내며 아동의 놀이에 대한 이해 및 개념화를 가능하게 한다. 놀이치료에서의 여러 가지 놀이 주제들에는 파워와 통제, 의존성, 보복, 안전, 숙달, 보살핌, 슬픔과 잃음, 방임,

보호, 분리, 보상, 혼동과 불안정감, 완벽함, 통합, 희망 없음, 불안감 등이 있다. 이러한 아동의 놀이 주제들은 치료 회기 밖에서, 즉 수퍼비전이나 자문을 통해서 파악해야 한다. 이는 치료사가 치료 회기 중에 주제를 파악하려 한다면 아동에 대한 이해와 아동과의 치료적인 관계를 놓치기 쉬울 수 있기 때문이다.

2) 수퍼바이저에 대한 평가

수퍼비전에서 평가라 하면 일반적으로 수퍼바이지에 대한 수퍼바이저의 일방적인 평가를 의미해 왔다. 물론 수퍼비전의 주된 목적이 수퍼바이지의 전문적이거나 개인적인 역량들을 평가하는 데 있다. 하지만 수퍼비전이 수퍼바이저와 수퍼바이지 간의 상호협력적인 관계에 기초하여 이루어지는 전문적인 활동이라는 것을 생각한다면, 수퍼비전에서의 평가는 그들 간의 상호 양방적인 교류로서 이루어져야 한다. 수퍼바이저에 대한 평가는 수퍼바이지에 대한 평가와 마찬가지로 매우 중요하게 다루어져야 한다. 이와 같은 수퍼바이저에 대한 평가는 효과적인 수퍼비전을 이루기 위해 절대적으로 필요한 요소다. 수퍼바이저도 수퍼비전이라는 활동을 통하여 성장하고 발달하기 때문에, 그들의 효율성과 전문성을 평가하는 것은 수퍼바이저로서의 전문적인 역량을 향상시키고 수퍼비전 기법들을 더욱 정교하게 만드는 귀중한 자료가 되므로 매우 중요한 활동이라 하겠다.

이렇게 수퍼바이저가 수퍼바이저로서의 역할과 접근방법에 대한 평가를 이루기 위해서는 우선 그 자신이 효율적인 수퍼바이저로 성장하기 위해 받는 피드백에 대하여 개방적인 태도를 취하는 것이 요구된다. 또한 수퍼바이저에 대한 평가나 피드백들은 주로 수퍼비전 관계가 종결된 후에 종종 이루어질 수 있다. 이는 수퍼바이지들이 특정 수퍼바이저의 역할이나 기법들에 대한 경험들을 통하여 구체적인 제안이나 평가들이 생겨날 수 있으며, 수퍼바이저에 대한 부정적이거나 비판적인 평가 및 피드백들이 수퍼바이지 자신들의 평가에 불이익을 줄 수 있다는 두려움에서도 어느 정도 벗어날 수 있기 때문이다. 수퍼바이저의 평가에서 무엇보다 중요한 것은 수퍼바이저와 수퍼바이지 간의 지속적인 신뢰와 존중이 바탕을 이루어야 한다는 것이다.

Haynes 등(2003)은 다음의 14가지 영역들에 따라 수퍼바이저가 평가될 수 있다고 주장하였다. 그들에 따르면, 수퍼바이저가 수퍼바이지들을 위해 시간적으로 얼마나 할애할 수 있는지를 나타내는 유용성, 의사소통 기술들, 문화적인 역량, 윤리적이고 법적인 지식, 임상적이고 전문적인 지식, 전문성, 실질적인 피드백과 평가의 제공, 시간 엄수, 수퍼바이지의 욕구들과 생각들에 대한 반응, 즉각적이고 전문적인 문제나 갈등들의 해결, 수퍼바이지를 위한 역할모델, 상담에 대한 수퍼비전, 지지도(supportiveness) 그리고 수퍼비전 기법들의 활용에서 평가될 수 있다고 하였다. 수퍼바이지들의 긍정적이거나 부정적인 피드백들은 문서화된 평가를 통하여 더욱 자유롭게 이루어질 수 있으며, 그들의 정직한 평가는 수퍼바이저에게 매우 귀중한 자료가 된다.

Kranz와 Lund(1994)는 놀이치료사들과 놀이치료 수퍼바이저들을 위한 구체적인 제안들을 제시하였다. 따라서 본 저자가 그들의 제안들을 통하여 파악한 수퍼바이저들의 평가 영역들을 살펴보면, 우선 수퍼바이저가 수퍼바이지의 역할모델이 되는가 하는 점이다. 이러한 역할모델은 수업 토론시간이나 일대일 면담시간이나 놀이치료 시범시간들을 통하여 일어날 수 있다. 둘째, 수퍼바이저가 놀이치료에 대한 전문적인 교육과 실질적인 임상 경험들을 충분히 가졌는가 하는 점이다. 수퍼바이저의 전문적인 교육과 충분한 임상 경험은 수퍼비전을 제공하는 데 절대적으로 중요한 요소다. 특히, 수퍼바이저는 수퍼비전에 대한 교육과 훈련을 통하여 효율적인 수퍼비전을 제공해야 한다. 셋째, 수퍼바이저의 수퍼비전 스타일이 수퍼바이지의 발달을 촉진하는가 하는 점이다. 넷째, 수퍼바이저가 수퍼바이지들이 이해할 수 있는 수준의 용어들을 사용하는가 하는 점이다. 마지막으로 수퍼바이저가 정해진 수퍼비전 시간 외에도 수퍼바이지의 질문들이나 어려운 점들, 그 밖의 조언이 필요한 때의 피드백을 위하여 시간적으로 할애할 수 있는가 하는 점이다.

그 밖에도 Engels와 그의 동료들(2004)은 상담가들을 교육시키고 훈련시키는 상담 교육자와 전문적인 수퍼비전을 제공하는 수퍼바이저들의 역량들을 평가하는 자료들을 〈표 6-4〉와 같이 제시하였다. 이 자료는 수퍼바이저들을 평가하는 수퍼바이지들에게 구체적이고 광범위한 자료로 활용될 수 있다.

표 6-4 상담 교육자와 수퍼바이저의 역량에 대한 평가

<table>
<tr><th>역 량</th><th>수행 지침</th><th colspan="8">평가*</th></tr>
<tr><td rowspan="2">상담 교육자와 수퍼바이저의 역량</td><td rowspan="2">상담 교육자와 수퍼바이저는 다음의 능력들을 나타냄으로써 역량을 지니고 있음을 알 수 있다.</td><td rowspan="2">항목 번호</td><td>낮음</td><td colspan="3">보통</td><td>높음</td><td rowspan="2">NO</td><td rowspan="2">NE</td></tr>
<tr><td>1</td><td>2</td><td>3</td><td>4</td><td>5</td></tr>
<tr><td rowspan="3">1. 상담 교육자와 수퍼바이저로서 필요한 개인적인 특성들을 나타낸다.</td><td>1.1 개인적인 가치들을 인정하고 그들이 전문적인 관계에 미치는 영향을 인정한다.</td><td>1.1</td><td></td><td></td><td></td><td></td><td></td><td></td><td></td></tr>
<tr><td>1.2 자아와 타인들에 대한 긍정적인 인식을 전달한다.</td><td>1.2</td><td></td><td></td><td></td><td></td><td></td><td></td><td></td></tr>
<tr><td>1.3 적당한 개인적인 위험 부담과 전문적인 위험 부담들을 감수할 의지를 전달한다.</td><td>1.3</td><td></td><td></td><td></td><td></td><td></td><td></td><td></td></tr>
<tr><td rowspan="7">2. 전문적인 정체성을 유지한다.</td><td>2.1 전문적인 상담에 대한 전문 지식을 지닌다.</td><td>2.1</td><td></td><td></td><td></td><td></td><td></td><td></td><td></td></tr>
<tr><td>2.2 협력적인 관계들을 유지한다.</td><td>2.2</td><td></td><td></td><td></td><td></td><td></td><td></td><td></td></tr>
<tr><td>2.3 미국 상담학회와 상담자 교육과 수퍼비전 학회와 같이 전문적인 학회들에 가입하여 참여한다.</td><td>2.3</td><td></td><td></td><td></td><td></td><td></td><td></td><td></td></tr>
<tr><td>2.4 적절한 자격들을 위한 기준들을 충족시킨다.</td><td>2.4</td><td></td><td></td><td></td><td></td><td></td><td></td><td></td></tr>
<tr><td>2.5 상담 연구에 학자적인 접근을 취하면서 역할모델을 보인다.</td><td>2.5</td><td></td><td></td><td></td><td></td><td></td><td></td><td></td></tr>
<tr><td>2.6 현재 미국 상담학회와 상담자 교육과 수퍼비전 학회에서 전문적인 역량들을 향상시키고 역할모델을 보인다.</td><td>2.6</td><td></td><td></td><td></td><td></td><td></td><td></td><td></td></tr>
<tr><td>2.7 상담 프로그램 대학원 졸업생들의 역량과 자격 기준들을 존중한다.</td><td>2.7</td><td></td><td></td><td></td><td></td><td></td><td></td><td></td></tr>
<tr><td rowspan="5">3. 수퍼비전 방법에 대한 지식을 적용한다.</td><td>3.1 상담가에 관련하여 다음의 다양한 역할들을 취한다.</td><td>3.1</td><td></td><td></td><td></td><td></td><td></td><td></td><td></td></tr>
<tr><td>3.1a 교육자</td><td>3.1a</td><td></td><td></td><td></td><td></td><td></td><td></td><td></td></tr>
<tr><td>3.1b 상담가</td><td>3.1b</td><td></td><td></td><td></td><td></td><td></td><td></td><td></td></tr>
<tr><td>3.1c 자문가</td><td>3.1c</td><td></td><td></td><td></td><td></td><td></td><td></td><td></td></tr>
<tr><td>3.1d 평가자</td><td>3.1d</td><td></td><td></td><td></td><td></td><td></td><td></td><td></td></tr>
</table>

〈계속〉

	3.1e 멘터(mentor)	3.1e							
	3.2 다음의 적절한 수퍼비전 개입들을 활용한다.	3.2							
	3.2a 역할극	3.2a							
	3.2b 역할 반전	3.2b							
	3.2c 라이브 수퍼비전	3.2c							
	3.2d 오디오와 비디오 테이프 평가	3.2d							
	3.2f 교육적인 교수법	3.2f							
	3.2g 마이크로 훈련	3.2g							
	3.2h 대인과정 회고법(IPR)	3.2h							
	3.2i 기타	3.2i							
	3.3 훈련과 수퍼비전에 필요한 것과 관련하여 상담가와 상호 동의안들을 협상한다.	3.3							
	3.4 상담가에게 수퍼바이저의 수퍼비전 스타일에 대하여 명확하게 이해시킨다.	3.4							
	3.5 도전과 지지를 균형 있고 적절하게 제공한다.	3.5							
	3.6 학생들과 모든 체계의 참여자들의 최대한의 이익을 촉진하기 위한 방법으로서 개인들과 체계들 간의 지지를 나타내며 책임들을 분배한다.	3.6							
	3.7 개입을 실행한다.	3.7							
	3.8 문제해결 활동들의 과정과 결과들을 평가한다.	3.8							
4. 상담 교육자와 수퍼바이저로서 필요한 지식들을 나타낸다.	4.1 상담, 직업 발달, 집단상담, 체계, 자문들의 원리와 실행에 관한 이론들을 이해하고 전달한다.	4.1							
	4.2 상담가 수퍼비전의 이론들과 실행들을 이해하고 전달한다.	4.2							
	4.3 상담가 교육에 관한 이론들과 방법들을 이해하고 전달한다.	4.3							
	4.4 현재 사회와 문화적인 문제들에 대한 교육적인 접근들을 이해하고 모범을 보인다.	4.4							
	4.5 상담이론, 인종학적이고 현상학적인 방법론들을 포함하는 질적 연구의 모델들과 그 실행들을 이해한다.	4.5							
	4.6 평가와 자료 활용에 대한 모델들과 방법들에 대해 이해한다.	4.6							

〈계속〉

	4.7 상담가 교육과 수퍼비전에 대한 윤리적이고 법적인 고려사항들을 이해한다.	4.7							
	4.8 상담가 교육 프로그램에서의 인종적, 민족적, 문화적 천성, 국적, 사회경제적 지위, 가족 구조, 연령, 성별, 성적인 지향, 종교적이고 영성적인 믿음들, 직업, 신체적이고 정신적인 상태, 지역별, 나라별, 국제적인 견해 그리고 공평성 문제들의 역할들을 설명한다.	4.8							
5. 수퍼비전 관계와 과정에 관한 문제들에 지식을 적용한다.	5.1 수퍼비전 관계에 영향을 미치는 변수들을 인정한다(예: 성별에 따른 역할, 인종, 수퍼비전 스타일).	5.1							
	5.2 수퍼비전 관계를 위한 지지적인 환경을 형성한다.	5.2							
	5.3 수퍼바이지의 저항을 효과적으로 다룬다.	5.3							
	5.4 수퍼비전 관계에서 발달되는 평행과정에 대하여 인식하고 분명하게 이해한다.	5.4							
	5.5 수퍼비전 관계를 상담관계의 역동에 대한 학습을 위해 활용한다.	5.5							
	5.6 불충분하다는 무력감과 수퍼비전의 평가적인 요소에 대한 상담가의 불안감에 대해 민감성을 나타낸다.	5.6							
	5.7 상담가의 수퍼비전의 효율성에 관한 피드백을 수용한다.	5.7							
	5.8 상담에 영향을 미치는 상담가의 개인적이고 전문적인 욕구들을 명확하게 구분한다.	5.8							
	5.9 상담과 수퍼비전에서 일어나는 상담가의 감정들과 사고들을 탐색하도록 촉진한다.	5.9							
6. 상담이라는 직업에 따른 윤리적이고 법적이며 규율적인 측면에 대해 가르치고 지식들을 적용한다.	6.1 전문적인 윤리 규준들을 모범 보이며, 교육하고 토론한다(미국 상담학회, 결혼과 가족치료학회 등의 윤리 규준들).	6.1							
	6.2 법적이고 규율적인 문서들과 상담 직업을 위한 자격기준들을 설명한다.	6.2							
	6.3 상담가들과 상담에 영향을 미치는 윤리적이고 법적인 문제들을 상담가들에게 교육시킨다.	6.3							
	6.4 상담가 교육과 수퍼비전 과정에 영향을 미치는 법적인 요인들을 이해한다.	6.4							
	6.5 윤리적이고 법적인 기준들을 적절하게 활용하는 것을 모범 보인다.	6.5							

〈계속〉

<table>
<tr><td rowspan="11">7.
상담 사례 관리, 보고, 기록과 내담자 사정 및 평가에 대한 역량을 지니고 지식을 적용한다.</td><td>7.1 테스트와 다른 평가 도구 및 기법들에 대한 활용과 해석을 검토한다.</td><td>7.1</td><td></td><td></td><td></td><td></td><td></td><td></td><td></td></tr>
<tr><td>7.2 상담가가 상담 사례 보고서 작성과 상담 기록 작성들을 발달시키도록 돕는다.</td><td>7.2</td><td></td><td></td><td></td><td></td><td></td><td></td><td></td></tr>
<tr><td>7.3 상담가가 상담의 우선순위들을 결정하고 적절한 목표들을 설정하며 효율적인 제안들을 마련하도록 하기 위하여 평가결과들과 상담가의 관찰들을 통합하도록 돕는다.</td><td>7.3</td><td></td><td></td><td></td><td></td><td></td><td></td><td></td></tr>
<tr><td>7.4 상담가가 내담자의 변화를 인식하도록 돕는다.</td><td>7.4</td><td></td><td></td><td></td><td></td><td></td><td></td><td></td></tr>
<tr><td>7.5 상담가의 보고가 내담자의 비밀과 수퍼비전에서의 기록들의 비밀을 보장하는지 검토한다.</td><td>7.5</td><td></td><td></td><td></td><td></td><td></td><td></td><td></td></tr>
<tr><td>7.6 동료들 간의 네트워크 시스템과 전문적인 의뢰과정을 발달시키도록 돕는다.</td><td>7.6</td><td></td><td></td><td></td><td></td><td></td><td></td><td></td></tr>
<tr><td>7.7 상담가의 평가를 위한 기준과 절차들을 구체화한다.</td><td>7.7</td><td></td><td></td><td></td><td></td><td></td><td></td><td></td></tr>
<tr><td>7.8 상담가의 개인적이고 전문적인 장 · 단점들을 인식한다.</td><td>7.8</td><td></td><td></td><td></td><td></td><td></td><td></td><td></td></tr>
<tr><td>7.9 상담가가 자아평가 과정을 발달시키고 수행할 수 있도록 돕는다.</td><td>7.9</td><td></td><td></td><td></td><td></td><td></td><td></td><td></td></tr>
<tr><td>7.10 상담 기술들과 발달적인 문제들에 관한 피드백과 평가에 대해 행동적으로 중점을 둔다.</td><td>7.10</td><td></td><td></td><td></td><td></td><td></td><td></td><td></td></tr>
<tr><td>7.11 상담가의 평가에 비공식적인 평가들과 표준화된 평가척도들을 활용한다.</td><td>7.11</td><td></td><td></td><td></td><td></td><td></td><td></td><td></td></tr>
<tr><td rowspan="8">8.
상담의 핵심적인 지식과 현 추세, 수퍼비전 문헌과 연구들 그리고 체계적으로 활용하는 지식들을 수퍼비전 과정에 융합시킨다.</td><td>8.1 상담과 수퍼비전 문헌과 연구들을 이해한다.</td><td>8.1</td><td></td><td></td><td></td><td></td><td></td><td></td><td></td></tr>
<tr><td>8.1a 역사적인 관점들</td><td>8.1a</td><td></td><td></td><td></td><td></td><td></td><td></td><td></td></tr>
<tr><td>8.1b 현 추세와 문제들</td><td>8.1b</td><td></td><td></td><td></td><td></td><td></td><td></td><td></td></tr>
<tr><td>8.1c 연구와 그 활용</td><td>8.1c</td><td></td><td></td><td></td><td></td><td></td><td></td><td></td></tr>
<tr><td>8.2 프로그램, 상담, 수퍼비전의 효율성을 정기적이고 체계적으로 평가하기 위하여 연구를 계획하고 실행한다.</td><td>8.2</td><td></td><td></td><td></td><td></td><td></td><td></td><td></td></tr>
<tr><td>8.3 상담가가 연구 활동에 참여하도록 격려한다.</td><td>8.3</td><td></td><td></td><td></td><td></td><td></td><td></td><td></td></tr>
<tr><td>8.4 연구결과를 수퍼비전과 상담 사례 관리에 통합시킨다.</td><td>8.4</td><td></td><td></td><td></td><td></td><td></td><td></td><td></td></tr>
<tr><td>8.5 연구결과들을 다른 전문 분야에 확산시킨다.</td><td>8.5</td><td></td><td></td><td></td><td></td><td></td><td></td><td></td></tr>
</table>

〈계속〉

평가*	구체적인 수행 능력
5(높음)	상담 교육자와 수퍼바이저는 이 분야에서의 수행 능력이 매우 탁월하다.
4(높은 평균)	상담 교육자와 수퍼바이저는 이 분야에서의 수행수준이 적당한 역량수준 이상이다.
3(평균)	상담 교육자와 수퍼바이저는 이 분야에서 적당한 역량을 지닌다.
2(낮은 평균)	상담 교육자와 수퍼바이저는 이 분야에서 역량을 지니고 있으나 수행 능력을 향상시킬 필요가 있다.
1(낮음)	상담 교육자와 수퍼바이저는 이 분야에서의 역량이 확연하게 부족하다.
NO	상담 교육자와 수퍼바이저는 이 분야에서의 역량을 수행하지 않았거나 상담가가 이 역량의 수행을 관찰하지 않았다(평가할 기회가 없었거나 관찰되지 않았다).
NE	상담 교육자와 수퍼바이저는 역량, 수행 지침 또는 그 둘이 현재 상담을 수행하는 데 요구되지 않는다(평가하기에 이 역량이 요구되지 않는다).

4. 평가 종류

1) 형성적인 평가와 종합적인 평가

수퍼비전에서의 평가는 수퍼바이지들의 교육을 위하여 중요한 역할을 한다. 또한 지속적인 평가과정은 수퍼바이지가 자신의 발달 정도를 확인하고 그에 따른 명확한 목표를 설정할 수 있기에 더욱 효과적이다. 따라서 수퍼바이저는 객관적인 평가 기준과 주관적인 전문성을 활용하여 수퍼바이지가 상담가로서의 성장과 발달을 최대한으로 이루도록 노력해야 한다. 더욱이 수퍼바이저는 평가과정에서 단순히 수퍼바이지의 발달을 일방적으로 전달하기보다는 수퍼바이지들의 참여를 최대한으로 격려해야 한다.

수퍼비전에서의 평가는 크게 형성적인 평가와 종합적인 평가로 나눌 수 있다(Robiner et al., 1993). 형성적인(formative) 평가는 수퍼비전 시간마다 이루어지는 지속적인 평가로 주로 비공식적이고 언어적이며, 토론과 행동상의 변화를 통하여 수퍼바이지가 장기적으로 이루어야 할 전문적인 성장과 발달을 촉진하는 과정이다(Borders & Leddick, 1987). 따라서 형성적인 평가는 수퍼바이지의 상담가로서의 역량을 발달시키는 과정에 중점을 둔다.

반면에 종합적인(summative) 평가는 좀 더 객관적인 기준들을 활용하여 수퍼바이지의 상담수행 능력이 어떠한지를 평가하는 것으로 일정 기간을 두고 이루어진다. 즉, 종합적인 평가는 중간 시점과 마지막 시점과 같이 특정한 기간을 두어 평가하는 것으로 좀 더 포괄적이다. 이것은 변화되어야 할 행동에 대한 언급들을 문서화된 보고서로 제시한다. 중간 시점에 이루어지는 종합적인 평가는 수퍼바이지가 수퍼비전 동안 이루어졌던 형성적인 평가와 피드백을 통하여 얼마나 변화되었으며 또 그러한 피드백이 얼마나 효과적이었는지를 평가한다. 계획한 목표들을 달성하기 위하여 수퍼비전 과정의 변화를 추구하기도 한다(Borders & Leddick, 1987). 종합적인 평가는 궁극적으로 수퍼바이지의 발달과정보다는 수퍼바이지가 성장하고 발달한 결과에 중점을 둔다.

수퍼바이지와 수퍼바이저는 상담가의 발달결과를 평가하는 종합적인 평가보다는 발달과정을 촉진하는 형성적인 평가를 선호하는 경향이 있다(Haynes et al., 2003; Robiner et al., 1993). 이는 수퍼바이저가 수퍼바이지의 성장결과를 판단하는 평가자의 역할보다 촉진자로서의 역할에 더 익숙하고 편안해하기 때문이다. 또한 수퍼바이지는 흔히 종합적인 평가과정에서 갖게 되는 긴장감과 불안감들이 비공식적인 형성적인 평가에서는 줄어들기 때문이다. 하지만 수퍼바이저가 수퍼바이지에 대해 정직하고 개방적인 태도로 형성적인 평가과정을 지속적으로 하여 왔다면 종합적인 평가에서의 결과는 크게 다르지 않을 것이며, 그 과정에 참여하는 수퍼바이지 또한 불편해하지 않을 것이다(Bernard & Goodyear, 2004). 수퍼바이지는 수퍼비전 시간마다 얻은 피드백과 평가들을 통하여 자신의 상담가로서 전문적이고 개인적인 현 수준은 물론 앞으로 노력하고 성장해야 할 영역에 대한 명확한 이해를 할 수 있게 된다. 그리하여 종합적인 평가에 대한 예기치 않은 놀라움이나 수퍼바이저의 개인적인 감정들이 반영된 불공평한 또는 처벌적인 평가라고 왜곡하여 받아들이는 기회를 줄이고 좀 더 객관적인 평가로 받아들일 수 있게 된다.

2) 자아평가

수퍼비전의 궁극적인 목적은 수퍼바이지가 독립적인 상담가로서 윤리적이고 법적인 책임과 기준들에 입각하여 의사결정을 함과 동시에, 개인적인 발달과 전문적인 역량들을 발휘하는 자율적인 상담가로서 성장하도록 돕는 데 있다. 자율적인 상담가란 자신이 개인으로서의 장점과 노력해야 할 점 그리고 상담가로서의 역량의 한계점들을 파악하여, 그에 따른 적절한 수퍼비전이나 자문을 구할 수 있는 능력을 가지고 윤리적이고 법적인 책임과 기준들에 입각하여 활동하는 상담가를 의미한다. 따라서 자율적인 상담가가 되기 위해서는 우선 수퍼바이지의 자신에 대한 평가가 선행되어야 한다. 이러한 자아평가는 수퍼비전 기간을 통하여 개발되고 훈련되어야 한다.

수퍼바이저는 수퍼바이지가 자아평가를 발달시킬 수 있는 기회를 제공하여야 한다. 우선적으로 수퍼바이저는 수퍼비전에서 수퍼바이저로서의 자신에 대한 평가나 피드백에 대해 개방적인 태도로 수용하는 것을 모범 보임으로써 수퍼바이지의 역할모델이 될 수 있다(Haynes et al., 2003; Moustakas, 1959). 이러한 수퍼바이저의 비방어적인 태도는 훈련 중인 수퍼바이지들이 피드백이나 평가에 대하여 덜 위협적으로 느끼고 건설적인 피드백으로 수용할 수 있게 한다. 수퍼바이지는 평가나 비판으로부터 자아를 보호하거나 숨기려 하기보다는 자아에 대한 적극적인 탐색을 하고 새로운 경험을 위한 도전적인 태도를 취할 수 있게 된다. 또한 수퍼바이저는 수퍼비전 시간 때마다 짧게는 5분 정도 수퍼바이지에게 가장 도움이 되었던 피드백이나 평가가 어떤 것이며 그 이유는 무엇인지, 수퍼바이지 자신의 상담과정에서 장점은 무엇이며 좀 더 노력해야 할 점은 무엇인지 등을 물음과 동시에 그에 대한 상담 일지를 일기 형식으로 기록하게 함으로써 반영적인 과정을 촉진시킬 수 있다.

따라서 수퍼바이지는 수퍼비전을 통하여 확인된 부적절한 행동이나 개입들을 다음 상담과정에서 어떻게 수정해야 할지를 생각하게 된다. 이러한 지속적인 자아평가 과정을 통하여 수퍼바이지는 자아 효율성과 자아 만족감을 경험하게 되어 수퍼비전에 좀 더 적극적으로 참여하려고 하며 긍정적인 수퍼비전을 경험하게 된다. 이때 수퍼바이저는 수퍼바이저의 여러 가지 역할들 중에 촉진자로서의 역할을 취함으로써 수퍼바이지의 자아평가를 향상시킬 수 있게 되며, 수퍼바이지가 자신의 능력들을 인식하고 반영하며 상담과정에 대한 이해를 발달시켰는지를 파악할 수 있는 기회를 갖게 된다(Gould & Bradley, 2001).

수퍼바이지의 자아평가 과정을 더욱 향상시키는 반영적인 과정은 자율적인 상담가로서의 발달을 촉진하며 전문적인 상담가에게 끊임없이 요구되는 과정이므로 좀 더 구체적으로 살펴볼 필요가 있다. 상담에서의 전문적인 반영적 과정은 세 가지 요소들로 구성된다(Skovholt & Rønestad, 1992). 첫째 지속적인 개인적이고 전문적인 경험들, 둘째 개방적이고 지지적인 환경에서의 끊임없이 추구하는 과정, 마지막으로 개인의 경험들을 적극적으로 반영하는 것이다. 즉, 반영적인 과정이란 단순히 문제에 대한 사고를 의미하는 것이 아니라, 상담가가 상담 상황에서 일어나는 특정한 문제들을 재확인하고 효과적으로 수정하기 위하여 지속적으로 생각하며, 문제를 초래한 상황에 대한 근본적인 의미를 파악하여 이후의 상담과정에 반영하는 과정들을 의미한다. 〈표 6-5〉의 자아평가서는 수퍼바이지의 반영적인 과정을 자아평가 과정에 적용하여 수퍼바이지가 자신의 개인적이고 전문적인 성장을 촉진시킬 수 있도록 본 저자가 제안한 것이다. 이 평가서는 상담이 끝난 이후에 자아평가를 위하여 활용될 수 있다.

구체적인 반영적 과정에 대하여 언급한 Gould와 Bradley(2001)의 설명을 살펴보면, 수퍼바이지의 반영적인 과정은 수퍼바이지가 상담과정에 대해 혼동스럽거나 어떻게 대처해야 할지를 모르는 불확실한 상황에서 시작된다. 이때 수퍼바이지는 상담과정에서의 자신의 행동이나 사고 그리고 감정들은 물론 자신과 내담자 간의 상호작용에 주의를 기울일 필요가 있다. 수퍼바이지는 문제의 해결을 위한 대안책들을 수용함으로써 상담 상황에 대하여 이해하려고 노력한다. 물론 이때 상담가는 자신의 상담에 중심이 되는 상담이론과 자신의 개인적이고 전문적인 경험들을 융합하여 상담 상황에 대한 이해를 넓힐 수 있다. 이러한 이해를 돕고자 수퍼바이지는 상담 장면에서 자신의 경험들을 점검할 필요가 있다. 그러므

표 6-5 수퍼바이지의 자아평가서

상담 날짜: 년 월 일	상담 회기: 회
수퍼바이지 이름:	내담자 이름:
지시사항: 수퍼바이지는 각각의 질문에 대하여 솔직한 자신의 감정이나 생각들을 표현하는 것이 중요하다.	
상담 전	
1. 상담하기 전에 나의 감정은 어떠하였는가? 2. 상담하기 전에 나의 신체적, 정신적 상태는 어떠하였는가? 3. 상담하기 전에 내담자에 대한 나의 이해를 넓히는 구체적인 정보를 얻었는가? 그렇다면 구체적으로 어떻게 이해를 증가시킬 수 있었는가? 4. 상담하기 전에 내담자에 대한 나의 편견 또는 고정관념을 증가시키거나 나의 가치관과 대조되는 구체적인 정보를 얻었는가? 그렇다면 그러한 정보가 구체적으로 어떻게 나의 편견이나 가치관에 영향을 미쳤는가? 5. 상담하기 전에 내담자가 편안하게 상담에 임할 수 있도록 안전한 상담 분위기를 마련하였는가? 그렇다면 어떻게 마련하였는가?	
상담 중	
1. 상담 장면에서의 나의 전반적인 감정은 어떠하였는가? 2. 내담자가 긍정적인 감정들을 표현할 때 나의 감정과 행동은 어떠하였는가? 3. 내담자가 갈등이나 긴장들을 표현할 때 나의 감정과 행동은 어떠하였는가? 4. 내담자가 부정적인 감정들을 표현할 때 나의 감정과 행동은 어떠하였는가? 5. 상담과정에서 어떻게 내담자에 대한 일관된 관심과 존중을 나타내려고 노력하였는가? 6. 상담과정 중에 심리적인 불편함을 느낀 때가 있었는가? 있었다면 무엇이 그러한 불편함을 일으켰는가?	

〈계속〉

상담 후
1. 상담을 마친 후 나의 감정은 어떠하였는가? 2. 상담을 마친 후 나의 신체적, 정신적 상태는 어떠하였는가? 3. 상담과정 중에 나타난 가장 큰 나의 장점은 무엇인가? 4. 이후의 상담을 위하여 노력하고 발달시켜야 할 부분은 무엇인가? 5. 다음 상담을 위한 구체적인 계획은 무엇인가?

로 수퍼바이지는 이러한 반영적인 과정을 깊이 있게 하면 할수록 문제 상황에 대한 의미와 명확함을 얻을 수 있게 된다. 이와 같은 반영적인 과정은 결과적인 변화로 전환되어야 한다. 다시 말해서 이러한 의미와 명확한 이해는 다음의 상황 장면에서 변화된 개입으로 나타나야 하며, 궁극적으로는 내담자와 상담과정 그리고 자신에 대한 또 다른 이해가 뒤따라야 한다(Gould & Bradley, 2001).

3) 평가를 위한 효과적인 조건들

전문적인 상담가가 되기 위해 특정한 훈련이나 교육 중에 있는 수퍼바이지에게 수퍼바이저가 미치는 영향은 매우 크다. 특히, 어떤 수퍼바이지들은 수퍼바이저를 자신의 역할모델로 받아들여 자신의 독특한 개성을 살린 전문적인 상담기법들을 발달시키기보다는 수퍼바이저를 단순히 모방하는 태도를 취하는 경향이 있다. 이러한 과정은 수퍼바이지들이 자신에게 가장 효과적인 상담 스타일을 개발하는 데 꼭 필요한 과정이 아니더라도, 수퍼바이지의 더 나은 성장을 위한 수퍼바이저의 개입으로 교정될 수 있는 좋은 기회가 된다. 이러한 수퍼바이저의 개입은 수퍼바이지의 전문적인 역량에 도움을 주게 된다. 하지만 수퍼바이지들은 때로 수퍼바이저의 평가를 지나치게 개인화하여 받아들이는 경우가 있다. 다시 말해서 수퍼바이저의 건설적인 평가를 수퍼바이지 개인의 가치에 대한 문제로 받아들이는 경우가 있다. 이는 상담과 수퍼비전 분야가 대인적, 직관적 능력들과 관련되어 있어 훈련 중인 수퍼바이지가 상담가로서의 수행 능력과 한 개인으로서의 가치 간의 미묘한 경계를 파악하기 어렵기 때문이다(Bernard & Goodyear, 2004). 따라서 평가과정에서 수퍼바이저의 역할은 매우 중요할 수밖에 없다.

수퍼비전에서 평가가 아무리 중요하다 할지라도, 수퍼바이지에 대한 지지적인 분위기가 없는 상황에서의 평가는 수퍼바이지의 개인적이고 전문적인 발달에 장기적인 치명적 영향을 미칠 수 있다(Gould & Bradley, 2001). 따라서 수퍼바이저는 수퍼바이지의 상담수행 능력들을 평가하기 전에 수퍼바이지와의 상호협력적인 관계를 먼저 형성할 필요가 있다. Bernard와 Goodyear(2004)는 평가를 위한 12가지 긍정적인 조건들을 다음과 같이 제시하였다.

첫 번째, 수퍼바이저는 수퍼비전이 평등한 관계가 아닌 불평등한 관계라는 것을 기억해야 한다. 수퍼바이저는 파워와 권위를 지녔기 때문에 수퍼바이지의 입장에 민감하게 귀 기울일수록 좀 더 공감하는 평가자의 역할을 취하게 되는 것이다. 두 번째, 수퍼바이저는 자신의 임상적인 역할과 행정적인 역할들을 수퍼바이지에게 명확하게 언급해야 한다. 세 번째, 수퍼바이저는 수퍼비전에 대한 수퍼바이지의 역할과 그에게 기대되는 사항들을 명확하게 이해시켜야 한다. 네 번째, 수퍼바이저는 평가절차에 대하여 미리 수퍼바이지에게 명확하게 이해시켜야 한다. 다섯 번째, 수퍼바이지의 방어는 개방적으로 다루어져야 한다. 여섯 번째, 수퍼바이지의 방어와 함께 수퍼바이저와 수퍼바이지 간의 차이점들에 대해서도 수용적으로 이야기 나누어야 한다. 일곱 번째, 평가는 일방적인 과정이 아닌 상호적인 과정이며 지속적으로 이루어져야 한다. 여덟 번째, 평가는 행정적인 구조 내에서 일관적으로 이루어져야 한다. 아홉 번째, 수퍼바이지에 대한 성급한 평가는 피해야 한다. 수퍼바이지의 성장을 기다리지 않고 지나치게 빨리 평가하는 것은 잠재력이 있는 수퍼바이지의 성장을 방해하게 된다. 열 번째, 수퍼바이저는 수퍼바이지의 전문적인 발달을 위한 촉진자가 될 필요가 있다. 수퍼바이저는 수퍼바이지의 피드백과 평가들을 수용하고 활용해야 한다. 열한 번째, 수퍼바이저는 수퍼바이지와의 수퍼비전 관계를 끊임없이 점검해야 한다. 지나치게 가까운 관계나 사무적인 관계에서는 평가과정이 어렵게 된다. 마지막으로 수퍼비전을 제공하는 것을 즐거워하지 않는 사람은 절대로 수퍼비전을 제공해서는 안 된다. 이는 수퍼비전에서의 평가적인 성격이 심지어 수퍼비전에서의 도전적인 경험들을 즐기는 수퍼바이저들에게도 매우 힘들 수 있기 때문이다. 그 밖에도 여러 가지 조건들이 있겠지만 Bernard와 Goodyear가 언급한 조건들을 통해서, 수퍼바이저는 긍정적이고 객관적이며 구체적인 평가를 위하여 노력함과 동시에 수퍼바이지와의 상호 신뢰로운 수퍼비전 관계가 되도록 노력할 수 있을 것이다.

7장

놀이치료사와 놀이치료 수퍼바이저가 되기 위한 자격 요건들

놀이치료는 아동을 상담하는 가장 효과적인 접근방법으로서 널리 알려져 왔으며, 놀이치료에 대한 중요성과 그에 따른 인식도 많이 높아졌다.

놀이치료에 대한 대중적인 인식은 아동상담을 담당하는 놀이치료사들과 그들을 교육하고 훈련시키는 교육자들과 수퍼바이저들의 역할과 책임들을 더욱 증가시켰다. 특히, 교육자들과 수퍼바이저들에게는 놀이치료를 배우는 학생들이 전문적인 상담 분야에 들어서기에 적합한 사람인지를 판단하는 감독자로서의 역할이 더욱 중요시 되었다.

이러한 증가된 역할들과 책임들은 놀이치료라는 독특한 상담 접근을 전문화하는 것을 의미하며, 놀이치료 대상자들인 아동과 청소년 그리고 일반 성인들에게 역량 있는 상담가와 수퍼바이저로서 치료적이고 효율적인 상담을 제공하는 것을 포함한다. 또한 상담 이외의 분야에 있는 사회사업가, 교사, 정신과의사 등과 같은 다른 전문가들과의 협력적인 관계를 통하여 좀 더 체계적이고 종합적인 개입을 제공하는 것을 의미한다.

이미 앞에서 역량 있는 놀이치료사와 전문적인 놀이치료 수퍼바이저 그리고 전문가가 되기 위한 구체적인 과정들을 살펴보았기에, 이 장에서는 역량 있는 놀이치료사와 수퍼바이저가 되기 위한 개인적인 특성들과 전문적인 자격 요건들을 위한 교육들을 간략하게 살펴본다. 여기서 제시된 자격 요건들은 놀이치료사와 놀이치료 수퍼바이저가 되기 위한 최소한의 교육을 의미한다. 왜냐하면 역량 있는 상담가와 수퍼바이저가 되는 길은 하나의 연속선상에서 지속적인 노력과 훈련으로 이루어지는 것이지, 일정한 교육이나 훈련을 이수하였다고 해서 자동적으로 주어지는 것이 아니기 때문이다.

1. 놀이치료사가 되기 위한 자격 요건들

1) 개인적인 특성들을 위한 훈련

놀이치료사가 되는 과정 중 가장 중요한 과정은 놀이치료사가 자신에 대한 인식과 이해를 증가시키는 것이다. 이는 상담의 접근방법이나 대상들을 막론하고 치료적인 관계를 위하여 치료과정에 상담가들이 가지고 가는 가장 효율적인 도구는 상담 기법이나 기술들이 아닌 바로 상담가 자신이기 때문이다. 물론 상담 기법이나 기술들이 효율적인 개입들로 간주될 수 있으나, 내담자와의 치료적이고 핵심적인 관계를 위해서는 상담가 자신의 치료적인 활용이 더욱 중요한 자원이라고 하겠다. 이미 Axline(1947), Raskin과 Rogers(1995), Moustakas(1997), Landreth(2004)와 같은 여러 학자들에 의하여 놀이치료사들의 자아 인식과 이해에 대한 중요성이 강조되어 왔으며, 놀이치료사들이 자아이해를 통하여 자신에게 가장 적합하고 효과적인 상담방법들을 발달시키는 것이 중요하게 여겨져 왔다.

실제로 Moustakas(1997)는 자신의 상담 경험들을 통하여 자아에 대한 이해과정을 자신의 저서에 나타내었다. "내가 어떻게 성공적인 놀이치료사가 되기 위해서 내 자신의 본성을 억제해야 한다고 생각하게 되었는가?……나는 내가 나 자신에 의해서 또는 내가 만났던 아이들에 의해서 이루어진 상담가로서의 역할이 아닌 타인들에 의해서 규정된 역할들을 단지 수행하고 있었다는 것을 깨달았다. 나는 아동들의 세계에 들어가기 위하여 나의 지식과 장점들, 경험들과 자원들 및 전략들을 충분히 활용하지 않았다는 것을 깨달았다." 이와 같은 자아에 대한 이해는 상담과정에서 아동의 행동이나 놀이에 대한 놀이치료사들의 정확한 이해만큼이나 중요하다는 것을 나타낸다.

놀이치료사들의 치료적인 자아의 활용을 위해서는 우선적으로 자아에 대한 깊은 탐색과 이해가 필요하다. Moustakas(1997)는 놀이치료사가 되기 위해서는 자신과 자신의 믿음, 태도, 가치, 본성, 삶의 근원, 내적인 자원, 경향 그리고 외적인 능력들과 기술들을 이해하여야 한다고 주장하였다. 또한 자신을 진정으로 충분히 이해하는 것은 타인을 수용하고 이해하기 위한 지름길이라고 주장하였다. Landreth(2004)는 상담가들은 자신의 동기나 욕구, 미처 깨닫지 못한 맹점, 선입견, 개인적인 갈등, 감정적인 문제들은 물론 자신의 장점과 가능성 및 자원들을 이해하는 것이 중요하다고 하였다.

사실상 상담과정에 임하는 상담가 또한 나름대로의 가치와 개인적인 욕구들을 지닌 인간이며, 그러한 개인적인 가치와 욕구들이 상담과정에 반영되게 된다. 이때 야기되는 중요한 문제는 상담가의 개인적인 성향들이 상담과정이나 상담관계에 영향을 미치는지 아닌지가 아니라 어느 정도로 미치는지의 문제다. 놀이치료사는 자신의 개인적인 욕구들이 최소한으로 영향을 미치도록 하기 위하여 자아이해를 위한 자아탐색 과정을 거쳐야 한다. 이러한 과정은 하나의 이벤트가 아니라 지속적으로 이루어져야 한다. 그것은 상담에 임하는 상담가들의 책임이다.

Landreth(2004)는 놀이치료사들의 자아탐색을 통한 자아이해를 촉진하기 위하여 개인 또는 집단 상담과 수퍼비전 또는 자문 관계를 제안하였다. 또한 그는 다음의 여섯 가지 질문들을 통하여 자아이해 과정을 탐색할 수 있다고 하였다. 첫째, 놀이치료에서 나의 어떤 욕구들이 충족되는가? 둘째, 나의 욕구들이 충족되는 것이 얼마나 강한가? 셋째, 나는 이 아동을 좋아하는가? 넷째, 나는 이 아동과 함께 있고 싶어 하는가? 다섯째, 나의 태도나 감정들이 이 아동에게 어떻게 영향을 미치는가? 마지막으로 이 아동이 나를 어떻게 인식/생각하는가? 만약 놀이치료사가 내담자로부터 호의를 얻고 싶어 한다거나, 거부감을 두려워한다거나, 상담에서 제한을 설정할 때 죄책감이 든다거나, 내담자로부터 존경받고 싶어 하며 성공한 상담가로 인정받고 싶어 하는데 이러한 자신의 욕구들을 충분히 인식하지 못한다면, 상담과정에서 아동의 표현이나 탐색을 미묘하게 통제하거나 제한하는 방법으로 나타나게 될 것이다.

놀이치료사들도 여느 인간과 마찬가지기에 각자의 아동기나 가족관계에서 미처 해결되지 못하고 억제되어 치료적이고 안전한 관계에서 재경험하지 못한 갈등들을 가지고 있다(West, 1996). 이러한 갈등들은 놀이치료사들의 내담자들을 위한 치료적인 관계를 방해하며, 심지어 내담자와의 상담을 통하여 상담가 자신의 욕구를 충족시키는 결과를 초래하게 된다. 또한 놀이치료사들은 현재에 당면한 문제들과 생활 경험에 따른 갈등들을 경험할 수 있다. 따라서 개인상담을 통하여 놀이치료사들은 자신의 문제들을 해결할 수 있는 기회를 가져야 한다.

2) 전문적인 놀이치료에 대한 훈련

놀이치료를 통하여 아동들의 세계를 이해하는 데는 전문적이고 체계적인 훈련이 요구된다. 이는 놀이치료의 내담자들에게 책임 있는 상담가들이 역량 있는 치료 접근을 하는 것을 보장하기 위해서다. Landreth(2004)는 놀이치료에 임하는 상담가들의 기본적인 전제 조건들을 다음과 같이 제시하였다.

첫째, 상담, 심리, 사회사업 또는 관련 분야에서의 석사학위가 있어야 한다. 둘째, 아동 발달, 상담과 정신 치료에 대한 이론들, 임상상담 기술들 그리고 집단상담에 대한 훈련을 받아야 한다. 셋째, 90시간 이상의 놀이치료 교육을 거쳐야 한다. 넷째, 집단상담의 일원이나 개인상담 또는 그와 관련된 경험들과 같은 개인적인 상담 경험들을 통하여 자아에 대한 탐색과 이해가 장기간의 시간에 걸쳐 점검될 수 있는 훈련을 거쳐야 한다. 다섯째, 적응하는 아동들과 부적응하는 아동들의 관찰은 물론 그들에 대한 사례분석들을 해야 한다. 여섯째, 경험 있고 숙련된 놀이치료사들의 상담을 관찰하고 그 회기에 대한 토론과 평가를 하는 기회를 가져야 한다. 마지막으로 역량 있는 놀이치료사들에 의한 놀이치료 수퍼비전의 경험을 거쳐야 한다. Landreth의 이러한 기본적인 전제들에는 집단 놀이치료, 부모-아동 관계 향상을 위한 치료, 실습, 인턴십 과정들이 모두 포함된다.

Moustakas(1997)는 놀이치료 학생들이 자신의 상담 장면들을 비디오테이프에 녹화하여 그 상담 장면들 그리고 상담자와 내담자가 나눈 대화들을 연구하는 것이 필요하다고 주장하였다. 놀이치료 학생들은 구체적으로 아동들이 이야기한 것들을 직접적으로 관찰하고 자신이 상담가로서 어떻게 반응하였는지, 자신의 상담가로서의 반응이 아동과의 관계에 어떻게 영향을 미쳤는지를 파악하는 것이 중요하다. 이밖에도 놀이치료 학생들에게는 놀이치료의 다양한 매체인 미술 치료, 모래놀이 치료, 댄스 치료, 음악 치료, 퍼핏(puppet) 치료 등과 같은 여러 가지의 표현예술 치료에 대한 이해와 활용의 경험들이 주어져야 한다. 또한 놀이치료 학생들은 상담가로서의 윤리적, 법적 책임들에 대한 인식은 물론 그에 따른 전문적인 활용에 임할 수 있도록 교육을 받아야 한다.

놀이치료학회(Association for Play Therapy: APT)는 놀이치료를 공부하는 학생들이 놀이치료사(Registered Play Therapist: RPT)로서의 자격을 지원하기 위해 다음의 기본적인 자격 요건들을 갖추어야 함을 제시하고 있다(APT, 2005). 놀이치료학회에서 제시한 놀이치료사들의 자격 요건들은 크게 학문적인 훈련과 임상적인 경험으로 구분할 수 있다. 학문적인 훈련에는, 첫째 정신건강 또는 의료 분야의 적어도 석사 이상의 학위를 가져야 하며, 둘째 정신건강 또는 의료 분야의 자격증을 소지해야 하며, 마지막으로 놀이치료에 대한 최소한 150시간의 교육을 받아야 한다. 구체적으로 살펴보면, 정신건강 또는 의료 분야에서의 석사과정에서는 아동 발달, 성격이론, 심리치료의 원리, 가족치료의 원리, 집단치료의 원리, 아동 및 청소년 정신병리학, 심리치료에서의 법적, 윤리적, 전문적 문제들에 대한 과목 등이 포함되어야 한다.

또한 놀이치료사들의 기본적인 자격 요건에는 정신건강 또는 의료 분야에의 자격증, 즉 각 주에서 제공하는 자격증이나 국제 자격증을 소지해야 한다. 예를 들어, 텍사스 주에서 놀이치료사 자격을 지원하려는 놀이치료 학생은 반드시 Texas State Board of Examiners of Professional Counselors(Texas State Board)에서 제공하는 상담 자격증인 Licensed Professional Counselor(LPC) 자격증이나 National Board of Certified Counselors에서 제공하는 National Certified Counselor(NCC) 자격증을 소지해야 한다.

Texas State Board에서 제공하는 LPC라는 상담 자격증을 얻기 위해서는 기본적으로 상담 및 상담 관련 학과에서 석사 및 박사 학위를 취득해야 한다. 그리고 학과 프로그램은 인간 발달 및 성장, 이상 심리, 평가, 상담이론, 상담기법, 집단상담, 상담 연구방법론, 임상 개입, 상담 수행에서의 문제들, 상담 윤리, 진로 상담 및 인생 발달, 사회, 문화, 가족 문제들, 상담 수퍼비전에서 적어도 300시간 이상의 상담 실습과 인턴 프로그램을 포함하고 그 밖의 전문적인 영역들에 대한 지식과 역량을 획득해야 한다. 또한 석사 이상의 학위를 받은 후에는 대학원후 과정이라는 또 다른 인턴십 과정을 거쳐야 하는데 그 기간 동안은 3,000시간의 임상 경험을 거쳐야 한다. 마지막으로 상담 자격시험에 합격해야 한다(Texas State Board, 2005).

이러한 과정과 자격시험을 성공적으로 마치면 LPC 상담 자격증이 주어지게 되고, 놀이치료 학생은 놀이치료사로 지원할 수 있는 자격을 얻게 된다. 또한 상담 수행과정에서 LPC 상담가는 Texas State Board에서 제공하는 상담 윤리를 반드시 이해하고 지켜야 하는 윤리적인 책임을 지니게 된다. 물론 놀이치료학회에서도 놀이치료사와 놀이치료 수퍼바이저들에게 놀이치료 수행에 대한 지침을 지키도록 권고하고 있지만 어디까지나 놀이치료사들의 자발적인 윤리 수행을 권장하는 것일 뿐이다. 하지만 Texas State Board에서 제공하는 상담 윤리 지침들은 상담가들이 반드시 지켜야 하는 규정으로 놀이치료 지침서보다 좀 더 구체적이고 포괄적이다.

마지막으로 최소한의 150시간 이상의 놀이치료에 대한 교육이 있어야 한다. 150시간 이상의 놀이치료 교육에는 놀이치료 역사, 놀이치료 이론, 놀이치료 기법과 방법론, 다양한 분야나 내담자들에 대한 놀이치료의 활용 등에 대한 다양한 학문적인 교육들이 포함된다.

임상적인 경험으로는 2년 동안에 2,000시간의 직접적인 상담시간을 포함하는 임상 경험들을 갖추어야 한다(APT, 2005). 2년 중의 첫 1년(1,000시간의 직접적인 상담시간) 동안의 경험은 공식적인 인턴십이나 각 기관들에서의 직접적인 상담 경험들을 의미한다. 두 번째 1년(1,000시간의 직접적인 상담시간) 동안의 경험은 석사학위를 마친 이후부터 시작되는 임상 경험들을 의미한다. 특히, 놀이치료학회에서는 2,000시간의 직접적인 상담 임상 경험에는 500시간 이상의 수퍼비전을 통한 임상 경험들을 갖추어야 함을 강조하고 있다.

우리나라에서는 한국놀이치료학회와 한국아동심리재활학회에서 놀이치료사에 대한 자격 및 수련과정에 대한 구체적인 사항들을 규정하고 있다(한국놀이치료학회, 2005; 한국아동심리재활학회, 2005). 한국놀이치료학회에서 규정한 구체적인 사항들을 살펴보면 놀이치료 수련자, 놀이치료사, 놀이치료 전문가, 놀이치료 교육 전문가 등으로 자격을 구분하고 있다. 여기에서는 놀이치료 수련자와 놀이치료사에 대한 자격 요건들을 알아보고, 놀이치료 전문가와 놀이치료 교육 전문가에 대한 자격 요건들은 놀이치료 수퍼바이저가 되기 위한 자격 요건들에서 살펴보도록 한다.

한국놀이치료학회에서 언급한 놀이치료 수련자는 다음의 네 가지 사항들에 해당되고, 한국놀이치료학회의 자격관리위원회에서 그 자격을 인준받은 자로 규정하고 있다. 첫째 한국놀이치료학회의 준회원 이상인 자, 둘째 4년제 대학의 놀이치료 관련 학과에서 학사학위 이상을 취득한 자, 또는 2년제 대학에서 놀이치료 관련 학과를 전공하고 한국놀이치료학회에서 인정한 2년 이상의 임상 경험이 있는 자, 셋째 대학 또는 한국놀이치료학회에서 인정하는 기관에서 한국놀이치료학회에서 제시하는 과목들을 이수한 자, 마지막으로 놀이치료 수퍼바이저로부터 수퍼비전을 통해서 수련 중인 자에 해당한다(한국놀이치료학회, 2005).

놀이치료사에 대한 자격 규정들을 살펴보면, 다음의 네 가지 사항들에 해당되는 자로서 한국놀이치료학회 자격관리위원회에서 그 자격을 인준받은 자다(한국놀이치료학회, 2005). 첫째 한국놀이치료학회의 정회원인 자, 둘째 대학 또는 한국

놀이치료학회에서 인정하는 기관에서 학회가 제시하는 필수과목과 선택과목을 이수하고 놀이치료사 자격시험에 합격한 자, 셋째 소정의 수련과정을 거친 자, 마지막으로 면접심사에 합격한 자로 놀이치료사로서의 자격을 인준받은 자다. 놀이치료사의 시험과목에는 놀이치료 이론, 상담이론, 성격이론 그리고 발달이론이 포함된다.

한국놀이치료학회에서 언급한 놀이치료사가 되기 위한 수련과정에는, 첫째 놀이치료 지도감독을 1년간 5사례 50시간 이상을 받아야 하며, 놀이치료 전문가 또는 놀이치료 교육 전문가로부터 지도와 감독을 받은 시간이 1년 이상이어야 한다. 둘째, 300시간 이상의 놀이치료 시간을 가져야 한다. 셋째, 임상심리 전문가의 지도와 감독하에 실시한 심리검사를 full battery로 5회 이상 해야 한다. 넷째, 놀이치료 전문가 2인 이상이 참석한 놀이치료 사례 발표회에 10회 이상 참석해야 한다. 다섯째, 한국놀이치료학회가 인정하는 공개 사례 발표를 1회 이상 해야 한다. 마지막으로 공개 사례 발표회에서 발표한 사례의 전체 보고서 1부와 전 과정 치료 테이프 및 완전어록을 제출해야 한다(한국놀이치료학회, 2005).

한편, 한국아동심리재활학회에서는 놀이치료사, 놀이치료 전문가, 놀이치료 지도감독 전문가 등으로 자격을 구분하고 있다(한국아동심리재활학회, 2005). 여기서는 놀이치료사에 대한 자격 기준을 살펴보고, 놀이치료 전문가와 놀이치료 지도감독 전문가에 대해서는 다음의 놀이치료 수퍼바이저가 되기 위한 자격 요건들에서 살펴보기로 한다. 한국아동심리재활학회에서 언급한 놀이치료사에 대한 자격 기준을 살펴보면, 첫째 한국아동심리재활학회 정회원 자격을 1년 이상 보유한 자, 둘째 심리학, 재활학, 아동학, 사회복지학, 특수교육학, 유아교육학, 기타 교육학 관련 분야에 학사 이상의 학위를 받은 자 또는 이와 동등한 자격이 있다고 자격심사위원회에서 인정하는 자로 한국아동심리재활학회에서 실시하는 놀이치료사 자격시험에 합격한 자다. 놀이치료사 자격시험에는 아동 발달, 성격이론, 심리치료의 원리, 아동정신병리학 또는 특수교육학 등이 포함된다.

놀이치료사가 되기 위해서는 한국아동심리재활학회에서 언급한 다음의 내용들을 중심으로 하여 수련을 실시한다(한국아동심리재활학회, 2005). 첫째, 놀이치료사 이상의 전문가가 실시하는 놀이치료 관찰을 3사례 이상 총 30시간 이상 경험해야 한다. 둘째, 놀이치료 전문가 이상이 참석한 학회의 월례 사례 발표회에 20시간 이상 참석해야 한다. 셋째, 놀이치료 전문가의 지도감독하에서 놀이치료 4사례 100시간 이상 실시한 자여야 한다. 넷째, 놀이치료 전문가가 참석한 사례 발표회에서 1회 이상 공개 사례 발표를 한 자여야 한다. 다섯째, 주 1회 10회기 이상 치료한 사례에 한해서 1회기의 완전어록과 녹음 또는 녹화 테이프를 포함한 사례 보고서를 제출해야 한다. 마지막으로 한국아동심리재활학회에서 주관하거나 인정하는 기관에서 개최하는 놀이치료 심화과정 연수 및 학술대회 30시간 이상을 이수해야 한다.

2. 놀이치료 수퍼바이저가 되기 위한 자격 요건들

수퍼바이저는 수퍼바이지에게 효과적인 훈련과 수퍼비전을 제공함으로써 수퍼바이지가 윤리적이고 역량 있는 상담을 제공하도록 하는 책임을 가지고 있다. 이것은 다시 말해서 수퍼바이저가 상담은 물론 임상 수퍼비전에 대한 지식과 기술들도 지녀야 한다는 것을 의미한다. 수퍼바이저가 임상 수퍼비전에 대한 체계적인 훈련과 전문적인 경험들이 부족하다면, 자신이 제공하는 수퍼비전을 통하여 수퍼바이지가 상담가로서 효과적이고 윤리적으로 기능하고 있다는 것을 보장하기 어렵다. 내담자들의 복리를 증진시키고 수퍼바이지들의 상담가로서의 역량을 향상시키기 위해서는 수퍼바이저로서의 임상 수퍼비전에 대한 교육과 수퍼바이저로서의 책임들을 명확하게 이해하는 것이 필요하다.

수퍼바이저는 수퍼바이저로서의 명확한 책임들과 역할들을 인식함으로써 수퍼바이지들에게 구체적이고 실질적인 책임들과 역할들을 규정하고 기대할 수 있다. 수퍼바이지들 또한 수퍼바이저의 실질적이고 명확한 역할 및 책임 지도를 통하여 자신들의 책임이나 역할들에 대한 깊은 이해를 도울 수 있다. 수퍼바이저와 수퍼바이지 간의 명확한 역할과 책임의 이해는 수퍼바이저가 자신의 행동을 모니터 하여 수퍼바이저로서의 권위와 파워를 남용하는 것을 막을 수 있게 한다(이미 본 저자는 수퍼바이저의 책임과 역할, 수퍼바이저의 당면 문제들을 앞에서 논의하였으므로 자세한 내용은 앞의 내용들을 참고하기 바란다).

놀이치료 수퍼바이저를 위한 훈련은 앞에서 말한 놀이치료사의 개인적인 특성을 위한 훈련과 전문적인 놀이치료에 대한 교육은 물론 임상 수퍼비전에 대한 교육도 있어야 한다. 놀이치료학회(APT)에서 제시한 놀이치료 수퍼바이저(Registered Play Therapist-Supervisor: RPT-S)가 되기 위한 자격 요건들을 살펴보면, 놀이치료사(RPT)의 자격 요건들과 같이 학문적인 훈련과 임상적인 경험들을 요구하고 있다. 학문적인 훈련에는, 첫째 정신건강 또는 의료 분야에서 적어도 석사 이상의 학위를 가져야 하며, 둘째 정신건강이나 의료 분야에서의 자격증을 소지해야 하며, 셋째 놀이치료에 대한 최소한 150시간의 교육을 받아야 하며, 마지막으로 4시간의 직접적인 수퍼바이저 훈련이 포함되어야 한다.

구체적으로 살펴보면, 정신건강 또는 의료 분야에서의 석사과정에는 아동 발달, 성격이론, 심리치료의 원리, 가족치료의 원리, 집단치료의 원리, 아동 및 청소년 정신병리학, 심리치료에서의 법적, 윤리적, 전문적 문제들에 대한 과목 등이 포함되어야 한다. 놀이치료사들의 자격 요건에는 정신건강 또는 의료 분야에서의 자격증, 즉 각 주에서 제공하는 자격증이나 국제 자격증을 소지해야 한다. 150시간 이상의 놀이치료 교육에는 놀이치료 역사, 놀이치료 이론, 놀이치료 기법과 방법론, 다양한 분야나 내담자들에 대한 놀이치료의 활용 등에 대한 다양한 학문적인 교육들이 요구된다. 마지막으로 수퍼바이저 훈련은 수퍼바이저로서의 임상 경험을 의미하는 것이 아니라 수퍼비전의 이론과 실제 등과 같은 구체적인 교육을 의미하는 것이다.

놀이치료 수퍼바이저(RPT-S)에게 요구되는 임상적인 경험은 적어도 5년 동안 5,000시간의 직접적인 상담시간을 포함하는 임상 경험들을 갖추어야 한다(APT, 2005). 5,000시간의 직접적인 상담 경험은 석사학위를 마친 이후부터 시작되는 임상 경험들을 의미한다. 특히, 5,000시간의 직접적인 상담 임상 경험에는 500시간 이상의 수퍼비전을 통한 임상 경험들을 갖추어야 함을 강조하고 있다.

놀이치료사와 달리 놀이치료 수퍼바이저에게는 수퍼비전의 이론들과 실제에 대한 4시간의 훈련을 요구하고 있다. 물론 수퍼비전에 대한 이론과 임상 훈련이 4시간이라는 짧은 시간으로 그에 대한 이해를 증가시키고 전문적인 수퍼비전 활동을 적용하기에는 부족하다. 하지만 수퍼바이저가 수퍼바이저로서의 정체감을 발달시키고 윤리를 갖춘 역량 있는 교육자로서 발달하기 위한 수퍼비전의 이론들과 실제들에 대한 훈련의 중요성을 인정한 점에서 의의가 있다고 하겠다. 따라서 놀이치료 수퍼바이저는 수퍼바이저로서 끊임없이 노력하는 것이 필요하다. 특히, 놀이치료 수퍼바이저들 간의 전문적인 자문의 성격을 지닌 모임들이나 소규모 개인적인 모임들은 매우 중요하다. 수퍼바이저들은 그러한 모임들을 통하여 정보 교환이 가능하고, 수퍼바이저로서의 갈등이나 도전적인 문제들을 논의할 수 있게 되며, 더욱 효과적인 수퍼비전 개입에 대한 가능성을 모색할 수 있기 때문이다.

한국놀이치료학회에서 언급한 놀이치료 전문가에 대한 자격 규정들을 살펴보면, 놀이치료 전문가는 한국놀이치료학회 자격관리위원회에서 그 자격을 인준받은 자로 다음의 다섯 가지 사항들에 해당되는 자다(한국놀이치료학회, 2005). 첫째, 놀이치료사 자격을 취득한 자다. 둘째, 대학 또는 한국놀이치료학회에서 인정하는 기관에서 학회가 명시하는 필수과목과 선택과목을 이수하고 학회에서 실시하는 놀이치료 전문가 자격시험에 합격한 자다. 셋째, 소정의 수련과정을 거친 자다. 넷째, 학회에서 인정하는 기관에서 놀이치료 전문가 자격을 취득하고 자격관리위원회의 인준을 받은 자다. 마지막으로 면접심사에 합격한 자다. 놀이치료 전문가의 시험과목들은 놀이치료 이론, 놀이치료 방법 및 기술, 놀이치료의 적용, 연구방법론 등이다.

놀이치료 전문가들의 수련과정에는 다음의 일곱 가지 사항들이 해당된다(한국놀이치료학회, 2005). 첫째, 놀이치료 전문가로부터 3년간 15사례 120시간 이상의 지도감독을 받은 자다. 둘째, 놀이치료 시간이 1,000시간 이상인 자다. 셋째, 임상심리 전문가의 지도감독하에 실시한 심리검사를 full battery로 10회 이상 한 자다. 넷째, 놀이치료 전문가가 2인 이상이 참석한 놀이치료 사례 발표회에 30회 이상 참석한 자다. 다섯째, 놀이치료 전문가 2인 이상, 놀이치료학회 회원 10인 이상이 참석하고 한국놀이치료학회에서 인정하는 공개 사례 발표회에서 4회 이상 발표한 자다. 여섯째, 4회 이상의 공개 사례 발표회에서 발표한 사례의 전체 보고서 1부와 전 과정 치료 테이프 및 완전어록을 제출한 자다. 마지막으로 놀이치료 관련 연구논문을 전문 학술지에 1편 이상 발표한 자다.

한국놀이치료학회에서는 놀이치료 전문가 이외에 놀이치료 교육 전문가를 포함하고 있다(한국놀이치료학회, 2005). 놀이치료 교육 전문가는 한국놀이치료학회의 정회원 자격을 2년 이상 보유한 자로서, 대학 또는 학회에서 인정하는 기관에서 명시하는 필수과목과 선택과목을 이수하고 학회에서 실시하는 놀이치료 교육 전문가 자격시험에 합격한 자다. 시험과목에는 놀이치료 방법 및 기술, 놀이치료의 적용이 포함된다. 또한 박사학위를 소지하고 4년제 대학 10년 이상의 교수 경력이 있는 자고, 소정의 수련과정을 거치고 면접심사에 합격한 자다.

놀이치료 교육 전문가의 수련과정은 3년 동안 3사례 50회 이상의 놀이치료 지도감독과 300시간 이상의 놀이치료 시간이 요구된다. 또한 놀이치료 전문가 2인 이상이 참석한 놀이치료 사례 발표회에 20회 이상 참석해야 하고, 2인 이상의 놀이치료 전문가를 포함하여 놀이치료학회 회원 10인 이상이 참석하고 학회가 인정하는 공개 사례 발표를 1회 이상 해야 한다. 그리고 발표한 사례의 전체 보고서 1부와 전 과정 치료 테이프 및 완전어록을 제출해야 한다. 마지막으로 놀이치료 관련 연구논문을 2편 이상 발표해야 한다(한국놀이치료학회, 2005).

한편, 한국아동심리재활학회(2005)에서 규정한 놀이치료 전문가의 자격 기준을 살펴보면, 첫째 한국아동심리재활학회 정회원 자격을 2년 이상 보유한 자다. 둘째, 심리학, 재활학, 아동학, 사회복지학, 특수교육학, 유아교육학, 기타 교육학 관련 분야에서 박사학위를 취득한 자로 놀이치료 현장에서 2년 이상의 임상 경험자, 석사학위 취득 후 놀이치료 현장에서 3년 이상의 임상 경험자 또는 놀이치료사 자격을 취득한 후 현장에서 5년 이상의 임상 경험자로 한국아동심리재활학회에서 실시하는 놀이치료 전문가 자격시험에 합격한 자다. 마지막으로 소정의 수련과정을 거친 자다. 자격시험에는 아동 발달, 성격이론, 놀이치료, 아동 및 청소년 정신병리학이 포함된다.

놀이치료 전문가의 수련과정들을 살펴보면, 첫째 놀이치료사를 취득 후 3년이 경과한 자, 또는 관련 분야 석사학위 취득 후 관련 기관에서 2,000시간의 임상 경험 동안 최소 50시간 이상 놀이치료 전문가의 감독을 받은 자다. 둘째, 놀이치료사 또는 석사학위 취득 후에 5사례 이상 전체 300시간 이상의 놀이치료 시간을 가진 자다. 셋째, 놀이치료사 자격 또는 석사학위 취득 후 2회 이상 공개 사례를 발표한 자다. 넷째, 놀이치료지도 전문가가 참석한 사례 발표회에 50시간 이상 참석한 자다. 다섯째, 주 1회 3개월 이상 치료한 사례에 한하여 1회기의 완전어록과 녹음 또는 녹화 테이프를 포함하는 놀이치료 사례 보고서를 5사례 제출한 자다. 여섯째, 전문 학술지에 놀이치료 관련 연구논문을 1편 이상 발표한 자다. 마지막으로 한국놀이치료학회에서 주관하거나 인정하는 기관에서 개최하는 놀이치료 심화과정 연수 및 학술 대회를 90시간 이상 이수한 자다(한국아동심리재활학회, 2005).

한국아동심리재활학회(2005)에서 규정하는 놀이치료 지도감독 전문가에 대한 자격 기준을 살펴보면, 첫째 한국아동심리재활학회 정회원 자격을 2년 이상 보유한 자다. 둘째, 전공 분야 박사학위를 취득하고 4년제 대학에서 10년 이상의 놀이치료 관련 교수 경력이 있는 자 또는 놀이치료 전문가 자격을 취득 한 후 10년 이상의 임상 경험을 한 자로 학회에서 실시하는 놀이치료 지도감독 전문가 자격시험에 합격한 자다. 자격시험에는 놀이치료 방법 및 기술, 연구방법이 포함된다. 마지막으로 소정의 수련과정을 거친 자다.

놀이치료 지도감독 전문가가 되기 위한 수련과정은 2년 동안 10사례 50회기 이상의 놀이치료 지도감독과 300시간의 놀이치료 시간을 가져야 하고, 50시간의 임상 워크숍과 놀이치료 지도감독 전문가 1인 이상이 참석한 놀이치료 사례 발표회에 15회 이상 참석해야 한다. 또한 놀이치료 사례 3회 이상을 공개 사례 발표회에서 발표하고 놀이치료 사례 보고서 1회기 완전어록과 녹음 또는 녹화 테이프를 제출해야 한다. 마지막으로 놀이치료 관련 연구논문을 3편 이상 발표해야 한다(한국아동심리재활학회, 2005).

이상의 놀이치료사와 놀이치료 수퍼바이저가 되기 위한 자격 요건들을 살펴보면, 미국이나 우리나라나 학문적인 교육과 임상적인 경험과 훈련 및 수퍼비전이 요구됨을 알 수 있다. 하지만 한국놀이치료학회나 한국아동심리재활학회에서 요구되는 자격 요건들에는 놀이치료 수퍼바이저들의 전문적인 역량 발달을 위한 수퍼비전에 대한 교육과 훈련이 결여되어 있다. 놀이치료사들의 교육과 훈련에 책임을 지는 놀이치료 수퍼바이저들은 자신들의 수퍼바이저로서의 발달이 곧 놀이치료사들의 전문적이고 역량 있는 발달에 토대가 되며, 나아가 놀이치료 내담자들의 복리를 전문적인 상담을 통해 보장하는 길임을 인식해야 한다. 따라서 놀이치료 수퍼바이저들은 기존의 놀이치료 영역에 대한 역량은 물론 새로운 영역들에 대한 개방적인 태도도 가져야 한다. 또한 놀이치료가 독특하고 독립적이고 전문적인 영역으로 발달되도록 하는 윤리적이고 전문적인 책임이 있음을 인식하고 그에 대해 끊임없이 발전하려는 노력을 해야 한다.

8장

놀이치료 수퍼비전에서의 법적, 윤리적 고려사항들

아동과 청소년은 물론 일반 성인들에게도 널리 다양하게 활용되고 있는 놀이치료의 폭넓은 접근은 내담자들에 대한 놀이치료사들과 놀이치료 수퍼바이저들의 책임을 더욱 증가시켰으며, 특히 놀이치료 수퍼바이저들의 놀이치료사들에 대한 수퍼비전의 역할이 강조되었다. 앞의 장들에서 본 저자는 놀이치료 수퍼비전의 중요성은 물론 역량 있는 놀이치료사들을 양성하기 위한 놀이치료 수퍼바이저들의 역할에 대하여 자세하게 논의하였다. 그러나 이 장에서 언급하는 법적, 윤리적 고려사항들은 놀이치료 수퍼바이지들은 물론 수퍼바이저들에게 끊임없이 직면되고 요구되는 사항들이기 때문에, 놀이치료 수퍼비전이나 놀이치료에 대한 교육 및 훈련 과정에서 많은 시간을 할애하여 신중하게 다루어야 할 것이다.

본 저자가 살펴본 놀이치료 수퍼비전에서의 법적, 윤리적 고려사항들은 미국의 상황과 실정에 기초하여 살펴본 것이다. 하지만 앞으로 한국에서의 놀이치료사들이 더욱 진보되고 윤리적인 상담을 제공하며 한국 실정에 실질적으로 적합한 법적, 윤리적 규정들을 마련하기 위해서 참고할 만한 가치가 있는 자료들이기에 이 장에서 제시하고자 한다.

우선 구체적인 법적인 고려사항들과 윤리적인 고려사항들을 살펴보기 전에 법적, 윤리적 규정에 대한 명확한 의미를 구분하는 것이 중요하겠다(Remley, 1996). 법적인 규정이나 고려사항들이라고 하면, 정부에 의하여 최소한으로 실행되는 사항들로 모든 국민들이 지켜야 하며, 만약 법적 규정들을 어겼을 경우에는 그에 따른 처벌을 받는 것이다. 따라서 임상 수퍼비전에서의 법적인 고려사항들이라고 하면, 전문적이고 수용할 만한 수준의 케어(care)를 제공하여 직무상 과실(malpractice)을 범하지 않는 것과 잠재적으로 위험성을 지닌 내담자로부터 다른 사람들을 보호하는 경고의 의무(duty to warn)가 있다. 또한 수퍼바이저가 수퍼바이지와의 수퍼비전 관계를 형성할 때 수퍼바이저는 수퍼바이지에 대해 직접적인 책임(direct liability)을 진다. 그리고 수퍼바이지의 치료 접근으로 인하여 내담자가 해를 입는 경우에 수퍼바이저는 수퍼바이지의 개입으로 인한 내담자의 해에 대하여 간접적인 책임(vicarious liability)을 진다. 이상과 같은 법적인 고려사항들은 놀이치료 수퍼바이저가 수퍼바이지와 그의 내담자에 대해, 그리고 수퍼바이지가 내담자에 대해 갖는 법적인 책임 사항들이다.

윤리적인 규정이나 사항들은 전문 협회나 전문적인 직종을 규제하는 각종 이사회에 의하여 마련되고 실행되는 규정들이며 모든 회원들이 지키도록 요구된다. 그러한 전문 협회나 이사회는 각 기관이나 협회의 회원들에 대한 권한을 가지고 있다. 만약 특정 회원이 특정 윤리적인 규정들을 어겼을 때 받는 가장 큰 처벌은 자격증이나 수료증들을 박탈당하거나 협회에서 제명당하는 것이다. 따라서 법적인 규정들은 모든 국민들이 반드시 지켜야 하는 규정인 반면, 윤리적인 사항들은 각 협회의 회원들이 지키도록 권고되고 요구되는 규정들이다(Remley, 1996).

임상 수퍼비전에서의 윤리적인 고려사항들이라고 하면, 수퍼바이저나 수퍼바이지는 내담자들에게 정당한 권리들이 있다는 것을 인정해야 하며, 내담자가 치료에 참여하기 전에 치료절차에 관한 모든 사항들에 대하여 이해하고 동의한다는 것을 확인받아야 하는 것이다. 또한 내담자에 대한 모든 정보들은 비밀보장이 지켜져야 하며, 수퍼바이저는 수퍼바이지가 역량 있는 상담가로서 전문적이고 윤리적인 상담을 제공하도록 수퍼바이지의 역량을 감독 또는 모니터 해야 한다. 수퍼바이지의 역량을 감독하고 모니터 하기 위해서는 수퍼바이저 자신이 상담 전문가로서의 개인적인 역량과 전문적인 역량이 발달됨이 선행되어야 한다. 따라서 이 장에서는 수퍼바이지의 역량에 대해서는 이미 앞에서 언급하였기에 수퍼바이저의 역량에 초점을 맞추어 논의한다.

또한 수퍼비전에서 고려해야 하는 윤리적인 책임들에는 이중 관계(dual relationship)를 피해야 하는 것이 있다. 이중 관계는 수퍼바이저의 수퍼바이지에 대한 객관적인 판단을 저해하고 수퍼바이지를 착취하게 만들기 때문이다. 마지막으로 수퍼바이저와 수퍼바이지는 자살 충동이 있는 내담자를 그 자신으로부터 보호하도록 체계적인 평가와 개입을 해야 한다. 수퍼바이저는 임상 수퍼비전 시간을 통하여 이와 같은 윤리적인 책임들에 대해서 수퍼바이지가 어떻게 명확하게 이해하고 있으며, 어떻게 실질적으로 접근해야 하는지에 대해서도 다루어야 한다.

1. 법적인 고려사항들

1) 직무상 과실

직무상 과실(malpractice)은 전문적인 의무나 케어의 기준을 제공하지 못하는 것으로 이루어지는 소홀함으로 인하여 다른 개인에게 해를 끼치는 것으로 정의된다(Bernard & Goodyear, 1998). 다시 말해서 놀이치료사가 수용할 만한 일반적인 전문 기준들에 미치지 못하는 상담을 제공하고, 그로 인하여 내담자에 대한 의무를 다하지 못하는 행동을 하는 것이다(Freeman, 2000). 만약 한 놀이치료사가 수용할 만한 기준들을 실행하지 못하여 내담자에게 그 결과로 인한 해를 끼친다면 그 놀이치료사는 자신이 내담자에게 미친 해에 대해 책임이 있는 것이다. 놀이치료사나 놀이치료 수퍼바이저로서의 의무를 다하지 못하는 경우에 해당하는 사례로는 부적절하게 내담자를 진단하거나 내담자에 대한 정보를 누설함으로써 비밀보장을 깨는 경우, 자살이나 살인 충동이 있는 내담자에 대한 책임을 소홀히 하는 경우, 그리고 적절하게 수퍼비전을 제공하지 못하는 경우들이다. 놀이치료사의 소홀함으로 인한 부정적인 효과나 해의 경우는 우울증과 같은 내담자의 증상이 심해지거나 새로운 증상이 생기는 것이다. 이때 중요한 것은 놀이치료사가 특정 상담 행동을 하거나 하지 않음으로써 직접적인 결과로 내담자에게 해를 끼친다는 것이다(Freeman, 2000).

직무상 과실로 인한 내담자의 법적인 소송이 이루어지기 위해서는 네 가지 조건들을 만족시켜야 한다(Corey et al., 1993). 첫 번째 조건은 내담자와 놀이치료사(또는 놀이치료 수퍼바이저)의 전문적인 관계가 이루어져야 한다. 둘째로 놀이치료사(또는 놀이치료 수퍼바이저)의 행동이 부적절하거나 소홀하며 수용할 만한 케어의 기준에 못 미쳐야 한다. 셋째로 내담자(또는 놀이치료 수퍼바이지)가 표면화된 해나 상처를 입어야 한다. 마지막으로 상처와 직무상의 소홀함 또는 부적절한 행동 간의 인과관계가 성립되어야 한다.

대부분의 법적인 소송에서는 수퍼바이저 또한 수퍼바이지의 부적절한 행동으로 인하여 소송을 당하는 경우가 많다. 따라서 내담자를 상담하는 상담 분야에 들어선다는 것은 내담자를 상담하는 놀이치료사뿐만 아니라 놀이치료사에 대한 수퍼바이저가 법적인 규정이나 전문적인 윤리 기준들을 인식하여 그에 따라 상담을 제공한다는 것이 기대된다. 따라서 놀이치료사나 놀이치료 수퍼바이저가 상담에 따른 법적, 윤리적 사항들을 몰랐다는 것은 직무상 과실로 인한 법적 소송에 대해 변명의 여지가 없는 것이다. 또한 법적인 규정이나 윤리적인 규정들이 서로 연관되거나 상반되는 경우가 있을 수 있다. 중요한 것은 놀이치료사와 놀이치료 수퍼바이저들이 윤리적으로 상담에 임하는 것과 동시에, 상담 수행에 대한 법적인 규정의 변화에 대하여 민감하게 인식하는 것이다.

구체적으로 놀이치료 수퍼바이저가 직무상 과실을 피하기 위한 네 가지 지침들을 살펴보면 다음과 같다. 우선 놀이치료 수퍼바이저는 수퍼바이지와 신뢰로운 관계를 형성해야 한다(Snider, 1985). 상호 신뢰와 존중이 바탕이 된 수퍼비전 관계에서 놀이치료 수퍼바이지들은 자신에 대한 근심은 물론 내담자에 대한 걱정들에 대하여 좀 더 자유롭게 의사소통할 수 있기 때문이다. 둘째, 놀이치료 수퍼바이저는 상담가와 상담 분야에 대한 일반적인 상황들에 영향을 미치는 최근의 법적인 문제들에 대하여 민감하게 인지하고 있어야 한다. 셋째, 수퍼바이저가 상담기관의 최고 경영자라면 그 기관에 직무상 과실 소송에 대한 전문 변호사의 법률적인 도움을 받아야 한다. 마지막으로 수퍼바이저는 적절한 책임 보험에 들어 있어야 하며, 수퍼바이지 또한 책임 보험을 들게 해야 한다.

2) 경고의 의무

내담자에 대한 모든 정보나 상담과정에서 다룬 모든 내용들에 대한 비밀보장이 지켜져야 한다는 것은 상담 분야에서의 기본적인 원칙이다. 하지만 그러한 비밀보장은 경우에 따라서 깨질 수가 있다. 예를 들어, 내담자가 자신이나 다른 사람을 해치려고 한다거나, 학대를 받는 것이 확인되었거나, 법정의 명령에 의하여 내담자에 대한 정보를 제공해야 하는 등이 바로 그 예외들이다. 따라서 놀이치료 수퍼바이저들은 수퍼바이지들이 적절한 경우에 필요한 내담자의 정보들을 제공하도록 교육시켜야 한다.

미국상담학회(American Counseling Association)나 미국심리학회(American Psychology Association)에서는 개인이나 공동체에 분명하고 즉각적인 위험이 있는 경우에 개인이나 공동체의 복리를 보호하기 위하여 내담자의 정보를 유출하는 것이 필요하거나 요구된다고 주장하고 있다(Freeman, 2000). 따라서 개인이나 공동체의 복리를 보호하거나 분명한 즉각적인 위험이 있는지를 파악하는 것이 놀이치료사들의 몫이 되는 것이다.

분명하고 즉각적인 위험과 경고의 의무(duty to warn)에 관련하여 유명한 사례는 Tarasoff의 사례다(Tarasoff v. Regents of the University of California, 1976). 1969년

가을, Poddar는 버클리에 있는 캘리포니아 대학의 학생이었고 그 대학에 있는 학생 건강 서비스 상담소의 내담자였다. 상담 중에 Poddar는 자신의 로맨틱한 감정을 거절한 한 여자(이름을 밝히지는 않았으나 그 여자의 이름은 Tarasoff였다)가 여행에서 돌아오면 그녀를 살해할 의도가 있음을 밝혔다. Poddar의 상담가는 다른 동료들과의 자문 끝에 그가 위험한 인물이며 그 여자에게 해를 입힐 수 있다고 평가하여 경찰에 Poddar가 한 여자를 죽일 위험성을 지녔다고 신고하였다. 또한 상담가는 Poddar가 정신병원에 자발적으로 입원하기를 거절하였기에 경찰이 그를 주에 있는 정신병원으로 강제적으로 입원시킬 수 있도록 요청하였다. 하지만 경찰은 Poddar와의 대화 끝에 그가 이성적이고 Tarasoff로부터 멀리 하겠다는 약속을 받고는 위험 인물이 아니라고 판단하여 그를 풀어 주었다. Poddar는 상담에 다시 오지 않았고, 상담가 또한 더 이상 그 사례를 신중하게 다루지 않았다. 2개월 후에 Poddar는 Tarasoff를 죽였다.

Tarasoff의 가족들은 Tarasoff에게 살인의 위협에 대한 경고를 하지 않았다고 하여 캘리포니아 대학교, 상담소의 관련 상담가와 직원들 그리고 경찰에 대해 법적인 소송을 걸었다. 법원에서는 그 소송을 취하하였으나 가족들은 캘리포니아 대법원에 다시 호소를 하였고, 결국 1976년 대법원은 내담자를 상담하는 상담가는 위험에 처할 개인이나 가족들에게 경고의 의무를 지닌다고 판결하여 Tarasoff의 가족들이 승소하였다. 이 사례는 상담가가 개인의 복리와 안전에 관련된 경우에는 내담자에 대한 비밀보장을 깨야 하는 것이 요구됨을 나타내고 있다.

놀이치료 수퍼바이저는 수퍼바이지들에게 경고의 의무를 어떤 방식으로 이행해야 하는지, 즉 피해를 입을 피해자에게 어떻게 전달해야 하는지를 훈련시킬 필요가 있다. Costa와 Altekruse(1994)는 경고의 의무는 어느 상담가에게나 매우 어렵게 느껴지는 도전이라고 언급하면서, 경고의 의무를 발휘하기 위해서는 다음의 세 가지 조건들이 성립되어야 한다고 주장하였다. 첫째 내담자와 상담가 간에 특별한 관계가 존재해야 하며, 둘째 내담자의 과거 파괴적인 행동들에 비추어 위협적인 행동에 대한 예측이 이치에 맞게 성립되어야 하며, 마지막으로 잠재적인 피해자가 확인되어야 한다. 또한 Costa와 Altekruse는 경고의 의무를 실행하기 위하여 다음의 과정들이 요구된다고 주장하였다. 상담가는 내담자에게 상담에 관한 자세한 과정을 알려 주고, 그에 대한 내담자의 동의를 받는 인폼드 콘센트(informed consent)를 상담이 시작하기 전에 받아야 한다. 그리고 자문을 통하여 미리 생각하고, 뜻하지 않은 경우를 위한 계획을 하며, 상담가 책임 보험에 가입한 후 내담자에게 개입하며, 구체적인 히스토리를 얻고, 모든 자료를 문서화하며, 마지막으로 경고의 의무를 실행한다.

Corey, Corey 그리고 Callanan(1993)는 수퍼바이지가 자신의 내담자가 위험 인물이고 타인에 대한 심각한 위협을 지녔다고 결정하였다면 다음의 여섯 가지 절차를 따르는 것이 중요하다고 주장하였다. 첫째, 상담가는 내담자에게 내담자의 위협으로부터 제3자를 보호하기 위해서 상담가로서 취해야 하는 행동들에 대하여 미리 알려 준다. 둘째, 내담자가 타인에게 위협을 가했을 때 상담가는 내담자와의 상담과정에서 관찰되고 언급된 모든 사항들에 대하여 문서로 기록을 남긴다. 셋째, 상담가가 수퍼비전을 받는 과정에 있다면 자신의 수퍼바이저에게 위협에 대하여 구두 또는 문서로 알려야 한다. 넷째, 상담가는 이 사례를 어떻게 다루어야 하는지에 대하여 전문적인 자문을 구하여 모든 자문들을 기록으로 문서화한다. 다섯째, 경찰에 신고한다. 여섯째, 잠재적인 피해자에게 반드시 경고를 해야 하며, 피해자가 미성년자일 경우에는 피해자의 부모에게 경고를 해야 한다.

3) 직접적인 책임과 간접적인 책임

임상 수퍼비전 관계에서 수퍼바이저는 법적으로 직접적인 책임(direct liability)과 간접적인 책임(vicarious liability)을 진다(Bernard & Goodyear, 2004). 즉, 수퍼바이저가 초보적인 수퍼바이지에게 적절한 수퍼비전을 제공하지 못하거나, 수퍼바이저가 제안한 치료방법들이 수퍼바이지의 내담자에게 직접적인 해를 끼치는 원인으로 작용할 때 수퍼바이저가 지는 직접적인 책임이 있다. 더욱이 수퍼바이지가 수퍼바이저에게 알리지 않거나 수퍼바이저에 의해 제안되지 않은 치료 접근을 실행하여 내담자에게 해를 입힌 경우, 수퍼바이저가 수퍼바이지는 물론 수퍼바이지의 내담자에 대한 책임도 있기 때문에 수퍼바이지의 행동으로 인한 해라 할지라도 수퍼바이저는 내담자에 대하여 간접적인 책임을 지게 된다. 이와 같이 수퍼바이저는 수퍼바이지에 대한 효율적인 수퍼비전은 물론, 수퍼바이지가 내담자에게 역량 있는 상담을 제공하는 것을 모니터하고 역량 있는 상담 서비스를 보장해야 하며, 수퍼바이지가 상담과정에서 야기되는 어떠한 문제라도 수퍼바이저와 상의할 수 있도록 신뢰로운 수퍼비전 환경을 마련해야 한다.

2. 윤리적인 고려사항들

1) 인폼드 콘센트

상담관계는 신뢰를 바탕으로 이루어진다. 내담자와의 신뢰로운 관계를 발달시키기 위한 방법들 중의 하나는 내담자의 권리들을 존중해 주고, 그 권리들을 내담자에게 알려 주어 상담에의 적극적인 참여자로서 현명한 선택을 하도록 도와주는 것이다. 원래 인폼드 콘센트(informed consent)라는 개념은 의료계에서 나온 것으로, 의사들이 환자들에게 자신이 제안한 치료로 인해 생길 수 있는 어떠한 위험성이나 대안적인 치료를 포함한 치료절차들에 대해 환자에게 미리 알려 주는 것을 의미한다. 그러지 않으면 의사는 직무상 과실에 해당하여 내담자로부터 법적인 소송을 받을 수 있다(Bernard & Goodyear, 2004).

이러한 인폼드 콘센트의 개념은 상담 분야에서도 똑같이 적용된다. 미국상담학회의 윤리 기준에 의하면, 상담가는 내담자에게 상담의 의도들, 목표들, 기법들, 상담절차, 상담의 제한점들과 있을 수 있는 잠재적인 위험들에 대하여 알려 주어야 한다(ACA, 1995). Corey 등(1993)에 의하면 상담가는 내담자에게 치료절차, 상담가의 교육이나 훈련, 자격증 또는 상담기법들을 나타내는 상담가 자신에 대한 소개, 치료 비용, 치료의 시간 및 기간, 상담관계를 끝맺는 종결 시기, 상담가가 상담 사례에 대한 수퍼비전이나 자문을 받는다면 그에 대해 내담자에게 알려 주는 것, 내담자를 다른 전문 상담가에게 의뢰할 수 있는 가능성, 내담자가 자신의 상담기록을 요구할 수 있는 권리 그리고 비밀보장의 성격과 목적에 대한 설명을 알려 주어야 한다. 또한 상담과정에 대해 비디오 녹화나 카세트테이프 녹음을 한다면 그에 대해 알려야 하며, 치료의 혜택과 위험성들, 그 밖의 대안적인 치료법들에 대해 충분히 알려 주어야 한다.

상담에 대한 내담자의 동의를 얻는 인폼드 콘센트에는 다음의 네 가지 요소가 갖추어져야 한다(Bray, Shepard, & Hays, 1985; Schwitzgebel & Schwitzgebel, 1980). 즉, 자신감(competence), 자발성(voluntariness), 충분한 정보(full information) 그리고 이해(comprehension)가 갖추어져야 한다. 자신감은 내담자가 자신의 치료에 대해 이성적인 의사결정력을 가지는 능력을 의미한다. 자발성은 내담자가 치료에 참여하거나 참여하지 않거나 하는 결정권을 자유롭게 행사하는 것을 의미한다. 충분한 정보는 내담자가 치료과정에서 있을 수 있는 위험성과 혜택에 대한 정보를 충분히 얻는 것을 의미한다. 마지막으로 이해는 내담자에게 주어지는 모든 정보들이 쉬운 언어로 누구나 쉽게 이해할 수 있는 것이어야 함을 의미한다.

이러한 인폼드 콘센트 절차를 행하는 것은 상담가에게 매우 어려울 수 있다. 상담가에게 도전이 되는 문제는 내담자에게 너무 많지도 않고 적지도 않은 충분한 정보를 제공하는 것이다. 만약 상담가가 내담자에게 너무 많은 정보를 제공한다면 내담자가 많은 정보에 대해 압도감을 느낄 수 있으며, 반대로 너무 적은 정보를 제공하여 상담관계 이후에 다른 정보를 제공하는 것은 이미 늦은 것이기 때문이다. 중요한 것은 상담가가 내담자에게 충분한 정보를 제공하여 내담자가 상담에 대한 적절한 선택을 하는 것이다(Corey & Herlihy, 1996). 특히, 내담자가 만 18세 이하의 아동인 경우는 인폼드 콘센트 절차과정에서 아동이 법적으로 성인이 아니며 충분한 정보에 대한 이해를 바탕으로 한 자발적인 결정권을 가지고 있지 않기 때문에 정당한 인폼드 콘센트가 이루어질 수 없다. 아무리 아동이 발달적으로 이성적인 결정권을 행사한다 할지라도 아동들의 사적인 권리는 법적으로 그들의 부모와 법적인 보호자들에게 있다. 따라서 인폼드 콘센트 절차는 아동의 부모에게 충분한 정보를 제공하여 이루어지는 것이 필요하다.

놀이치료 수퍼비전에서 수퍼바이저는 인폼드 콘센트와 관련한 세 가지 책임을 지니고 있다(Bernard & Goodyear, 2004). 첫째, 수퍼바이저는 수퍼바이지가 상담을 시작하기 전에 내담자에게 인폼드 콘센트를 통해 내담자의 권리들을 알려 주었고, 그에 대해 내담자가 이해하고 동의한다는 확인 서명을 받았는지를 확인해야 한다. 둘째, 수퍼바이저는 수퍼바이지가 상담에 영향을 미칠 수퍼비전에 대하여 내담자에게 알려 주었는지를 확인해야 한다. 이때 수퍼바이저는 수퍼바이지가 내담자에게 수퍼비전을 위해 상담 장면이 어떻게 녹음 또는 녹화되는지, 누가 수퍼비전 과정에 관련하여 녹화된 테이프를 보거나 녹음된 테이프를 듣는지, 그리고 수퍼비전이 어떻게 끝나는지에 대하여 충분한 정보를 제공하도록 격려해야 한다. 마지막으로 수퍼바이저는 수퍼바이지에게 인폼드 콘센트를 제공하여야 한다. 마치 상담과정에서 상담가가 내담자에게 제공하는 것과 마찬가지로, 수퍼비전 관계를 형성할 때도 수퍼바이저는 수퍼바이지에게 수퍼바이저의 역할과 책임들, 수퍼바이지의 역할과 책임들, 수퍼비전의 형태, 수퍼비전 시간, 기간, 비용 등에 대한 정보들을 충분히 알려 주어야 한다. 이러한 수퍼바이지에 대한 구체적인 정보들에 대해서는 4장의 놀이치료 수퍼비전 관계를 형성하는 단계들 중 2단계인 계약단계에서 이미 자세히 논의하였다.

2) 비밀보장

비밀보장(confidentiality)은 상담관계에서 가장 중요한 요소다. 내담자와의 치료적인 상담관계를 형성하여 내담자가 자신의 두려움, 희망, 환상, 상처 그리고 다른 개인적인 부분에 대해 자유롭게 탐색하기 위해서는 비밀보장이 절대적으로 이루어져야 한다. 비밀보장은 정신건강을 담당하는 모든 상담가들에게 요구되는 윤리적인 책임이며, 상담관계에서 나누는 모든 내담자들의 정보에 대해 내담자의 동의 없이 노출하는 것으로부터 그들을 보호하기 위한 전문적인 의무다(Corey et al., 1993).

이러한 비밀보장과 비슷한 개념들로 면책특권된 대화(privileged communication)

와 사적인 비밀(privacy)이 있다(Siegel, 1979). 비밀보장은 윤리적인 용어인 반면, 면책특권된 대화는 법적인 개념으로 비밀을 보장해야 하는 정보를 법률과정에서 누설하지 않도록 하는 권리를 의미하는 것이다. 그러한 특권은 법규에 의해서 주어진 것으로 내담자의 허락 없이 재판과정에서 내담자의 대화 내용을 노출하는 것을 막음으로써 내담자를 보호하는 것이다. 상담 분야에서의 사적인 비밀은 개인이 자신의 신념들, 행동들, 의견들을 타인과 나누거나 나누지 않는 정도를 때와 상황에 따라 결정하는 개인의 자유를 의미한다. 하지만 이러한 세 가지 개념들은 상담과 수퍼비전에서 매우 중요하기는 해도 절대적인 것이 아니다. 이는 각 개념들에 한계가 있기 때문이다.

특히, 만 18세 이하의 아동을 대상으로 상담을 하는 상담가들은 아동의 사적인 비밀을 보호할 윤리적인 권리와 부모가 상담과정에서 자신의 아동에 대해 알 법적인 권리 사이에서 갈등할 수도 있다(Huey, 1996). 모든 아동들은 연령에 관계없이 자신의 상담과정에서 사적인 비밀을 위한 도덕적 또는 윤리적 권리를 지닌다. 따라서 상담가는 아동이 자신의 개인적인 정보에 대해 가능하다면 어느 정도 통제권을 행사하도록 존중해야 한다. 하지만 비밀보장은 모든 연령의 내담자들에게 절대적으로 보장되는 것은 아니다. 이는 비밀보장의 정도와 상황이 관련되기 때문이다. 따라서 아동을 대상으로 상담을 하는 상담가들에게 비밀보장에 대한 윤리적인 고려사항이라면 내담자의 비밀보장을 하는 것이라기보다는, 상담가가 아동 내담자의 동의 없이 부모에게 아동의 정보를 어떤 상황이나 조건에서 제공하는지에 대해 판단하는 것이다.

따라서 아동의 사적 비밀에 대한 권리와 부모의 법적 권리 간의 갈등을 해결하기 위한 방법들은, 우선 상담가가 아동과 부모에게 상담관계를 형성하기 이전에 비밀보장의 개념과 한계 그리고 정도에 대해 알려 주어 아동과 부모가 충분히 이해하도록 하는 것이다. 또한 아동에 대한 법적인 권리가 부모에게 있다 할지라도 상담가가 아동의 개인 정보들을 노출하기 전에 아동의 승인을 얻거나 아동과 충분한 이야기를 나누는 것이 윤리적으로 책임 있는 상담가의 역할이다. 만약 어떠한 결정들이 아동의 동의 없이 부모에게 알려지는 경우에는 그러한 결정들이 이루어지는 과정에 아동이 참여하도록 할 수 있고, 계속적으로 아동의 정보가 노출되어야 하는 경우에는 아동에게 미리 알려 주어 아동이 의사결정 과정에 참여하도록 도와야 한다(Salo & Shumate, 1993). 중요한 것은 아동 내담자가 아무리 어리다고 할지라도 아동이 자신의 정보가 노출되는 것에 대해 어느 정도의 통제권을 갖도록 하는 것이다.

비밀보장은 이미 앞에서 언급한 바와 같이 절대적인 것이 아니다. 내담자의 정보들을 다른 사람들과 나누는 경우가 있을 수 있다. 즉, 내담자에게 역량 있는 상담을 제공하기 위하여 상담가가 다른 전문가나 동료의 자문을 구할 때, 수퍼바이저로부터 수퍼비전을 받을 때, 다른 상담기관이 내담자의 동의서를 가지고 내담자에 대한 정보를 요구할 때, 상담소에서 일하는 직원들이 상담가들을 도와 내담자들의 서류들을 관리할 때 등이 될 수 있다(Corey et al., 1993).

또한 내담자가 자살 위험이 있거나 타인에게 위협적일 경우, 내담자가 범죄를 저지를 의도를 밝혔을 경우, 내담자가 아동과 노인, 장애자, 정신질환자를 학대하거나 방임하는 경우, 법원이 상담가에게 내담자에 대한 정보를 요구할 경우에는 비밀보장을 깰 수밖에 없다. 상담가가 이러한 비밀보장을 윤리적으로 다루기 위해서는 상담관계를 맺기 전에 내담자에게 비밀보장의 의미, 절차, 한계 등에 대하여 알려 줄 필요가 있다. 나아가 상담가는 상담 분야에 관련된 법규에 대해서도 현실적인 안목을 가질 필요가 있다.

3) 역량

임상 수퍼비전에서 수퍼바이저가 수퍼바이저로서의 역할을 효율적으로 수행하기 위한 교육과 훈련을 가져야 한다는 것은 윤리적으로나 법적으로 요구되는 당연한 사항이다. 특히, 상담에서 내담자를 상담할 때 활용하는 접근은 수퍼비전에서 수퍼바이지에게 적절한 수퍼비전을 제공하고 훈련시키는 데 충분하지 않다(Haynes et al., 2003). 물론 많은 놀이치료 수퍼바이저들이 수퍼비전에 대한 공식적인 교육이나 훈련을 받지 않은 채 수퍼비전을 제공하는 것이 사실이다. 또한 체계적인 교육이나 훈련을 받지 않았어도 놀이치료 수퍼바이저로서 효율적인 수퍼비전을 제공하는 수퍼바이저들이 있는 것도 사실이다. 하지만 중요한 것은 임상 수퍼비전 분야에서 체계적인 교육이나 훈련을 받지 않아 역량(competence) 있는 수퍼비전을 제공하지 못하는 수퍼바이저들이 더욱 많다는 사실이다. 특히, 수퍼바이저들은 자신이 수퍼바이저로서의 역량이나 발달에 대한 점검을 소홀히 하고 수퍼바이지의 발달에 주의를 더 기울이는 경향이 있다. 그러므로 진정한 수퍼바이저로서의 역할에 대한 철저한 평가를 하지 못하는 것이 현 실정이며, 이는 놀이치료의 발전을 저해하는 하나의 문제가 된다.

놀이치료 수퍼바이저는 훈련 중인 수퍼바이지들에 대한 법적, 윤리적 책임뿐만 아니라 그들의 내담자들에 대한 법적, 윤리적 책임도 가지고 있다. 또한 수퍼바이저는 놀이치료를 하나의 전문적인 분야로서 일반 대중들에게 인식시키고, 놀이치료에 대한 효율성을 발달시키는 전문적인 책임을 지니고 있다. 그렇다면 놀이치료 전문가들인 수퍼바이저들의 역할은 놀이치료의 학문적인 발전을 기함은 물론이고 다양한 내담자들에게 효율적인 놀이치료를 적용하려 노력하고, 그러한 놀이치료를 제공하기 위하여 역량 있는 놀이치료사들을 양성하는 노력이 있어야 한다. 그러기 위해서는 놀이치료 수퍼바이저 자신이 역량 있는 수퍼바이저가 되기 위한 끊임없는 노력이 바탕이 되어야 한다.

특히, 대부분의 놀이치료사들이 수퍼비전 없이 놀이치료를 시작하다가 이후에 수퍼비전을 받는 경향이 있는데, 이러한 추세는 아동은 물론 일반 성인의 정신건강을 담당하는 놀이치료의 발전을 저해하는 문제임에 틀림없다. 따라서 놀이치료 수퍼바이저나 놀이치료 교육자들은 초급 놀이치료 과목부터 수퍼비전의 중요성을 강조함은 물론 다양한 놀이치료 수퍼비전 이론과 기법에 대한 연구가 뒤따라야 할 것이다. 그러기 위해서는 언급한 바와 같이 놀이치료 수퍼바이저와 놀이치료 교육자 자신의 전문적인 역량과 개인적인 발달이 선행되어야 한다.

구체적으로 역량 있는 수퍼바이저가 되는 길은 수퍼비전에 대한 다양한 이론과 실제에 대한 체계적인 교육은 물론, 다양한 수퍼바이지들과의 수퍼비전 관계를 경험하며, 여러 가지 수퍼비전 방법들에 대한 실질적인 경험과 이론적인 바탕을 쌓아야 한다. 더욱이 놀이치료 수퍼바이저들은 놀이치료에 대해 깊이 있는 교육과 훈련을 받아야 한다. Bernard와 Goodyear(1998, 2004)는 역량 있는 임상 수퍼바이저는 수퍼바이지의 역량을 모니터하고 수퍼비전에 대한 깊이 있는 지식과 기법들을 인식하고 활용할 수 있어야 한다고 하였다. 마지막으로 수퍼바이저는 자신의 전문영역에 대한 역량 있는 상담가로서의 발달을 유지함과 동시에, 새로이 발달되는 임상 수퍼비전 분야에 대한 현실적인 인식과 더불어 지속적인 교육과 훈련이 뒷받침되도록 해야 한다고 주장하였다. 따라서 놀이치료 수퍼바이저는 지속적인 자아인식과 더불어 놀이치료라는 전문적인 영역은 물론 전반적인 수퍼비전에 대한 교육을 추구하는 개방적인 태도를 지녀야 한다.

4) 이중 관계

모든 인간관계에서 한 개인은 다른 개인과 다양한 환경에서 여러 가지 다른 역할을 행사하게 된다. 예를 들어, 한 개인이 다른 개인과 이웃이 될 수도 있으며, 같은 종교 단체의 회원으로 활동할 수도 있으며, 같은 직장에서 동료가 될 수도 있다. 이러한 인간관계에서의 이중 관계(dual relationship)는 자연적으로 일어나는 것이다. 하지만 상담관계에서 이중 관계는 상담가가 적극적으로 피해야 하는 윤리적인 책임이 된다.

즉, 상담가와 내담자 간의 관계가 전문적인 치료관계를 바탕으로 하는 것 이외에도, 예를 들어 사적인 인간관계를 갖거나 다른 기관의 회원으로 함께 활동한다면 내담자와의 치료적인 관계가 효율적으로 이루어지기 어렵게 된다. 따라서 수퍼바이저는 수퍼바이지가 내담자와 항상 일관된 치료적인 관계를 이루도록 도와주며, 수퍼바이지의 윤리적인 치료관계를 위해서 이중 관계에 대한 교육을 하여 내담자가 개인적인 관계를 맺고자 하는 의도에 대하여 윤리적 그리고 치료적으로 다룰 수 있도록 도와야 할 것이다. 물론 규모가 작은 도시나 지역의 상담소에서 일하는 상담가들은 내담자와의 치료관계 이외에도 다른 관계가 있을 수 있는 것도 사실이다. 하지만 상담가가 내담자와 치료관계 이외의 이중 관계에 개입하였을 때 일어날 수 있는 이익의 갈등, 객관성의 상실 또는 내담자를 착취할 수 있는 위험성이 있을 수 있기 때문에 전문적인 치료적 관계를 유지하는 것이 중요하다.

이러한 이중 관계는 상담가와 내담자 간의 관계는 물론 수퍼바이지와 수퍼바이저 간의 관계인 수퍼비전 관계에서도 신중하게 다루어야 하며 피해야 하는 사항이다. 수퍼비전 관계에서 문제가 되는 이중 관계는 수퍼바이저가 수퍼바이지와 성적으로 친밀한 관계를 맺는 것과 치료적인 관계를 맺는 것 그리고 사회적인 관계를 맺는 것이다(Bernard & Goodyear, 2004). 미국상담학회의 윤리 기준에 의하면(ACA, 1995), 상담 교육자, 훈련가, 수퍼바이저는 학생들이나 수퍼바이지들과의 성적인 관계에 개입해서는 안 되며, 그들이 상담을 요청할 경우에 다른 전문가에게 적절한 의뢰를 해야 하며, 그들과의 적절한 사회적인 경계를 유지하여 파워의 차이로 인한 착취를 막아야 한다고 규정하고 있다. 물론 1장에서 언급한 수퍼비전 관계에서 수퍼바이저의 다양한 역할들 중에 상담가의 역할이 있으며, 수퍼비전을 통하여 수퍼바이지의 개인적인 문제들이 노출될 수도 있다. 하지만 여기서 상담이라는 의미는 수퍼바이지가 좀 더 효과적이고 치료적인 상담가가 되도록 하는 데 목적이 있는 것이지, 일반적인 상담의 목적인 좀 더 나은 사람이 되는 개인적인 성장에 있는 것이 아니다.

이중 관계를 피해야 하는 윤리적인 책임과 함께 상담가들을 훈련시키는 대학원과 같은 교육과정에서는 이중 관계가 불가피할 수도 있다. 예를 들어, 대학원에서 학생들의 상담실습 과목을 훈련시키는 수퍼바이저가 다음 학기에 다른 과목을 가르치는 교수가 될 수도 있으며, 특정 학생의 학위논문 심사위원이 될 수 있는 등의 다양한 이중 관계가 생길 수 있다(Bernard & Goodyear, 2004). 하지만 이러한 이중 관계의 불가피함이 있을 수 있는 것이 사실이나, 많은 수퍼바이저들이나 상담 교육자들이 동의하는 바는 이중 관계로 인한 위험성, 즉 수퍼바이저의 판단을 흐리게 하거나 수퍼바이지를 착취할 위험성이 있다는 것이다. 따라서 수퍼바이저가 수퍼바이지와 맺은 이전의 관계들로 인하여 수퍼바이지에 대한 선입견이나 불공정한 평가를 막아야 하며, 가능하다면 상담실습의 수퍼바이저들이 그 밖의 이론적인 과목들을 가르쳤던 교수 및 상담 교육자 역할을 하지 않도록 하여 이중 관계를 피해야 한다. 그러기 위해 수퍼바이저는 수퍼비전 관계에서 일어날 수 있는 이중 관계가 부적절하고 비윤리적인 관계, 즉 파워의 남용, 수퍼바이지의 착취, 수퍼바이지에 대한 해를 초래하는 관계인지, 수퍼바이지의 상담가로서의 전문적인 발달과 성숙을 촉진시키는 긍정적인 윤리적 관계인지를 구분해야 한다.

5) 자살하려는 내담자를 보호해야 하는 의무

상담관계에서 내담자들은 타인에게 위협적인 인물이 될 수 있으나 자신에게 위협적인 행동을 가할 수도 있다. 이러한 상황에서 상담가는 내담자를 보호하기 위하여 내담자에 대한 비밀보장을 깨야 하는 법적, 윤리적 책임을 지니고 있다. 앞에서 상담가가 타인을 내담자로부터 보호하기 위하여 경고의 의무가 있다고 언급하였듯이, 상담가는 내담자를 그 자신의 자살 행위로부터 보호해야 하는 의무 또한 지니고 있다.

미국상담학회의 윤리 기준에 의하면(ACA, 1995), 상담가는 내담자나 타인에게 분명하고 긴급한 위험이 주어지는 것을 막기 위하여 내담자의 정보를 노출해야 한다. 그리고 그러한 정보를 노출할 때는 중요한 정보만을 노출하도록 해야 하고, 가능하다면 그러한 결정을 하기 전에 내담자에게 미리 알려 주어야 한다. 자살 의도가 있는 내담자를 상담하기 위해서는 상담가를 위한 교육이 필요하며, 내담자의 자살 충동에 대한 평가를 할 수 있는 역량을 갖추도록 수퍼바이저가 상담가를 교육시키고 훈련시켜야 한다. 그렇게 함으로 상담가들은 자살 충동이 있는 내담자에게 효율적으로 개입하여 내담자가 생을 마감하는 것으로부터 보호할 수 있게 된다.

특히, 훈련 중인 수퍼바이지들에게는 구체적인 정보가 도움이 되므로 Wubbolding(1996)이 제시한 여섯 가지 포괄적인 질문들을 소개한다. 이 질문들은 자살 충동이 있는 내담자를 효율적으로 다루는 데 도움이 된다. Wubbolding이 제시한 여섯 가지 질문들은 상담가가 상담과정에서 자살 충동이 있는 내담자와 솔직한 대화를 나눔과 동시에 자살 위협의 치사율을 평가하며, 내담자를 구제할 정도를 결정하고 긴급한 위협의 심각성과 더 나은 개입이 필요한지를 결정하는 데 도움이 된다.

첫 번째 질문은 "자살할 생각을 갖고 있나요?"다. 내담자들은 종종 자신의 자살 충동들을 간접적으로 나타내는 경향이 있다. 예를 들어, "지금 이 상황을 참을 수 없어요." "나 없이도 그들은 잘 살 거예요."와 같은 언급들은 간접적으로 내담자의 자살 의도들을 나타낸다. 이러한 내담자에게 상담가가 침착하고 분명하게 자살 충동이 있는지를 직접적으로 물음으로써 내담자는 자신의 자살 의도를 표현할 수 있게 된다. 또한 내담자의 치명적인 질병으로 인하여 고통에서 벗어나고 싶어 자살을 생각하는 경우도 있으며, 가족이나 소중한 사람의 죽음, 사랑하는 사람으로부터의 거절감 등은 내담자의 자살 욕망을 더욱 부추기는 요인으로도 작용을 한다.

두 번째 질문은 "과거에 자살을 시도한 적이 있나요?"다. 과거의 자살 시도는 현재의 자살 위협의 심각성을 증가시키는 요인이다. 이러한 과거 자살 시도의 질문과 함께 과거에 상담을 받은 적이 있는지, 정신과의사나 전문 상담가와 상담을 받은 적이 있는지, 약물 남용이나 술로 인한 문제가 있었는지, 가정폭력이나 파괴적인 폭력 행동을 한 적이 있는지 등을 조사해야 한다.

세 번째 질문은 "자살계획이 있나요?"다. 이때 상담가는 내담자가 어떻게 자신의 삶을 마감하려고 하는지에 대한 정확하고 분명한 질문을 해야 한다. 내담자가 총, 밧줄, 약 복용, 칼 등을 사용하려고 하는지, 질식하려 하거나 고층에서 떨어지려고 하는지에 대한 구체적인 질문을 하여야 한다. 만약 내담자가 구체적인 계획이 있다면 자살 위협의 심각성이 높은 것이므로 상담가는 상담 이외의 또 다른 개입을 고려하기 시작해야 한다.

네 번째 질문은 "자살하기 위해 사용할 도구를 가지고 있나요?"다. 총을 가지고 있는지, 자살을 위한 치명적인 약을 소유하고 있는지, 자신을 질식시키는 방법을 아는지 등의 질문에 내담자가 그렇다고 대답한다면 자살 위협은 더욱 증가하게 된다.

다섯 번째 질문은 "정해진 시간 동안에 자살하지 않고 살겠다는, 그리고 당신 자신을 고의로 위험스런 상황에 처하게 하지 않겠다는 일방적인(unilateral) 동의안을 작성하겠습니까?" 다. 이 질문은 가장 중요한 질문으로 내담자가 상담가를 위해서 살겠다는 약속이 아니라 내담자 자신에 대한, 자신을 위한, 자신의 서약을 나타내는 것이다. 여기서 일방적인 동의라는 의미는 내담자의 자발적인 결정에 의하여 이루어진 서약임을 분명하게 나타내는 것이다. 또한 내담자들은 간혹 운전을 지나치게 부주의하게 하는 등의 사고를 위장한 자살을 하는 경우가 있으므로 자신을 위험 상황에 처하도록 하지 않겠다는 언급을 분명하게 해야 한다. 마지막으로 특정한 날짜의 기간을 동의안에 포함하는 것은 그 기간 동안 내담자를 자살의 위험에서 벗어나도록 하기 위함이다. 따라서 그러한 기간은 24시간이 될 수도 있고 일주일, 2주일 또는 한 달이 될 수도 있다. 물론 내담자가 자살을 할지, 하지 않을지에 대한 결정은 전적으로 내담자에게 있다. 하지만 상담가는 내담자의 비이성적인 충동으로부터 보호하도록 하는 최대한의 노력을 해야 하는 의무가 있음을 잊지 말아야 한다.

마지막 질문은 "당신 주변에 당신의 자살 충동을 막을 수 있는, 그리고 당신이 자살을 하고 싶을 때 이야기 나눌 가까운 사람이 있나요?" 다. 자살 충동이 있는 내담자들은 주로 주변 사람들과 고립되어 있으며 통제력을 잃은 경우가 많다. 따라서 상담가는 내담자가 자신의 자살을 막기 위하여 자신을 도울 만한 사람들에 대해서 구체적으로 어떻게 도움을 청해야 하는지에 대하여 도와야 한다. 그럼으로써 자살이라는 극단적이고 하나뿐인 해결책에서 벗어나 다른 선택들에 대한 도움을 청함으로써 자신의 삶에 대한 통제력을 얻을 수 있게 한다. 이러한 개입에도 불구하고 내담자가 자살을 자신의 유일한 해결책으로 생각한다면, 상담가는 내담자의 부모, 배우자, 경찰, 응급실이나 정신과 병원 등에 연락을 하여 상담 이외의 개입이 이루어지도록 해야 한다. 이상의 여러 가지 질문들을 통하여 상담가는 내담자의 자살 충동의 심각성을 지나치게 민감하게 또는 분별 없이 평가하여 대처하기보다는, 모든 질문들에 대한 내담자의 명백하고 정확한 답변을 얻고 자살 방지를 위한 동의안에 내담자의 서명을 받는다. 그런데도 상담가가 내담자의 자살 충동에 대한 분명하고 긴급한 위험을 감지한다면, 어떠한 개입이라도 윤리적으로 책임 있게 상담가의 역할을 행사하는 것이 된다.

6) 윤리적인 의사결정력

수퍼비전 관계에서 수퍼바이저는 수퍼바이지가 상담 윤리 기준에 대한 지식을 갖고, 그에 따른 윤리적인 의사결정력(ethnical decision making)들을 앞으로 일어날 딜레마에 적극적으로 대처하기 위하여 미리 훈련시키는 것이 필요하다. 수퍼바이지의 윤리적인 문제들에 대한 인식과 사고는 문제가 되는 딜레마에 대한 적극적인 접근이다. 만약 수퍼비전에서 윤리적인 문제들이 일어날 때까지 기다린다면 그것은 위기 개입이지 윤리 교육 및 훈련이 아니다. 따라서 상담 대학원의 교육과정에서는 상담 윤리와 기준 또는 강령들에 대한 훈련을 포함한 과목을 설정함과 동시에, 학생이나 수퍼바이지들이 상담 교육과정의 초기부터 상담 윤리에 대한 인식과 이해를 할 수 있도록 수퍼바이저들은 상담 사례와 관련된 윤리사항에 대한 교육과 훈련들이 지속적으로 이루어질 수 있게 해야 한다.

우선 수퍼바이지들의 윤리적인 의사결정 과정들을 살펴보기 전에 윤리적인 의사결정에 따른 기본적인 도덕 원리들을 파악하는 것이 중요하다. 이러한 원리들은 상담 교육자, 수퍼바이저나 상담가들이 학생, 수퍼바이지 또는 내담자와 사제관계, 수퍼비전 관계, 상담관계에서 윤리적인 수행을 하도록 촉진하기 위하여 마련된 것이다(Herlihy & Corey, 1996; Kitchener, 1984; Meara, Schmidt, & Day, 1996). 자율(autonomy), 무해(nonmaleficence), 선행(beneficence), 정의(justice), 충실(fidelity) 그리고 진실(veracity)이 기본적인 도덕 원리들이다.

자율은 독립성과 자아 결정권을 추구하는 것을 의미한다. 이러한 원리에 의하여 상담가는 내담자가 자신의 방향을 선택하고 결정하며 삶을 통제할 수 있는 자유가 있음을 존중하는 것이다. 따라서 상담가는 내담자의 의존성을 줄이고 독립적인 의사결정권을 행사하도록 하기 위한 윤리적인 책임이 있다. 무해는 해를 입히지 않는 것이다. 즉, 상담가 자신의 행동이 내담자에게 해를 끼칠 위험을, 심지어 고의가 아닌 우연이라도 끼쳐서는 안 된다. 선행은 선, 정신건강, 복리를 추구하여야 함을 의미한다. 따라서 상담가는 내담자의 성장과 복리를 위하여 적극적으로 노력해야 한다. 정의는 상담가가 전문적인 상담관계에서 공정성을 위해 노력함을 의미한다. 충실은 상담가가 내담자에 대한 정직한 약속을 하며 헌신을 존중하는 것이다. 마지막으로 진실은 상담가와 내담자 간의 상담관계에서의 진실을 의미한다. 내담자에게 미리 인폼드 콘센트에 설명된 정보들을 나누는 것은 내담자에게 진실함을 나타내는 하나의 예다. 이러한 여섯 가지의 기본 도덕 윤리들에 대한 구체적인 윤리 행동들은 미국상담학회의 윤리 기준(ACA, 1995)에 구체적으로 나열되어 있다.

윤리적인 딜레마에 따른 윤리적인 의사결정 과정은 오로지 인지적이고 단계적으로 해결되는 순차적인 과정이 아니다(Corey et al., 1998). 사실상 어떻게 윤리적인 결정을 하느냐에는 감정적인 과정이 개입되므로 그에 대한 인식이 중요하다. 그것은 상담가로서 상담가의 감정이 내담자의 행동과 자신의 행동을 어떻게 해석하는지에 영향을 미치기 때문이다. 따라서 윤리적인 의사결정력을 행사하기 위해서 상담가는 자신의 믿음, 신념, 가치, 동기, 감정, 행동들을 논의하는 과정이 수퍼비전 과정에서 이루어져야 한다. Corey 등(1993)이 제시한 윤리적인 의사결정 과정들을 살펴보면, 첫째 문제 또는 딜레마를 인식하고, 둘째 그에 따라 생길 수 있는 이슈들을 정의하며, 셋째 관련된 윤리적인 기준들을 살펴보고, 넷째 자문을 구하며, 다섯째 가능하며 예상되는 행동과정들을 고려하고, 여섯째 다양한 결정들의 결과들을 열거하며, 마지막으로 최선의 행동으로 여겨지는 것을 결정한다.

Carroll(1996)은 수퍼비전 과정에서 윤리적인 민감성(ethical sensitivity)을 발달시켜야 한다고 주장하였다. 윤리적인 민감성은 상담관계에서 있을 수 있는 윤리적인 요구들에 대한 통찰과 함께 내담자는 물론 상담가의 행동이 나타내는 것에 대한 인식과 관련된다. Carroll에 의하면, 윤리적인 민감성을 발달시키기 위해서는 상담 사례들을 검토하며, 상담관계에서 있을 수 있는 윤리적인 문제들을 확인하며, 윤리 기준들과 그에 관련된 문헌들을 읽으며, 특정 사례들에 대해 어떻게 행동할지에 대한 토론을 하며, 상담관계에서 일어날 수 있는 가치에 따른 문제들을 탐색한다. 또 수퍼바이저는 상담가 자신의 가치들을 분명히 이해시키고 직면시켜 상담관계에서 있을 수 있는 파워 문제를 인식하며, 상담에서 일어난 중요한 사건들을 재검토하고 윤리적인 체계와 이론들에 대한 평가를 하며, 마지막으로 도덕 발달 수준을 조사하여 그것이 윤리적인 의사결정 과정에 어떻게 영향을 미치는지를 탐색한다. 이와 같이 수퍼비전 관계에서 수퍼바이저는 수퍼바이지의 윤리적인 상담 수행과 의사결정력을 발달시키도록 다양한 방법들을 활용하여 노력해야 한다.

부록

놀이치료 수행을 위한 자발적인 지침서

놀이치료학회(Association for Play Therapy: APT)는 놀이치료의 발전을 위해 헌신하는 세계적인 기구로서 도움이 필요한 아동들이 가능한 최상의 정신건강 서비스를 받도록 하는 데 목적을 둔다. 놀이치료학회 회원들은 놀이치료에 대한 독특하고 차별적인 훈련을 거친 사람들이다.

SECTION A: 치료적인 관계

A. 1 내담자에 대한 헌신과 책임들

근본적인 책임들

놀이치료사들의 근본적인 책임은 놀이치료의 고귀함을 존중하고 독특함을 인정하며 아동의 복리를 위해 최상의 이익을 추구하는 상담을 하는 것이다. 최상의 이익은 아동의 삶에서 중요한 성인이 되기 위한 교육과 그 밖의 관련된 치료를 포함한다.

적합한 성장과 발달

놀이치료사들은 놀이와 놀이치료를 통하여 인간의 심리사회적인 발달과 정신건강의 발전을 추구한다. 놀이치료사들은 내담자들의 이익과 복리는 물론 아동의 삶에 지지적인 관계를 촉진시킨다.

치료계획들

놀이치료사는 발달적으로 적합한 치료계획에 대하여 아동과 아동의 부모 또는 법적인 대리인이 이해할 수 있게끔 설명한다. 치료계획은 실행 가능성, 효율성, 아동에 대한 끊임없는 지지와 치료목표들에 대한 부모/법적인 대리인들의 개입을 촉진시킨다. 놀이치료사는 이러한 치료계획을 정기적으로 검토한다.

문서화

독립적으로 상담을 수행하는 놀이치료사들은 내담자들과의 상담과정을 문서화하며 가장 최근의 상담과정 기록에는 다음의 정보들을 반영한다.

- 현재의 발달수준(예: 인지 발달, 놀이 발달, 정서 발달)
- 치료에 대한 장기적, 단기적 목표들
- 내담자의 행동과 목적들에 관련되는 상담 장면에서의 언어적인 내용들
- 관찰된 놀이 주제와 사용한 놀잇감들
- 아동의 행동과 목표들에 관련된 구체적인 이미지들(예: 모래놀이 이미지에 대한 스케치, 그림, 사진, 비디오테이프 등)
- 아동의 사고과정, 심리, 놀이 주제와 행동의 변화
- 다른 중요한 사람들의 개입들(예: 관련된 그 밖의 치료법, 의뢰 등)
- 자살 또는 살인의 의도와 생각
- 아동과 중요한 타인 간의 상호작용을 관찰
- 가족원들의 기능과 환경 수준
- 종결 상황들

교육적인 욕구들

놀이치료사들은 놀이가 아동의 내재적인 권리며 학업은 아동의 일이라는 것을 인식한다. 자격을 갖추었다면 놀이치료사는 아동과 중요한 성인들, 아동의 전반적인 능력들, 신체적인 규제들, 일반적인 기질, 관심들, 태도들, 사회성 그리고 그 밖의 관

련된 개인의 차이점들과 발달적인 욕구들에 맞는 교육적인 환경을 고려하는 데 협력할 수 있다.

A. 2 개인차를 존중하기

차별하지 않기

놀이치료사는 연령, 피부색, 문화, 장애, 인종적인 집단, 성별, 인종, 종교, 성적인 지향 또는 사회문화적인 지위에 따라 차별하지 않는다.

개인차의 존중

놀이치료사는 치료 개입과 치료적인 철학에 영향을 미치는 내담자들의 다양한 문화적 배경들을 이해하고, 내담자들의 문화/종족/인종적인 정체성을 파악하는 치료들을 적극적으로 제공하는 데 참여할 것이다. 놀이치료사는 적절하다면 내담자의 문화나 문화적인 정체감을 지지하고 유지하는 데 모든 노력을 기울여야 한다.

A. 3 내담자들의 권리

노출서(disclosure statement)

놀이치료사는 아동이 내담자라는 것을 인정하고 존중하며 상담의 목적들, 목표들, 기법들, 절차들, 제한점들, 잠재적인 위험성들과 치료의 효과들에 대하여 아동이 이해할 수 있는 적절한 언어로 아동 내담자와 그의 부모/법적 대리인에게 알린다. 놀이치료사는 아동 내담자와 그의 부모/법적 대리인이 진단의 시사점들, 테스트와 결과 보고서의 의도들, 상담 비용과 청구방법들에 대해 이해하도록 확실히 개입한다. 아동 내담자는 비밀보장에 대한 권리를 가진다. 따라서 비밀보장의 한계점, 즉 부모/법적인 대리인과 정보를 나누는 경우, 아동의 발달에 적합한 치료계획들을 지속적으로 세우기 위한 수퍼비전 그리고/또는 치료 스태프와의 자문, 치료 자료의 기록들에 대한 설명을 들을 권리가 있다.

선택의 자유

놀이치료사들은 미성년자인 아동들이 치료관계를 맺을지 맺지 않을지에 대한 선택 또는 어떤 놀이치료사와 상담을 할지에 대한 선택의 자유가 항상 있지는 않다는 것을 인식한다. 하지만 놀이치료사는 미성년자인 아동의 부모/법적 대리인이 치료

관계를 맺을지 맺지 않을지와 아동을 위한 최상의 이익을 제공하기 위해 어떤 놀이치료사를 결정할지에 대한 선택을 도와주기 위하여 놀이치료의 원리에 기초하여 조언할 것이다. 또한 놀이치료사들은 내담자들의 선택의 제한점에 대한 규제들도 충분히 설명해야 한다.

동의를 주지 못하는 무능력(inability to give consent)

놀이치료사는 자발적으로 인폼드 콘센트(informed consent)를 주지 못하는 미성년자인 아동들과 다른 성인들과의 상담과정에서 내담자의 최상의 이익을 위해 행동한다.

A. 4 한 가지 이상의 전문 서비스를 받는 내담자들

놀이치료사는 내담자가 또 다른 정신건강, 교육 또는 의료 전문가로부터 서비스를 받는다면 내담자의 복지와 치료 문제들에 대해 매우 신중해야 한다. 놀이치료사는 내담자에 대한 혼동이나 갈등을 줄이고 피하기 위한 명확한 동의서의 작성을 위해 부모나 법적 대리인의 동의를 얻어서 다른 전문가들과 자문한다.

A. 5 치료사의 욕구들과 가치들

치료사 개인적인 욕구들

놀이치료사는 치료관계에서 내담자에 대한 존중감을 유지하는 데 책임지며 아동 내담자를 희생시키면서 놀이치료사 개인의 욕구들을 충족시키는 행동들을 피해야 한다.

치료사 개인적인 가치들

놀이치료사들은 아동의 연약함을 인정하고 아동 내담자에게 치료사 자신의 개인적인 태도나 신념들을 부여해서는 안 된다. 하지만 이것은 놀이치료사가 자신의 가치를 배제한 치료를 행해야 함을 의미하는 것은 아니다. 놀이치료사들은 아동들의 행동이 아동이나 타인들에게 위험하다고 느낄 때 제한들을 설정한다. 더욱이 놀이치료사는 아동들의 행동이 아동 자신의 욕구 충족을 방해하거나 타인들의 욕구 충족을 심각하게 방해하는 아동들을 재지도하도록 돕는다. 놀이치료사들은 자신의 가치, 태도, 신념들이 내담자들에게 어떻게 영향을 미치는지를 인식하고 있어야 한다. 마지막으로 놀이치료사들은 아동 내담자들과 그들의 부모들이 치료상에서 판단과 결정들을 체계적 또는 기본적으로 할 수 있도록 하는 데 모든 노력을 다해야 한다.

A. 6 이중 관계들

회피

놀이치료사들은 내담자들과 그들의 부모나 법적 대리인들 간의 이중 관계들을 알아차리고 막아야 한다. 이러한 이중 관계들은 놀이치료사들의 전문적인 판단을 흐리게 하고 내담자에게 해를 미칠 위험성을 증가시키며 개인적, 사회적, 조직적, 정치적, 종교적 관계를 통하여 내담자를 착취할 수 있기 때문이다.

상위/하위의 관계들

놀이치료사들은 자신들과 행정적, 수퍼비전적, 평가적 관계에 있는 상사나 아랫사람들의 자녀들을 상담할 수 없다.

A. 7 성적인 친밀한 관계

현재 상담하는 내담자들

놀이치료사들은 아동 내담자들과 어떠한 형태든 성적으로 친밀한 관계를 가져서는 안 되며 성적인 관계를 가졌거나 가지는 사람의 자녀들을 상담해서는 안 된다.

친밀함의 격려

놀이치료사는 아동 내담자나 아동 내담자의 부모/법적 대리인으로부터의 부적절한 친밀함을 격려하지 않는다.

양육적인 요구(requests for nurturance)

놀이치료사들은 아동이 자연스럽게 양육을 요구할 때 전문적이고 책임감 있게 반응한다.

치료적인 접촉

놀이치료사들은 놀이치료에서의 타당한 접근으로서 비성적인 접촉의 형태인 치료적인 접촉의 중요성을 인식한다. 하지만 놀이치료사들은 아동 내담자의 부모나 법적 대리인의 동의 없이 어떠한 형태의 치료적인 접촉에 개입하지 않는다.

아동이 치료사에게 하는 부적절한 접촉

놀이치료사들은 성적으로 학대당한 아동들이 놀이치료사에게 부적절하게 접촉을 시도할 수 있다는 것을 인식한다. 아동으로부터 부적절하게 접촉을 받은 놀이치료사는 아동에게 모든 사람의 신체는 존중되어야 하며, 불쾌함을 느끼게 하거나 사회적으로 용납하지 않는 방법으로 접촉하여서는 안 된다는 것을 치료에서 설명해야 한다. 놀이치료사는 이러한 경우가 있을 때 부적절한 접촉의 사례와 개입에 대해 문서로 기록해야 한다.

이전의 내담자들

놀이치료사들은 이전에 상담한 아동이나 현재 상담하는 아동들에게 부정적인 영향이 있을 수 있기 때문에 결코 그들의 부모나 법적인 대리인 또는 보호인과 성적으로 친밀한 관계를 맺어서는 안 된다.

A. 8 여러 내담자들

형제자매 관계에 있거나 부모자녀 관계에 있는 두 사람 또는 그 이상의 사람들을 상담할 때 놀이치료사는 각각의 내담자들에게 치료적인 관계의 성격을 상담 초기에 설명한다. 만약 놀이치료사가 잠재적으로 갈등을 일으키는 역할을 하게 될 경우, 내담자들에게 그러한 갈등을 알려 준 후에 상담관계를 명확하게 하거나 조정하거나 종결할 수 있다.

A. 9 집단상담

사정

놀이치료사는 내담자들의 욕구가 상호보완적이고 치료과정과 각 개인의 복리에 도움이 되는 집단 놀이치료를 위하여 내담자들을 선택한다.

내담자들을 보호

집단 놀이치료를 수행하는 놀이치료사들은 내담자들을 신체적이고 심리적인 상처로부터 보호하기 위하여 주의를 기울인다.

집단에서의 비밀보장

놀이치료사는 아동 내담자들에게 집단상담에 대한 비밀보장이 유지되도록 설명한다.

A. 10 비용

비용 계약서

놀이치료사들은 아동 내담자와 상담관계에 개입하기 전에 상담비에 대해 책임을 지는 부모/법적인 대리인과 비용 지불방법 또는 비용을 내지 않았을 경우의 법적인 절차 등에 대한 재정적인 문제들을 명확하게 한다.

비용체계

놀이치료사들은 내담자의 부모/법적인 대리인의 재정적인 상황을 고려하며 그 사회에서 일반적으로 수용하는 비용을 받는다. 아동 내담자의 부모나 법적인 대리인에게 이미 정한 비용체계가 부적절하다면, 부모나 법적 대리인이 감당할 수 있는 비용으로 적합한 상담 서비스를 찾도록 도와준다.

교환과 프로보노(pro bono)

놀이치료사들은 상담비를 내는 부모나 법적 대리인이 제공하는 물건들이나 다른 서비스들을 받지 않는다. 프로보노 서비스(상담 서비스를 사회봉사 차원에서 무료로 제공하는 것)는 격려된다.

A. 11 종결과 의뢰

방임

놀이치료사들은 내담자들을 방임해서는 안 된다. 치료에서 일정 기간을 잠시 쉬는 경우에 놀이치료사는 방임을 피하기 위해 적절한 계획과 준비를 세워야 한다. 만약 그러한 쉬는 기간이 놀이치료사에 의해 생기는 것이 아니라면, 아동의 부모나 법적 대리인은 위험스러운 상황에 대한 도움을 받을 수 있으며 대안적인 치료법이나 의뢰를 제공받을 수 있다.

내담자를 돕지 못하는 무능력(inability to assist clients)

놀이치료사들은 때때로 특정 내담자에게 전문적인 도움을 적절하게 주지 못하는 경우에 직면하게 된다. 이 경우에 놀이치료사는 내담자를 위해 적절한 의뢰를 한다. 이러한 의뢰과정은 설령 제안된 대안적인 치료를 거부하는 경우에도 이루어져야 한다.

종결

놀이치료사들은 내담자가 치료를 통해 더 이상의 혜택을 보지 못하거나 내담자의 욕구들이나 관심들을 충족시키지 못할 경우, 부모나 법적 대리인이 상담 비용을 내지 않는 경우 또는 상담비를 내 주는 보험회사나 기관이 치료관계를 제한하는 경우에 치료적인 관계를 종결한다. 놀이치료사들은 불합리하게 상담비를 받지 않고 상담해서는 안 된다.

A. 12 컴퓨터를 통한 상담

컴퓨터의 사용

컴퓨터를 사용하는 놀이치료사들은 다음의 사항들을 보장한다. ① 내담자가 발달적으로 컴퓨터 활용으로 인해 혜택을 얻을 수 있는 능력이 있다. ② 컴퓨터의 활용은 내담자의 욕구들을 충족시킨다. ③ 내담자는 컴퓨터 활용의 목적과 사용에 대해 이해한다. ④ 컴퓨터를 통한 내담자의 추후 상담에서는 컴퓨터 활용에 대한 잘못된 개념들, 부적절한 사용 그리고 지속적인 요구들에 대해 명확하게 설명한다. ⑤ 컴퓨터를 활용하는 것은 치료 목적들과 일관되게 활용한다.

컴퓨터의 제한점들

놀이치료사들은 내담자들에게 컴퓨터 활용에 대한 제한점들을 알린다.

컴퓨터 개입

놀이치료사들은 치료 목적들과 일관되는 컴퓨터 활용에 적절하게 개입한다.

SECTION B: 부모들과 가족

B. 1 부모들

갈등 중에 있는 부모들

놀이치료사들은 갈등 중에 있는 부모들의 관계가 아동 내담자의 복리와 치료상의 효과를 저해하는 경우 그 부모들을 돕기 위해 법률과 지침서들에 따라 행동한다.

자녀 양육권이 있는 그리고 없는 부모들

놀이치료사들은 자녀 양육권이 있는 부모와 없는 부모들이 법률이나 동의안에 따라 자녀의 복지에 대한 각기 다르고 구체적인 권리와 책임들을 가짐을 인식하고 유념한다.

B. 2 가족

가족 개입

놀이치료사들은 아동들의 심리정서적인 성장과 발달에 영향을 미치는 가족원과 그 밖의 중요한 성인들이 아동들 곁에 있다는 것을 인식한다. 또한 놀이치료사들은 치료계획에 따라, 또는 적절한 경우에 아동에 대한 긍정적인 지지를 위해 가족원들과 중요한 성인들의 이해와 개입을 증가시키도록 노력한다.

가정에서의 치료 개입

놀이치료사들이 아동의 집에서 상담을 하는 경우에는 아동 내담자를 위한 사적인 권리(privacy)를 제공하는 데 신중한 노력을 기울인다.

가족 개입들

놀이치료사들은 인폼드 콘센트 없이 한 가족원에 대한 정보를 다른 가족원에게 노출하지 않는다.

SECTION C: 비밀보장

C. 1 사적인 권리

사적인 권리의 존중

놀이치료사들은 아동의 사적인 권리를 존중하며 아동의 부모들/법적인 대리인들/중요한 성인들에게 아동의 정보를 노출한다. 이러한 과정은 오직 아동의 최상의 이익을 위한 경우들이며 내담자의 치료에 부정적인 영향을 미칠 수 있는 비밀스러운 정보들을 불법적으로 적당한 이유 없이 노출하는 것은 피한다.

내담자 권리의 결정

미성년자인 아동은 자신의 사적인 권리를 독립적으로 결정할 수 없다. 하지만 아동을 위한 최상의 이익을 위해 부모/법적 대리인이 아동을 대신하여 자료를 노출할 수 있다. 미성년자인 아동은 노출된 자료와 그 이유에 대해 정보를 받을 필요가 있다.

비밀보장의 예외

놀이치료사들은 내담자의 정보를 노출하는 것을 제외하고는 아동 내담자나 타인에게 있을 분명하고 긴급한 위험을 막기 위해 모든 정보에 대한 비밀보장을 지켜야 한다. 놀이치료사들이 확실치 않을 경우에는 다른 전문가들이나 아동 보호 관련자들과의 책임 있는 자문을 거친다. 놀이치료사들은 또한 비밀보장과 그것을 따르는 것에 관련된 주 법에 대해 잘 알고 있어야 한다.

전염병

놀이치료사는 타인에게 전염시키는 병이나 위험스러운 병의 확산을 막는 데 신중한 주의를 기울이는 책임을 진다.

법원의 명령에 의한 노출

법원이 아동의 부모나 법적 대리인의 동의 없이 아동 내담자의 비밀 정보를 노출할 것을 명령할 경우에 놀이치료사들은 법원에 비밀 정보 노출특권을 요구할 수 있다.

최소한의 노출

비밀 정보를 노출해야 하는 경우에 놀이치료사들은 오직 중요한 정보만을 노출한다. 놀이치료사들은 아동 치료에 부정적인 영향을 미칠 수 있는 정보에 대해서 면책특권된 대화를 위한 요구를 신청할 수 있다. 놀이치료사들은 또한 비밀보장과 그에 따르는 것에 관련된 주 법에 대해서도 잘 알고 있어야 한다.

한계점들

놀이치료사는 아동 내담자와 부모/법적인 대리인에게 비밀보장에 대한 한계점들을 알리며 비밀보장을 깨야 하는 예견할 수 있는 상황들을 설명한다.

하위의 관련 사람들

놀이치료사들뿐 아니라 내담자의 연락처나 정보들을 다루는 모든 하위의 관련 사람들은 내담자에 대한 사적 권리의 보장과 비밀보장을 위하여 신중한 주의를 기울인다.

치료 팀들

놀이치료사는 치료 팀의 존재와 그 구성에 대해 아동 내담자와 부모/법적 대리인에게 알린다.

C. 2 집단

집단 놀이치료를 하는 놀이치료사들은 비밀보장의 제한점과 구체적인 집단 구조들에 대해 설명한다. 또한 집단 규칙을 위반할 경우 놀이치료사들은 그 결과에 대해 설명하고 그에 따라 시행한다.

C. 3 문서들

문서화

놀이치료사들은 치료적인 개입을 위한 타당성과 전문적인 서비스들을 제공하기 위하여 법률, 규율 또는 기관이나 조직에서 요구하는 절차에 따라 지속적으로 문서화한다.

문서들에 대한 비밀보장

놀이치료사들은 문서들이 글로 쓰였거나 테이프에 기록되었거나 컴퓨터에 저장되었거나 또는 다른 형태로 저장되었건 간에 자신들이 작성 · 유지 · 전환 · 파괴한 어떠한 문서의 안전과 비밀보장에 대한 책임을 진다.

전자 문서 또는 관찰에 대한 허가

놀이치료사들은 전자 문서화하거나 상담과정을 관찰하기 전에 내담자들의 부모/법적 대리인으로부터 허락을 받는다.

내담자의 표현과 치료 과정들의 공적인 활용과 복사

놀이치료사들은 내담자 그리고/또는 부모/법적 대리인이 쓴 동의서 없이 내담자의 놀이, 미술 작업, 음악 또는 비디오테이프, 오디오 기록, 사진을 통한 창의적인 표현들의 공적인 활용이나 재복사를 하거나 또는 미술관, 정신건강 서비스 기관, 학교 또는 공적인 장소에서 제3자가 관찰하게끔 복사하거나 허용할 수 없다.

내담자 기록의 제공

놀이치료사들은 미성년자 아동의 부모/법적 대리인이 상담기록의 복사본을 요구할 때, 그 기록이 내담자의 최상의 이익을 나타내는 정보라면 제공한다. 문서들을 제공할 때 다른 내담자들과 관련된 비밀스런 정보들은 포함되지 않는 범위 내에서 제한한다. 가능하다면 놀이치료사들은 내담자들의 최상의 이익을 보호하는 방식으로 법원의 소송장에 따라 반응해야 한다.

노출과 전환

놀이치료사들은 비밀보장의 예외 경우가 아닌 합법적인 제3자에게 내담자의 기록을 노출하거나 전달해야 한다면 내담자의 부모/법적 대리인으로부터 문서화된 동의서를 받는다.

C. 4 연구와 훈련

내담자 신상을 바꾸기

훈련, 연구 또는 출판 시 놀이치료사들은 관련된 내담자의 익명성을 보장하기 위하여 내담자의 신상을 그대로 사용하기보다는 바꿔서 사용한다.

내담자 신상에 대한 동의

구체적인 한 개인에 대한 정보를 공적인 방법으로 노출하는 것은 오직 내담자 또는 부모/법적 대리인이 대중에게 알려지는 자료들을 충분히 인식하고 검토하여 그에 대한 동의가 있는 경우에만 가능하다. 놀이치료사들은 상황의 성격에 따라, 즉 문서화된 동의서를 얻을 때 대중의 형태, 장소 등을 고려하여 구체적으로 문서화된 허락을 받아야 한다.

C. 5 자문

사적인 권리

놀이치료사들은 치료 개입에 직접적으로 관련되는 중요한 성인이나 다른 전문가들과의 자문을 통해 정보를 나눈다. 놀이치료사들은 내담자들의 신상을 보호하고 부당한 사적 권리의 침해를 막는 모든 노력을 다한다.

공동 작업하는 기관들

놀이치료사들은 내담자의 정보를 나누기 전에 내담자의 비밀보장을 효율적으로 보호하기 위해 다른 관련 기관의 비밀보장에 대한 구체적으로 규정된 정책들이 있는지 확인하는 데 신중한 노력을 기울인다.

SECTION D: 전문적인 책임

D. 1 기준들에 대한 지식

놀이치료사들은 놀이치료학회(APT)에서 제시하는 놀이치료 수행을 위한 자발적인 지침서를 읽고 이해하고 준수해야 하는 책임을 갖는다.

놀이치료사들은 그들이 속한 전문학회나 조직들에서 마련한 법률, 법령 그리고 윤리 기준들을 현실적으로 정확하게 이해해야 한다.

D. 2 전문적인 역량들

역량의 경계들

놀이치료사들은 그들의 역량 내에서만 상담한다. 역량이라 함은 훈련, 수퍼비전을 통해 쌓은 경험, 주나 국내외적으로 공인된 전문 자격들, 전문적인 경험들로 이루어진다. 놀이치료사들은 다양한 내담자들과의 상담을 위한 지식의 습득과 기술의 발달을 위해 노력한다.

전문적인 새로운 영역들

놀이치료사들은 적절한 교육, 훈련, 수퍼비전을 통한 경험이 있은 후에 새로운 영역에 대한 접근들을 수행한다. 놀이치료사들은 새로운 영역에 대한 기술들을 발달시킴과 동시에 자신들의 상담 활동에 대한 역량을 체계적으로 다지는 데 노력한다.

고용 자격들

놀이치료사들은 그들이 자격을 인정받은 영역의 직위들만을 받아들인다. 자격을 인정받은 것이라 함은 교육, 훈련, 수퍼비전을 통한 경험, 주나 국내외적인 자격들과 전문적인 훈련에 의해 결정된다. 또한 놀이치료사들은 자격을 갖추고 역량 있는 개인들만을 고용한다.

모니터의 효율성

놀이치료사들은 그들이 전문가로서의 효율성들을 모니터하며 지속적인 훈련, 교육, 수퍼비전을 추구한다.

윤리적인 자문

놀이치료사들은 지식을 갖춘 전문가들에게 윤리적인 책임들이나 전문적인 상담 수행에 대한 의문사항들을 자문한다.

지속적인 교육-훈련

놀이치료사들은 새로운 접근에 대한 배움과 그들이 상담하는 특정 내담자들 그리고/또는 다양한 내담자들에 대한 현실적인 감각을 유지하는 놀이치료의 현 연구 추세를 인식하기 위해 지속적인 교육을 받는다.

치료사의 상해

놀이치료사들은 그들의 신체적, 정신적, 정서적 문제들이 내담자나 그 밖의 다른 사람들에게 해를 끼칠 경우 놀이치료를 수행하지 않는다. 놀이치료사들은 상해의 증상들을 인식하고 도움을 청하며, 필요하다면 상담가로서의 전문적인 책임들을 제한하거나 중단 · 종결한다.

D. 3 내담자를 구하는 광고와 요청

정확한 광고

놀이치료사들과 그들의 고용인들은 놀이치료 수행에 대한 역량, 교육, 훈련 그리고 경험들을 정확하게 광고한다. 놀이치료사들은 공인된 대학과 학문적인 기준들을 만족시킴으로써 국제적으로 인정된 곳으로부터 정신건강 또는 그와 밀접하게 관련된 영역에서 취득한 가장 높은 학위만을 광고할 수 있다.

증언들

놀이치료사들은 내담자들을 구하려고 요청하거나 내담자들의 치료 효과에 대한 증언들을 사용하지 않는다.

치료사에 대한 타인들의 언급들

놀이치료사들은 타인들이 놀이치료사 자신들이나 그들이 제공하는 놀이치료 서비스 또는 놀이치료 직업에 대해 정확한 정보만을 언급하도록 확실히 해야 한다.

놀이치료사들의 상품과 훈련의 광고

놀이치료사들은 그들의 상담 서비스나 훈련 프로그램들을 촉진시키기 위해 놀이치료사들의 직위에 따른 파워를 부적절하게 사용하지 않는다. 놀이치료사들은 교육적인 목적으로 그들이 저술한 교재들이나 자료들을 채택할 수 있다.

전문협회의 가입

놀이치료사들은 놀이치료의 발달과 진전을 촉진시키는 지역적, 국내외적 협회에 가입하여 적극적으로 활동한다.

D. 4 자격들

자격들의 기술

놀이치료사들은 자신들이 취득한 전문적인 교육-훈련만을 나타내고 잘못 나타낸 자격들에 대해 정정할 책임을 진다. 전문적인 APT 자격들은 다음과 같다.

이미경, Registered Play Therapist

이미경, Registered Play Therapist-Supervisor

자격 지침

놀이치료사들은 자격을 부여한 기관에서 결정한 자격 지침에 따른다.

자격을 잘못 나타냄

놀이치료사들은 자격들을 결코 잘못 나타내지 않는다.

다른 영역에서 취득한 박사학위

정신건강이나 그와 밀접하게 관련된 분야에서 석사학위를 받고, 정신건강이나 관련 분야가 아닌 영역에서 박사학위를 받은 놀이치료사들이 상담을 수행할 때는 '박사' 라는 호칭을 사용할 수 없다(예: 상담학으로 석사학위를 받고 교육 리더십에서 박사학위를 받은 놀이치료사는 놀이치료 수행 시 '박사' 라는 호칭을 사용해서는 안 된다).

D. 5 공적인 책임들

비차별

놀이치료사들은 연령, 종족, 문화, 장애, 인종, 성별, 종교, 성적인 지향 또는 사회경제적인 지위나 어떠한 법적인 이유에 의해서도 부정적인 영향을 미치는 방법으로 내담자들, 학생들 또는 수퍼바이지들에 대한 차별을 하지 않는다.

성적인 학대(harassment)

놀이치료사들은 성적인 학대를 결코 자극하거나 그에 참여하지 않는다. 성적인 학대는 원치 않는 성적인 접근 성적인 행동의 요구, 원치 않는 신체적인 접촉, 성적인 요구, 신체적인 접근 또는 직 · 간접적으로 성을 나타내는 언어적이거나 비언어적인 행동들이 전문적인 활동들과 역할에서 나타나는 것으로 정의한다. 그리고 성적인 학대는 ① 원치 않는, 기분을 상하게 하는, 반복된 또는 개인의 상담이나 상담활동 수행을 방해하여 적대적인 직장환경과 치료환경을 만들고 놀이치료사가 이러한 성적인 학대들을 들은 경우, ② 주어진 환경에서 제3자가 이러한 성적인 학대들을 인식한 경우에는 성적인 학대로 정의한다. 성적인 학대는 한 번의 지나친 행동이나 여러 번의 지속적인 또는 계속되는 행동이 나타날 때 성립된다.

제3자의 보고들

놀이치료사들은 그들의 전문적인 활동들과 평가들을 적절한 제3자들에게 알릴 때 객관적이고 정확하고 정직하게 보고한다.

언론에 나타남

놀이치료사들이 대중을 위한 교육, 발표 그리고 언론 프로그램을 통하여 조언하거나 의견을 나타낼 때 다음의 세 가지 점들을 보장하기 위한 노력을 한다.

① 정보들이 연구나 현 상담수행 모델들에 기초한 정보들이어야 한다.
② 그 정보들이 상담수행 지침서와 일관되는 내용이어야 한다.
③ 대중이 그러한 정보를 받았다고 하여 그 대중과의 전문적인 치료관계가 성립된다는 것을 의미하지 않는다.

착취

놀이치료사들은 불공정한 이득, 물건 또는 서비스 등을 위해 놀이치료사들의 지위에 따른 파워를 그들의 내담자들과 중요한 성인들을 착취하는 데 결코 이용하지 않는다.

D. 6 다른 전문가들에 대한 책임

다른 접근들

놀이치료사들은 놀이치료에 대해 자신의 이론과 다른 이론적인 접근들을 존중한다. 놀이치료사들은 다른 전문가들의 전통과 상담 수행에 대해 인식하고 인정한다.

개인적으로 하는 대중 연설

놀이치료사들은 대중 앞에서 개인적인 의견을 제공할 때 개인적인 의견을 나타낼 뿐 APT나 지역 놀이치료협회를 대변하여 언급하지 않음을 설명한다.

다른 전문가에 의해 상담받은 내담자

놀이치료사들은 아동 내담자의 최상의 이익을 위해 현 내담자를 과거에 상담한 다른 전문가들에게 현 내담자에 대해 알리고, 협력적이고 전문적인 관계를 이루기 위해 현 내담자로부터 정보를 나눌 수 있는 허락을 요구한다.

SECTION E: 다른 전문가들과의 관계

E. 1 고용주들과 고용인들 간의 관계

역할 정의

놀이치료사들은 그들의 전문적인 역할의 경계들, 제한들, 수준들에 대해 고용인들과 고용주들에게 설명한다.

계약서

놀이치료사들은 놀이치료 수행 지침서, 일의 분량, 책임들에 관하여 그들의 수퍼바이저들, 동료들 그리고 아랫사람들과 계약을 맺는다. 계약서는 구체적이어야 하고 관련되는 사람들에게 알려져야 한다.

파괴적이거나 손상을 입히는 상황들

놀이치료사들은 자신들의 전문적인 책임들에 영향을 미치는 파괴적이거나 손상을 입히는 상황들에 대해 놀이치료사들의 고용주들에게 알린다.

평가

놀이치료사들은 수퍼바이저, 고용주 또는 동료집단에 의해 이루어지는 전문적인 검토와 평가 시간에 참여한다.

전문적인 발달

놀이치료사들은 동료 직원들에게 놀이치료의 효과와 제한점들에 관한 전문적인 교육을 제공하기 위해 시간을 할애한다.

목표들

다른 전문가들과의 관계에서 놀이치료사들의 목표들은 필요할 때 그리고/또는 적절한 때 동료 직원들이나 다른 전문 동료들과 의견을 나누는 것이다.

차별

놀이치료사들은 직장에서 비인간적이고 불법적이고 부당한 활동에 참여하거나 간과하지 않는다.

전문적인 활동

놀이치료사들은 직장에서 전문적인 활동의 질 높은 기준들을 수행하고 유지한다.

착취적인 관계들

놀이치료사들은 수퍼바이지들, 학생들, 스태프 또는 다른 하위 직원들과의 착취적인 관계에 개입하지 않는다.

고용주 정책

놀이치료사들은 치료적인 관계의 향상을 위해 기관의 정책들을 변화시킬 수 있는 놀이치료학회(APT)의 놀이치료 수행 지침서에 관한 동의를 얻으려고 노력한다.

E. 2 자문

자문

놀이치료사들은 다른 역량 있는 전문가들과 내담자들에 대한 자문을 할 때 이익의 갈등이 있는 자문가는 피한다. 이러한 자문 규준을 지키는 직장에서 일하는 놀이치료사들은 가능할 때마다 다른 전문가들과 자문한다.

자문가의 역량

놀이치료사들은 자문 조직들이 적절한 자문 서비스들과 의뢰 정보들을 제공하기 위한 역량들과 자원들을 가진 기관인지 조사한다.

자문가 역할

다른 정신건강 전문가들에게 자문가로서 역할을 하는 놀이치료사들은 문제나 변화를 위한 목표들을 폭넓게 이해하며, 내담자를 위해 가능한 결과를 제안하고 논의하며 내담자의 독립적인 성장을 촉진시킨다.

E. 3 의뢰를 위한 비용

기관으로부터 비용받기

놀이치료사들은 놀이치료 직장을 통해 의뢰를 하는 사람에게 의뢰 비용에 대한 사적인 돈이나 비용을 거절한다.

의뢰 비용

놀이치료사들은 의뢰 비용을 받지 않는다.

E. 4 제3자에게 계약 맺기

제3자에게 놀이치료 서비스 계약을 맺는 놀이치료사들은 초기 면접시간 전이나 중간에 내담자를 위한 비밀보장의 제한점들을 알린다.

SECTION F: 평가, 사정, 통역

F. 1 일반적인 사항

놀이치료사들은 그들의 역량의 한계점들을 인식하고 훈련받은 영역 내에서만 사정 서비스를 수행하여 그들이 1차적으로 소속된 상담 협회나 기관의 윤리적인 기준들을 준수한다.

F. 2 정신장애에 대한 적절한 진단

적절한 진단

놀이치료사들은 정신장애에 대한 적절한 진단을 제공하기 위해 특별한 주의를 기울인다.

개인차 대 집단차에 대한 민감성

놀이치료사들은 내담자들의 증상들에 영향을 미치는 문화, 성별, 연령, 발달연령들을 인식한다. 내담자들의 삶의 경험들은 정신적, 발달적, 교육적 장애들을 진단하는 데 고려되어야 한다. 놀이치료사들은 내담자의 삶과 증상들에 영향을 미치는 개인차와 집단차의 영향에 민감하다.

SECTION G: 교육, 훈련, 수퍼비전

G. 1 교육자들과 훈련가들

교사면서 상담가들인 교육자들

놀이치료사들은 놀이치료 수행 지침서에서 나온 바와 같이 교육과 임상적인 훈련을 능숙하게 촉진한다.

학생들과 수퍼바이지들과의 관계 경계

놀이치료사들은 그들의 학생들과 수퍼바이지들과의 윤리적인 관계들을 명확하게 정의하며 유지한다. 놀이치료사들은 그들의 학생들이나 수퍼바이지들과 파워의 차이가 존재함을 인식하고, 잠재적으로 있을 수 있는 착취적인 관계에 대해 학생들과 수퍼바이지들에게 설명한다.

성적인 관계

놀이치료사들은 학생들, 수퍼바이지들과 성적으로 친밀한 관계를 결코 맺지 않으며 성적 학대를 위해 그들을 종속시키지도 않는다.

연구를 위한 공헌

놀이치료사들은 연구에 대한 학생들이나 수퍼바이지들의 공헌을 적절하게 인정한다.

가까운 친척들

놀이치료사들은 가까운 친척들에게 전문적인 영역 내에서의 훈련, 수퍼비전 또는 교육을 결코 제공하지 않는다.

수퍼비전을 위한 준비

임상 수퍼비전을 제공하는 놀이치료사들은 수퍼비전 방법들과 기술들에 대한 적절한 훈련을 받은 사람들이다.

내담자에 대한 상담 서비스 책임들

놀이치료 수퍼바이저들은 내담자에게 제공하는 놀이치료가 전문적이고 질 높은 서비스가 되게끔 보장한다.

추천

놀이치료 수퍼바이저들은 자격이 안 되는 학생들이나 수퍼바이지들을 수료증, 자격증, 직장 고용 또는 학문적인 훈련 프로그램의 이수들을 위해 추천하지 않는다.

G. 2 훈련 프로그램들

오리엔테이션

놀이치료사들은 훈련에 참여하는 학생들에게 훈련 프로그램에 대한 오리엔테이션을 실시한다. 프로그램에는 다음의 사항들을 다루며 그 외의 다른 사항들도 첨가될 수 있다. ① 훈련을 이수하기 위해 요구되는 지식과 역량, ② 이론적인 모델들, ③ 평가를 위한 기초적인 사항, ④ 자아성장과 자아노출에 대한 경험들, ⑤ 임상 경험들,

기관들, 수퍼비전에 대한 기대들, ⑥ 해고 절차들 ⑦ 훈련받는 학생들을 위한 고용 가능성들

이론과 실제의 통합

놀이치료사들은 학문적인 배움과 수퍼비전을 통해 쌓은 임상 경험과의 통합이 요구되는 훈련 프로그램을 제공한다.

교육 윤리들

놀이치료 수퍼바이저들이나 훈련가들은 훈련 학생들이나 수퍼바이지들에게 필수적으로 요구되는 윤리 사항과 상담 수행 기준들에 대한 인식을 촉진시킨다.

동료관계들

놀이치료 수퍼바이저들은 동료 수퍼비전에 참여하며 훈련받는 학생들이 놀이치료 수퍼바이저들이 지켜야 하는 똑같은 윤리적인 책임들을 준수하도록 보장한다.

다양성 문제들

놀이치료를 훈련시키는 임상 지도자들은 적절한 때 놀이치료사들의 지속적인 발달을 촉진시키는 과정들이나 발표들에 다양성 문제들을 포함한다.

G.3 훈련 학생들과 수퍼바이지들

제한점들

놀이치료 수퍼바이저들은 훈련받는 학생들과 수퍼바이지들의 학문적 그리고/또는 개인적 한계점들을 인식하여 도움을 주거나 적절하다면 해고도 한다.

자아노출

놀이치료사들은 학생들과 수퍼바이지들에게 자아노출의 영향들을 인식하게끔 한다.

학생들과 수퍼바이지들을 위한 치료

만약 한 놀이치료 학생이 치료를 요청할 때, 수퍼바이저나 훈련가들은 가능하다면 적어도 3개의 적절한 의뢰기관들을 제공한다.

훈련 학생들과 수퍼바이지들을 위한 기준들

놀이치료사(registered play therapist)가 되기 위해 준비하는 훈련 학생들과 수퍼바이지들은 상담 수행 지침을 따르며, 놀이치료사들이 내담자들과 그들의 부모/법적 대리인들에게 갖는 똑같은 책임을 진다.

SECTION H: 연구와 출판

H. 1 연구 책임들

인간을 대상으로 하는 연구

놀이치료사들은 인간을 대상으로 하는 연구를 계획하고 실시하고 보고할 때 윤리적인 지침들, 연방정부와 주의 법률들, 기관의 규율 그리고 과학적인 절차를 따른다.

표준화된 연구절차에서 벗어나는 경우

하나의 연구 문제가 표준화된 연구절차에서 벗어나는 경우에 놀이치료사들은 연구 대상자들을 보호하기 위해 자문을 구하고 정확하게 그 기준들에 따라야 한다.

상해를 피하기 위한 주의를 기울임

연구를 실시하는 놀이치료사들은 연구 대상자들의 복리를 위해 책임지고 심리적, 신체적, 사회적, 발달적 상해를 막는 데 신중한 주의를 기울인다.

책임 연구자의 책임

책임 놀이치료 연구자는 윤리적인 연구절차에 책임을 진다. 하지만 동료 연구자들의 행동에 대해서는 동료 연구자들이 윤리적인 책임과 의무를 함께 진다.

최소한의 방해

놀이치료 연구자들은 연구 대상자들의 생활을 방해하는 것을 피하는 데 주의를 기울인다.

다양성

놀이치료 연구자들은 특별한 집단에 대한 다양성들을 연구 문제에 고려한다.

H. 2 인폼드 콘센트(informed consent)

연구 참여자들에게 알리는 사항들

놀이치료 연구자들은 연구 참여자들로부터의 인폼드 콘센트를 얻는 데 이해할 수 있고 발달적으로 적절한 용어를 사용한다. 그리고 연구자들은 ① 연구 목적과 절차에 대해 구체적으로 설명하고, ② 실험적인 또는 비교적 활용되지 않은 절차들을 알리며, ③ 있을 수 있는 불편함과 위험성들을 언급하고, ④ 기대되는 결과들을 언급하고, ⑤ 연구 대상자들을 위해 가능한 대안들을 알리며, ⑥ 연구절차들에 대해 있을 수 있는 질문들에 답변하고, ⑦ 제한점들을 언급하며, ⑧ 연구 대상자들에게 어느 때라도 연구 참여를 그만둘 수 있는 법적 권리들이 있음을 조언한다.

거짓

놀이치료사는 연구과정에 대해 결코 속이지 않는다.

자발적인 참여

연구의 참여는 전형적으로 자발적이며 참여를 거절하는 경우 벌금은 없다.

연구 자료의 비밀보장

연구 참여자들에 대해 얻은 정보들에는 비밀보장이 지켜진다. 다른 사람들이 그러한 정보들을 보아야 하는 경우가 있을 가능성이 있다면 비밀보장을 보호하기 위한 계획을 가지고 참여자들에게 그러한 가능성을 설명하는 윤리적인 연구절차가 요구된다.

인폼드 콘센트를 줄 수 없는 개인들

내담자가 인폼드 콘센트를 줄 수 없는 상황이라면 놀이치료 연구자들은 내담자의 부모/법적 대리인에게 설명을 하고 연구 참여 동의나 적절한 콘센트를 얻는다.

연구 대상자들에 대한 헌신

놀이치료 연구자들은 연구 참여자들에게 모든 헌신을 다한다.

연구 조사에 대한 설명

놀이치료 연구자들은 연구의 의도에 대한 잘못된 인식을 배제하고, 연구에 대한 설명을 통해 내담자에 대한 상해를 막기 위해 안전책들을 마련한다.

협력을 위한 동의

동료 연구자 또는 공저를 하는 놀이치료사들은 연구를 마치고 사용된 정보의 정확성을 기하는 데 함께 책임을 진다.

기금 부여자들을 위한 인폼드 콘센트

놀이치료 연구자들은 기금 부여자들에게 인폼드 콘센트를 확장하여 사용하고 기금 부여자 지침들에 동의한다. 놀이치료 연구자들은 연구의 피드백과 공헌들이 기금 부여자들에게 가는 것을 확실히 한다.

H. 3 연구결과의 보고

결과에 영향을 미치는 정보

놀이치료 연구자들은 연구결과에 영향을 미쳤을지 모르는 모든 관련 변수들에 대해 분명하게 언급한다.

연구 시의 정직성

놀이치료사들은 고의적으로 연구결과를 왜곡하기 위해 거짓된 연구, 자료의 왜곡이나 잘못 기입하는 것을 피한다.

연구결과들의 보고

놀이치료사들은 전문적인 가치를 지닌 연구결과들의 부정적, 긍정적 결과들을 보고함으로써 놀이치료 영역의 발전을 도모한다.

연구 대상자들의 신상

놀이치료 연구자들은 개개인의 연구 대상자들의 신상을 보호한다.

같은 연구의 재시도

놀이치료사들은 같은 연구들을 다시 연구하려는 연구자들에게 협력한다.

H. 4 출판

타인들에 대한 인정

놀이치료사들은 의도적으로 타인의 연구들을 불법적으로 복사하지 않는다. 놀이치료사들은 주제에 대한 이전의 연구들을 인용하고 저작권법을 준수하며 그에 따른 적절한 인정을 부여한다.

공헌자들

놀이치료사들은 연구 또는 개념 발달을 위해 공동 저작권, 감사, 인용, 그 밖의 공헌들에 대해 인정한다. 첫 번째 저자가 주된 공헌자고, 소수의 기술적인 다른 저자들은 그들의 공헌 정도에 따라 이름들을 나열한다.

학생 연구

학생들의 연구에서는 학생들이 원고의 주된 연구자로 기술된다.

전문적인 검토자

놀이치료 검토자들은 원고를 제출한 저자들의 비밀보장과 소유권들을 존중해야 한다.

참고문헌들

놀이치료 수행을 위한 자발적인 지침서 초안의 발달을 위해 참고한 자료들과 정보들은 다음과 같다.

- The Ethical Standards of the American Counseling Association(ACA)
- American Psychological Association
- American School Counselor Association
- Ethnical Standards for Art Therapists
- NBCC Code of Ethnics
- American Board of Examiners of Clinical Social Worker Code of Ethnics
- Principles of Practice of Child and Adolescent Psychiatry
- American Association for Marriage and Family Code of Ethics

저자들

놀이치료학회(APT)는 놀이치료 상담 수행을 위한 자발적인 지침서를 초안한 다음의 사람들에게 감사의 뜻을 전한다.

Chair: Trudy Post Sprunk, LMFT, RPT-S, Georgia

Members: Norma Kimrey Colwell, EdS, RPT-S, South Carolina
JoAnne Mitchell, Med, RPT-S, Georgia
Jayne Smith, Med, RPT-S, Georgia
Karla Carmichael, Ph.D., RPT-S, Alabama

Critique: Sandi Frick Helms, Ph.D., RPT-S, South Carolina

참고문헌

이미경(2001). *Play therapy supervision: Struggle & process.* Paper presented at the meeting of the Rocky Mountain Association for Counselor Education and Supervision (RMACES) 2001 Conference, Breckenridge, CO.

한국놀이치료학회(2005). 놀이치료 전문가 자격규정 〈www.playtherapykorea.or.kr〉

한국아동심리재활학회(2005). 놀이치료사 및 전문가 자격규정 〈www.playtherapy.or.kr〉

Adler, A. (1964). The individual psychology of Alfred Adler. In H. L. Ansbacher & R. R. Ansbacher (Eds.), *The individual psychology of Alfredalder.* New York: Harper & Row.

Allen, F. H. (1942). *Psychotherapy with children.* New York: Norton.

Allen, F. H. (1982). Therapeutic relationship with children. In G. L. Landreth (Ed.), *Play therapy: Dynamics of the process of counseling with children* (pp. 191-200). Springfield, IL: Charles C. Thomas.

Allphin, C. (1987). Perplexing or distressing episodes in supervision: How they can help in the teaching and learning of psychotherapy. *Clinical Social Work Journal, 15*, 236-245.

American Counseling Association. (1995). *Code of ethics and standards of practice.* Alexandria, VA: American Counseling Association.

Ancis, N., & Ladany, N. (2001). A multicultural framework for counselor supervision. In L. Bradley and N. Ladany, *Counselor supervision: Principles, process, and practice* (3rd ed., pp. 63-90). Philadelphia, PA: Brunner-Routledge.

APT (2005). Association for play therapy. 〈www.a4pt.org〉

Arnold, S. (1976). *Effectiveness of microcounseling procedures in the training of play therapist.* Unpublished doctoral dissertation, University of North Texas, Denton.

Axline, V. (1947). *Play therapy.* Boston: Houghton-Mifflin.

Axline, V. (1982). Nondirective play therapy procedures and results. In G. L. Landreth (Ed.), *Play therapy: Dynamics of the process of counseling with children* (pp. 120-129). Springfield, IL: Charles C. Thomas.

Bailey, K. G., Deardorff, P., & Nay, W. R. (1977). Students play therapist: Relative effects of role playing, videotape feedback, and modeling in a simulated interview. *Journal of Consulting and Clinical Psychology, 45*(2), 257-266.

Bennett, B. E., Bryant, B. K., VandenBos, G. R., & Greenwood, A. (1990). *Prossional liability and risk management.* Washington, DC: American Psychological Association.

Bernard, J. M. (1979). Supervisor training: A discrimination model. *Counselor Education and Supervision, 19*, 60-68.

Bernard, J. M. (1981). Inservice training for clinical supervisors. *Professional Psychology, 12*, 740-748.

Bernard, J. M. (1997). The discrimination model. In C. E. Watkins (Eds.), *Handbook of psychotherapy supervision* (pp. 310-327). New York: Wiley.

Bernard, J. M., & Goodyear, R. K. (1998). *Fundamentals of clinical supervision* (2nd ed.). Boston: Allyn & Bacon.

Bernard, J. M., & Goodyear, R. K. (2004). *Fundamentals of clinical supervision* (3rd ed.). Boston: Allyn & Bacon.

Bibring, E. (1937). Report of four centres' conference: ITC, methods and techniques of control analysis. *International Journal of Psychoanalysis, 18,* 369.

Binder, J. L., & Strupp, H. H. (1997). Supervision of psychodynamic psychotherapies. In C. E. Watkins, Jr. (Ed.), *Handbook of psychotherapy supervision* (pp. 44-62). New York: Wiley.

Borders, L. D. (1994). *The good supervisor.* Report No. EDO-CG-91-18. Greensboro, NC: ERIC Clearinghouse on Counseling and State Services.

Borders, L., & Leddick, G. (1987). *Handbook of Counseling Supervision.* Alexandria, VA: Association for Counselor Education and Supervision.

Bordin, E. S. (1979). The generalizability of the psychodynamic concept of the working alliance. *Psychotherapy: Theory, research, and practice, 16*, 252-260.

Bordin, E. S. (1983). A working alliance based model of supervision. *The Couseling Psychologist, 11,* 35-41.

Bowlby, J. (1977). The making and breaking of affectional bonds. I. Aetiology and psychopathology in the light of attachment theory. *British Journal of Psychiatry, 130,* 201-210.

Bradley, L. J., & Gould, L. J. (2001). Theoretical approaches to counselor supervision. In L. J. Bradley and N. Ladany, *Counselor supervision: Principles, process, and practice* (3rd ed., pp. 147-180). Philadelphia, PA: Brunner-Routledge.

Bradley, L. J., & Kottler, J. (2001). Overview of counselor supervision. In L. Bradley and N. Ladany, *Counselor supervision: Principles, process, and practice* (3rd ed., pp. 3-27). Philadelphia, PA: Brunner-Routledge.

Bradley, L. J., & Ladany, N. (2001). *Counselor supervision: Principles, process, and practice* (3rd ed.). Philadelphia, PA: Brunner-Routledge.

Bradley, L. J., Gould, L. J., & Parr, G. D. (2001). Supervision-based integrative models of counselorsupervision. In L. Bradley and N. Ladany, *Counselor supervision: Principles, process, and practice* (3rd ed., pp. 93-146).

Philadelphia, PA: Brunner-Routledge.

Brady, C. A., & Friedrich, W. N. (1982). Levels of intervention: A model for training in play therapy. *Journal of Clinical Child Psychology, 11*(1), 39-43.

Bratton, S., Landreth, G., & Homeyer, L. (1993). An intensive three day play therapy supervision/training model. *International Journal of Play Therapy, 2*(2), 61-78.

Bray, J., Shepard, J., & Hays, J. (1985). Legal and ethnical issues in informed consent to psychotherapy. *The American Journal of Family Therapy, 13,* 50-60.

British Association for Counselling (1988, rev: 1990). *Code of ethnics and practice for the supervision of counselors.* Rugby: BAC.

Calhoun, K. S., Moras, K., Pilkonis, P. A., & Rehm, L. P. (1998). Empirically supported treatments: Implications for training. *Journal of Consulting and Clinical Psychology, 66,* 151-162.

Caligor, L. (1984). Parallel and reciprocal process in psychoanalytic supervision. In L. Caligor, P. M. Brombert, & J. D. Meltzor (Eds.), *Clinical perspectives on the supervision of psychoanalysis and psychotherapy.* New York: Plenum.

Campbell, J. M. (2000). *Becoming an effective supervisor: A workbook for counselors and psychotherapists.* Philadelphia, PA: Accelerated Development.

Campbell, T. W. (1994). Psychotherapy and malpractice exposure. *American Journal of Forensic Psychology, 12,* 5-14.

Carkhuff, R. (1969). *Helpling, and human relations.* New York: Holt, Rinehart & Winston.

Carkhuff, R. (1973). *The art of helping: An introduction to life skills.* Amherst, MA: Human Resource Development Press.

Carkhuff, R. (1987). *The art of helping VI.* Amherst, MA: Human Resource Development Press.

Carmichael, K. D. (1993). Preliminary development of an interaction matrix for observation of client-therapist relationships in play therapy. *International*

Journal of Play Therapy, 2(2), 19-33.

Carroll, M. C. (1994). *The generic tasks of supervision: An analysis of supervisee expectations, supervisor interventions and supervisory audio-taped sessions.* Ph. D. thesis. University of Surrey, Guildford.

Carroll, M. C. (1995). The stresses of supervising counselors. In W. Dryden (Ed.), *The stresses of counseling in action.* London: Sage.

Carroll, M. C. (1996). *Counselling supervision: Theory, skills, and practice.* London: Cassell.

Chagnon, J., & Russell, R. K. (1995). Assessment of supervisee developmental level and supervision environment across supervisor experience. *Journal of Counseling and Development, 73,* 553-558.

Cohen, B. Z. (1987). The ethnics of social work supervision revisited. *Social Work, 32,* 196.

Corey, G. & Herlihy, B. (1996). Client rights and informed consent. In G. Corey and G. Corey (5th ed.), *ACA ethnical standards casebook* (pp. 181-191). Alexandria, VA: American Counseling Association.

Corey, G. (2001). *Theory and practice of counseling and psychotherapy* (6th ed.). Pacific Grove, CA: Brooks/Cole.

Corey, G., Corey, M. S., & Callanan, P. (1993). *Issues and ethics in the helping professions* (4th ed.). Pacific Grove, CA: Brooks/Cole.

Corey, G., Corey, M. S., & Callanan, P. (1998). *Issues and ethics in helping professions* (5th ed.). Pacific Grove, CA: Brooks/Cole.

Costa, L., & Altekruse, M. (1994). Duty-to-warn guidelines for mental health counselors. *Journal of Counseling and Development, 72*(4), 346-350.

Craig, C. H., & Sleight, C. C. (1990). Personality relationships between supervisors and students in communication disorders as determined by the Myers-Briggs Type Indicator. *Clinical Supervisor, 8*(1), 41-51.

Doehrman, M. J. (1976). Parallel process in supervision and psychotherapy. *Bulletin of the Menninger Clinic, 40*(1), 1-104.

Edwards, J. K., & Chen, M. W. (1999). Strength-based supervision: Frameworks, current practice, and future directions: A Wu Wei method. *Family Journal, 7,* 349-357.

Egan, G. (1986). *The skilled helper* (3rd ed.). Belmont, CA: The Wadsworth.

Ekstein, R., & Wallerstein, R. S. (1972). *The teaching and learning of psychotherapy* (2nd ed.). New York: International University Press.

Engels, D. W., & Associates (2004). *The professional counselor: Portfolio, competencies, performance guidelines, and assessment.* (3rd ed.). Alexandria, VA: American Counseling Association.

Estadt, J. R. (1987). The core process of supervision. In B. K. Estadt, J. R. Compton, and M. C. Blancette (Eds.), *The art of clinical supervision.* Rahway, NJ: Paulist Press.

Flanders, N. (1970). *Analyzing teacher behavior.* Reading, MA: Addison-Wesley.

Fleming, J. (1953). The role of supervision in psychiatric training. *Bulletin of the Menninger Clinic, 17,* 157-159.

Forsyth, D. R., & Ivey, A. E. (1980). Micro-training: An approach to differential supervision. In A. K. Hess (Ed.), *Psychotherapy supervision: Theory, research and practice* (pp. 242-261). New York: Wiley.

Frame, M. W., & Stevens-Smith, P. (1995). Out of harm' s way: Enhancing monitoring and dismissal processes in counselor education programs. *Counselor Education and Supervision, 35,* 118-129.

Frawley-O' Dea, M. G., & Sarnat, J. E. (2001). *The supervisory relationship: A contemporary psychodynamic approach.* New York: Guilford Press.

Frayn, D. H. (1991). Supervising the supervisors: The evolution of a psychotherapy supervisors' group. *American Journal of Psychotherapy, 45,* 31-42.

Freeman, S. J. (2000). *Ethics: An introduction to philosophy & practice.* Belmont, CA: Wadsworth/Thomson Learning.

Freud, S. (1909). *Analysis of a phobia in a five-year-old boy*. In standard edition of the complete psychological works. Volume X. London: Hogarth, 1973.

Freud. S. (1986). On the history of the psychoanalytic movement (first published in 1914) in *Historical and Expository Works on Psychoanalysis*. Harmondsworth, England: Penguin.

Gilbert, M., & Sills, C. (1999). Training for supervision evaluation. In E. Holloway and M. Carroll (Eds.), *Training counseling supervisors: Strategies, methods, and techniques* (pp. 162-183). SAGE: Thousand Oaks, CA.

Gill-Wigal, J., & Heaton, J. A. (1996). Managing sexual attraction in the therapeutic relationship. *Directions in Mental Health Counseling, 6*(8), 4-15.

Ginott, H. G. (1961). *Group psychotherapy with children*. New York: McGraw-Hill.

Ginott, H. G. (1961). Play therapy: The initial session. *American Journal of Psychotherapy, 15*, 73-78.

Ginott, H, G. (1982). Group play therapy with children. In G. L. Landreth (Ed.), *Play therapy: Dynamics of the process of counseling with children* (pp. 327-341). Springfield, IL: Charles C. Thomas.

Giordano, M. A. (2000). *Effectiveness of a child-centered self-reflective play therapy supervision/model*. Unpublished doctoral dissertation. University of North Texas, Denton.

Goldberg, C. (1981). The peer supervision group: An examination of its purpose and process. *Group, 5*, 27-40.

Goldenberg, I., & Goldenberg, H. (1995). Family therapy. In R. J. Corsini and D. Wedding (5th ed.), *Current psychotherapies* (pp. 356-385). Itasca, IL: F. E. Peacock.

Gould, L. J., & Bradley, L. (2001). Evaluation in supervision. In L. J. Bradley and N. Ladany, *Counselor supervision: Principles, process, and practice* (3rd ed., pp. 271-303). Philadelphia, PA: Brunner-Routledge.

Greenwald, M., & Young, J. (1998). Schema-focused therapy: An integrative approach to psychotherapy supervision. *Journal of Cognitive Psychotherapy: An International Quarterly, 12*(2), 109-126.

Griffith, B. A., & Frieden, G. (2000). Facilitating reflective thinking in counselor education. *Counselor Education and Supervision, 40,* 82-93.

Guerney, L. (1983). Client-centered play therapy. In C. E. Schaefer & K. J. O'Conner (Eds.), *Handbook of play therapy* (pp. 21-64). New York: Wiley.

Guest, P. D., & Beutler, L. E. (1988). Impact of psychotherapy supervision on therapist orientation and values. *Journal of Consulting and Clinical Psychology, 56,* 653-658.

Hackney, H. L., & Goodyear, R. K. (1984). Carl Rogers' client-centered supervision. In R. F. Levant and J. M. Schlien (Eds.). *Client-centered therapy and the person-centered approach.* New York: Praeger.

Hahn, W. K. (2002). The experience of shame in psychotherapy supervision. *Psychotherapy, 38,* 272-284.

Handly, P. (1982). Relationship between supervisors' and trainees' cognitive styles and the supervision process. *Journal of Counseling Psychology, 25,* 508-515.

Harkness, D., & Poertner, A. (1989). Research and social work supervision: A conceptual review. *Social Work, 34,* 115-119.

Hawkins, P., & Shohet, R. (1989). *Supervision in the helping professionals.* Milton Keynes: Open University Press.

Hayes, R. L., Blackman, L. S., & Brennan, C. (2001). Group supervision. In L. Bradley and N. Ladany, *Counselor supervision: Principles, process, and practice* (3rd ed., pp. 183-206). Philadelphia, PA: Brunner-Routledge.

Haynes, R., Corey, G., & Moulton, P. (2003). *Clinical supervision in the helping professions: A practical guide.* Pacific Grove, CA: Brooks/Cole.

Herlihy, B., & Corey, G. (1996). ACA ethical standards casebook (5th ed.). Alexandria, VA: American Counseling Association.

Hess, A. K. (1986). Growth in supervision: Stages of supervisor and supervisee development. *Clinical Supervision 4*(2), 51-67.

Holloway, E. (1984). Outcome evaluation in supervision research. *The Counseling Psychologist, 12*, 167-174.

Holloway, E. (1987). Developmental models of supervision: Is it supervision? *Professional Psychology: Research and Practice, 18*, 209-216.

Holloway, E. (1995). *Clinical supervision: A systems approach.* Thousand Oaks, CA: Sage.

Holloway, E. (1997). Structures for the analysis and teaching of supervision. In C. E. Watkins (Ed.), *Handbook of psychotherapy supervision* (pp. 249-276). New York: Wiley.

Holloway, E. (1999). A framework for supervision training. In E. Holloway and M. Carroll (Eds.), *Training counseling supervisors: Strategies, methods, and techniques* (pp. 8-41). SAGE: Thousand Oaks, CA.

Holloway, E., & Carroll, M. (1999). Introduction. In E. Holloway and M. Carroll (Eds.), *Training counseling supervisors: Strategies, methods, and techniques* (pp. 1-7). SAGE: Thousand Oaks, CA.

Homeyer, L. E., & Rae, A. (1998). Impact of semester length on play therapy training. *International Journal of Play Therapy, 7*(2), 37-49.

Huey, W. C. (1996). Counseling minor clients. In G. Corey and G. Corey (5th ed.), *ACA ethnical standards casebook* (pp. 241-250). Alexandria, VA: American Counseling Association.

Inskipp F., & Proctor, B. (1993). *Making the most of supervision. Part I.* Twickenham, Middlesex: Cascade Publications.

Ivey, A. (1971). *Microcounseling: Innovations in interviewing training.* Springfield, IL: Charles C. Thomas.

Ivey, A. (1974). Microcounseling and media therapy: State of the art. *Counselor education and supervision, 8*, 172-181.

Ivey, A. (1988). *Intentional interviewing and counseling: Facilitating client development* (2nd ed.). Monterey, CA: Brooks/Cole.

Ivey, A., & Authier, J. (1978). *Microcounseling: Innovations in interviewing training, counseling, psychotherapy and psychoeducation* (2nd ed.). Springfield, IL: Charles C Thomas.

Kadushin, A. (1992). *Supervision in social work* (3rd ed.). New York: Columbia University Press.

Kagan, N. (1980). Influencing human interaction-eighteen years with IPR. In A. K. Hess (Ed.). *Psychotherapy supervision: Theory, research and practice* (pp. 262-286). New York: John Wiley.

Kagan, N., & Krathwohl, D. R. (1967). *Studies in human interaction: Interpersonal process recall stimulated by videotape*. East Lansing, MI: Educational Publishing Services.

Kagan, N., Krathwohl, D. R., & Miller, R. (1963). Stimulated recall in therapy using videotape-a case study. *Journal of Counseling Psychology, 10,* 237-243.

Kaiser, T. L. (1997). *Supervisory relationship: Exploring the human element*. Pacific Grove, CA: Brooks/Cole.

Kao, S., & Landreth, G. L. (1997). Evaluating the impact of child-centered play therapy training. *International Journal of Play Therapy, 6*(2), 1-20.

Kaufman, M., Morgen, K. J., & Ladany, N. (2001). Family counseling supervision. In L. J. Bradley and N. Ladany, *Counselor supervision: Principles, process, and practice* (3rd ed., pp. 245-270). Philadelphia, PA: Brunner-Routledge.

Kitchener, K. S. (1984). Intuition, critical evaluation and ethical principles: The foundation for ethical decisions in counseling psychology. *The Counseling Psychologist, 24*(1), 92-97.

Kitzrow, M. A. (2001). Application of psychological type in clinical supervision. *Clinical Supervisor, 20*(2), 133-146.

Knoff, H. M. (1988). Clinical supervision, consultation, and counseling: A comparative analysis for supervisors and other educational leaders. *Journal of*

Curriculum and Supervision, 3, 240-252.

Kottman, T. (1987). *An ethnographic study of an adlerian play therapy training program.* Unpublished doctoral dissertation, University of North Texas, Denton, TX.

Kranz, P. L. (1978). The play therapist: The student, the struggle, the process. *Journal of Psychiatric Nursing & Mental Health Services, 16*(11), 29-31.

Kranz, P. L., & Lund, N. L. (1979). A dilemma of play therapy termination anxiety in the therapist. *Teaching of Psychology, 6*(2), 108-110.

Kranz, P. L., & Lund, N. L. (1994). Recommendations for supervising play therapists. *International Journal of Play Therapy, 3*(2), 45-52.

Kranz, P. L., Kottman, T., & Lund, N. (1998). Play therapists' opinions concerning the education, training, and practice of play therapist. *International Journal of Play Therapy, 7*(1), 73-87.

Kranz, P. L., Lund, N. L., & Kottman, T. (1996). Let's play: Inclusion of a play therapy course or program into a graduate curriculum. *International Journal of Play Therapy, 5*(1), 65-73.

Kurpius, D. J. (1985, April). *Applying cognitive-behavior theory in a training context.* Paper presented at the American Educational Research Association conference, Chicago, IL.

Kurpius, D. J., & Morran, D. K. (1988). Cognitive-behavioral techniques and interventions for application in counselor supervision. *Counselor Education and Supervision, 27,* 368-376.

Ladany, N., & Lehrman-Waterman, D. E. (1999). The content and frequency of supervisor self-disclosures and their relationship to supervisor style and the supervisory working alliance. *Counselor Education and Supervision, 38,* 143-160.

Ladany, N., Constantine, M. G., Miller, K., Erickson, C. D., & Muse-Burke, J. L. (2000). Supervisor countertransference: A qualitative investigation into its identification and description. *Journal of Counseling Psychology, 47*, 102-115.

Ladany, N., Hill, C. E., Corbett, M., & Nutt, L. (1996). Nature, extent, and importance of what therapy trainees do not disclose to their supervisors. *Journal of Counseling Psychology, 43,* 10-24.

Lahad, M. (2000). *Creative supervision: The use of expressive arts methods in supervision and self-supervision*. Philadelphia, PA: Jessica Kingsley Publishers.

Landreth, G. L. (2004). *Play therapy: The art of the relationship* (2nd ed.). New York: Brunner-Routledge.

Landreth, G. L., & Wright, C. S. (1997). Limit setting practices of play therapists in training and experienced play therapists. *International Journal of Play Therapy, 6*(1), 41-62.

Leddick, G., & Dye, H. A. (1987). Effective supervision as portrayed by trainee expectations and preferences. *Counselor Education and Supervision, 27*, 139-155.

Levinger, A. C. (1994). Co-play therapy. *International Journal of Play Therapy, 3*(2), 53-62.

Lewin, B. D. (1972). Foreword. In R. Ekstein and R. S. Wallerstein, *The teaching and learning of psychotherapy*. New York: International Universities Press.

Lewis, W. C. (2001). Transference in analysis and in supervision. In S. Gill (Ed.). *The supervisory alliance: Facilitating the psychotherapist's learning experience* (pp. 75-80). Northvale, NJ: Jason Aronson.

Liddle, H. A., Becker, D., & Diamond, G. M. (1997). Family therapy supervision. In C. E. Watkins, Jr. (Ed.), *Handbook of psychotherapy supervision* (pp. 400-418). New York: John Wiley & Sons.

Liese, B. S., & Beck, J. S. (1997). Cognitive therapy supervision. In C. E. Watkins, Jr. (Ed.), *Handbook of psychotherapy supervision* (pp. 114-133). New York: John Wiley & Sons.

Linden, J. L., & Stollak, G. E. (1969). The training of undergraduates in play techniques. *Journal of Clinical Psychology, 25*(2), 213-218.

Lochner, B. T., & Melchert, T. P. (1997). Relationship of cognitive style and theoretical orientation to psychology interns' preferences for supervision. *Journal of Counseling Psychology, 44*(2), 256-260.

Loganbill, C., Hardy, E., & Delworth, U. (1982). Supervision: A conceptual model. *The Counseling Psychologist, 10*, 3-46.

Lower, R. B. (1972). Countertransference resistances in the supervisory relationship. *American Journal of Psychiatry, 129*, 156-160.

Lowry, J. L. (2001). Successful supervision: Supervisor and supervisee characteristics. In J. Barnett, *The Secrets of Successful Supervision.* Symposium conducted at the meeting of the American Psychological Association, San Francisco, CA.

Lumadue, C. A., & Duffey, T. H. (1999). The role of graduate programs as gatekeepers: A model for evaluating student counselor competence. *Counselor Education and Supervision, 39*(2), 101-109.

Mattison, J. (1975). *The reflective process in casework supervison.* London: Tavistock.

May, R., & Yalom, I. (1995). Existential psychotherapy. In R. J. Corsini & D. Wedding, *Current psychotherapies* (5th ed., pp. 262-292). Itasca, IL: Peacock Publishers.

Mayers, I. B. (1962). *The Myers-Briggs Type Indicator.* Palo Alto, CA: Consulting Psychologist Press.

McNeill, B. W., & Worthen, V. (1989). The parallel process in psychotherapy supervision. *Professional Psychology: Research and Practice, 20*, 329-333.

Meara, N. M., Schmidt, L. D., & Day, J. D. (1996). Principles and virtues: A foundation For ethical decison, policies, and character. *The counseling Psychologist, 24*(1), 4-77.

Montalvo, B. (1973). Aspects of live supervision. *Family Process, 12*, 343-359.

Morran, D. K. (1986). Relationship of counselor self-talk and hypothesis formulation to performance level. *Journal of Counseling Psychology, 33*(4), 395-400.

Mosak, H. H. (1995). Adlerian psychology. In R. J. Corsini & D. Wedding. *Current psychotherapies* (5th ed., pp. 51-94). Itasca, IL: Peacock Publishers.

Moses, H. A., & Hardin, J. T. (1978). A relationship approach to counselor supervision in agency settings. In J. Boyd (Ed.), *Counselor supervision* (pp. 437-480). Muncie, IN: Accelerated Development.

Moustakas, C. E. (1959). *Psychotherapy with children: The living relationship.* New York: Harper & Row.

Moustakas, C. E. (1997). *Relationship play therapy.* Northvale, New Jersey: Jason Aronson Inc.

Mueller, W. J. (1982) Issues in the application of "Supervision: A conceptual model" to dynamically oriented supervision: A reaction paper. *Counseling Psychologist, 10*, 43-46.

Mueller, W. J., & Kell, B. L. (1972). *Coping with conflict: Supervising counselors and therapists.* New York: Appleton-Century-Crofts.

Muse-Burke, J. L., Ladany, N., & Deck, M. D. (2001). The supervisory relationship. In L. Bradley and N. Ladany, *Counselor supervision: Principles, process, and practice* (3rd ed., pp. 28-62). Philadelphia, PA: Brunner-Routledge.

Myers, I. B., & McCaulley, M. H. (1985). *Manual: A guide to the development and use of the Myers-Briggs Type Indicator.* Palo Alto, CA: Consulting Psychologist Press.

Nelson, M. L., & Neufeldt, S. A. (1998). The pedagogy of counseling: A critical examination. *Counselor Education and Supervision, 38,* 70-88.

Neufeldt, S. A. (1994). Use of a manual to train supervisors. *Counselor Education and Supervision, 33*, 327-336.

Neufeldt, S. A., Iverson, J. N., & Juntunen, C, L. (1995). *Supervision strategies for the first practicum.* Alexandria, VA: American Counseling Association.

Neufeldt, S. A., Karno, M. P., & Nelson, M. L. (1996). A qualitative analysis of experts' conceptualization of supervisee reflectivity. *Journal of Counseling Psychology*, *43*, 3-9. New York: Wiley.

Olk, M. E., & Friedlander, M. L. (1992). Trainees' experience of role conflict and role ambiguity in supervisory relationships. *Journal of Counseling Psychology*, *39*, 389-397.

Ooijen V. (2003). *Clinical supervision made easy: The 3-step method.* Churchill Livingstone, NY: New York.

Page, S., & Wosket, V. (1994). *Supervising the counselor: A cyclical model.* London: Routledge.

Patterson, C. H. (1983). Supervision in counseling: II. Contemporary models of supervision: A client-centered approach to supervision. *Counseling Psychologist*, *11*(1), 21-25.

Phillips, R. D., & Landreth, G. L. (1995). Play therapists on play therapy I: A report of methods, demographics and professional practices. *International Journal of Play Therapy*, *4*(1), 1-26.

Porter, N., & Vasquez, M. (1997). Covision: Feminist supervision, process, and collaboration. In J. Worell & N. G. Johnson (Eds.), *Shaping the future of feminist psychology: Education, research, and practice.* American Psychological Association: Washington, DC.

Powell, D. J. (1993). *Clinical supervision in alcohol and drug abuse counseling: Principles, models, methods.* New York: Lexington Books.

Proctor, B. (1986). Supervision: A co-operative exercise in accountability. In M. Marken and M. Payne (Eds.), *Enabling and ensuring: Supervision in practice.* Leicester: National Youth Bureau.

Pruitt, D., McColgan, E. B., Pugh, R. L., & Kiser, L. J. (1986). Approaches to psychotherapy supervision. *Journal of Psychiatric Education*, *10*(2), 129-147.

Raskin, N. J., & Rogers, C. R. (1995). Person-centered therapy. In R. J. Corsini &

D. Wedding (5th ed.). *Current psychotherapies* (pp. 128-161). Itasca, IL: F. E. Peacock.

Ray, D. (2004). Supervision of basic and advanced skills in play therapy. *Journal of Professional Counseling: Practice, theory, and research, 32*(2), 28-41.

Ray, D., & Altekruse, M. (2000). Effectiveness of group supervision versus combined group and individual supervision. *Counselor Education and Supervision, 40*(1), 19-30.

Remley, T. P. (1996). The relationship between law and ethics. In B. Herlihy & G. Corey. *ACA ethical standards casebook* (5th ed., pp. 285-292). Alexandria, VA: American Counseling Assocation.

Rice, L. N. (1980). A client-centered approach to the supervision of psychotherapy. In A. K. Hess (Ed.). *Psychotherapy supervision: Theory, research and practice*. New York: John Wiley.

Rigazio-DiGilio, S. A. (1995). *The four SCDS cognitive-developmental orientations.* Unpbulished document.

Robiner, W. N. (1982). Role diffusion in the supervisory relationship. *Professional Psychology, 13,* 258-267.

Robiner, W. N., Fuhrman, M. J., & Ristvedt, S. (1993). Evaluation difficulties in supervising psychologyinterns. *Clinical Psychologist, 46,* 3-13.

Robiner, W. N., Saltzman, S. R., Hoberman, H. M., Semrud-Clikeman, M., & Schirvar, J. A. (1997). Psychology supervisors' bias in evaluations and letters of recommendation. *Clinical Supervisor, 16*(2), 49-72.

Rogers, C. (1942). *Counseling and psychotherapy.* Boston: Houghton Mifflin.

Rogers, C. (1951). *Client-centered therapy.* Boston: Houghton Mifflin.

Rogers, C. (1961). *On becoming a person.* Boston: Houghton Mifflin.

Rønestad, M. H., & Skovholt, T. M. (1993). Supervision of beginning and advanced graduate students of counseling and psychotherapy. *Journal of Counseling and Development, 71,* 396-405.

Rønestad, M. H., & Skovholt, T. M. (2003). The journey of the counselor and therapist: Research findings and perspectives on professional development. *Journal of Career Development, 30,* 5-44.

Russell, R. K., Crimmings, A. M., & Lent, R. W. (1984). Counselor training and supervision: Theory and research. In S. D. Brown & R. W. Lent (Eds.). *Handbook of counseling psychology* (pp. 625-681). New York: John Wiley.

Salo, M. M., & Shumate, S. G. (1993). *Counseling minor clinets.* Alexandria, VA: American Counseling Association.

Schaefer, C., & Greenberg, R. (1997). Measurement of playfulness: A neglected therapist variable. *International Journal of Play Therapy, 6*(2), 21-31.

Schwitzgebel, R. L., & Schwitzgebel, R. K. (1980). *Law and psychological practice.* John Wiley & Sons Inc.

Searles, H. (1955). The informational value of the supervisor's emotional experiences. *Psychiatry, 18*, 135-146.

Shohet, R., & Wilmot, J. (1991). The key issue in the supervision of counselors: The supervisory relationship. In W. Dryden & B. Thorne (Eds.), *Training and supervision for counseling in action* (pp. 87-98). London: Sage.

Siegel, M. (1979). Privacy, ethics, and confidentiality. *Professional Psychology, 10,* 249-258.

Simon, R. (1982). Beyond the one-way mirror. *Family Therapy Networker, 26*(5), 19, 28-29, 58-59.

Skovholt, T. M., & Rønestad, M. H. (1992). *The evolving professional self: Stages and themes in therapist and counselor development.* Chichester, England: Wiley.

Snider, P. D. (1985). The duty to warn: A potential issue of litigation for the counseling supervisor, *Counseling Education and Supervision, 25*, 66-73.

Solt, M. (2003). *Characteristics of play therapy students in training.* Unpublished doctoral dissertation. University of North Texas, Denton.

Stoltenberg, C. D., McNeill, B. W., & Delworth, U. (1998). *IDM: An integrated developmental model for supervising counselors and therapists.* San Francisco: Jossey-Bass.

Stoltenberg, C., Solomon, G., & Ogden, L. (1986). Comparing supervisee and supervisor initial perceptions of supervision: Do they agree? *The Clinical Supervisor, 4*, 53-61.

Stoltenberg, D., & Delworth, U. (1987). *Supervising counselors and therapists: A developmental approach.* San Francisco: Jossey-Bass.

Styczynski, L. E. (1980). The transition from supervisee to supervisor. In A. K. Hess (Ed.), *Psychotherapy supervision: Theory, research and practice* (pp. 29-39). New York: Wiley.

Tarasoff v. Regents of the University of California, 13 Cal. 3d 177, 529 P. 2d 553 (1974), vacated, 17 Cal, 3d 425, 552 p. 2d334 (1976).

Texas State Board of Examiners of Professional Counselors (2005). 〈www.dshs.state.tx.us〉

Thomas, F. N. (1994). Solution-oriented supervision: The coaxing of expertise. *The Family Journal: Counseling and Therapy for Couples and families, 2*(1), 11-18.

Tracey, J. T., Ellickson, J. L., & Sherry, P. (1989). Reactance in relation to different supervisory environments and counselor development. *Journal of Counseling Psychology, 36*, 336-344.

Tyler, A. N., & Weaver, S. (1981). Evaluating the clinical supervisee: A survey of practice in graduate training programs. *Professional Psychology, 12*, 434-437.

Wall, J. C. (1994). Teaching termination to trainees through parallel processes in supervision. *Clinical Supervisor, 12*(2), 27-37.

Ward, C. C., & House, R. M. (1998). Counseling supervision: A reflective model. *Counselor Education and Supervision, 38*, 23-34.

West, J. (1996). *Child centered play therapy* (2nd ed.). Great Britain, London: Arnold.

Wittmer, J., & Myrick, R. (1974). *Facilitative teaching: Theory and practice.* Santa

Monica, CA: Goodyear Publishing Co.

Wolberg, L. (1967). *The Techniques of Psychotherapy* (2nd ed.). New York: Grune & Stratton.

Worthington, E. L., Jr. (1984). Empirical investigation of supervision of counselors as they gain experience. *Journal of Counseling Psychology, 31*, 63-75.

Worthington, W., & Stem, A. (1985). Effects of supervisor and supervisee level and gender on the supervisory relationship. *Journal of Counseling Psychology, 32*, 252-262.

Wubbolding, R. E. (1996). Working with suicidal clients. In G. Corey and G. Corey. *ACA ethnical standards casebook* (5th ed., pp. 267-274). Alexandria, VA: American Counseling Association.

Yager, G., & Beck, T. D. (1985). Beginning practicum: It only hurt until I laughed! *Counselor Education and Supervision, 25, 149-157.*

Yalom, I. D. (1980). *Existential psychotherapy.* New York: Basic Books.

Yalom, I. D. (1989). *The theory and practice of group psychotherapy* (3rd ed.). New York: Basic Books.

Zinkin, L. (1989). *The impossible profession.* In Clinical supervision: Issues and techniques. (Papers from the public conference, April, 1988). London: Jungian Training Committee.

찾아보기

[인명]

[내용]

감수자 소개

최영희

서울대학교 가정대학 가정관리학과 졸업
미국 Drexel 대학교 졸업, 인간행동과 발달 전공(석사)
숙명여자대학교 아동복지학과 졸업, 아동심리 전공(박사)
現 수원대학교 생활과학대학 아동가족복지학과 교수
한국놀이치료학회 부회장, 놀이치료교육전문가, 아동발달전문가

저자 소개

이미경

수원대학교 가정관리학과(現 아동가족복지학과) 졸업
숙명여자대학교 대학원 아동복지학과 졸업, 아동상담 전공(석사)
University of North Texas 대학원 상담학과 졸업, 놀이치료 전공(Ph.D., 심리학 부전공)
現 Child Psychotherapist, Kennedy Krieger Institute Family Center, Baltimore, Maryland

◆자격증

Registered Play Therapist-Supervisor(Association for Play Therapy)
National Certified Counselor(National Board of Certified Counselors)
Licensed Clinical Professional Counselor(The Maryland State Board of Professional Counselors and Therapists)
Licensed Professional Counselor(Texas State Board of Examiners of Professional Counselors)

◆임상 경력

Child Psychotherapist, Kennedy Krieger Institute Family Center, Baltimore, Maryland
Child Psychotherapist & Program Coordinator, Children First Counseling Center, Grand Prairie, Texas
Internship:
Child & Family Resource Clinic, Denton, Texas
Friends of Family, Denton, Texas
Family Place, Dallas, Texas
Denton County Children's Advocacy Center, Lewisville, Texas

놀이치료 수퍼비전

2006년 5월 20일 1판 1쇄 인쇄
2006년 5월 25일 1판 1쇄 발행

지은이 · 이미경
펴낸이 · 김진환
펴낸곳 · 학지사
121-837 서울특별시 마포구 서교동 352-29 마인드월드빌딩 5층
대표전화 · 02)326-1500 / 팩스 02)324-2345
홈페이지 · http://www.hakjisa.co.kr
등 록 · 1992년 2월 19일 제2-1329호

ISBN 89-5891-305-3 93180

정가 15,000원